武汉统计年鉴

2015

（总第27期，NO.27）

中国统计出版社
China Statistics Press

图书在版编目(CIP)数据

武汉统计年鉴. 2015 / 武汉市统计局，国家统计局武汉调查队编. -- 北京 : 中国统计出版社，2015.9
ISBN 978-7-5037-7570-3

Ⅰ. ①武… Ⅱ. ①武… ②国… Ⅲ. ①统计资料-武汉市-2015-年鉴 Ⅳ. ①C832.631-54

中国版本图书馆 CIP 数据核字(2015)第 199617 号

武汉统计年鉴—2015

作　　者 / 武汉市统计局　国家统计局武汉调查队
责任编辑 / 陈越月
装帧设计 / 刘忠庆
出版发行 / 中国统计出版社
地　　址 / 北京市丰台区西三环南路甲 6 号　　邮政编码/100073
电　　话 / 邮购(010)63376909　　书店(010)68783171
网　　址 / http://csp.stats.gov.cn
印　　刷 / 武汉湖印印务有限责任公司
经　　销 / 新华书店
开　　本 / 890mm×1240mm　1/16
字　　数 / 800 千字
印　　张 / 30
版　　别 / 2015 年 9 月第 1 版
版　　次 / 2015 年 9 月第 1 次印刷
定　　价 / 300 元

如有印装差错，由本社发行部调换。

《武汉统计年鉴－2015》编辑部

Editorial Department of Wuhan Statistical Yearbook-2015

编 辑 说 明

一、《武汉统计年鉴-2015》以大量数据，全面、系统地反映了武汉市2014年经济、科技和社会发展情况，是一本信息密集的资料性年刊和工具书。

二、全书内容由统计公报等12部分组成。包括综合、核算、人口与劳动统计、工业、能源消费、农业、固定资产投资与建筑业、公用事业、公共交通及邮电、贸易、外经、旅游、财政金融和保险、物价指数和人民生活、科技、教育、文化、分区资料等方面的数据和区主要统计资料。为便于读者正确使用统计资料，篇首加注了简要说明，篇末附有主要统计指标解释。

三、本年鉴辑入的统计数据，以2014年为主，重点指标还列出了建国以来主要历史年份的统计数据。部分资料来自抽样调查。

四、根据最新掌握的统计资料以及国家新的统计制度之规定，本年鉴对过去发表的一些重要统计资料重新予以核实，对部分历史数据进行了调整。因此，读者在使用历史资料时，凡与本年鉴有出入的，均以本年鉴为准。

五、本年鉴各表中，有关对全表的注解均在该表的上方，对表中部分指标的注解则在该表的下方。

六、资料中所使用的度量衡单位均采用国际标准计量单位。

七、本年鉴表中的使用符号说明："—"表示无数据；"…"表示数据不足本表最小单位；"空格"表示该项统计指标数据不详或无该项数据；"#"表示其中的主要数据；"*"或"①"表示本表下有注解。

八、本年鉴中的部分数据由于单位取舍不同产生的计算误差均未作机械调整。

Editor's Note

Ⅰ. Wuhan Statistical Yearbook-2015is an annual statistical publication with dense information. It roundly and systematically reflects the achievements of Wuhan's economic, technological and social developments in 2014 making use of a large number of statistic date.

Ⅱ. This annual publication contains 12 parts such as features, including General Survey, Population and Employment, Industry, Agriculture, Investment in Fixed Assets, Public Utilities, Transport、Post and Telecommunication Service, Trade, International Cooperation, Tourism, Public Finance、Banking and Insurance, Science and Technology, Education, Culture, Public Health, and Main Statistical Information on the administrative areas for Wuhan. There are brief introductions at the beginning of each part so that readers are able to use correctly statistical data in it. In addittion, Explanatory Notes on Main Statistical Indicators are provided at the end of each section.

Ⅲ. Most of the statistical data in this yearbook is based on all kinds of 2014's reports. The statistical data of mainly historic years since 1949 for Some key indicators are listed in it. Some of the data is from sample survey.

Ⅳ. According to the up to data statistical information and the state's new stipulation conncerned, some data in this yearbook has benn revised after verifying a number of important statistical data released in the past. Therefore, readers should use data in this yearbook in case that it is not in accord with this yearbook.

Ⅴ. The notes concerning the whole table are placed at the upper part of the book, while the notes concerning the individual indicators are at the bottom of the table.

Ⅵ. The units of measurement used in this book are international standard measurement ones.

Ⅶ. Notations used in this book: "—" indicates no data in the item, "…" indicates that the figures is not large enough to be measured with the smallest unit in the table, the blank indicates that the data isn't available, "#" indicates the major items in the tabel, " * " indicates "see the footnotes below".

Ⅷ. The calculating errors of Some date in this yearbook caused by the unit conversion aren't be adjusted mechanically.

目　录

Content

五、固定资产投资与建筑业
INVESTMENT IN FIXED ASSETS, CONSTRUCTION

六、公用事业
URBAN PUBLIC UTILITIES

九、财政、金融和保险
FINANCE,BANKING ANDINSURANCE

十、物价指数和人民生活
PRICE INDICES AND PEOPLESLIVELIHOOD

十一、科技、教育、文化、卫生及其他

SCIENCE, TECHNOLOGY, EDUCATION,CULTURE, HEALTH AND OTHERS

特　　载

FEATURE ARTICLES

2014年武汉市国民经济和社会发展统计公报

STATISTICALCOMMUNIQUEONTHE 2014 NATIONALECONOMIC ANDSOCIALDEVELOPMENTOFWUHAN

武汉市统计局

2014年，在市委、市政府的正确领导下，全市上下抢抓机遇、奋发作为，主动适应经济发展新常态，面对经济下行压力，积极落实稳增长、促改革、调结构、惠民生各项政策措施，持续推进"五大计划"，经济总量突破万亿大关，产业结构持续优化，城市功能日趋完善，民生保障不断增强，为"十二五"规划完成和"万亿倍增"目标奠定了坚实的基础。

一、综合

年末常住人口1033.80万人，比上年增加11.80万人。户籍人口827.31万人，增加5.26万人。其中，农业人口268.03万人，增加1.85万人；非农业人口559.26万人，增加3.66万人。人口自然增长率7.25‰，其中，人口出生率12.22‰，人口死亡率4.97‰。人口净迁移率0.04‰。

初步核算，全年地区生产总值（GDP）达到10069.48亿元，突破万亿大关，按可比价格计算，比上年增长9.7%。其中，第一产业增加值350.06亿元，增长5.0%；第二产业增加值4785.66亿元，增长10.2%；第三产业增加值4933.76亿元，增长9.5%。一、二、三产业比重由上年的3.7:48.6:47.7调整为3.5:47.5:49.0。第三产业占比提高1.3个百分点。

表1:2014年地区生产总值及其增长速度

单位:亿元

指　　标	绝　对　数	比上年增长（%）
生产总值	**10069.48**	**9.7**
第一产业	350.06	5.0
第二产业	4785.66	10.2
工　　业	3942.75	10.3
建 筑 业	842.91	10.0
第三产业	4933.76	9.5

图1：2010-2014年地区生产总值及其增长速度

年末市场主体78.47万户，其中，本年新登记13.68万户。全部市场主体中，企业26.55万户，其中新登记4.65万户；个体工商户51.60万户，其中新登记7.60万户。企业中，私营企业23.40万户，其中新登记4.50万户。

全年公共财政预算总收入1968.46亿元，比上年增长15.5%。地方公共财政预算收入1101.02亿元，增长15.6%。其中，税收收入906.76亿元，增长14.3%；非税收入194.26亿元，增长22.0%。

表2:2014年财政收入及其增长速度

单位:亿元

指　　标	绝　对　数	比上年增长（%）
公共财政预算总收入	1968.46	15.5
地方公共财政预算收入	1101.02	15.6
#税收收入	906.76	14.3
#增值税	92.68	14.1
改征增值税	38.71	36.1
营业税	279.82	6.2
企业所得税	144.81	16.3
个人所得税	35.65	12.5
非税收入	194.26	22.0

全年居民消费价格同比上涨1.9%。工业生产者出厂价格同比下降2.0%，工业生产者购进价格下降1.6%。

图2：2014年居民消费价格月度涨跌幅度

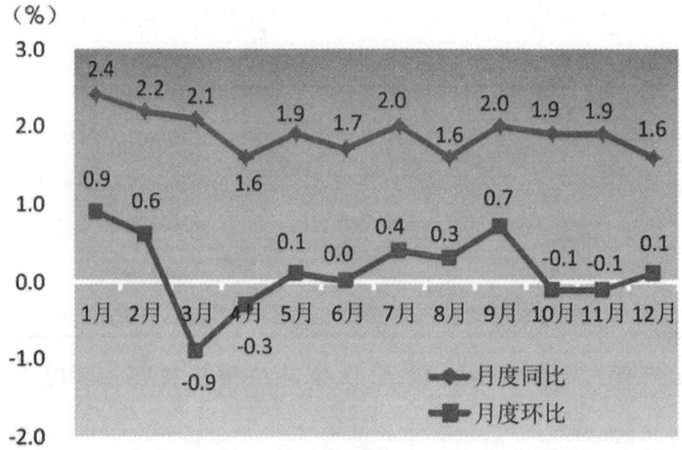

表3:2014年价格指数（上年=100）

指　　标	2014年	2013年
居民消费价格指数	101.9	102.4
1、食　　品	102.3	102.9
2、烟酒及用品	100.4	100.9
3、衣　　着	101.2	103.3
4、家庭设备用品及维修服务	101.1	102.6
5、医疗保健和个人用品	99.7	102.1

指　　　　标	2014 年	2013 年
6、交通和通信	99.8	98.9
7、娱乐教育文化用品及服务	100.7	100.3
8、居　　住	104.6	104.4
商品零售价格指数	100.5	100.9
工业生产者出厂价格指数	98.0	102.4
工业生产者购进价格指数	98.4	98.4

末城镇登记失业率为3.15%，比上年末下降0.37个百分点。

二、农业

全年完成农业总产值559.44亿元，比上年增长5.0%。其中，种植业316.27亿元，增长5.6%。林业8.71亿元，增长18.2%。牧业126.99亿元，增长3.0%。渔业87.40亿元，增长2.5%。农林牧渔服务业20.06亿元，增长13.5%。全年实现农产品加工产值2310亿元，增长15%。

全年粮食种植面积216.33千公顷，比上年减少6.12千公顷。棉花种植面积21.22千公顷，减少5.02千公顷。油料种植面积87.76千公顷，减少1.73千公顷。蔬菜种植面积169.08千公顷，减少0.28千公顷。

全年粮食产量127.13万吨，比上年增长0.2%。棉花2.05万吨，下降38.3%。油料18.55万吨，下降0.6%。蔬菜702.74万吨，增长2.1%。生猪出栏312.02万头，增长2.9%。家禽出笼5500.37万只，下降5.2%。禽蛋22.04万吨，增长2.6%。牛奶产量7.95万吨，增长11.4%。水产品产量50.55万吨，增长3.1%。

三、工业和建筑业

全年规模以上工业增加值3453.35亿元，比上年增长10.9%。规模以上工业总产值11764.59亿元，增长12.3%。其中，制造业增长16.0%，电力、热力、燃气及水生产和供应业下降11.0%。

图3：2010-2014年规模以上工业增加值及其增长速度

年末规模以上工业企业2304户。产值过100亿元的企业15户，过10亿元的企业109户。在规模以上工业企业中，全年11大工业行业完成工业总产值11487.12亿元，占规模以上工业的97.6%。其中5个行业产值超千亿元，分别是汽车及零部件2346.15亿元，电子信息1713.03亿元，装备制造1676.49亿元，食品烟草1351.32亿元，能源及环保1004.99亿元。两大开发区工业总产值4628.88亿元，增长14.8%。其中，东湖新技术开发区2011.51亿元，增长16.3%；武汉经济技术开发区2617.37亿元，增长13.1%。

表 4:2014 年主要工业产品产量及其增长速度

指　　　标	单位	产　量	比上年增长（%）
生　铁	万吨	1637.15	-2.6
钢　材	万吨	1725.50	-4.6
汽　车	万吨	112.47	18.0
原油加工量	万吨	788.28	22.8
火力发电量	亿千瓦时	207.81	-13.1
卷　烟	万箱	281.53	0.7
机制纸及纸板	万吨	49.28	12.0
房间空气调节器	万台	1441.50	21.2
纱	万吨	21.90	3.6
布	万米	10192.20	-17.5
服　装	万件	8611.30	-0.7
软 饮 料	万吨	275.28	-11.2
显 示 器	万台	1636.59	19.2
化学药品原药	吨	13409.80	4.5
乙　烯	万吨	83.09	223.6
光　缆	万芯千米	3372.34	17.2
水　泥	万吨	1140.90	6.3

全年规模以上工业销售产值 11113.66 亿元，比上年增长 11.7%。规模以上工业产品销售率 96.6%，下降 0.5 个百分点。

年末具有资质等级的建筑企业 1365 户。建筑业增加值 842.91 亿元，比上年增长 10.0%。建筑业总产值 5840.5 亿元，增长 19.7%。

四、固定资产投资

全年全社会固定资产投资 7002.85 亿元，比上年增长 16.7%。其中，民间投资 4064.56 亿元，增长 16.1%，占全社会固定资产投资的 58.0%。全年施工项目（不含房地产开发，下同）2983 个，增长 12.6%。其中，本年新开工项目 1889 个，增长 10.4%；本年投产项目 1615 个，增长 17.9%。

图4：2010-2014年全社会固定资产投资

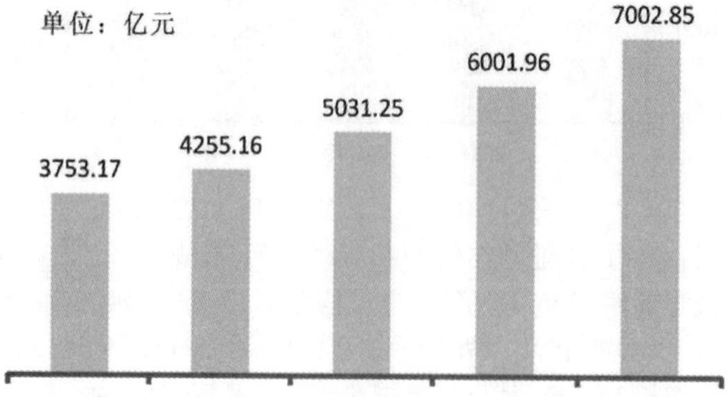

全年固定资产投资（不含农户，下同）6962.53 亿元，比上年增长 16.5%。其中，第一产业投资 22.33 亿元，增长 67.7%；第二产业投资 2643.81 亿元，增长 16.6%；第三产业投资 4296.39 亿元，增长 16.3%。第二产业中，工业投资 2606.32 亿元，增长 15.4%。

表5:2014年分行业固定资产投资(不含农户)及其增长速度

单位:亿元

行　　业	投　资　额	比上年增长(%)
总　　计	6962.53	16.5
农林牧渔业	25.95	7.5
采 矿 业	2.40	-26.5
制 造 业	2477.47	14.5
电力、燃气及水的生产和供应业	126.45	39.3
建 筑 业	47.01	191.7
批发和零售业	78.17	-8.4
交通运输、仓储和邮政业	454.70	8.5
住宿餐饮业	25.45	-31.0
信息传输、计算机服务和软件业	47.12	-25.5
金 融 业	24.70	-46.9
房地产业	2622.28	24.3
租赁和商务服务业	92.58	55.3
科学研究、技术服务和地质勘察业	29.35	-9.4
水利、环境和公共设施管理业	641.89	-0.5
居民服务和其他服务业	41.09	39.3
教　　育	71.49	71.7
卫生、社会保障和社会福利业	64.15	65.0
文化、体育和娱乐业	57.88	109.8
公共管理和社会组织	32.40	-19.7

工业投资中,装备制造业586.58亿元,增长11.4%;汽车及零部件业490.2亿元,增长2.0%;电子信息业405.54亿元,增长40.8%;食品烟草业完成投资148.95亿元,比上年增长4.2%;石油化工业112.75亿元,增长4.9%。

全年房地产开发投资2353.63亿元,比上年增长23.5%。其中,住宅开发投资1560.55亿元,增长24.8%;办公楼投资140.39亿元,增长13.5%;商业营业用房投资358.23亿元,增长30.6%。全年商品房销售面积2273.16万平方米,增长13.9%。其中,住宅销售面积1978.96万平方米,增长13.1%。

五、国内贸易、旅游和会展业

全年社会消费品零售总额4369.32亿元,比上年增长12.7%。其中,限额以上企业零售额3183.23亿元,增长15.4%。按行业分,批发零售业零售额3966.10亿元,增长12.8%;住宿餐饮业零售额403.22亿元,增长10.8%。

图5:2010-2014年社会消费品零售总额及其增长速度

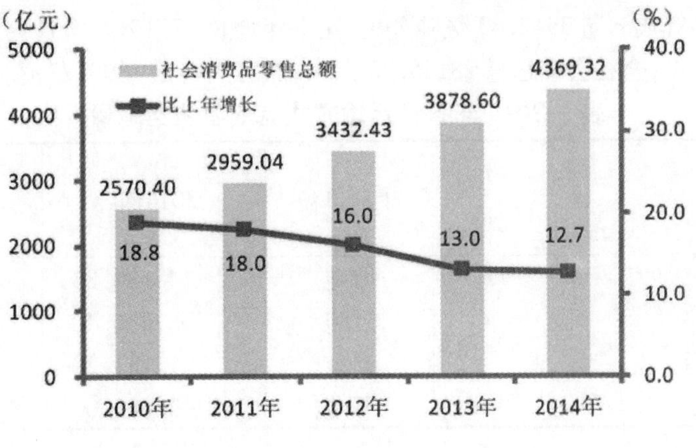

在限额以上企业商品零售额中，中西药品类商品零售额比上年增长27.4%，通讯器材类增长25.7%，汽车类增长23.1%，建筑及装潢材料类增长21.5%，化妆品类增长17.1%，家具类增长17.0%，粮食、食品、饮料、烟酒类增长16.5%，日用品类增长14.5%，服装、鞋帽、针纺织品类增长11.0%，石油及制品类增长8.5%，家用电器和音像器材类增长7.1%，金银珠宝类增长0.6%，文化办公用品类下降3.0%。

全年接待国内旅游者19126.75万人次，比上年增长12.4%；接待海外旅游者170.57万人次，增长5.7%。实现旅游总收入1949.46亿元，增长15.4%。其中，国内旅游收入1892.06亿元，增长15.8%；国际旅游收入9.34亿美元，增长2.2%。年末旅游景区39个，其中5A级3个，4A级19个，3A级14个。旅游星级以上宾馆87家，其中五星级14家，四星级31家，三星级31家。

全年举办各类展会节事活动708场，其中，展览322场，会议228场，节庆活动158场。展览总面积达278万平方米，比上年增长10.8%。举办3万平方米以上展览13场，其中10万平方米以上的特大型展览5场。参展参会客商1195万人次，增长8.4%。

六、对外经济和招商引资

全年外贸进出口总额264.29亿美元，比上年增长21.4%。其中，进口126.38亿美元，增长28.7%；出口137.91亿美元，增长15.5%。在出口总额中，一般贸易出口70.41亿美元，增长16.7%；加工贸易出口62.55亿美元，增长26.1%。高新技术产品出口53.28亿美元，增长21.8%。出口国别和地区数192个。口岸货运量856.44万吨，增长12.5%。

表6:2014年对外贸易和招商引资及其增长速度

单位:亿美元

行　　业	绝　对　数	比上年增长（%）
进出口总额	264.29	21.4
进　　口	126.38	28.7
出　　口	137.91	15.5
#一般贸易	70.41	16.7
加工贸易	62.55	26.1
实际利用外资额	61.99	18.1
实际到位内资(亿元)	3362.90	38.1

全年实际利用外资61.99亿美元，比上年增长18.1%。在汉投资的世界500强企业新增16家，累计达到216家。

全年对外承包工程业务完成营业额23.01亿美元，比上年增长10.8%；对外劳务合作派出各类劳务人员5207人次，增长19.4%。境外投资8.25亿美元，增长379.5%。

全年引进内资项目1463个，实际到位内资3362.90亿元，增长38.1%。

七、交通和邮电

全年交通客货运输换算周转量3912.43亿吨公里，比上年增长17.1%。全社会货运量48530.83万吨，货物周转量3026.12亿吨公里，全社会客运量28145.48万人，旅客周转量1090.72亿人公里。

表7:2014年各种运输方式完成客货运输量

指　　标	计量单位	2014年	2013年
货物运输量	万吨	48530.83	44528.75
铁　　路	万吨	7686.40	9010.40
水　　运	万吨	12751.20	10485.55
公　　路	万吨	28083.00	25023.00

指　　　　　标	计量单位	2014 年	2013 年
航　　空	万吨	10.23	9.80
货物周转量	亿吨公里	3026.12	2555.96
铁　　路	亿吨公里	1113.40	1198.20
水　　运	亿吨公里	1345.64	887.87
公　　路	亿吨公里	565.59	468.35
航　　空	亿吨公里	1.49	1.54
旅客运输量	万人	28145.48	29621.69
铁　　路	万人	14299.90	12105.40
公　　路	万人	12748.00	16521.00
航　　空	万人	1097.58	995.29
旅客周转量	亿人公里	1090.72	1011.82
铁　　路	亿人公里	865.60	763.00
公　　路	亿人公里	87.10	124.76
航　　空	亿人公里	138.02	124.06

年末民用航线 271 条，新增 17 条。其中，国际航线 31 条，新增 7 条；国内航线 240 条，新增 10 条。通达国内城市和地区 92 个，通航国家和地区 13 个。天河机场旅客吞吐量 1727.71 万人，比上年增长 10.0%；货邮吞吐量 14.30 万吨，比上年增长 10.5%。年末轨道交通线路总长度 95.64 公里，比上年增加 16.85 公里。公路通车里程 14520.49 公里，比上年增长 3.2%。其中，等级公路 14240.69 公里。在等级公路中，高速公路 633.50 公里。公路路网密度 180.85 公里/百平方公里，增长 3.2%。汽车拥有量 163.70 万辆，增长 23.9%。其中，私人小汽车 125.18 万辆，增长 32.0%。全市公交线路 352 条，营运公共汽(电)车 7690 辆，出租汽车 16597 辆。

全年邮电业务总量 260.85 亿元，比上年增长 31.9%。年末移动电话 3G 用户 625.57 万户，增长 25.6%。互联网宽带用户 372.05 万户，增长 16.0%。光纤到户覆盖数 266.6 万户，增长 14.2%。

八、金融

年末武汉地区金融机构本外币存款余额 16268.71 亿元，比年初增加 1353.02 亿元。其中，个人存款 5725.87 亿元，增加 295.91 亿元。金融机构本外币贷款余额 14463.40 亿元，增加 1659.52 亿元。境内贷款中，短期贷款 3817.07 亿元，增加 137.57 亿元；中长期贷款 9690.30 亿元，增加 1357.47 亿元。个人消费贷款 2083.41 亿元，增加 360.88 亿元。其中，个人住房贷款 1740.50 亿元，增加 311.21 亿元；个人购车贷款130.33 亿元，增加 36.85 亿元。

年末总部设在武汉的金融机构 19 家。在汉设立或筹建后台服务中心的金融机构 33 家。上市公司累计 60 家，其中，境外 15 家，境内 45 家。

九、教育和科技

年末全市幼儿园 1097 所，比上年增加 73 所；在园幼儿 24.01 万人，增加 1.59 万人。小学 588 所，减少 2 所，在校学生 44.45 万人，增加 2.08 万人。普通中学 365 所，减少 4 所，在校学生 30.66 万人，减少 0.75 万人。中等职业技术学校 108 所，增加 3 所，在校学生 9.18 万人，减少 0.68 万人。普通高校 80 所，在校研究生 11.08 万人，在校本科及大专生 96.21 万人。全市学前三年教育入学率 86.55%，6 - 11 岁人口入学率 100%，12 - 14 岁人口入学率 100%，6 - 14 岁盲聋哑弱智人口入学率 100%，九年义务教育巩固率 97.7%，高中阶段毛入学率 95.33%，高等教育毛入学率 50.9%。

表 8:2014 年各类学校数和在校学生数完成情况

指　　　标	单位	2014 年	2013 年
学校数			
普通高校	所	80	80
中等职业技术学校校	所	108	105
普通中学	所	365	369
小学	所	588	590
在校学生数			
研究生	万人	11.08	10.74
普通高校	万人	96.21	96.64
中等职业技术学校校	万人	9.18	9.86
普通中学	万人	30.66	31.40
小学生	万人	44.45	42.38

年末拥有政府部门属科学技术研究机构 98 所,国家重点实验室 23 个,国家实验室 1 个,国家工程实验室 3 个,国家级工程技术研究中心 27 个,国家级企业技术中心 23 个。两院院士 60 人。实施市级科技计划项目 1019 项。市级登记科技成果 278 项,武汉地区获奖科技成果 374 项,其中获国家科技奖 25 项。专利申请 27802 件,增加 2122 件。其中,发明专利 11871 件,增加 2136 件。专利授权 16335 件,增加 434 件。其中,发明专利授权 3874 件,增加 703 件。每万人发明专利拥有量 14.5 件。技术市场合同成交额 309.23 亿元,增长 40.6%。

图6: 2010-2014年高新技术产业增加值

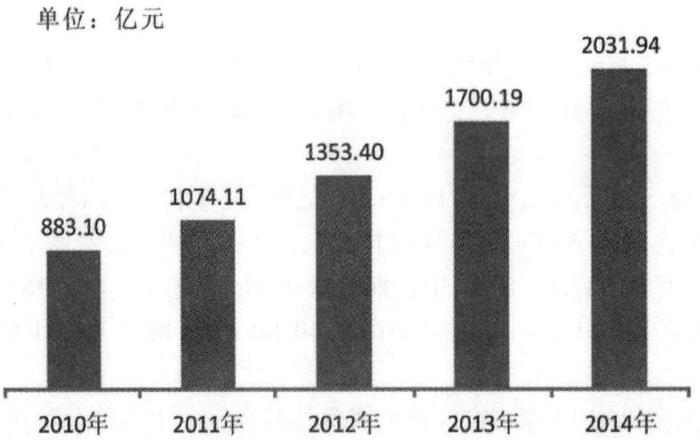

年末拥有国家级科技企业孵化器 22 家,国家 863 计划成果产业化基地 10 个。高新技术企业 1113 家,新增 213 家。全年实现高新技术产业产值 6747.79 亿元,增长 20.4%;高新技术产业增加值 2031.94 亿元,增长 19.5%。

十、文化、卫生和体育

年末全市市属艺术表演团体机构数 8 个,全年新排上演剧目 19 台。专业剧团获国家奖 12 个,获省级奖 6 个。市直公共图书馆 2 个,藏书 530 万册,接待读者 1025 万人次。全市出版报纸 7.3 亿份,出版杂志 900 万册。武汉出版社出版图书 19 类 830 种 1088 万册。市属电视台 1 座,电视节目 11 套。市属广播电台 1 座,广播节目 8 套。

年末卫生事业机构 2782 个,比上年末增加 18 个,其中,医院、卫生院 266 个,社区卫生服务中心 129 个,卫生防疫、防治机构 25 个,妇幼保健院、所、站 17 个。卫生事业床位数 72827 张,增加 6264 张。其中,医院病床 60127 张。卫生技术人员数 78492 人,增加 6328 人。其中,医生 29523 人,护师、护士 36267 人。平均每千人拥有医生3.59人，拥有医院病床7.31张。法定报告传染病总发病率199.39/10万，儿童免疫接种率99.64%。农村新型合作医疗参合率99.9%。

图7：2010-2014年卫生技术人员数

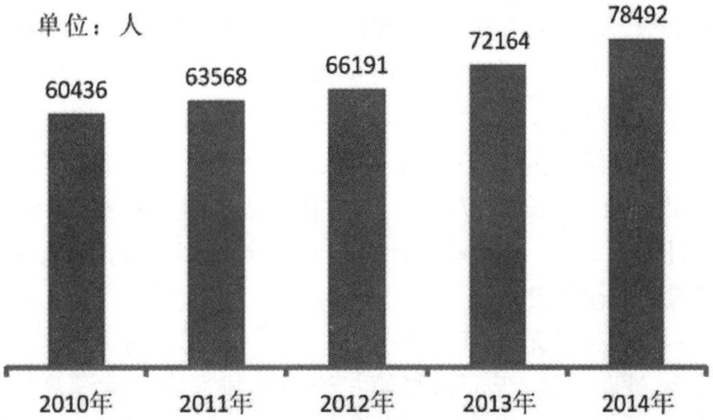

年末拥有体育场馆129个，其中体育馆2个。市属优秀运动员人数57人，发展等级运动员560人。成功举办首届WTA武汉网球公开赛、第41届国际横渡长江活动暨抢渡长江挑战赛、第12届中国武汉国际赛马节、2014环中国－国际公路自行车赛等多项大型体育赛事。全年举办市级群众性体育竞赛活动95次。武汉地区运动员在国内外重大体育比赛中获3枚世界级金牌，6枚国家级金牌。全年体育彩票销售额14.3亿元。

十一、人民生活和社会保障

全年城市常住居民人均可支配收入29627元，比上年增长10.1%。其中，城镇常住居民人均可支配收入33270元，增长9.9%。人均消费支出22002元，增长10.4%。其中，食品烟酒支出6976元，增长9.1%。人均住房建筑面积35.78平方米。每百户家庭拥有家用汽车25.1辆，计算机111.1台，空调器203.8台，移动电话230.5部。

图8：2014年按收入来源分的城镇和农村常住居民人均可支配收入及占比

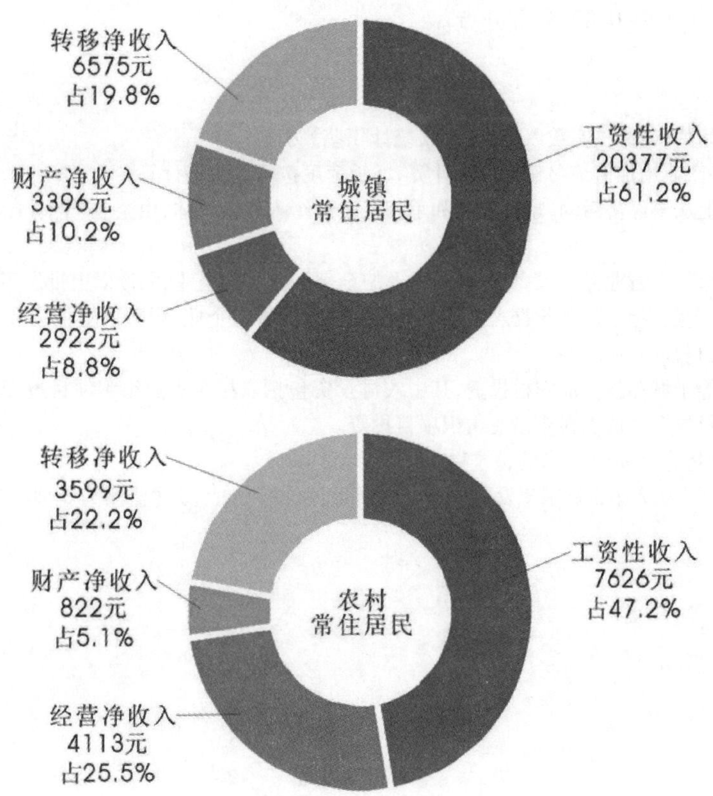

全年农村常住居民人均可支配收入16160元,比上年增长12.3%。人均消费支出11672元,增长13.5%。其中,食品烟酒支出3714元,增长15.4%。人均居住面积48.20平方米。每百户家庭拥有洗衣机83.4台,计算机37.5台,空调器89.0台,移动电话229.1部。

年末城镇基本养老保险参保职工380.91万人,增长3.44%,其中在职256.53万人,退休124.38万人。参加职工医疗保险人数383.29万人,增长0.48%。参加居民医疗保险人数211.69万人,增长3.98%。失业保险参保人数177.29万人,增长5.43%。工伤保险参保人数229.8万人,增长7.11%。生育保险参保人数223.75万人,增长1.96%。城乡居民养老保险参保人数142.3万人,减少0.12%。全年城市居民享受低保人数13.4万人,减少2.81万人;发放保障金7.76亿元,增长10.38%。农村居民享受低保人数11.31万人,减少0.62万人;发放保障金3.35亿元,增长57.74%。年末社会福利院286家,床位数43858张。武汉地区福利彩票销售额31.28亿元,增长8.12%。全年筹集社会福利资金2.45亿元,增长6.99%。

十二、城市建设、资源环境和安全生产

全年完成基础设施投资1454.09亿元,比上年增长11.8%。轨道交通4号线二期、1号线汉口北延长线建成通车。武黄城际铁路、江北铁路一期、天河机场第二通道建成通车。武深高速、硚孝高速武汉段全线施工。鹦鹉洲长江大桥、江汉六桥完工,二环线主线全线贯通。龙王嘴污水处理厂、汤逊湖污水处理厂改扩建工程建成投入运行,金口自来水厂一期工程完工。

年末建成区面积552.61平方公里,比上年增加18.33平方公里。全年自来水厂日供水能力482.8万吨。全社会用电量445.22亿千瓦时,增长1.8%。供应液化石油气0.9亿立方米,供应天然气15亿立方米。

年末公园74个,其中免费开放68个。公园绿地面积7016.89公顷,增加394.6公顷。人均公园绿地面积11.06平方米,增加0.52平方米。建成区绿化覆盖率39.09%,提高0.24个百分点。森林覆盖率27.31%,提高0.2个百分点。

全年城市污水集中处理率93%,城市生活垃圾无害化处理率100%。化学需氧量排放量14.5万吨,下降2.2%;二氧化硫排放量9.94万吨,下降2.5%;氨氮排放量1.73万吨,下降3.4%;氮氧化物排放量13.97万吨,下降5%。工业固体废弃物综合利用率97.5%。

全年环境空气颗粒物(PM10)年均值为0.0113毫克/立方米,空气质量指数(AQI)为182天。

全年亿元GDP生产安全事故死亡率0.043%,比上年下降0.006个百分点。工矿商贸企业从业人员10万人死亡率1.49%,比上年下降0.02个百分点。

注释:

1、本公报数据为初步统计数,最终核实数以当年《武汉统计年鉴》为准。

2、本公报中生产总值、各产业增加值绝对额按现价计算,增长速度按可比价格计算。

3、市场主体是指在市场上从事经济活动,享有权利和承担义务的个人和组织体,由企业、个体工商户、农民专业合作社三部分组成。

4、规模以上工业企业是指年主营业务收入2000万元以上的全部工业法人企业;限额以上批发零售企业是指年主营业务收入达到2000万元以上的批发企业、年主营业务收入达到500万元以上的零售企业;限额以上住宿和餐饮企业是指年主营业务收入达到200万元以上住宿和餐饮企业。

5、全社会固定资产投资等于城镇投资加农村投资,其中农村投资包括农村企事业组织项目投资和农户投资两部分。固定资产投资包括城镇投资和农村投资中的农村企事业组织项目投资。

6、PM10指空气动力学当量直径≤10微米的颗粒物

7、空气质量指数(AQI),是2012年3月国家发布的新空气质量评价标准,污染物监测为6项:二氧化硫、二氧化氮、PM10、PM2.5、一氧化碳和臭氧。

武汉市第三次全国经济普查主要数据公报
（第一号）

WUHAN THIRD NATIONAL ECONORNIC CENSUS MAIN DATA BULLETIN
（THE FIRST CHAPTER）

武汉市统计局
武汉市人民政府第三次全国经济普查领导小组办公室

2015 年 6 月 9 日

根据《国务院关于开展第三次全国经济普查的通知》（国发〔2012〕60 号）要求，我市进行了第三次全国经济普查。这次普查的标准时点为 2013 年 12 月 31 日，普查时期资料为 2013 年年度资料。普查对象是在我市境内从事第二产业和第三产业的全部法人单位、产业活动单位和个体经营户。通过这次普查，摸清了我市第二产业和第三产业的发展规模及布局，摸清了我市产业组织、产业结构、产业技术的现状以及各生产要素的构成，查实了服务业、战略性新兴产业、小微企业和高技术产业（制造业）的发展状况。通过国务院第三次全国经济普查领导小组办公室和湖北省第三次全国经济普查领导小组办公室对我市数据质量抽查，普查数据质量达到预期目标要求。

根据《全国经济普查条例》，武汉市统计局和武汉市人民政府第三次全国经济普查领导小组办公室现分三个公报，将我市第三次全国经济普查的主要综合数据公布如下。其他普查数据将随着普查资料开发应用的进度，以不同方式陆续公布。

一、单位基本情况

2013 年末，全市共有从事第二产业和第三产业活动的法人单位 12.64 万个，比 2008 年末（2008 年是第二次全国经济普查年份，下同）增加 2.45 万个，增长 24.0%；产业活动单位 14.68 万个，增加 3.66 万个，增长 33.2%；有证照个体经营户 23.51 万个，增加 1.45 万个，增长 6.6%（详见表 1－1）。

表 1－1　单位数与有证照个体经营户数

	单位数（万个）	比重（%）
一、法人单位	12.64	100.0
企业法人	10.89	86.2
机关、事业法人	0.68	5.4
社会团体和其他法人	1.07	8.4
二、产业活动单位	14.68	100.0
第二产业	2.47	16.8
第三产业	12.21	83.2
三、有证照个体经营户	23.51	100.0
第二产业	0.98	4.2
第三产业	22.53	95.8

图 1－1　单位数与有证照个体经营户数结构情况

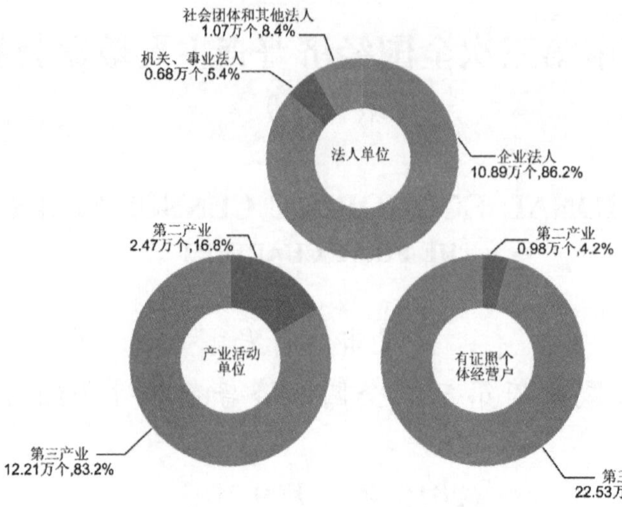

2013 年末，在第二产业和第三产业法人单位中，位居前三位的行业是：批发和零售业 4.09 万个，占 32.3%；租赁和商务服务业 1.56 万个，占 12.3%；制造业 1.35 万个，占 10.7%。在有证照个体经营户中，位居前三位的行业是：批发和零售业 14.81 万个，占 63.0%；住宿和餐饮业 4.69 万个，占 19.9%；居民服务、修理和其他服务业 1.90 万个，占 8.1%（详见表 1－2）。

表 1－2　按行业分组的法人单位与有证照个体经营户

	法人单位（万个）	有证照个体经营户（万个）
合　　计	**12.64**	**23.51**
采 矿 业	0.00	0.01
制 造 业	1.35	0.92
电力、热力、燃气及水生产和供应业	0.02	—
建 筑 业	0.96	0.08
批发和零售业	4.09	14.81
交通运输、仓储和邮政业	0.35	2.21
住宿和餐饮业	0.24	2.56
信息传输、软件和信息技术服务业	0.50	0.08
金 融 业	0.03	—
房地产业	0.68	0.09
租赁和商务服务业	1.56	0.36
科学研究和技术服务业	0.75	0.10
水利、环境和公共设施管理业	0.10	0.00
居民服务、修理和其他服务业	0.26	1.90
教　　育	0.36	0.06
卫生和社会工作	0.23	0.13
文化、体育和娱乐业	0.22	0.19
公共管理、社会保障和社会组织	0.86	—

注：表中法人单位合计数含从事农、林、牧、渔服务业和兼营第二、三产业活动的农、林、牧、渔业法人单位 633 个；有证照个体经营户合计数含从事农、林、牧、渔服务业活动的个体经营户 79 个。

图 1-2　按行业分组的法人单位数

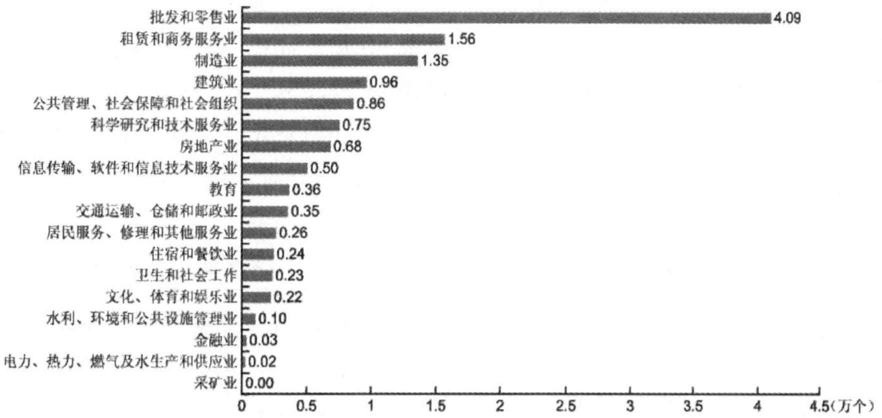

2013 年末，全市共有第二产业和第三产业的企业法人单位 10.89 万个，比 2008 年末增加 2.63 万个，增长 31.8%。其中，内资企业占 98.9%，港、澳、台商投资企业占 0.4%，外商投资企业占 0.7%。内资企业中，国有企业占全部企业法人单位的 1.4%，私营企业占 47.2%（详见表 1-3）。

表 1-3　按登记注册类型分组的企业法人单位

	企业法人单位（万个）
合　　计	**10.89**
内资企业	10.76
国有企业	0.15
集体企业	0.13
股份合作企业	0.05
联营企业	0.02
有限责任公司	4.41
股份有限公司	0.15
私营企业	5.14
其他企业	0.73
港、澳、台商投资企业	0.05
外商投资企业	0.07

图 1-3　按登记注册类型分组的企业法人单位及结构

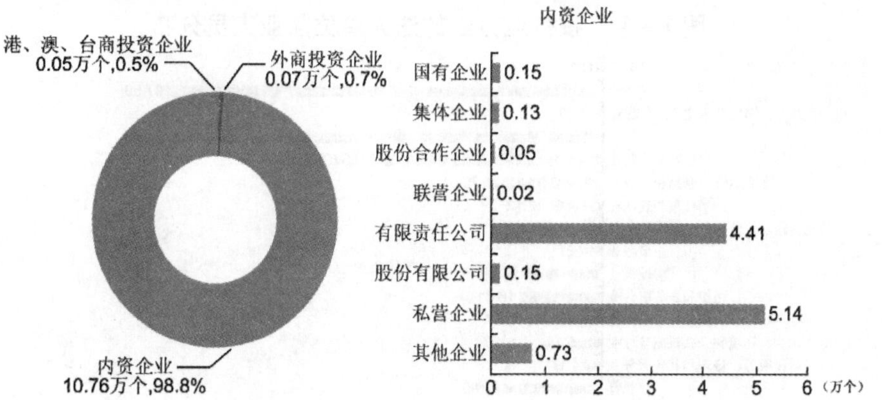

二、从业人员

2013 年末，全市第二产业和第三产业法人单位从业人员 414.17 万人，比 2008 年末增加 69.84 万人，增长 20.3%。有证照个体经营户从业人员 70.86 万人，比 2008 年末增加 12.32 万人，增长 21.0%。

在法人单位从业人员中，位居前三位的行业是：制造业 97.58 万人，占 23.6%；建筑业 90.85 万人，占 22.0%；批发和零售业 53.67 万人，占 13.0%。在有证照个体经营户从业人员中，位居前三位的行业是：批发和零售业 40.76 万人，占 57.5%；住宿和餐饮业 10.61 万人，占 15.0%；居民服务、修理和其他服务业 6.56 万人，占 9.3%（详见表 1－4）。

表 1－4　按行业分组的法人单位与有证照个体经营户从业人员

	法人单位从业人员（万人）	有证照个体经营户从业人员（万人）
合　　计	414.17	70.86
采 矿 业	0.23	0.02
制 造 业	97.58	5.17
电力、热力、燃气及水生产和供应业	2.50	—
建 筑 业	90.85	0.24
批发和零售业	53.67	40.76
交通运输、仓储和邮政业	26.51	4.18
住宿和餐饮业	12.13	10.61
信息传输、软件和信息技术服务业	9.70	0.21
金 融 业	2.67	—
房地产业	17.59	0.21
租赁和商务服务业	18.61	1.01
科学研究和技术服务业	16.67	0.35
水利、环境和公共设施管理业	5.14	0.00
居民服务、修理和其他服务业	4.17	6.56
教　　育	21.80	0.28
卫生和社会工作	11.05	0.42
文化、体育和娱乐业	4.74	0.80
公共管理、社会保障和社会组织	17.80	—

注：表中法人单位从业人员合计数含从事农、林、牧、渔服务业和兼营第二、三产业活动的农、林、牧、渔业法人单位从业人员 0.76 万人；有证照个体经营户从业人员合计数含从事农、林、牧、渔服务业活动的个体经营户从业人员 0.02 万人。

图 1－4　按行业分组的法人单位从业人员分布

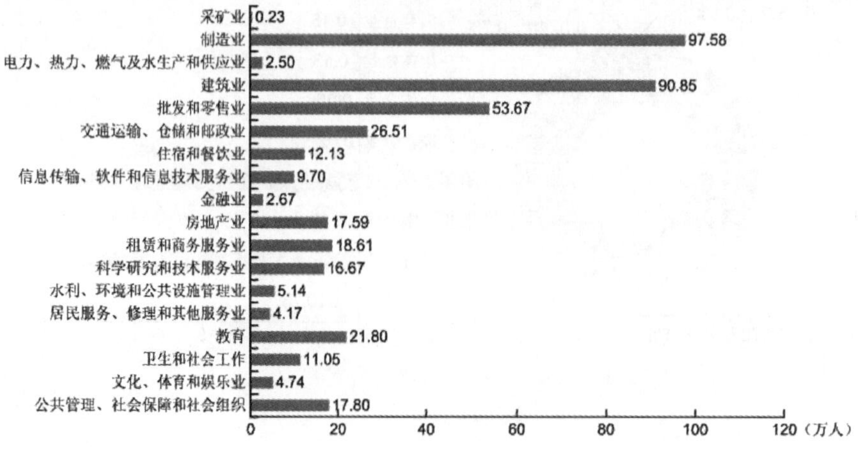

三、企业资产总计

2013年末，全市第二产业和第三产业企业资产总计78033.11亿元。其中，第二产业企业资产总计占全部企业资产总计的22.0%，第三产业企业资产总计占78.0%。

四、小微企业

2013年末，全市共有从事第二产业和第三产业的小微企业法人单位10.37万个，占全部企业法人单位的95.3%。其中，位居前三位的行业是：批发业2.41万个，占全部企业法人单位的22.2%；零售业1.57万个，占14.4%；租赁和商务服务业1.47万个，占13.5%。

小微企业从业人员140.22万人，占全部企业法人单位从业人员的39.7%。其中，位居前三位的行业是：工业40.95万人，占全部企业法人单位从业人员的11.6%；建筑业20.17万人，占5.7%；批发业17.69万人，占5.0%。

小微企业法人单位资产总计21863.73亿元，占全部企业法人单位资产总计28.1%。其中，位居前三位的行业是：工业3259.35亿元，占全部企业法人单位资产总计4.2%；租赁和商务服务业7976.05亿元，占10.3%；房地产开发经营3067.90亿元，占3.9%（详见表1－5）。

表1－5　按行业分组的小微企业法人单位、从业人员和资产总计

	企业法人单位（万个）	从业人员（万人）	资产总计（亿元）
合　　计	**10.37**	**140.22**	**21863.73**
工　业	1.33	40.95	3259.35
建筑业	0.91	20.17	795.48
交通运输业	0.28	4.31	1134.98
仓储业	0.03	0.44	102.09
邮政业	0.02	0.34	2.63
信息传输业	0.06	0.85	295.05
软件和信息技术服务业	0.42	4.34	271.06
批发业	2.41	17.69	1903.26
零售业	1.57	9.77	637.95
住宿业	0.08	1.71	55.12
餐饮业	0.15	3.87	58.11
房地产开发经营	0.14	2.47	3067.90
物业管理	0.24	5.94	465.79
租赁和商务服务业	1.47	14.11	7976.05
其他未列明行业	1.28	13.26	1838.91

注：表中小微企业法人单位合计数含从事农、林、牧、渔服务业和兼营第二、三产业活动的农、林、牧、渔业小微企业法人单位367个，从业人员0.39万人，资产总计10.41亿元。

图1－5　按行业分组的小微企业法人单位结构

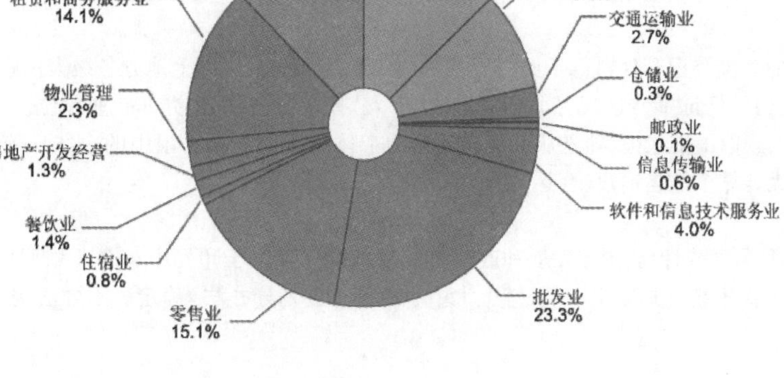

五、战略性新兴产业

2013 年末，在第二产业和第三产业企业法人单位中，有战略性新兴产业活动的企业法人单位 354 个，占全部企业法人单位的 0.3%。其中，节能环保产业 108 个，占全部企业法人单位的 0.1%；新材料产业 50 个，占 0.05%。

有战略性新兴产业活动的企业法人单位从业人员 18.19 万人，占全部企业法人单位从业人员的 5.2%。其中，节能环保产业 3.09 万人，占全部企业法人单位从业人员的 0.9%；新材料产业 3.69 万人，占 1.1%。

六、主要经济结构变化情况

2013 年末，在全市第二产业和第三产业法人单位中，企业法人单位占 86.2%，比 2008 年末提高了 5.1 个百分点；机关、事业法人单位占 5.4%，下降了 1.7 个百分点；社会团体和其他法人占 8.4%，下降了 3.4 个百分点。企业法人单位从业人员占全部法人单位从业人员的 85.2%，提高了 1.7 个百分点；机关、事业法人单位占 11.7%，下降了 1.0 个百分点；社会团体和其他法人占 3.1%，下降了 0.7 个百分点。

在法人单位中，第二产业占 18.3%，比 2008 年末下降了 5.2 个百分点；第三产业占 81.7%，提高了 5.2 个百分点。第二产业法人单位从业人员占全部法人单位从业人员的 45.9%，比 2008 年末下降了 2.0 个百分点；第三产业法人单位从业人员占 54.1%，提高了 2.0 个百分点。

在有证照个体经营户中，第二产业占 4.2%，比 2008 年末下降了 1.3 个百分点；第三产业占 95.8%，提高了 1.3 个百分点。有证照个体经营户从业人员中，第二产业占 7.6%，比 2008 年末下降了 3.0 个百分点，第三产业占 92.4%，提高了 3.0 个百分点。

注释：

[1]三次产业的划分：

第一产业是指农、林、牧、渔业（不含农、林、牧、渔服务业）。

第二产业是指采矿业（不含开采辅助活动），制造业（不含金属制品、机械和设备修理业），电力、热力、燃气及水生产和供应业，建筑业。

第三产业即服务业，是指除第一产业、第二产业以外的其他行业。第三产业包括：批发和零售业，交通运输、仓储和邮政业，住宿和餐饮业，信息传输、软件和信息技术服务业，金融业，房地产业，租赁和商务服务业，科学研究和技术服务业，水利、环境和公共设施管理业，居民服务、修理和其他服务业，教育，卫生和社会工作，文化、体育和娱乐业，公共管理、社会保障和社会组织，国际组织，以及农、林、牧、渔业中的农、林、牧、渔服务业，采矿业中的开采辅助活动，制造业中的金属制品、机械和设备修理业。

[2]单位的划分：

法人单位是指具备以下条件的单位：

(1)依法成立，有自己的名称、组织机构和场所，能够独立承担民事责任；

(2)独立拥有（或授权使用）资产或者经费，承担负债，有权与其他单位签订合同；

(3)具有包括资产负债表在内的账户，或者能够根据需要编制账户。

法人单位包括企业法人、事业单位法人、机关法人、社会团体法人和其他成员组织法人、其他法人。

产业活动单位是指具备以下条件的单位：

(1)在一个场所从事一种或主要从事一种社会经济活动；

(2)相对独立组织生产活动或经营活动；

(3)能提供收入、支出等相关资料。

有证照的个体经营户是指除农户外，生产资料归劳动者个人所有，以个体劳动为基础，劳动成果归劳动者个人占有和支配的一种经营组织。有证照的个体经营户包括：

(1)按照《中华人民共和国民法通则》和《城乡个体工商户管理暂行条例》规定，经各级工商行政管理机关登记注册、领取《营业执照》的个体工商户；

(2)依据《民办非企业单位登记管理暂行条例》，经国务院民政部门和县级以上地方各级人民政府民政部门核准登记，并领取《民办非企业单位（合伙）登记证书》或《民办非企业单位（个人）登记证书》的民办非企业单位；

(3)经相关部门批准，领取了准运证，独立从事交通运输的个体运输户。本公报中的个体户依据国家公报口径，包含无挂靠个体运输户（货运）和无挂靠个体运输户（客运）。

[3]小微企业：

根据工业和信息化部、国家统计局、国家发展和改革委员会、财政部《关于印发中小企业划型标准规定的通知》（工信部联企业[2011]300 号）精神和国家统计局制定的《统计上大中小微型企业划分办法》确定。本办法按照行业门类、大类、中类和组合类别，依据从业人员、营业收入、资产总额等指标或替代指标，将我国的企业划分为大型、中型、小型、微型等四种类型。

[4]战略性新兴产业：

根据《国务院关于加快培育和发展战略性新兴产业的决定》（国发[2010]32 号）的精神和国家统计局制定的《战略性新兴产业分类(2012)(试行)》标准确定。战略性新兴产业分类是按照经济活动进行划分，是从事战略性新兴产业活动的集合，是在《国民经济行业分类》基础上，对与战略性新兴产业相关活动的再分类。

[5]表中的合计数和部分数据因小数取舍而产生的误差，均未作机械调整。

武汉市第三次全国经济普查主要数据公报

（第二号）

WUHAN THIRD NATIONAL ECONORNIC CENSUS MAIN DATA BULLETIN

（THE SECOND CHAPTER）

武汉市统计局

武汉市人民政府第三次全国经济普查领导小组办公室

2015 年 6 月 9 日

根据武汉市第三次全国经济普查结果，现将我市第二产业的主要数据公布如下：

一、工业

（一）企业法人单位数和从业人员

2013 年末，全市共有工业企业法人单位 13756 个，从业人员 100.32 万人，单位数比 2008 年末减少 14.5%，从业人员增加 11.0%。

在工业企业法人单位中，内资企业 13254 个，占 96.4%；港、澳、台商投资企业 140 个，占 1.0%；外商投资企业 362 个，占 2.6%。内资企业中，国有企业 216 个，占全部企业的 1.6%；集体企业 376 个，占 2.7%；私营企业 6412 个，占 46.6%。

在工业企业法人单位从业人员中，内资企业占 81.9%，港、澳、台商投资企业占 5.8%，外商投资企业占 12.4%。内资企业中，国有企业占全部企业的 16.0%，集体企业占 1.6%，私营企业占 19.9%（详见表 2－1）。

表 2－1　按登记注册类型分组的工业企业法人单位和从业人员

	企业法人单位（个）	从业人员（万人）
合　　计	**13756**	**100.32**
内资企业	13254	82.12
国有企业	216	16.03
集体企业	376	1.64
股份合作企业	66	0.15
联营企业	28	0.11
有限责任公司	5166	35.23
股份有限公司	290	8.02
私营企业	6412	19.95
其他企业	700	0.98
港、澳、台商投资企业	140	5.78
外商投资企业	362	12.42

图 2－1　按登记注册类型分组的工业企业法人单位及结构

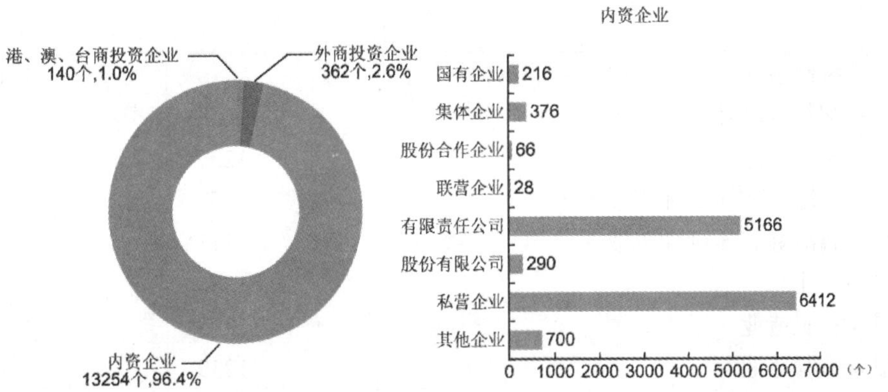

在工业企业法人单位中,采矿业 47 个,制造业 13540 个,电力、热力、燃气及水生产和供应业 169 个,分别占 0.3%、98.4% 和 1.2%。

在工业企业法人单位从业人员中,采矿业占 0.2%,制造业占 97.3%,电力、热力、燃气及水生产和供应业占 2.5%。在工业行业大类中,计算机、通信和其他电子设备制造业,黑色金属冶炼和压延加工业,汽车制造业从业人员数位居前三位,分别占 12.0%、11.3% 和 10.4%(详见表 2－2)。

表 2－2　按行业分组的工业企业法人单位和从业人员

	企业法人单位(个)	从业人员(万人)
合　　计	**13756**	**100.32**
煤炭开采和洗选业	–	–
石油和天然气开采业	–	–
黑色金属矿采选业	3	0.01
有色金属矿采选业	2	0.00
非金属矿采选业	37	0.08
开采辅助活动	4	0.12
其他采矿业	1	0.02
农副食品加工业	492	2.54
食品制造业	341	2.09
酒、饮料和精制茶制造业	111	1.68
烟草制品业	7	0.84
纺 织 业	320	1.92
纺织服装、服饰业	844	4.95
皮革、毛皮、羽毛及其制品和制鞋业	68	0.22
木材加工和木、竹、藤、棕、草制品业	207	0.57
家具制造业	219	0.46
造纸和纸制品业	302	1.04
印刷和记录媒介复制业	600	1.86
文教、工美、体育和娱乐用品制造业	173	0.55
石油加工、炼焦和核燃料加工业	45	0.48
化学原料和化学制品制造业	563	2.40
医药制造业	215	3.26

	企业法人单位（个）	从业人员（万人）
化学纤维制造业	9	0.04
橡胶和塑料制品业	654	2.80
非金属矿物制品业	1237	4.84
黑色金属冶炼和压延加工业	153	11.38
有色金属冶炼和压延加工业	111	0.45
金属制品业	1330	5.50
通用设备制造业	1315	5.31
专用设备制造业	1239	5.65
汽车制造业	668	10.45
铁路、船舶、航空航天和其他运输设备制造业	192	3.53
电气机械和器材制造业	887	7.65
计算机、通信和其他电子设备制造业	490	12.06
仪器仪表制造业	412	1.69
其他制造业	119	0.27
废弃资源综合利用业	46	0.33
金属制品、机械和设备修理业	171	0.76
电力、热力生产和供应业	60	0.94
燃气生产和供应业	25	0.51
水的生产和供应业	84	1.05

（二）资产总计

2013 年末，工业企业法人单位资产总计 11968.56 亿元，比 2008 年末增长 78.6%（详见表 2－3）。

表 2－3　按行业分组的工业企业法人单位资产总计

	资产总计（亿元）
合　　计	**11968.56**
煤炭开采和洗选业	－
石油和天然气开采业	－
黑色金属矿采选业	0.47
有色金属矿采选业	0.78
非金属矿采选业	1.73
开采辅助活动	13.74
其他采矿业	0.69
农副食品加工业	175.85
食品制造业	86.13
酒、饮料和精制茶制造业	133.03
烟草制品业	412.87
纺 织 业	80.79
纺织服装、服饰业	104.10
皮革、毛皮、羽毛及其制品和制鞋业	27.96
木材加工和木、竹、藤、棕、草制品业	11.94

	资 产 总 计 （亿元）
家具制造业	19.17
造纸和纸制品业	83.53
印刷和记录媒介复制业	89.19
文教、工美、体育和娱乐用品制造业	38.80
石油加工、炼焦和核燃料加工业	102.29
化学原料和化学制品制造业	377.10
医药制造业	298.49
化学纤维制造业	3.22
橡胶和塑料制品业	140.60
非金属矿物制品业	339.56
黑色金属冶炼和压延加工业	2617.63
有色金属冶炼和压延加工业	19.64
金属制品业	408.89
通用设备制造业	1261.36
专用设备制造业	565.05
汽车制造业	1457.88
铁路、船舶、航空航天和其他运输设备制造业	466.90
电气机械和器材制造业	634.86
计算机、通信和其他电子设备制造业	1223.40
仪器仪表制造业	90.93
其他制造业	13.16
废弃资源综合利用业	13.18
金属制品、机械和设备修理业	25.85
电力、热力生产和供应业	382.24
燃气生产和供应业	78.37
水的生产和供应业	167.20

（三）资产贡献率

2013 年，规模以上工业企业法人单位总资产贡献率为 13.0%。其中，采矿业为 6.0%，制造业为 13.7%，电力、热力、燃气及水生产和供应业为 7.8%（详见表 2－4）。

表 2－4　按行业分组的规模以上工业企业法人单位总资产贡献率

	总资产贡献率 （%）
总　　计	**13.04**
煤炭开采和洗选业	—
石油和天然气开采业	—
黑色金属矿采选业	33.87
有色金属矿采选业	—
非金属矿采选业	211.41
开采辅助活动	—0.60
其他采矿业	2.62

	总资产贡献率 （%）
农副食品加工业	15.69
食品制造业	11.55
酒、饮料和精制茶制造业	18.96
烟草制品业	98.86
纺 织 业	10.03
纺织服装、服饰业	11.31
皮革、毛皮、羽毛及其制品和制鞋业	13.21
木材加工和木、竹、藤、棕、草制品业	33.15
家具制造业	6.87
造纸和纸制品业	6.00
印刷和记录媒介复制业	11.80
文教、工美、体育和娱乐用品制造业	9.89
石油加工、炼焦和核燃料加工业	52.05
化学原料和化学制品制造业	5.58
医药制造业	13.83
化学纤维制造业	2.56
橡胶和塑料制品业	23.04
非金属矿物制品业	12.29
黑色金属冶炼和压延加工业	3.93
有色金属冶炼和压延加工业	10.57
金属制品业	7.10
通用设备制造业	5.79
专用设备制造业	4.42
汽车制造业	25.54
铁路、船舶、航空航天和其他运输设备制造业	4.48
电气机械和器材制造业	9.43
计算机、通信和其他电子设备制造业	5.42
仪器仪表制造业	13.98
其他制造业	17.21
废弃资源综合利用业	5.85
金属制品、机械和设备修理业	6.29
电力、热力生产和供应业	8.34
燃气生产和供应业	13.10
水的生产和供应业	2.11

图2－2　规模以上工业企业法人单位总资产贡献率

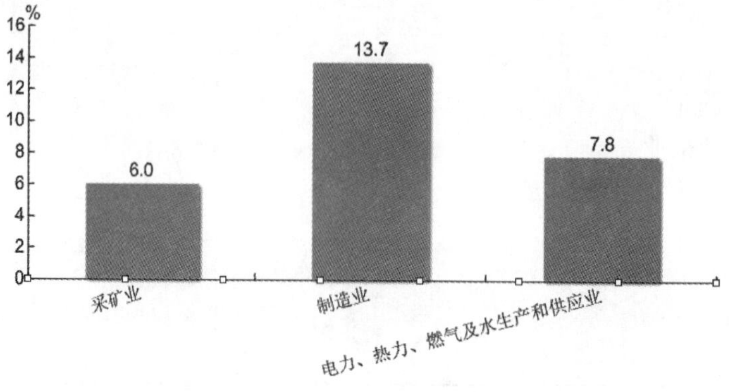

(四)企业研发活动

2013 年,开展研究与试验发展(简称 R&D 或研发)活动的规模以上工业企业法人单位 389 个,占全部规模以上工业企业法人单位的 16.5%。

2013 年,规模以上工业企业法人单位 R&D 人员折合全时当量 3.29 万人年,比 2008 年增长 72.3%。

2013 年,规模以上工业企业法人单位 R&D 经费支出 150.34 亿元,比 2008 年增长 3.1 倍;R&D 经费投入强度为 1.35%,比 2008 年提高 0.5 个百分点。规模以上工业企业法人单位分行业 R&D 经费支出及投入强度情况详见表 2-5。

2013 年,规模以上工业企业法人单位全年专利申请量 7542 件,其中发明专利申请 3243 件,分别比 2008 年增长 228.5% 和 403.9%;发明专利申请所占比重为 43.0%,比 2008 年提高 14.9 个百分点。

表 2-5 按行业分组的规模以上工业企业法人单位 R&D 经费支出及投入强度

	R&D 经费支出(万元)	R&D 经费投入强度(%)
总计	**1503406.8**	**1.35**
采矿业	187.8	0.14
煤炭开采和洗选业	—	—
石油和天然气开采业	—	—
黑色金属矿采选业	—	—
有色金属矿采选业	—	—
非金属矿采选业	—	—
开采辅助活动	—	—
其他采矿业	187.8	3.94
制造业	1495001.0	1.47
农副食品加工业	8709.4	0.25
食品制造业	1594.0	0.14
酒、饮料和精制茶制造业	488.3	0.03
烟草制品业	19676.7	0.41
纺织业	289.0	0.04
纺织服装、服饰业	5930.5	0.76
皮革、毛皮、羽毛及其制品和制鞋业	—	—
木材加工和木、竹、藤、棕、草制品业	—	—
家具制造业	1236.0	1.00
造纸和纸制品业	886.9	0.12
印刷和记录媒介复制业	4858.8	0.73
文教、工美、体育和娱乐用品制造业	1404.5	0.35
石油加工、炼焦和核燃料加工业	260.0	0.01
化学原料和化学制品制造业	19816.2	0.87
医药制造业	75809.3	3.78
化学纤维制造业	—	—
橡胶和塑料制品业	1571.6	0.08
非金属矿物制品业	5729.6	0.23
黑色金属冶炼和压延加工业	435426.4	1.83
有色金属冶炼和压延加工业	—	—
金属制品业	40509.8	1.24

	R&D 经费支出（万元）	R&D 经费投入强度（%）
通用设备制造业	44138.1	1.38
专用设备制造业	65599.0	2.21
汽车制造业	174854.9	0.93
铁路、船舶、航空航天和其他运输设备制造业	69750.3	2.42
电气机械和器材制造业	80582.4	1.21
计算机、通信和其他电子设备制造业	417500.4	3.84
仪器仪表制造业	11908.3	2.34
其他制造业	1781.3	3.31
废弃资源综合利用业	—	—
金属制品、机械和设备修理业	4689.3	3.56
电力、热力、燃气及水生产和供应业	8218.0	0.09
电力、热力生产和供应业	8218.0	0.09
燃气生产和供应业	—	—

（五）高技术产业（制造业）

2013 年末，全市共有规模以上高技术产业（制造业）企业法人单位 315 个，占规模以上制造业的比重为 13.7%。

2013 年，规模以上高技术产业（制造业）企业法人单位 R&D 经费支出 54.72 亿元，占规模以上制造业的比重为 36.3%；R&D 经费投入强度为 3.78%，比规模以上制造业平均水平高 2.4 个百分点（详见表 2-6）。

2013 年，规模以上高技术产业（制造业）企业法人单位全年专利申请量 2407 件，其中发明专利申请 1389 件；发明专利申请所占比重为 57.7%，比规模以上制造业平均水平高 14.7 个百分点。

表 2-6　按领域分规模以上高技术产业（制造业）企业法人单位 R&D 经费支出及投入强度

	R&D 经费支出（万元）	R&D 经费投入强度（%）
高技术产业（制造业）	547154.7	3.78
1. 医药制造业	75809.3	3.78
2. 航空、航天器及设备制造业	4850.2	6.09
3. 电子及通信设备制造业	432824.9	4.03
4. 计算机及办公设备制造业	20856.8	1.92
5. 医疗仪器设备及仪器仪表制造业	12813.5	2.30

图 2-3 按领域分规模以上高技术产业（制造业）企业法人单位 R&D 经费支出及投入强度

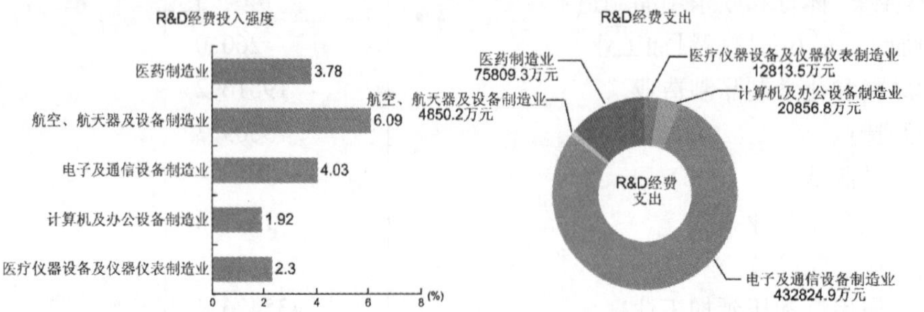

二、建筑业

（一）企业法人单位数和从业人员

2013年末，全市共有建筑业企业法人单位9561个，从业人员90.85万人，分别比2008年末增长27.5%和22.1%。

建筑业企业法人单位中，内资企业占99.7%，港、澳、台商投资企业占0.2%，外商投资企业占0.1%；内资企业中，国有企业占企业法人单位的2.3%，集体企业占1.6%，私营企业占96.1%。

建筑业企业法人单位从业人员中，内资企业占99.7%，港、澳、台商投资企业占0.3%，外商投资企业占0.01%。内资企业中，国有企业占企业法人单位从业人员的3.3%，集体企业占0.7%，私营企业占26.1%（详见表2－7）。

表2－7　按登记注册类型分组的建筑业企业法人单位和从业人员

	企业法人单位（个）	从业人员（万人）
合　　计	**9561**	**90.85**
内资企业	9535	90.56
国有企业	94	2.99
集体企业	71	0.65
股份合作企业	19	0.07
联营企业	5	0.02
有限责任公司	4273	60.51
股份有限公司	141	1.86
私营企业	4424	23.68
其他内资企业	508	0.79
港、澳、台商投资企业	19	0.28
外商投资企业	7	0.01

图2－4　按登记注册类型分组的建筑业企业法人单位及结构

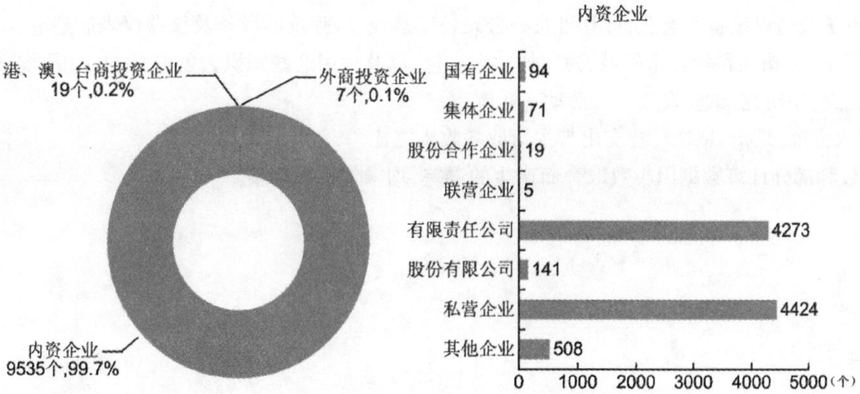

建筑业企业法人单位中，房屋建筑业占17.0%，土木工程建筑业占19.1%，建筑安装业占19.4%，建筑装饰和其他建筑业占44.5%。

建筑业企业法人单位从业人员中，房屋建筑业占61.7%，土木工程建筑业占19.6%，建筑安装业占8.5%，建筑装饰和其他建筑业占10.1%（详见表2－8）。

表 2－8 按行业分组的建筑业企业法人单位和从业人员

	企业法人单位（个）	从业人员（万人）
合　　计	**9561**	**90.85**
房屋建筑业	1628	56.09
土木工程建筑业	1825	17.83
建筑安装业	1853	7.75
建筑装饰和其他建筑业	4255	9.18

（二）资产总计

2013 年末，建筑业企业法人单位资产总计 5151.73 亿元，其中：房屋建筑业占 33.4%，土木工程建筑业占 52.7%，建筑安装业占 8.0%，建筑装饰和其他建筑业占 5.9%（详见表 2－9）。

表 2－9 按行业分组的建筑业企业法人单位资产总计

	资 产 总 计（亿元）
合　　计	**5151.73**
房屋建筑业	1719.87
土木工程建筑业	2715.95
建筑安装业	414.08
建筑装饰和其他建筑业	301.57

注释：

[1]规模以上工业：是指全部年主营业务收入 2000 万元及以上的法人工业企业。

[2]高技术产业（制造业）：按照《高技术产业（制造业）分类(2013)》，高技术产业（制造业）具体包括医药制造业，航空、航天器及设备制造业，电子及通讯设备制造业，计算机及办公设备制造业，医疗仪器设备及仪器仪表制造业。

[3]研究与试验发展：是指在科学技术领域，为增加知识总量，以及运用这些知识去创造新的应用而进行的系统的、创造性的活动，包括基础研究、应用研究、试验发展三类活动。

[4]R&D 经费投入强度：是指 R&D 经费支出与主营业务收入之比。

[5]表中的合计数和部分计算数据因小数取舍而产生的误差，均未作机械调整。

武汉市第三次全国经济普查主要数据公报

（第三号）

WUHAN THIRD NATIONAL ECONORNIC CENSUS MAIN DATA BULLETIN

（THE THIRD CHAPTER）

武汉市统计局

武汉市人民政府第三次全国经济普查领导小组办公室

2015 年 6 月 9 日

根据武汉市第三次全国经济普查结果，现将我市第三产业的主要数据公布如下：

一、批发和零售业

（一）企业法人单位数和从业人员

2013 年末，全市共有批发和零售业企业法人单位 40849 个，从业人员 53.66 万人，分别比 2008 年末增长 37.5% 和 45.0%。

在批发和零售业企业法人单位中，批发业占 60.5%，零售业占 39.5%。在批发和零售业企业法人单位从业人员中，批发业占 52.2%，零售业占 47.8%（详见表 3－1）。

表 3－1　按行业分组的批发和零售业企业法人单位和从业人员

	企业法人单位（个）	从业人员（万人）
合　　计	**40849**	**53.66**
批 发 业	24702	28.00
农、林、牧产品批发	1127	1.53
食品、饮料及烟草制品批发	1713	3.55
纺织、服装及家庭用品批发	2910	2.92
文化、体育用品及器材批发	1071	1.54
医药及医疗器材批发	954	3.10
矿产品、建材及化工产品批发	7770	8.19
机械设备、五金产品及电子产品批发	7209	5.45
贸易经纪与代理	803	0.92
其他批发业	1145	0.80
零 售 业	16147	25.66
综合零售	1335	7.53
食品、饮料及烟草制品专门零售	1316	1.79
纺织、服装及日用品专门零售	1998	2.40

	企业法人单位（个）	从业人员（万人）
文化、体育用品及器材专门零售	1367	1.03
医药及医疗器材专门零售	1354	1.97
汽车、摩托车、燃料及零配件专门零售	1262	5.27
家用电器及电子产品专门零售	3186	2.59
五金、家具及室内装饰材料专门零售	2470	1.57
货摊、无店铺及其他零售业	1859	1.51

图3－1　批发和零售业企业法人单位和从业人员结构

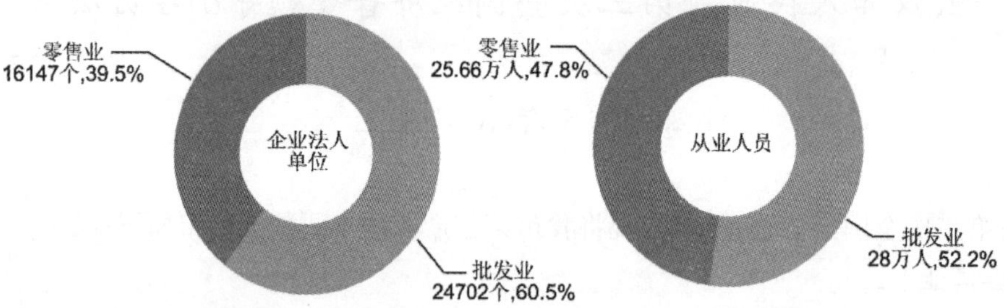

在批发和零售业企业法人单位中，内资企业占99.5%，港、澳、台商投资企业占0.2%，外商投资企业占0.3%。内资企业中，国有企业占企业法人单位的0.8%，股份有限公司占0.9%，有限责任公司占38.0%，私营企业占50.8%。

在批发和零售业企业法人单位从业人员中，内资企业占93.9%，港、澳、台商投资企业占2.6%，外商投资企业占3.5%（详见表3－2）。

表3－2　按登记注册类型分组的批发和零售业企业法人单位和从业人员

	企业法人单位（个）	从业人员（万人）
合　　计	**40849**	**53.66**
内资企业	40636	50.37
国有企业	310	1.07
集体企业	349	0.48
股份合作企业	198	0.15
联营企业	61	0.05
有限责任公司	15521	19.58
股份有限公司	357	8.87
私营企业	20760	17.58
其他企业	3080	2.59
港、澳、台商投资企业	101	1.40
外商投资企业	112	1.89

（二）资产总计

2013年末，批发和零售业企业法人单位资产总计5797.27亿元，比2008年末增长174.0%。其中，批发业企业法人单位资产总计3938.26亿元，零售业企业法人单位资产总计1859.00亿元，分别比2008年末增长152.4%和234.5%（详见表3－3）。

表3－3　按行业分组的批发和零售业企业法人单位资产总计

	资产总计（亿元）
合　　计	**5797.27**
批发业	3938.27
农、林、牧产品批发	202.26
食品、饮料及烟草制品批发	311.96
纺织、服装及家庭用品批发	220.95
文化、体育用品及器材批发	111.36
医药及医疗器材批发	358.51
矿产品、建材及化工产品批发	1812.48
机械设备、五金产品及电子产品批发	462.83
贸易经纪与代理	379.35
其他批发业	78.57
零售业	1859.00
综合零售	503.47
食品、饮料及烟草制品专门零售	49.43
纺织、服装及日用品专门零售	63.49
文化、体育用品及器材专门零售	39.66
医药及医疗器材专门零售	169.36
汽车、摩托车、燃料及零配件专门零售	486.74
家用电器及电子产品专门零售	145.32
五金、家具及室内装饰材料专门零售	309.98
货摊、无店铺及其他零售业	91.55

图3－2　按行业分组的批发和零售业企业法人单位资产结构

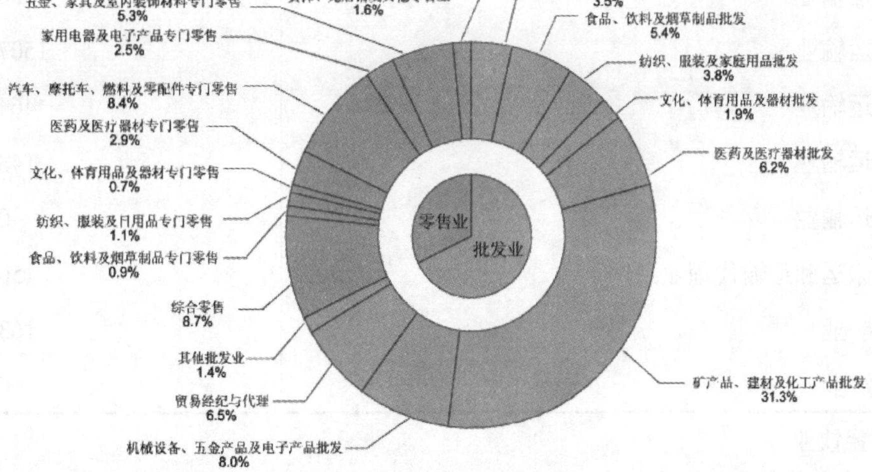

二、交通运输、仓储和邮政业

(一)企业法人单位数和从业人员

2013年末，全市共有交通运输、仓储和邮政业企业法人单位3325个，从业人员25.00万人，分别比2008年末增长24.4%和4.6%。

在交通运输、仓储和邮政业企业法人单位中，内资企业占99.2%，港、澳、台商投资企业占0.5%，外商投资企业占0.3%。

在交通运输、仓储和邮政业企业法人单位从业人员中,内资企业占98.6%,港、澳、台商投资企业占0.9%,外商投资企业占0.5%(详见表3-4)。

表3-4 按登记注册类型分组的交通运输、仓储和邮政业企业法人单位和从业人员

	企业法人单位(个)	从业人员(万人)
总　　计	**3325**	**25.00**
内资企业	3298	24.64
国有企业	82	13.50
集体企业	52	0.21
股份合作企业	7	0.04
联营企业	9	0.01
有限责任公司	1470	8.26
股份有限公司	52	0.16
私营企业	1442	2.28
其他企业	184	0.17
港、澳、台商投资企业	16	0.24
外商投资企业	11	0.13

(二)资产总计

2013年末,交通运输、仓储和邮政业企业法人单位资产总计6130.06亿元(详见表3-5)。

表3-5 按行业分组的交通运输、仓储和邮政业企业法人单位资产总计

	资产总计(亿元)
合　　计	**6130.06**
铁路运输业	3638.17
道路运输业	1507.95
水上运输业	464.10
航空运输业	143.97
管道运输业	0.75
装卸搬运和运输代理业	150.58
仓 储 业	163.83
邮 政 业	60.70

三、住宿和餐饮业

(一)企业法人单位数和从业人员

2013年末,全市共有住宿和餐饮业企业法人单位2426个,从业人员12.04万人,分别比2008年末下降17.3%和增长2.0%。

在住宿和餐饮业企业法人单位中,住宿业占35.5%,餐饮业占64.5%。在住宿和餐饮业企业法人单位从业人员中,住宿业占30.1%,餐饮业占69.9%(详见表3-6)。

表 3－6　按行业分组的住宿和餐饮业企业法人单位和从业人员

	企业法人单位（个）	从业人员（万人）
合　　计	2426	12.04
住 宿 业	862	3.62
旅游饭店	282	2.48
一般旅馆	448	0.94
其他住宿业	132	0.20
餐 饮 业	1564	8.42
正餐服务	1273	5.71
快餐服务	103	2.29
饮料及冷饮服务	68	0.17
其他餐饮业	120	0.25

图 3－3　按行业分组的住宿和餐饮业企业法人单位结构

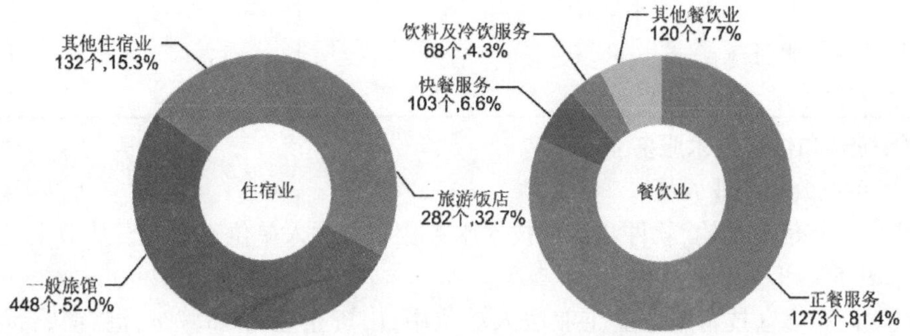

在住宿和餐饮业企业法人单位中，内资企业占 97.4%，港、澳、台商投资企业占 1.6%，外商投资企业占 1.0%。内资企业中，国有企业占企业法人单位的 3.7%，股份有限公司占 1.0%，有限责任公司占 37.3%，私营企业占 48.4%。

在住宿和餐饮业企业法人单位从业人员中，内资企业占 74.9%，港、澳、台商投资企业占 6.2%，外商投资企业占 18.9%（详见表 3－7）。

表 3－7　按登记注册类型分组的住宿和餐饮业企业法人单位和从业人员

	企业法人单位（个）	从业人员（万人）
合　　计	2426	12.04
内资企业	2362	9.02
国有企业	89	0.64
集体企业	21	0.07
股份合作企业	19	0.03
联营企业	8	0.04
有限责任公司	904	4.62
股份有限公司	24	0.10
私营企业	1174	3.32
其他企业	123	0.20
港、澳、台商投资企业	39	0.75
外商投资企业	25	2.27

（二）资产总计

2013年末，住宿和餐饮业企业法人单位资产总计为275.36亿元，比2008年末增长59.7%。其中，住宿业企业法人单位资产总计150.91亿元，餐饮业企业法人单位资产总计124.45亿元，分别比2008年末增长42.2%和87.7%（详见表3-8）。

表3-8 按行业分组的住宿和餐饮业企业法人单位资产总计

	资产总计（亿元）
合计	**275.36**
住宿业	150.91
旅游饭店	122.88
一般旅馆	23.60
其他住宿业	4.43
餐饮业	124.45
正餐服务	101.61
快餐服务	15.75
饮料及冷饮服务	1.97
其他餐饮业	5.12

四、信息传输、软件和信息技术服务业

（一）企业法人单位数和从业人员

2013年末，全市共有信息传输、软件和信息技术服务业企业法人单位4919个，从业人员9.53万人，分别比2008年末增长79.5%和86.1%。

在信息传输、软件和信息技术服务业企业法人单位中，内资企业占98.7%，港、澳、台商投资企业占0.4%，外商投资企业占0.9%。

在信息传输、软件和信息技术服务业企业法人单位从业人员中，内资企业占90.9%，港、澳、台商投资企业占2.5%，外商投资企业占6.6%（详见表3-9）。

表3-9 按登记注册类型分组的信息传输、软件和信息技术服务业企业法人单位和从业人员

	企业法人单位（个）	从业人员（万人）
合计	**4919**	**9.53**
内资企业	4854	8.66
国有企业	25	0.22
集体企业	7	0.01
股份合作企业	11	0.01
联营企业	0	0.00
有限责任公司	2248	4.80
股份有限公司	67	1.29
私营企业	2266	2.10
其他企业	230	0.24
港、澳、台商投资企业	19	0.23
外商投资企业	46	0.63

图3－4　按登记注册类型分组的信息传输、软件和信息技术服务业 企业法人单位及结构

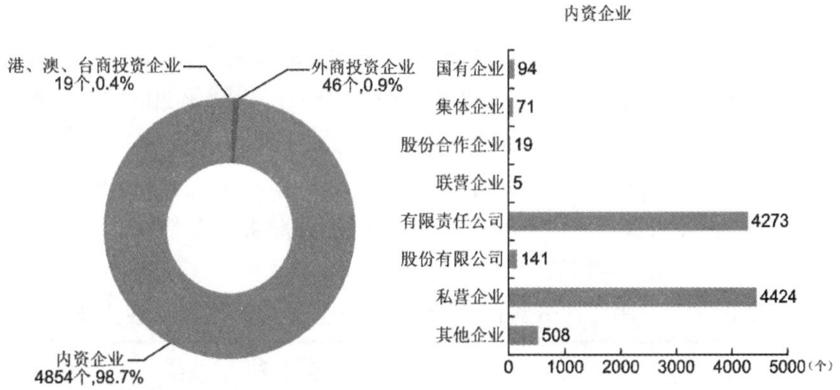

(二)资产总计

2013 年末,信息传输、软件和信息技术服务业企业法人单位资产总计 1678.93 亿元(详见表 3－10)。

表3－10　按行业分组的信息传输、软件和信息技术服务业企业法人单位资产总计

	资产总计(亿元)
合　　计	1678.93
电信、广播电视和卫星传输服务	1182.99
互联网和相关服务	19.16
软件和信息技术服务业	476.77

五、金融业

(一)企业法人单位数和从业人员

2013 年末,全市共有金融业企业法人单位 294 个,从业人员 26484 人(详见表 3－11)。

表3－11　按行业分组的金融业企业法人单位和从业人员

	企业法人单位(个)	从业人员(万人)
合　　计	294	26484
货币金融服务	137	10585
资本市场服务	6	6038
保险业	130	9389
其他金融业	21	472

(二)资产总计

2013 年末,金融业企业法人单位资产总计 23447.43 亿元。(详见表 3－12)。

表3－12　按行业分组的金融业企业法人单位资产总计

	资产总计(亿元)
合　　计	23447.43
货币金融服务	22117.04
资本市场服务	382.43
保 险 业	708.31
其他金融业	239.65

六、房地产业

(一)企业法人单位数和从业人员

2013年末,全市共有房地产业企业法人单位6750个,比2008年末增长20.1%。其中,房地产开发经营企业1891个,物业管理企业2427个,房地产中介服务企业1785个,分别比2008年末增长36.9%、52.2%和53.0%。

2013年末,全市房地产业企业法人单位的从业人员为17.48万人,比2008年末增长36.1%。其中,房地产开发经营企业5.65万人,物业管理企业8.70万人,房地产中介服务企业2.02万人,分别比2008年末增长46.4%、68.3%和103.4%(详见表3-13)。

表3-13 按行业分组的房地产业企业法人单位和从业人员

	企业法人单位(个)	从业人员(万人)
合　　计	**6750**	**17.48**
房地产开发经营	1891	5.65
物业管理	2427	8.70
房地产中介服务	1785	2.02
自有房地产经营活动	473	0.78
其他房地产业	174	0.33

(二)资产总计

2013年末,全市房地产业企业法人单位的资产总计为10793.72亿元。其中,房地产开发企业9649.62亿元,物业管理企业477.10亿元,房地产中介服务企业145.27亿元(详见表3-14)。

表3-14 按行业分组的房地产业企业法人单位资产总计

	资产总计(亿元)
合　　计	**10793.72**
房地产开发经营	9649.62
物业管理	477.10
房地产中介服务	145.27
自有房地产经营活动	129.07
其他房地产业	392.67

图3-5 按行业分组的房地产业结构

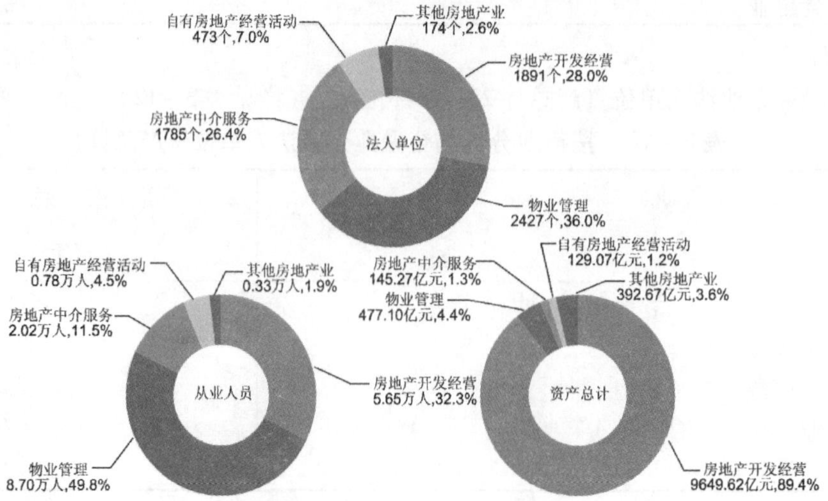

七、租赁和商务服务业

（一）企业法人单位数和从业人员

2013 年末，全市共有租赁和商务服务业企业法人单位 15029 个，从业人员 17.56 万人，分别比 2008 年末增长 121.3% 和 60.2%。

在租赁和商务服务业企业法人单位中，内资企业占 99.5%，港、澳、台商投资企业占 0.2%，外商投资企业占 0.3%。

在租赁和商务服务业企业法人单位从业人员中，内资企业占 98.4%，港、澳、台商投资企业占 0.2%，外商投资企业占 1.4%（详见表 3－15）。

表 3－15　按登记注册类型分组的租赁和商务服务业企业法人单位和从业人员

	企业法人单位（个）	从业人员（万人）
合　　计	**15029**	**17.56**
内资企业	14960	17.29
国有企业	185	1.44
集体企业	124	0.20
股份合作企业	45	0.06
联营企业	22	0.04
有限责任公司	6598	8.05
股份有限公司	168	0.70
私营企业	6864	5.90
其他企业	954	0.90
港、澳、台商投资企业	24	0.04
外商投资企业	45	0.24

图 3－6　按登记注册类型分组的租赁和商务服务业企业法人单位及结构

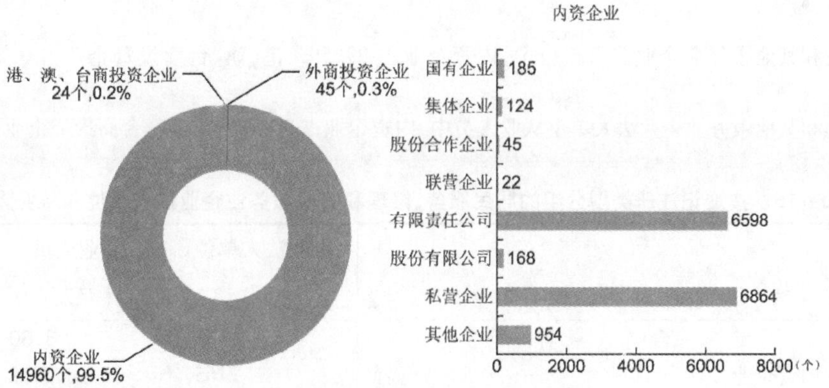

（二）资产总计

2013 年末，租赁和商务服务业企业法人单位资产总计 10007.09 亿元。

八、科学研究和技术服务业

（一）企业法人单位数和从业人员

2013 年末，全市共有科学研究和技术服务业企业法人单位 6685 个，从业人员 14.04 万人，分别比 2008 年末增长 139.1% 和 93.7%。

在科学研究和技术服务业企业法人单位中，内资企业占 99.3%，港、澳、台商投资企业占 0.2%，外商投资企业占 0.5%。

在科学研究和技术服务业企业法人单位从业人员中，内资企业占 97.7%，港、澳、台商投资企业占 0.2%，外商投资企业占 2.1%（详见表 3－16）。

表3－16　按登记注册类型分组的科学研究和技术服务业企业法人单位和从业人员

	企业法人单位（个）	从业人员（万人）
合　　计	**6685**	**14.04**
内资企业	6635	13.72
国有企业	171	1.60
集体企业	26	0.02
股份合作企业	24	0.03
联营企业	14	0.02
有限责任公司	2868	7.59
股份有限公司	78	0.27
私营企业	2619	3.10
其他企业	835	1.09
港、澳、台商投资企业	14	0.03
外商投资企业	36	0.29

（二）资产总计

2013年末，科学研究和技术服务业企业法人单位资产总计1571.67亿元（详见表3－17）。

表3－17　按行业分组的科学研究和技术服务业企业法人单位资产总计

	资　产　总　计（亿元）
合　　计	1571.67
研究和试验发展	126.96
专业技术服务业	1244.66
科技推广和应用服务业	200.04

九、居民服务、修理和其他服务业

（一）企业法人单位数和从业人员

2013年末，全市共有居民服务、修理和其他服务业企业法人单位2175个，从业人员3.60万人，分别比2008年末下降22.2%和1.7%。

在居民服务、修理和其他服务业企业法人单位中，内资企业占99.5%，港、澳、台商投资企业占0.2%，外商投资企业占0.3%。

在居民服务、修理和其他服务业企业法人单位从业人员中，内资企业占97.9%，港、澳、台商投资企业占0.3%，外商投资企业占1.8%（详见表3－18）。

表3－18　按登记注册类型分组的居民服务、修理和其他服务业企业法人单位和从业人员

	企业法人单位（个）	从业人员（万人）
合　　计	**2175**	**3.60**
内资企业	2165	3.52
国有企业	22	0.09
集体企业	46	0.35
股份合作企业	18	0.04
联营企业	0	0.00
有限责任公司	822	1.38
股份有限公司	23	0.02
私营企业	1059	1.46
其他企业	175	0.17
港、澳、台商投资企业	3	0.01
外商投资企业	7	0.07

（二）资产总计

2013 年末，居民服务、修理和其他服务业企业法人单位资产总计65.58 亿元（详见表3－19）。

表3－19 按行业分组的居民服务、修理和其他服务业企业法人单位资产总计

	资产总计 （亿元）
合计	**65.58**
居民服务业	18.45
机动车、电子产品和日用产品修理业	30.57
其他服务业	16.55

十、水利、环境和公共设施管理业

（一）法人单位和从业人员

2013 年末，全市共有水利、环境和公共设施管理业法人单位1048 个，其中，行政事业及非企业法人单位480 个；水利、环境和公共设施管理业法人单位从业人员5.14 万人，其中，行政事业及非企业法人单位3.40 万人。

（二）资产

2013 年末，水利、环境和公共设施管理业企业法人单位资产总计500.77 亿元，行政事业及非企业法人单位年末资产120.77 亿元。

十一、教育

（一）法人单位和从业人员

2013 年末，全市共有教育法人单位3639 个，其中，行政事业及非企业法人单位2451 个；教育法人单位从业人员21.80 万人，其中，行政事业及非企业法人单位20.11 万人。

（二）资产

2013 年末，教育企业法人单位资产总计39.37 亿元，行政事业及非企业法人单位年末资产999.56 亿元。

十二、卫生和社会工作

（一）法人单位和从业人员

2013 年末，全市共有卫生和社会工作法人单位2342 个，其中，行政事业及非企业法人单位1716 个；卫生和社会工作法人单位从业人员11.05 万人，其中，行政事业及非企业法人单位8.67 万人。

（二）资产

2013 年末，卫生和社会工作企业法人单位资产总计58.02 亿元，行政事业及非企业法人单位年末资产392.69 亿元。

十三、文化、体育和娱乐业

（一）法人单位和从业人员

2013 年末，全市共有文化、体育和娱乐业法人单位2238 个，其中，行政事业及非企业法人单位497 个；文化、体育和娱乐业法人单位从业人员4.74 万人，其中，行政事业及非企业法人单位0.98 万人。

（二）资产

2013 年末，文化、体育和娱乐业企业法人单位资产总计522.40 亿元，行政事业及非企业法人单位年末资产63.82 亿元。

十四、公共管理、社会保障和社会组织

2013 年末，全市共有公共管理、社会保障和社会组织法人单位8598 个，其中，行政事业及非企业法人单位8501 个；公共管理、社会保障和社会组织法人单位从业人员17.80 万人，其中，行政事业及非企业法人单位17.75 万人。

注释：

[1]金融业企业法人从业人员只包含武汉市内金融业企业法人从业人数。

[2]表中的合计数和部分计算数据因小数取舍而产生的误差，均未作机械调整。

一、综合核算

GENERAL SURVEY

资料整理人员： 刘忠庆　张晓勇　钱　露　余　晖　谌　赪　陈全意　胡开锋　秦永荣　刘　洁　杨　凡

STAFF FOR DATA PROCESSING：

Liu Zhongqing　Zhang Xiaoyong　Qian Lu　Yu Hui　Shen Cheng　Chen Quanyi　Hu Kaifeng　Qin Yongrong　Liu Jie　Yang Fan

简要说明

本篇资料由武汉市行政区划与自然状况、国民经济综合资料和国民经济核算资料三部分组成。

行政区划与自然状况涵盖了全市版图面积、人口规模、气象情况等。其中行政区划及群众自治组织、版图面积由民政局整理提供;户数、人口数由市公安局按行政区户籍人口变动情况汇总整理提供;人口密度由市统计局人口处根据人口数与土地面积之比计算整理;气象资料由武汉市气象局提供。

国民经济综合资料是抽取全书的精华,是通过对各篇章主要统计指标及其速度、结构、比例和效益等的加工计算,来反映国民经济和社会发展的总体情况。

国民经济核算资料中城市生产总值数据是市统计局核算处根据不同产业部门、不同支出构成的特点和资料来源情况而采用不同方法计算的。本年鉴公布的国民经济核算资料,最后一年数据是初步核实数;如果遇到普查年,在能够获得更详细的基础资料的情况下,生产总值的历史数据也会发生变动。

Brief Description

The data in this chapter involve administration division and natural conditions, national economic comprehensive materials, national economic accounting materials in Wuhan city.

Administration division and natural conditions include land area, population size and meteorological data in Wuhan city. Data on administration division and land area are prepared by Wuhan city bureau of civil administration. Households and populations are prepared by Wuhan city bureau of public security according to changes of population of the household register. Population density is prepared and collected by population department of Wuhan city bureau of statistics in line with ratio of population number and land area. Meteorological data are provided by Wuhan City bureau of weather. Data on city size and construction land by Wuhan city committee of builds.

The summary data on the national economy highlight the overall situation of economic and social development by presenting key statistics including growth, structure, ratio and efficiency data derived from other chapters.

The data on GDP are calculated by the department of national economic accounting, Wuhan city bureau of statistics with various approaches in the light of various sectors, various expenditure structures and the data sources. Data on the national accounts of the latest year published in the yearbook are the preliminary and are subject to changes, when it happens to be a census year, the data of GDP of the past years may also be revised.

1-1 土地面积、人口密度、户数、人口数
STATISTICS ON LAND AREA, POPULATION DENSITY, HOUSEHOLDS AND POPULATION

各　区 District	土地面积 (平方公里) Land Area (sq. km)	人口密度 (人/平方公里) Population Density (person/sq. km)	2014年户籍人口 户　数 (户) Households (household)	2014年户籍人口 年末人数 (人) Population (person)	2013年户籍人口 户　数 (户) Households (household)	2013年户籍人口 年末人数 (人) Population (Person)	2014年 常住人口 (万人) Resident Population
总　计　Total	8569.15	1206	2880203	8273117	2863929	8220493	1033.80
江岸区　Jiang'an	80.28	11672	273595	711084	267573	700179	93.70
江汉区　Jianghan	28.29	25415	191409	486676	189206	485618	71.90
硚口区　Qiaokou	40.06	21375	206275	527593	205336	528649	85.63
汉阳区　Hanyang	111.54	5594	229544	576536	223727	567230	62.40
武昌区　Wuchang	64.58	19435	341566	1076733	335913	1086411	125.51
青山区　Qingshan	57.12	9051	152107	438525	151461	442347	51.70
洪山区　Hongshan	573.28	2615	301444	936139	283331	927275	149.89
东西湖区　Dongxihu	495.34	1026	107859	283103	104613	276445	50.82
汉南区　Hannan	287.05	449	41923	112889	41715	111562	12.90
蔡甸区　Caidian	1093.17	618	149520	454810	148031	449084	67.60
江夏区　Jiangxia	2018.31	419	218775	588943	212110	583623	84.65
黄陂区　Huangpi	2256.70	404	346862	1121602	385385	1112543	91.10
新洲区　Xinzhou	1463.43	588	319324	958484	315528	949527	86.00

注:1、人口密度按常住人口计算。
2、行政区户数中:江汉区含水上地区89户,汉阳区含武汉经济技术开发区49879户,洪山区含东湖新技术开发区103874户、东湖生态旅游风景区14609户、武汉化学工业区12204户。
3、行政区年末户籍人口中:江汉区含水上地区8756人,汉阳区含武汉经济技术开发区146119人,洪山区含东湖新技术开发区327571人、东湖生态旅游风景区33599人、武汉化学工业区32966人。
4、行政区常住人口中:江汉区含水上地区0.42万人,武昌区含东湖生态旅游风景区1.71万人,洪山区含东湖新技术开发区29.15万人、东湖生态旅游风景区6.27万人和武汉化学工业区4.37万人,江夏区含东湖新技术开发区16.85万人,蔡甸区含武汉经济技术开发区23.7万人。

Note: 1. Population density was calculated according to resident population.
2. The households of Jianghan district includes 89 households of Water Bureau. The households of Hanyang district includes 49879 households of Wuhan Economic Technological Development Zone. Hongshan district includes 103874 households of East Lake High - Tech, 14609 households of East Lake Ecotourism Scenic Zone, 12204 households of Wuhan Chemical Industry Park.
3. The resident registered population of Jianghan district incldes 8756 peole of Water Bureau. Hanyang district includes 146119 people of Wuhan Economic Technological Development Zone, Hongshan district includes 327571 people of East Lake High - Tech Development Zone, 33599 people of East Lake Ecotourism Scenic Zone, 32966 peole of Wuhan chemical Industrical Park.
4. The resident population of Jianghan district includes 42 thousand peole belonged Water Bureau, Wuchang district includes 17 thousand peole belonged east Lake Ecotourism Scenic Zone, Hongshan district included 291.5 tholusand peole belonged to East Lake High - Tech Development Zone, 4.37 thousand belonged to East Lake Ecotourism Scenic Zone, 16.85 thousand belonged to Wuhan Chemical Industry Park. Caidian district includes 23.7 thousand belonged to Wuhan Economc Technological Development Zone, Jiangxia district includes 165.6 thousand belonged to East Lake High - Tech Development Zone.

1-2 行政区划及群众性自治组织(2014年)
ADMINISTRATIVE DIVISION AND GRASSROOTS UNITS (2014)

单位:个 (Unit)

各区 District	乡政府 Township Governments	镇政府 Town Governments	街办事处 Subdistrict Offices	社区居委会 Community	村民委员会 Villagers' Committee
总计 Tota	3	5	149	1327	1825
江岸区 Jiang'an			16	137	14
江汉区 Jianghan			13	107	
硚口区 Qiaokou			11	130	1
汉阳区 Hanyang			11	118	
武昌区 Wuchang			14	180	1
青山区 Qingshan			10	82	12
洪山区 Hongshan	1		13	145	14
东西湖区 Dongxihu			8	81	
汉南区 Hannan			4	19	29
蔡甸区 Caidian	1	2	9	42	283
江夏区 Jiangxia			15	56	268
黄陂区 Huangpi	1		15	67	589
新洲区 Xinzhou		3	10	64	546
武汉经济技术开发区 Wuhan Economic Technological Development Zone				31	21
东湖新技术开发区 Eeast Lake High-Tech Development Zone				53	26
东湖生态旅游风景区 East Lake Ecotourism Scenic Zone				14	1
武汉化学工业区 Wuhan Chemical Indurstry Park				1	20

1-3 气　象　情　况
METEOROLOGICAL DATA

指标 Item	2010	2011	2012	2013	2014
年平均气温(℃) Annual Average Temperature(℃)	16.6	16.3	16.4	17.1	16.7
年平均最低气温(℃) Annual Average Utmost Lowest Temperature(℃)	12.9	12.3	12.6	12.8	12.8
年平均最高气温(℃) Annual Average Utmost Highest Temperature(℃)	21.5	21.4	21	22.7	21.8
年极端最低气温(℃) Annual Utmost Lowest Temperature (℃)	-4	-7.8	-6.5	-7.2	-6.4
最低气温日期(日/月) Annual Utmost Lowest Temperature Day	1/12 16/12	16/1	25/1 30/12	5/1	11/2
年极端最高气温(℃) Annual Utmost Highest Temperature (℃)	38.1	37.3	37.5	39.5	37.1
最高气温日期(日/月) Annual Utmost Highest Temperature Day	4/8	26/7 29/7	31/7	11/8	22/7 4/8

1-4　分月气象情况(2014年)
METEOROLOGICAL DATA OF MONTH (2014)

月份 Month	当月平均气温(℃) Average Temperature(℃)	当月日照时数(小时) Sunshine Hours (hours)	当月降雨天数(天) Number of Rainings Days (days)	当月降雨量(毫米) Volume of Precipitation (mm)
一月 January	5.3	143.0	0	0
二月 February	5.1	62.5	9	69.9
三月 March	12.9	145.5	14	94.1
四月 April	17.3	113.0	17	147.3
五月 May	21.9	141.2	16	77.2
六月 June	25.7	102.0	9	65.4
七月 July	27.7	171.5	9	151.8
八月 August	26.1	142.0	13	145.2
九月 September	23.7	126.3	12	113.7
十月 October	18.6	183.2	5	140.9
十一月 November	11.7	98.5	14	141.2
十二月 December	4.8	167.6	2	1.7

1-5 国民经济和社会发展总量指标
PRINCIPAL AGGREGATE INDICATORS ON NATIONAL ECONOMIC AND SOCIAL DEVELOPMENT

指标 Item	总量指标 Aggregate Data				
	2010	2011	2012	2013	2014
人口与就业 Population and Employment					
人口(万人) Population (10 000 persons)					
年末总人口 Population at the Year-end	836.73	827.24	821.71	822.05	827.31
非农业人口 Non-Agricultural Population	541.28	546.59	555.02	555.60	559.26
农业人口 Agricultural Population	290.13	273.75	265.01	266.18	268.03
男性人口 Male	429.76	424.29	420.99	420.69	423.04
女性人口 Female	406.97	402.95	400.72	401.36	404.27
就业(万人) Employment (10 000 persons)					
从业人员数 Employment	483.00	498.00	506.40	522.24	530.44
#城镇非私营单位从业人员数 Staff and Workers	178.46	189.77	191.85	198.54	205.74
宏观经济 Macroecnomic Indicator					
国民核算 National Accounting					
生产总值(亿元) Gross Domestic Product (100 million yuan)	5565.93	6762.20	8003.82	9051.27	10069.48
第一产业 Primary Industry	170.04	198.70	301.21	335.40	350.06
第二产业 Secondary Industry	2532.82	3254.02	3869.56	4396.17	4785.66
工业 Industry	2079.82	2709.02	3203.66	3645.32	3942.75
建筑业 Construction	453.00	545.00	665.90	750.85	842.91
第三产业 Tertiary Industry	2863.07	3309.48	3843.05	4319.70	4933.76
物价指数(上年=100) Price Indices(Preceding year=100)					
居民消费价格总指数 General Consumer Price Index	103.0	105.2	102.8	102.4	101.9
商品零售价格总指数 General Retail Price Index	103.1	104.7	102.3	100.9	100.5
能耗 Energy Consumption					
单位GDP能耗(吨标准煤/万元) Unit GDP Energy Consumption(ton SCE/10 000 yuan)	1.0640	1.0183	0.7876	0.7599	0.7380
单位GDP能耗上升或下降(±%) The Reduced Rate of Unit GDP Energy Consumption	-4.36	-4.30	-4.47	-3.51	-2.88

注:2011年单位GDP能耗及其增减率按2010年不变价格计算。
Note: Unit GDP Energy Consumption and it's reduced rate of 2011 are calculated at 2010's constant price.

1－5 续 表 Continued

指 标 Item	总量指标 Aggregate Data				
	2010	2011	2012	2013	2014
工 业 Industry					
规模以上工业总产值（亿元） Gross Industrial Output Value(100 million yuan)	6424.59	7390.66	9018.88	10394.07	11764.59
主要工业产品产量 Output of Major Inustrial Products					
纱（吨） Yarn (ton)	57966	85735	125570	135076	139708
布总计(万米) Cloth (10 000 metres)	14007.00	24529.00	13829.00	14861.50	10192.20
原油加工量(万吨) Crude Oil Processed (10 000 tons)	498.23	503.39	432.71	641.48	788.28
化学原料药（吨） Chemical Raw Medicine (ton)	5546	6510	11375	12856	13410
中 成 药(吨) Traditional Chinese Patent Medicine (ton)	64538	70194	97681	91987	42053
光缆(万芯千米) Cable Optical (10 000 tons km)	971.43	1106.12	2624.72	2915.57	3372.34
显示器（万台） Monitors (10 000 unit)	1427.03	1505.65	1380.57	1372.37	1636.59
房间空调器（万台） Household Air Conditioner (10 000 units)	729.32	758.14	829.84	1189.35	1441.50
钢总计(万吨) Steel (10 000 tons)	1690.93	1885.11	1844.28	1895.23	1842.76
生 铁（万吨） Pig Iron (10 000 tons)	1579.09	1763.67	1625.05	1680.78	1637.15
成品钢材总计（万吨） Steel Products (10 000 tons)	1541.87	1729.90	1766.57	1809.12	1725.50
汽 车（辆） Automobile (unit)	669292	687996	795240	953450	1124652
年主营业务收入2000万元以上的工业企业财务指标 Insustrial Enterprises with Prime Operating Revenue over 20 million yuan					
固定资产净值年平均余额（亿元） Annual Average Net Value of Fixed Assets (ditto)	2591.15	2882.18	3613.44	3603.90	3419.99
利润总额（亿元） Pre-tax Profits (100 million yuan)	366.91	431.21	391.17	465.88	468.17

1-5 续 表 Continued

指 标 Item	总量指标 Aggregate Data				
	2010	2011	2012	2013	2014
农 业 **Agriculture**					
年末耕地资源面积（千公顷） Cultivated Areas (1 000 hectares)	207.07	206.52	203.82	199.44	198.53
乡村农林牧渔业从业人员(万人) Number of Persons Engaged in Farming, Forestry, Animal Husbandry and Fishery(10 000 persons)	56.45	54.11	49.94	47.05	49.93
农林牧渔业总产值(亿元) Gross Output Values of Farming, Forestry, Animal Husbandry and Fishery(100 million yuan)	281.09	329.49	476.04	530.27	559.44
主要农产品产量(万吨) Output of Major Farm Products(10 000 tons)					
粮 食 Grain	136.71	120.86	125.89	126.87	127.13
棉 花 Cotton	2.01	2.35	2.46	3.32	2.05
油 料 Oil-bearing Crops	19.01	17.61	18.02	18.66	18.55
蔬 菜 Vegetables	597.07	627.13	661.62	688.09	702.74
水 果 Fruits	7.45	7.90	7.68	8.48	11.02
牲猪出栏(万头) Slaughtered Hogs(10 000 heads)	261.95	278.05	298.40	308.20	311.00
家禽出笼(万只) Slaughtered Poultry(10 000 heads)	5033.99	5164.87	5552.20	5802.05	5500.40
禽 蛋 Eggs	18.01	20.26	20.57	21.49	22.04
牛 奶 Milk	5.50	5.95	6.69	7.14	7.95
水产品 Aquatic Products	43.41	46.01	46.86	49.02	50.55
固定资产投资 **Investment in Fixed Assets**					
全社会固定资产投资总额(亿元) Total Investment in Fixed Assets(100 million yuan)	3753.17	4255.16	5031.25	6001.96	7002.85
#工业投资 Industrial Investment	860.07	1202.14	1701.04	2258.07	2606.32
房地产开发投资 Investment in Real Estate development	1017.40	1274.17	1574.86	1905.60	2353.63
建筑业 **Construction**					
建筑业总产值(亿元) Gross Output Value(100 million yuan)	2424.54	3180.50	4040.70	4879.24	5840.50
房屋建筑施工面积(万平方米) Floor Space of Buildings Under Construction(10 000 sq. m)	12902.94	17255.15	20900.00	26369.04	28609.06
房屋建筑竣工面积(万平方米) Floor Space Completed(10 000 sq. m)	5664.39	8114.17	9223.50	10103.98	10223.95

1-5 续 表 Continued

指标 Item	总量指标 Aggregate Data				
	2010	2011	2012	2013	2014
交通运输 **Transportation**					
全社会货物运输量(万吨) Freight Traffic in Transportation System(10 000 tons)	40287.93	41804.95	43892.49	44528.75	48530.83
铁　路 Railway	10145.60	10059.40	9177.40	9010.40	7686.40
水　运 Waterway	9013.00	9293.06	10351.73	10485.55	12751.20
航　空 Civil Aviation	9.33	9.99	9.36	9.80	10.23
公　路 Highway	21120.00	22442.00	24354.00	25023.00	28083.00
全社会旅客运输量(万人) Passenger Traffic in Transportation System(10 000 persons)	22896.71	25743.22	27492.40	29621.69	28145.48
铁　路 Railway	7281.30	8511.70	9764.90	12105.40	14299.90
航　空 Civil Aviation	885.41	914.52	933.50	995.29	1097.58
公　路 Highway	14730.00	16317.00	16794.00	16521.00	12748.00
邮电通信业 **Postal and Telecommunications Services**					
邮电业务总量(2010年价格)(亿元) Total Business Revenue(100 million yuan)	109.47	128.94	167.87	193.76	256.68
函　件(万件) Number of Letters Delivered(10 000 pieces)	4372.00	5188.00	6260.57	5200.00	3357.57
包　件(万件) Number of Parcels(10 000 pieces)	108.00	50.00	29.73	39.22	35.84
固定电话用户(万户) Resident Telephone Subcribers(10 000 subscribers)	316.00	316.00	295.00	294.00	254.79
移动电话用户(万户) Number of Mobile Telephone Subcribers(10 000 subscribers)	1145.00	1271.00	1593.00	1662.00	1644.18
互联网用户(万户) Internet Usersone Exchanges(10 000 subscribers)	212.00	249.00	336.00	388.00	390.32
国内商业 **Domestic Trade**					
社会消费品零售总额(亿元) Total Retail Sales of Consumer Goods(100 million yuan)	2570.40	3031.79	3467.37	3916.60	4369.32

注:邮电业务总量按2010年不变价格计算。

Note:Total amount of posts and telecommunications business calculated by 2010 constant price.

1-5 续 表 Continued

指 标 Item	总量指标 Aggregate Data				
	2010	2011	2012	2013	2014
对外经济贸易 **Foreign Trade**					
进出口总额(亿美元) Total Imports and Exports (By Customs Statistics, USD 100 million)	180.55	227.90	203.54	217.52	264.29
#进口总额(亿美元) Imports (By Customs Statistics, USD 100 million)	93.01	110.57	96.06	98.09	126.38
出口总额(亿美元) Exports (By Customs Statistics, USD 100 million)	87.54	117.33	107.48	119.43	137.91
利用外资 **Utilization of Foreign Capital**					
实际利用外资(亿美元) Amount of Foreign Capital Actually Utilized (USD 100 million)	32.93	37.60	44.44	52.50	61.99
#境外客商直接投资(亿美元) Foreign Direct Investment (USD 10 000)	24.50	27.54	34.22	41.01	52.42
国际旅游 **International Tourism**					
接待海外旅游者人数(万人次) Number of Tourists from Abroad (10 000 persons)	92.79	115.91	150.89	161.37	170.57
国际旅游(外汇)收入(亿美元) Foreign Exchange Earnings From Tourim (USD 10 000)	4.76	6.06	8.52	9.14	9.34
财 政 **Public Finance**					
一般公共预算总收入(亿元) General Public Budget Revenue (100 million yuan)	1416.14	1795.99	1530.33	1730.65	1968.46
#地方一般公共预算收入(亿元) General Public Budget Revenue (100 million yuan)	814.04	1194.30	1530.33	978.52	1101.02
一般公共预算支出(亿元) General Public Budget Expenditure (100 million yuan)	989.95	1278.36	885.55	1122.88	1175.10
金融保险 **Finance and Insurance**					
金融机构本外币存款(亿元) Foreign Currency & RMB Loans of Financial Institution (100 million yuan)	10930.77	11519.58	13131.59	14915.69	16268.71
金融机构本外币贷款(亿元) Foreign Currency & RMB Deposit of Financial Institution (100 million yuan)	9093.71	10157.53	11575.84	12803.87	14463.40
保险公司保费收入(亿元) Insurance Premium in Chinese-funded Insurance Companies (100 million yuan)	166.23	187.24	175.28	202.23	265.71
保险公司赔款及给付(亿元) Amount Reparations in Chinese-funded Insurance Companies (100 million yuan)	30.30	40.75	46.15	60.48	75.33

注:2012 年以前为全口径财政收入、地方财政支出;2012 年以后改为一般公共预算总收入、一般公共预算支出。
Note: Before 2012, full caliber financial income, local fistal expenditure; after 2012 to the public revenue, public finance expenditure.

1－5 续 表 Continued

指 标 Item	总量指标 Aggregate Data				
	2010	2011	2012	2013	2014
教育、文化 **Education and Culture**					
教 育 **Education**					
专任教师数(万人) Full-time Teachers(10 000 persons)	11.61	12.29	12.31	12.65	12.54
#普通高等学校 Institutions of Higher Education	5.13	5.40	5.50	5.70	5.65
普通中学 Regular Secondary Schools	3.28	3.25	3.21	3.15	3.15
中等职业学校 Vocational Secondary Schools	0.18	0.61	0.59	0.85	0.80
小 学 Primary Schools	2.72	2.70	2.66	2.67	2.69
在校学生数(万人) Students Enrollment(10 000 persons)	178.49	191.83	184.75	185.42	184.97
#普通高等学校 Institutions of Higher Education	88.14	92.04	94.70	96.64	96.21
普通中学 Regular Secondary Schools	38.31	35.21	32.99	31.40	30.66
中等职业学校 Vocational Secondary Schools	4.21	16.26	12.05	12.43	11.32
小 学 Primary Schools	41.13	41.48	41.28	42.38	44.45
文 化 **Culture**					
出版社图书种数(种) Species of Books by Publishing House (species)	10464	11886	14256	13905	16043
#出版新图书(种) New Books Publications (species)	5832	6853	8476	8446	9662
图书总印数(万册) Number of Books Published (10 000 copies)	27532	25982	25972	26274	27193
家庭、生活、环境 **Family,People's Livelihood and Environment**					
家 庭 **Family**					
家庭总户数(万户) Total Number of Households (10 000 households)	274.58	276.50	281.29	286.39	288.02
城镇居民平均每户家庭人口(人) Average Household Size in Urban Areas(person)	2.90	2.89	2.88	2.71	2.64
农村居民平均每户家庭人口(人) Average Household Size in Rural Areas(person)	3.79	3.63	3.66	3.41	2.74

1－5 续 表 Continued

指　　标 Item	总量指标 Aggregate Data				
	2010	2011	2012	2013	2014
婚　姻 Marriages and Divorces					
结婚数(对) Number of Marriages(couples)	107723	98164	96517	104760	106949
离婚数(对) Number of Divorces(couples)	20285	20189	28384	31271	32181
居　住 Housing					
城市居民人均住宅建筑面积(平方米) Per Capita Net Floor Space of Urban Residents(sq. m)	31.85	32.25	33.5	34.75	35.78
农村居民人均居住面积(平方米) Per Capita Net Floor Space of Rural Residents(sq. m)	48.77	51.83	51.40	47.82	48.24
生　活 Livelihood					
城镇常住居民人均可支配收入(元) Per Capita Disposable Income of Urban Resident (yuan)	20806	23738	27061	29821	33270
农村常住居民人均可支配收入(元) Per Capita Disposable Income of Rural Resident (yuan)	8295	9814	11190	12713	16160
城镇非私营单位从业人员年平均工资(元) Urban Non－private Units Average Wage of Staff and Workers(yuan)	38428		46965	52387	59143
卫　生 Health Care					
医院、卫生院及社区卫生服务中心(个) Number of Hospitals(unit)	357	358	363	368	395
执业(助理)医师(人) Certified Assistand Doctors(person)	25069	25376	26420	27767	29523
卫生事业床位数(万张) Number of Hospital Beds(10 000 units)	5.12	5.65	6.22	6.66	7.28
市政建设 City Construction					
水厂综合生产能力(万吨/日) Aggregate Capacity of Waterworks(10 000 tons/day)	440.70	447.00	445.70	453.00	453.00
排水管道长度(公里) Length of Sewer Pipelines(km)	7545.00	7909.00	8173.15	9010	9102.00
营运公共车辆(辆) Total Number of Public Buses and Trolley Buses(unit)	7001.00	7465.00	7375.00	7594.00	7767.00
铺装道路总长度(公里) Length of Paved Roads(km)	2682.20	2840.10	5245.20	4833.12	5143.40
建成区绿化覆盖率(%) Coverage Rate of Green Area in Developed Area (%)	37.17	37.59	38.20	38.21	39.21

注:2014 年城乡居民收入为一体化新口径数据。2014 年以前分别为城镇居民人均可支配收入和农民人均纯收入。
Note:2014 urban and rural resident's income is the new caliber data. Before 2014, the index name was the per capita disposable income of urban residents and the per capita net income of farmers.

1-6 国民经济和社会发展主要结构指标
STRUCTURAL INDICATORS ON NATIONAL ECONOMIC AND SOCIAL DEVELOPMENT

单位:%

指标	Item	2010	2011	2012	2013	2014
人口与就业	**Population and Employment**					
人　口	**Population**					
城乡结构	Urban and Rural Structure					
非农业	Non-Agricultual Population	64.7	66.1	67.5	67.6	67.6
农　业	Agricultural Population	34.7	33.1	32.3	32.4	32.4
性别结构	Sex Structure					
男	Male	51.4	51.3	51.2	51.2	51.1
女	Female	48.6	48.7	48.8	48.8	48.9
就　业	**Employment**					
产业结构	Industrial Structure					
第一产业	Primary Industry	13.2	12.2	12.1	9.7	9.1
第二产业	Secondary Industry	36.9	38.1	38.4	38.5	38.6
第三产业	Tertiary Industry	49.9	49.7	49.5	51.8	52.3
宏观经济	**Macro Economy**					
国民核算	**National Accounting**					
生产总值产业结构	Industrial Structure					
第一产业	Primary Industry	3.1	3.0	3.8	3.7	3.5
第二产业	Secondary Industry	45.5	48.1	48.2	48.6	47.5
第三产业	Tertiary Industry	51.4	48.9	48.0	47.7	49.0
投　资	**Investment**					
固定资产投资结构	Structure of Total Investment in Fixed Assets					
第一产业	Primary Industry	0.9	0.7	0.5	0.4	0.6
第二产业	Secondary Industry	23.8	28.9	34.3	37.7	37.7
第三产业	Tertiary Industry	75.3	70.4	65.2	61.9	61.7
利用外资	**Utilization of Foreign Capital**					
实际利用外资结构	Structure of Foreign Capital Actually Utilized					
外商直接投资	Direct Investment by Foreign Entrepreneurs	74.4	73.2	77.0	78.1	84.6
外商其他投资	Other investment by Foreign Entrepreneurs	25.6	26.8	23.0	21.9	15.4

1-6 续 表 Continued

指标	Item	2010	2011	2012	2013	2014
产业结构	**Industrial Structure**					
农业	**Agriculture**					
农林牧渔业产值结构	Structure of Gross Output Value					
农业	Farming	53.8	53.0	54.3	57.5	56.5
林业	Forestry	0.7	1.1	1.0	1.2	1.6
牧业	Animal Husbandry	26.3	27.3	25.5	22.4	22.7
渔业	Fishery	18.7	18.0	16.5	15.8	15.6
农林牧渔服务业	Farming, Forestry, Animal Husbandry & Fishery	0.5	0.6	2.7	3.1	3.6
工业	**Industry**					
规模以上工业总产值结构	Structure of Above Industrial Output					
轻工业	Light Industry	23.2	21.2	21.8	23.0	23.1
重工业	Heavy Industry	76.8	78.8	78.2	77.0	76.9
运输业	**Transportation**					
货运量结构	Structure of Freight Traffic					
按运输方式分	By means of Transportation					
铁路	Railways	25.2	24.1	20.9	20.2	15.8
公路	Highways	52.4	53.7	55.5	56.2	57.9
水运	Waterways	22.4	22.2	23.6	23.6	26.3
国际旅游	**International Tourism**					
来汉旅游人数结构	Structure of Tourists					
外国人	Foreigners	75.6	76.5	75.7	79.8	81.5
港澳台同胞	Compatriots form Hong Kong, Macao and Taiwan	24.4	23.5	24.3	20.2	18.5
教育	**Education**					
在校学生结构	Structure of Student Enrollment					
普通高等学校	Regular Institutions of Higher Education	49.4	48.0	51.3	52.1	52.0
普通中学	Regular Secondary Schools	21.5	18.3	17.9	16.9	16.6
中等职业及技工学校	Secondary vocational and technical school	6.0	12.0	8.4	8.0	7.3
小学	Primary Schools	23.0	21.6	22.3	22.9	24.0
盲、聋、哑学校	Schools for the Blind and the Deaf-mute	0.1	0.1	0.1	0.1	0.1
专任教师结构	Full-time Teachers by Type					
普通高等学校	Regular Institutions of Higher Education	44.2	43.9	44.7	45.0	45.0
普通中学	Regular Secondary Schools	28.2	26.4	26.1	24.9	25.1
中等职业及技工学校	Secondary vocational and technical school	3.9	7.5	7.4	8.9	8.2
小学	Primary Schools	23.5	22.0	21.6	21.0	21.5
盲、聋、哑学校	Schools for the Blind and the Deaf-mute	0.2	0.2	0.2	0.2	0.2

注：运输业货运量结构中，航空运输量相对于其它三种方式运量极低，所占比重可以忽略不计。
Note: Freight traffic by air transportation is very small compared with other three means, it's proportion can be negligible.

1-7 按经济类型分的国民经济比例关系

PROPORTIONS OF AGGREGATE INDICATORS BY TYPE OF OWNERSHIP

单位：%　　　　(%)

指标 Item	2010	2011	2012	2013	2014
规模以上工业总产值 Above scale industrial output value					
国有经济 State - owned Units	26.4	25.9	30.9	24.8	16.0
集体经济 Collective Owned Units	0.5	0.3	0.4	0.3	0.3
外商及港澳台经济 Economy of foreign and Hong Kong and Macao	32.9	32.6	31.1	31.4	30.9
其　他 Other Units	40.2	41.2	37.6	43.5	52.8
全社会从业人员数 Employment by Ownership					
国有经济 State-owned Units	16.5	17.1	16.3	16.8	17.0
集体经济 Collective Owned Units in Urban Area	1.5	0.9	0.8	0.9	0.8
私营个体 Urban Individuals Units	29.1	28.9	39.7	40.6	40.6
农村经济 Agriculture Units	29.3	29.3	18.9	17.0	15.4
其　他 Other Units	23.6	23.8	24.4	24.7	26.2
全社会固定资产投资额 Investment in Fixed Assets by Ownership					
国有经济 State-owned Units	39.3	37.0	31.2	26.2	24.5
集体经济 Collective Owned Units	4.2	3.2	3.4	2.8	2.8
私营个体经济 Private individuals Units	13.5	13.8	13.8	16.5	16.3
其他经济 Other Units	43.0	46.0	51.6	54.5	56.4

1-8 历年生产总值及构成
GROSS DOMESTIC PRODUCT AND ITS COMPOSITION OVER YEARS

本表按当年价格计算　　Data in this table are calculated at current prices.

年份 Year	生产总值（亿元）Gross Domestic Product (100 mil. yuan)	第一产业 Primary Industry	第二产业 Secondary Industry	第三产业 Tertiary Industry	构成（%）Composition (%)	第一产业 Primary Industry	第二产业 Secondary Industry	第三产业 Tertiary Industry	人均生产总值（元）Per Capita GDP (yuan/person)
1950	4.07	0.92	1.01	2.14	100.0	22.6	24.8	52.6	141
1951	4.60	0.99	1.17	2.44	100.0	21.5	25.4	53.1	147
1952	5.87	1.10	1.72	3.05	100.0	18.7	29.3	52.0	176
1953	7.25	1.28	2.49	3.48	100.0	17.7	34.3	48.0	205
1954	7.78	1.02	2.76	4.00	100.0	13.1	35.5	51.4	215
1955	8.82	1.27	3.37	4.18	100.0	14.4	38.2	47.4	240
1956	10.98	1.53	5.00	4.45	100.0	13.9	45.5	40.6	281
1957	12.08	1.65	5.91	4.52	100.0	13.7	48.9	37.4	291
1958	15.58	1.65	9.05	4.88	100.0	10.6	58.1	31.3	363
1959	18.95	1.36	11.77	5.82	100.0	7.2	62.1	30.7	431
1960	19.76	1.49	12.65	5.62	100.0	7.5	64.0	28.5	441
1961	12.30	1.47	5.94	4.89	100.0	11.9	48.3	39.8	277
1962	12.40	1.64	6.14	4.62	100.0	13.2	49.5	37.3	284
1963	15.14	2.06	8.30	4.78	100.0	13.6	54.8	31.6	345
1964	16.46	2.07	9.49	4.90	100.0	12.6	57.6	29.8	367
1965	19.87	2.79	11.84	5.24	100.0	14.0	59.6	26.4	436
1966	22.02	3.14	13.37	5.51	100.0	14.3	60.7	25.0	476
1967	19.74	3.06	11.23	5.45	100.0	15.5	56.9	27.6	422
1968	16.19	2.96	7.84	5.39	100.0	18.3	48.4	33.3	342
1969	18.60	2.55	10.42	5.63	100.0	13.7	56.0	30.3	389
1970	24.71	3.12	15.24	6.35	100.0	12.6	61.7	25.7	515
1971	25.81	3.44	15.77	6.60	100.0	13.3	61.1	25.6	531
1972	26.35	3.70	16.07	6.58	100.0	14.0	61.0	25.0	532
1973	28.26	3.83	17.48	6.95	100.0	13.6	61.8	24.6	560
1974	24.47	4.22	13.60	6.65	100.0	17.2	55.6	27.2	480
1975	30.51	4.11	18.90	7.50	100.0	13.5	61.9	24.6	598
1976	27.31	4.16	15.36	7.79	100.0	15.2	56.3	28.5	526
1977	33.28	4.31	20.34	8.63	100.0	13.0	61.1	25.9	623
1978	39.91	4.69	25.24	9.98	100.0	11.7	63.3	25.0	735
1979	46.20	6.62	28.51	11.07	100.0	14.3	61.7	24.0	835
1980	53.44	5.84	34.53	13.07	100.0	10.9	64.6	24.5	950
1981	56.29	4.59	36.64	15.06	100.0	8.2	65.1	26.7	983

注：1、按新国民经济核算体系要求，从2002年起第一产业中包括了农林牧渔服务业增加值。
2、2001－2008年地区生产总值按经济普查口径进行了重新修订。
3、从2000年开始人均生产总值按常住平均人口计算。

1-8 续 表 Continued

年份 Year	生产总值(亿元) Gross Domestic Product (100 mil. yuan)	第一产业 Primary Industry	第二产业 Secondary Industry	第三产业 Tertiary Industry	构成(%) Composition (%)	第一产业 Primary Industry	第二产业 Secondary Industry	第三产业 Tertiary Industry	人均生产总值(元) Per Capita GDP (yuan/person)
1982	63.31	8.64	38.42	16.25	100.0	13.6	60.7	25.7	1087
1983	68.58	6.61	44.20	17.77	100.0	9.6	64.5	25.9	1161
1984	83.75	11.93	50.74	21.08	100.0	14.2	60.6	25.2	1402
1985	97.32	12.48	59.21	25.63	100.0	12.8	60.8	26.4	1610
1986	106.35	13.82	62.11	30.42	100.0	13.0	58.4	28.6	1732
1987	124.61	16.08	72.81	35.72	100.0	12.9	58.4	28.7	1995
1988	156.44	21.89	87.93	46.62	100.0	14.0	56.2	29.8	2462
1989	168.75	23.67	96.58	48.50	100.0	14.0	57.2	28.8	2606
1990	176.83	27.50	92.04	57.29	100.0	15.6	52.0	32.4	2673
1991	207.95	25.65	99.98	82.32	100.0	12.3	48.1	39.6	3088
1992	255.42	30.44	122.56	102.42	100.0	11.9	48.0	40.1	3752
1993	357.23	35.87	177.46	143.90	100.0	10.0	49.7	40.3	5192
1994	485.76	44.01	242.62	199.13	100.0	9.1	49.9	41.0	6980
1995	606.91	60.74	294.67	251.50	100.0	10.0	48.6	41.4	8609
1996	782.13	71.61	366.19	344.33	100.0	9.2	46.8	44.0	10970
1997	912.33	78.79	422.06	411.48	100.0	8.6	46.3	45.1	12673
1998	1001.89	75.85	449.72	476.32	100.0	7.6	44.9	47.5	13765
1999	1085.68	78.54	478.39	528.75	100.0	7.2	44.1	48.7	14751
2000	1206.84	81.36	533.31	592.17	100.0	6.7	44.2	49.1	15082
2001	1335.40	85.00	582.40	668.00	100.0	6.4	43.6	50.0	16515
2002	1467.80	90.40	635.50	741.90	100.0	6.2	43.3	50.5	17971
2003	1622.18	95.13	701.87	825.18	100.0	5.8	43.3	50.9	19569
2004	1882.24	102.23	825.78	954.23	100.0	5.4	43.9	50.7	23148
2005	2261.17	109.57	1026.27	1125.33	100.0	4.8	45.4	49.8	26548
2006	2679.33	115.91	1205.42	1358.00	100.0	4.3	45.0	50.7	30921
2007	3209.47	129.15	1440.00	1640.32	100.0	4.0	44.9	51.1	36347
2008	4115.51	144.70	1867.21	2103.60	100.0	3.5	45.4	51.1	46035
2009	4620.86	149.06	2142.14	2329.66	100.0	3.2	46.4	50.4	51144
2010	5565.93	170.04	2532.82	2863.07	100.0	3.1	45.5	51.4	58961
2011	6762.20	198.70	3254.02	3309.48	100.0	3.0	48.1	48.9	68315
2012	8003.82	301.21	3859.56	3843.05	100.0	3.8	48.2	48.0	79482
2013	9051.27	335.40	4396.17	4319.70	100.0	3.7	48.6	47.7	89000
2014	10069.48	350.06	4785.66	4933.76	100.0	3.5	47.5	49.0	98000

Note: 1. According to the new national economic accounted system, the primary industry includes the added value of Farming, Forestry, Animal Husbandry and Fishery.
2. From 2001 to 2008, Gross Domestic Product have been adjusted by economic sensus.
3. Since 2000, per capita GDP is calculated according to resident population.

1-9 历年生产总值指数
INDICES OF GROSS DOMESTIC PRODUCT OVER YEARS

上年=100

年份 Year	生产总值 Gross Domestic Product	第一产业 Primary Industry	第二产业 Secondary Industry	第三产业 Tertiary Industry	人均生产总值 Per Capita Gross Domestic Product
1950	121.8	111.6	124.2	130.1	117.3
1951	103.8	114.2	113.8	93.9	96.0
1952	126.4	109.5	149.3	135.6	118.4
1953	114.2	112.5	150.2	104.8	107.7
1954	102.0	77.6	122.0	112.7	99.6
1955	114.4	126.3	121.7	104.7	112.8
1956	121.1	117.8	152.8	106.3	114.0
1957	104.8	107.0	111.9	97.9	98.5
1958	118.0	96.4	147.7	109.1	114.2
1959	111.2	77.6	128.3	114.4	108.4
1960	101.6	107.8	104.9	94.2	99.9
1961	60.1	90.5	43.2	68.6	60.7
1962	104.1	110.1	103.4	100.5	105.9
1963	121.1	126.1	135.7	103.2	120.2
1964	114.5	99.9	126.4	113.6	112.2
1965	122.4	129.4	125.0	113.0	120.4
1966	106.7	98.5	112.4	105.7	105.0
1967	91.4	97.6	83.8	98.2	90.4
1968	85.9	96.6	69.7	99.1	84.8
1969	107.3	83.2	131.5	104.4	106.3
1970	131.6	122.5	150.9	113.9	131.3
1971	111.3	112.8	114.9	104.3	109.9
1972	102.1	105.8	101.9	99.6	100.1
1973	106.5	103.4	108.4	105.5	104.6
1974	89.3	107.2	78.3	95.5	88.4
1975	119.6	97.5	139.0	109.9	119.6
1976	94.4	102.1	85.0	106.5	92.6
1977	119.0	102.4	132.7	110.6	115.8
1978	117.0	106.2	122.3	115.1	115.0
1979	113.8	121.8	113.5	108.9	111.7
1980	115.8	79.8	130.2	112.9	113.9
1981	106.3	119.5	100.5	113.0	104.4

1-9 续 表 Continued

年 份 Year	生产总值 Gross Domestic Product	第一产业 Primary Industry	第二产业 Secondary Industry	第三产业 Tertiary Industry	人均生产总值 Per Capita Gross Domestic Product
1982	107.7	120.2	104.9	106.5	105.8
1983	104.3	86.5	107.3	109.2	102.9
1984	117.3	126.5	117.1	112.9	115.9
1985	115.0	109.5	115.6	116.5	113.6
1986	103.2	104.4	99.9	109.7	101.6
1987	108.8	102.8	110.0	109.3	106.9
1988	111.1	104.3	111.3	114.0	109.2
1989	101.7	101.9	101.6	101.7	99.8
1990	97.5	110.5	91.3	103.7	95.5
1991	110.8	91.6	102.7	133.6	108.9
1992	113.0	115.5	115.1	109.4	111.8
1993	119.3	107.1	119.7	123.0	118.0
1994	119.8	108.2	120.6	122.1	118.4
1995	116.7	109.5	115.9	119.8	115.2
1996	116.0	108.2	115.1	118.8	114.6
1997	114.6	108.3	114.5	116.2	113.5
1998	111.2	99.0	110.4	114.6	110.0
1999	111.0	103.7	109.7	113.8	109.8
2000	112.0	104.4	112.5	112.6	110.7
2001	112.0	105.3	112.9	112.1	110.7
2002	111.8	103.9	112.3	112.4	110.4
2003	112.1	104.3	112.7	112.5	110.5
2004	114.5	105.2	116.7	113.8	114.5
2005	114.7	104.5	117.9	113.1	113.3
2006	114.8	104.0	118.0	113.0	112.9
2007	115.6	103.1	118.3	114.2	113.5
2008	115.1	103.0	117.6	113.5	113.7
2009	113.7	101.6	116.0	112.2	112.5
2010	114.7	104.5	117.5	112.5	109.8
2011	112.5	104.0	116.4	109.6	107.3
2012	111.4	104.5	112.9	110.4	111.1
2013	110.0	104.5	110.3	110.0	110.0
2014	109.7	105.0	110.2	109.5	108.6

1－10 分行业生产总值及指数
GROSS DOMESTIC PRODUCT BY SECTOR AND ITS INDICES

项　　目 Item	生产总值（亿元） Gross Domestic Product（100mil. yuan）		生产总值指数（上年＝100） Indices of Gross Dometic Product（preceeding year＝100）	
	2014年	2013年	2014年	2013年
生产总值 **Gross Domestic Product**	10069.48	9051.27	109.7	110.0
第一产业 Primary Industry	350.06	335.40	105.0	104.5
第二产业 Secondary Industry	4785.66	4396.17	110.2	110.3
工　业 Industry	3942.75	3645.32	110.3	110.3
建筑业 Construction	842.91	750.85	110.0	110.2
第三产业 Tertiary Industry	4933.76	4319.70	109.5	110.0
#交通运输、仓储和邮政业 Transport, Storage, Post and Telecommunication Services	437.39	386.45	108.6	107.8
信息传输、计算机服务和软件业 Information Transfer, Computer and Software Services	202.14	177.33	108.5	107.3
批发和零售业 Wholesale and Retail Trade	913.50	851.08	106.4	107.9
住宿和餐饮业 Hotel and Catering Services	322.09	298.28	104.7	103.3
金融业 Banking	699.57	607.32	111.3	113.0
房地产业 Real Estate	584.20	505.88	109.5	113.1

主 要 统 计 指 标 解 释

生产总值 根据国家统计局规定,从2003年起,将各地区原来所称的国内生产总值改称为地区生产总值。它是一个地区所有常住单位在一定时期内生产活动的最终成果。生产总值有三种表现形态,即价值形态、收入形态和产品形态。从价值形态看,它是所有常住单位在一定时期内所生产的全部货物和服务价值超过同期投入的全部非固定资产货物和服务价值的差额,即所有常住单位的增加值之和;从收入形态看,它是所有常住单位在一定时期内所创造并分配给常住单位和非常住单位的初次分配收入之和;从产品形态看,它是最终使用的货物和服务减去净出口货物和服务的差额。在实际核算中,三种表现形态表现为三种计算方法,即生产法、收入法和支出法。三种方法分别从不同的方面反映生产总值的形成过程。

不变价格 指用同类产品的年平均价格作为固定价格来计算各年产品价值。按不变价格计算的产品价值消除了价格变动因素,不同时期对比可以反映生产的发展速度。新中国成立后,随着工农业产品价格水平的变化,国家统计局先后多次制定了全国统一的工业产品不变价格和农业产品不变价格,从1949年到1957年使用1952年工(农)业产品不变价格,从1957年到1971年使用1957年不变价格,从1971年到1981年使用1970年不变价格,从1981年到1990年使用1980年不变价格,从1990年开始使用1990年不变价格,从2001年开始使用2000年不变价格。从2006年到2010年使用2005年不变价格,从2011年开始使用2010年不变价格。

平均每年增长速度 在我国计算平均增长速度有两种方法,一种是习惯上经常使用的“水平法”,又称几何平均法,是以间隔期最后一年的水平同基期水平对比来计算平均每年增长(或下降)速度。另一种是“累计法”,又称代数平均法或方程法,是以间隔期内各年水平的总和同基期水平对比来计算平均每年增长(或下降)速度。

在一般正常情况下,两种方法计算的平均每年增长速度比较接近,但在经济发展不平衡,出现大起大落时,两种方法计算的结果差别较大。

本书内所列的平均每年增长速度,除固定资产投资是用“累计法”计算以外,其余均用“水平法”计算。从某年到某年平均增长速度的年份,均不包括基期年在内。如“十一五”的平均增长速度是以2005年为基期计算的,则写为2006-2010年平均增长速度,余类推。

国有经济单位 指生产资料归国家所有的各种企业、事业单位,以及各级国家机关、人民团体等单位。

集体经济单位 指生产资料归公民集体所有的各种企业、事业单位。包括农村各种经济组织经营的农、林、牧、渔业,乡、村经营的企业、事业单位;城市、县、镇以及街道兴办的集体经济性质的企业、事业单位。

私营经济单位 指生产资料归公民私人所有的单位。包括私营独资企业、私营合伙企业和私营有限责任公司。

联营经济单位 指不同所有制性质的企业之间或者企业、事业单位之间共同投资组成新的经济实体。包括紧密型联营企业,半紧密型联营企业和松散型联营企业。

股份制经济单位 指全部注册资本由全体股东共同出资,并以股份形式投资举办企业。主要包括股份有限公司和有限责任公司。

外商投资经济单位 指外国投资者根据中华人民共和国有关涉外经济的法律、法规,以合资、合作或独资的形式在中国大陆境内开办企业。包括中外合资经营企业、中外合作经营企业和外资企业。

港、澳、台投资经济单位 指港、澳、台地区投资者参照中华人民共和国有关涉外经济的法律、法规,以合资、合作或独资的形式在大陆兴办企业。包括合资经营企业、合作经营企业和独资企业。

三次产业 三次产业的划分是世界上较为常用的产业结构分类,但各国的划分不尽一致。我国的三次产业划分是:

第一产业是指农、林、牧、渔业。

第二产业是指采矿业,制造业,电力、燃气及水的生产和供应业,建筑业。

第三产业是指除第一、二产业以外的其他行业。

Explanatory Notes on Main Statistical Indicators

Gross Domestic Product Gross Domestic Product Called in every Region has been called Gross Regional Product since 2003 according to the regulation for which China bureau of statistics stipulales. Which is the final products of all resident units in a country (or region) during a certain period of time. Gross domestic product is expressed in three different forms, i. e. value, income, and products respectively. The form of value refers to the total value of all products and services produced by all resident units during a certain period of time minus total value of input of materials and services of the nature of non-fixed assets or the summation of the value added of all resident units; the form of income includes all the income created by all resident units and distributed primarily to all resident and non-resident units, the form of products refers to all final goods and services minus net imports of goods and services. In the practice of national accounting, gross domestic product is calculated with three approaches, i. e. product approach, income approach, and expenditure approach respectively to reflect gross domestic product and its composition from different aspects.

Constant Price refers to the average price of a given product in certain year, which is used for comparison of output value over time. As the output value at constant prices removes the factor of price changes, it reflects the trend of production development over time. Since 1949, with the changes in general price level, the State Statistical Bureau has issued nationally unified constant prices five times: the 1952 constant prices for 1949 -1957; the 1957 constant prices for 1958-1970; the 1970 constant prices for 1971-1981; the 1980 constant prices for 1981-1990: and the 1990 constant prices have been used since 1990; and the 2000 constant prices have been used sine 2001 and the 2005r constant prices will be used from 2006.

Average Annual Growth Rate Two methods for calculating average annual growth rate are applied in China, one is often called "level approach" or the method of calculating geometric average, which is derived by comparing the level of the last year of the interval with that of the beginning year; the other is called "accumulative approach" or algebraic average or equation method, which is derived by the summation of the actual figure of each year in the interval divided by the figure in the base year.

Usually the results calculated by the two methods are fairly close, but they differed sharply when uneven economic development occurred with striking fluctuations in growth .

The average annual growth rates listed in this statistical yearbook are calculated by "level approach" except for the growth rate of investment in fixed assets. The base years are not listed when the years are listed for average annual growth rates. For instance, the average annual growth rate of the period of The Eleventh Five-Year Plan is listed as average annual growth rate of 2006-2010 without listing the base year 2005. And the analogy of this is also for the rest.

State-owned Economic Units refer to various enterprises, institutions, and government administrative organizations at various levels, social organizations and etc. , with state ownership of production means.

Collective-owned Economic Units refer to various enterprises and institutions with collective ownership of production means, including various rural economic organizations engaged in farming, forestry, animal husbandry, and fishery, enterprises and institutions run by townships and villages; collective enterprises and institutions run by cities, counties, towns and subdistrict offices.

Private-owned Economic Units refer to economic units owned by private individuals, including individual owned private enterprises, jointly owned private enterprises, and private owned companies, Ltd.

Joint Owned Units refer to economic entities jointly invested by enterprises of different types of ownership or by enterprises and institutions, and the partnerships among the joint owned units can be close, half close, or loose.

Share Holding Economic Units refer to enterprises invested in the form of share holding with its investment by all the share holders, which mainly include companies limited by shares and companies with limited liabilities.

Foreign Owned Economic Units refer to enterprises established by foreigners in the territory of mainland China according to related economic laws and regulations of the People's Republic of China as joint ventures, cooperative corporations, or ventures exclusively with sole investment, including joint ventures, cooperative enterprises, and foreign enterprises.

Economic Units Funded by Overseas Chinese from Hong Kong, Macao, and Taiwan refer to enterprises established by entrepreneur from Hong Kong, Macao, and Taiwan in the territory of mainland China according to related economic laws and regulations of the People's Republic of China as joint ventures, cooperative corporations and ventures exclusively with sole investment, including joint ventures, cooperative enterprises, and exclusively invested enterprises.

Three Industries Three Industries Classification of economic activities into three branches of industries is a common practice in the world, although the grouping varies to some extent form country to country. In China economic activities are categorized into following industries:

Primary industry: refers to agriculture, forestry, animal husbandry and fishery.

Secondary industry: refers to mining and quarrying manufacturing ,production and supply of electricity, water and gas ,and construction.

Tertiary industry: refers to all other economic activities not included in primary or secondary industry.

二、人口与劳动统计

POPULATION, EMPLOYMENT AND WAGE

资料整理人员：胡　增　谷润芳　刘　江　杨伟成　陈　巍　李　晖　王保汉　史　瑾
徐志黎　汪　冲

STAFF FOR DATA PROCESSING：
Hu Zeng　Gu Runjfang　Liu Jiang　Yang Weicheng　Chen Wei　Li Hui　Wang Baohan
Shi Jin　Xu Zhili　Wang Chong

简要说明

本篇资料反映我市2014年及历年人口、劳动经济方面的基本情况,包括全市的主要人口统计和劳动经济统计数据。人口的统计范围是全市人口;劳动统计的调查范围是城镇独立核算法人单位。全市人口构成及变动情况、分年龄的人口数等,是根据市公安局提供的"人口及其变动情况统计表"、"人口年龄统计表"计算整理;计划生育情况是根据市卫生和计划生育委员会提供的"自然变动情况报表"和"分孩次长效节育及女性初婚、独生子女领证情况报表"整理;历年从业人员人数、分产业从业人员人数、在岗职工年末人数及在岗职工年平均工资由市统计局人口与社会科技处根据有关单位上报的劳动统计基层年报表汇总整理。

Brief Description

This chapter shows the basic condition of population、employment statistics in 2014 and in previous years of Wuhan City, including major population, emplyment ststistics of the whole city. The scope of population statistics is the household population of the whole city. The survey scope of employment statistics is the whole independent accounting department. Data on composition and change of population are prepared according to statistics table on population changes and population grouped by age which Wuhan City bureau of public security provides. Data on family planning are prepared according to statistics table of natural changes of population which Wuhan City committee of family planning provides. Data on employment in various years, annual average wage and number of staff and workers at the year end. Number of Employed persons by type of industry, number of full employ staff and workers by sector at the year-end and annual average wage of staff and workers by Sector are prepared by department of population statistics according to historical information and Basic annual table of employment statistics to which the whole city and every district report.

2-1 全市户籍户数、人口数与常住人口数
NUMBER OF HOUSEHOLDS AND POPULATION

年　份 Year	户籍户数(万户) Number of Households (10 000 household)	户籍人口数(万人) Total Population (10 000 person)	常住人口数(万人) Resident population (10 000 person)
1980	129.53	567.23	571.18
1981	135.46	577.90	579.40
1982	139.43	586.97	587.74
1983	143.16	594.40	599.68
1984	146.82	600.59	611.86
1985	151.33	608.39	624.28
1986	157.00	619.96	636.96
1987	161.88	629.34	649.90
1988	167.93	641.72	663.10
1989	173.62	653.26	676.57
1990	178.83	669.75	690.31
1991	184.76	677.03	700.64
1992	188.23	684.46	711.13
1993	190.89	691.69	721.77
1994	194.20	700.01	732.56
1995	196.34	710.01	743.53
1996	199.17	715.94	754.65
1997	201.28	723.90	765.94
1998	205.43	731.79	777.40
1999	208.71	740.20	789.03
2000	213.66	749.19	804.81
2001	218.66	758.23	813.80
2002	224.59	768.10	823.70
2003	229.91	781.19	836.80
2004	241.58	785.90	845.43
2005	249.95	801.36	858.00
2006	255.45	818.84	875.00
2007	260.46	828.21	891.00
2008	265.00	833.24	897.00
2009	269.90	835.55	910.00
2010	274.58	836.73	978.54
2011	276.50	827.24	1002.00
2012	281.29	821.71	1012.00
2013	286.39	822.05	1022.00
2014	288.02	827.31	1033.80

2-2 人口构成（户籍统计）
POPULATION COMPOSITION

项目 Item		全市 The Whole City 人口（人） Population (person)	比重(%) Percentage in Total Population(%)
2014年合计	**Total in 2014**	**8273117**	**100.0**
男	Male	4230378	51.1
女	Female	4042739	48.9
农业人口	Agricultural Population	2680335	32.4
非农业人口	Non-agricultural Population	5592628	67.6
户口待定	Others	154	
2013年合计	**Total in 2013**	**8220493**	**100.0**
男	Male	4206867	51.2
女	Female	4013626	48.8
农业人口	Agricultural Population	2661831	32.4
非农业人口	Non-agricultural Population	5555992	67.6
户口待定	Others	2670	

2-3 人口变动（户籍统计）
POPULATION CHANGES

项目 Item		全市 The Whole City 2014年	2013年
出生人口(人)	Number of Births (person)	100784	92701
死亡人口(人)	Number of Deaths (person)	41007	40941
自然增长人口(人)	Natural Increase In Population(person)	59777	51760
净迁移人口(人)	Net Migrating Population (person)	360	-25132
出生率(‰)	Birth Rate (‰)	12.22	11.28
死亡率(‰)	Death Rate (‰)	4.97	4.98
自然增长率(‰)	Natural Growth Rate (‰)	7.25	6.30
净迁移率(‰)	Net Migrating Rate (‰)	0.04	-3.06

2-4 计 划 生 育 (2014年)
STATISTICS ON FAMILY PLANNING (2014)

城区 District		计划生育率(%) Family Planning Rate(%)	一孩率(%) the First Child Rate (%)	二孩率(%) the Second Child Rate (%)	多孩率(%) Rate of The Third Child and above (%)
总 计	**Total**	**93.59**	**76.79**	**21.6**	**1.61**
江岸区	Jiang'an	93.78	78.1	20.41	1.49
江汉区	Jiang Han	93.25	79.01	19.63	1.36
硚口区	Qiao Kou	93.74	77.88	20.44	1.68
汉阳区	Han Yang	94.24	80.05	18.65	1.3
武昌区	Wu Chang	94.74	81.28	17.33	1.39
青山区	Qing Shan	95.13	83.43	15.15	1.42
洪山区	Hong Shan	94.07	80.74	18.18	1.08
东西湖区	Dong Xihu	92.97	74.94	23.21	1.86
汉南区	Han Nan	94.99	77.02	21.2	1.77
蔡甸区	Cai Dian	94.46	77.05	21.51	1.44
江夏区	Jiang Xia	91.67	70.76	27.68	1.56
黄陂区	Huang Pi	93.69	73.26	24.68	2.06
新洲区	Xin Zhou	90.61	69.01	28.56	2.43
东湖新技术开发区	East Lake High-Tech Development Zone	95.56	83.59	14.99	1.42
武汉经济技术开发区	Wuhan Economic&Technological Development Zone	95.82	77.84	21.03	1.12
东湖生态旅游风景区	East Lake Ecotourism Scenic Area	94.56	79.50	19.67	0.84
武汉化学工业区	Wuhan Chemical Industry Park	92.79	77.36	21.14	1.49

2-5 分年龄的人口数(2014 年户籍统计)
POPULATION GROUPED BY AGE (2014)

单位：人　　　　　　　　　　　　　　　　　　　　　　(person)

项　　目 Item	合　　计 Total	男 Male	女 Female
总　计 Total	8273117	4230378	4042739
0-17 岁(years old)	1137365	616460	520905
0	61108	32701	28407
1	76741	41108	35633
2	86744	46401	40343
3	76549	41351	35198
4	75532	40562	34970
5	69310	37588	31722
6	69109	36924	32185
7	67769	36540	31229
8	60230	32305	27925
9	56560	30094	26466
10	56524	30276	26248
11	50987	27742	23245
12	52298	28928	23370
13	52097	28774	23323
14	55645	30824	24821
15	54438	30236	24202
16	57217	31879	25338
17	58507	32227	26280
18-34 岁(years old)	2363879	1246223	1117656
18	75092	41269	33823
19	94004	51726	42278
20	113236	61376	51860
21	128684	68844	59840
22	128743	68587	60156
23	139043	73516	65527
24	159497	84136	75361

2-5 续 表 1 Continued

单位：人 (person)

项 目 Item	合 计 Total	男 Male	女 Female
25	170394	89335	81059
26	168550	88006	80544
27	178216	93260	84956
28	165474	87147	78327
29	151233	79488	71745
30	150949	79544	71405
31	147167	76598	70569
32	152994	79372	73622
33	127294	65717	61577
34	113309	58302	55007
35-59 岁 (years old)	3211808	1615724	1596084
35	127939	65266	62673
36	119794	61026	58768
37	118083	59611	58472
38	116755	58945	57810
39	114909	57664	57245
40	108478	54166	54312
41	114198	57395	56803
42	131561	66592	64969
43	134212	67558	66654
44	154320	76954	77366
45	146381	73047	73334
46	167295	83325	83970
47	111020	55642	55378
48	125967	63988	61979
49	122454	62262	60192
50	144563	73388	71175
51	194551	98552	95999

2-5 续 表 2 Continued

单位：人 (person)

项 目 Item	合 计 Total	男 Male	女 Female
52	164322	83113	81209
53	98237	49235	49002
54	78565	38840	39725
55	103550	52686	50864
56	130007	65841	64166
57	141915	70886	71029
58	127017	62589	64428
59	115715	57153	58562
60-79 岁 (years old)	1348906	663670	685236
60	132921	65285	67636
61	112325	55115	57210
62	106450	53054	53396
63	93711	46887	46824
64	92066	45990	46076
65	92371	47145	45226
66	80703	40190	40513
67	80665	40514	40151
68	69680	35041	34639
69	53367	26711	26656
70	53172	26762	26410
71	45236	22098	23138
72	46188	22585	23603
73	52734	25548	27186
74	46113	22021	24092
75	37057	17355	19702
76	42317	19939	22378

2-5 续 表 3 Continued

单位：人 (person)

项 目 Item	合 计 Total	男 Male	女 Female
77	37625	17573	20052
78	38612	17842	20770
79	35593	16015	19578
80-99 岁 (years old)	209966	88016	121950
80	32759	14571	18188
81	33778	15091	18687
82	23336	10195	13141
83	20302	9055	11247
84	19572	8730	10842
85	15031	6309	8722
86	13047	5384	7663
87	11477	4658	6819
88	9050	3515	5535
89	7537	2748	4789
90	6636	2294	4342
91	4883	1550	3333
92	3543	1176	2367
93	2786	874	1912
94	1942	608	1334
95	1414	433	981
96	1032	299	733
97	783	227	556
98	615	182	433
99	443	117	326
100 岁及以上(100 and Over)	1193	285	908

2-6 历年从业人员人数
EMPLOYMENT IN VARIOUS YEARS

单位：万人 （10000 person）

年份 Year	合计 Total	城镇非私营单位合计 Staff And Workers	国有经济单位 State-owned Units	城镇集体经济单位 Urban Collective-owned Units	其他经济类型单位 Units of Other Types of Ownership	个体经济 Urban Individuals	农村经济 Rural Individuals	私营经济 Private Enterprises	其他 Others
1951	102.73	25.55	15.49	10.06		3.34	73.84		
1952	105.21	26.84	21.59	5.26		3.02	75.35		
1953	114.86	33.93	28.11	5.82		3.32	77.62		
1954	118.28	36.30	31.29	5.01		3.82	78.17		
1955	125.19	38.24	33.55	4.70		3.09	83.86		
1956	150.61	59.70	47.70	12.00		2.88	88.03		
1957	152.70	62.78	48.38	14.40		3.56	86.37		
1958	175.41	91.28	79.78	11.51		0.60	83.53		
1959	170.54	94.14	81.23	12.91		0.11	76.29		
1960	176.85	100.43	84.36	16.07		0.30	76.12		
1961	166.35	83.32	69.61	13.71		0.59	82.43		
1962	159.03	71.42	58.33	13.09		1.82	85.79		
1963	165.49	72.97	59.84	13.13		1.98	90.54		
1964	172.96	78.44	62.79	15.65		1.61	92.92		
1965	178.30	81.86	66.60	15.26		1.29	95.15		
1966	180.13	83.84	68.17	15.67		0.80	95.50		
1967	182.83	86.79	70.68	16.11			96.04		
1968	188.38	88.67	72.12	16.56			99.71		
1969	197.27	93.10	73.90	19.20			104.17		
1970	206.58	99.96	80.03	19.93			106.62		
1971	218.55	111.26	90.53	20.73			107.29		
1972	225.18	117.68	95.02	22.66			107.50		
1973	230.56	120.05	95.05	25.00			110.51		
1974	235.30	121.92	96.21	25.71			113.38		
1975	246.41	132.06	101.46	30.60			114.35		
1976	252.31	139.00	106.51	32.49			113.31		
1977	257.91	145.83	113.08	32.75			112.08		
1978	271.92	158.22	125.04	33.18			113.70		
1979	280.17	166.12	124.58	41.54		0.33	113.72		
1980	293.25	177.90	130.89	47.01		0.55	114.79		
1981	305.64	190.05	138.54	51.51		0.90	114.69		
1982	313.18	195.79	142.51	53.28		1.08	116.31		

2-6 续 表 Continued

单位：万人 (10000 person)

年 份 Year	合 计 Total	城镇非私营单位合 计 Staff And Workers	国 有 经济单位 State-owned Units	城镇集体经济单位 Urban Collective-owned Units	其他经济类型单位 Units of Other Types of Ownership	个体经济 Urban Individuals	农村经济 Rural Individuals	私营经济 Private Enterprises	其 他 Others
1983	319.77	201.86	148.27	53.59		1.95	115.96		
1984	325.97	205.03	149.14	55.75	0.15	3.00	117.94		
1985	335.81	212.55	154.41	57.96	0.18	4.04	119.22		
1986	340.90	215.36	155.71	59.41	0.24	3.50	122.05		
1987	348.30	219.50	159.95	59.29	0.27	3.96	124.84		
1988	351.25	223.02	163.42	59.20	0.39	4.95	123.29		
1989	355.15	224.99	165.32	59.07	0.60	5.86	124.31		
1990	357.80	227.12	167.99	58.45	0.68	5.21	125.47		
1991	360.24	230.15	169.78	58.72	1.65	4.62	124.62	0.85	
1992	360.61	230.02	171.08	57.07	1.87	5.22	124.46	0.91	
1993	374.92	233.58	173.23	53.53	6.92	14.89	123.42	2.93	
1994	386.83	226.34	168.39	48.70	9.25	28.12	124.71	7.67	
1995	398.64	222.30	166.71	43.27	12.32	37.48	128.51	10.35	
1996	406.42	218.85	164.50	41.13	13.22	40.48	121.87	25.22	
1997	411.83	216.44	161.91	40.61	13.92	45.76	121.41	28.22	
1998	415.20	210.74	155.43	36.64	18.67	51.49	120.36	32.61	
1999	417.78	206.89	150.49	33.80	22.60	54.15	121.44	35.30	
2000	417.80	199.64	144.04	28.95	26.65	63.61	121.30	33.25	
2001	406.12	192.96	138.52	23.18	31.26	59.67	120.33	33.16	
2002	407.30	183.79	134.65	17.23	31.91	60.79	123.78	38.94	
2003	412.00	176.24	117.49	13.85	44.90	70.04	127.99	36.80	0.93
2004	417.50	148.60	89.66	7.54	51.40	30.57	154.33	22.83	61.17
2005	421.80	148.53	90.05	7.86	50.62	42.77	148.90	29.20	52.40
2006	429.60	153.89	86.10	6.77	61.02	43.62	143.98	34.03	54.08
2007	442.20	159.58	83.61	6.94	69.03	61.14	145.60	22.78	53.10
2008	456.00	170.45	84.56	7.75	78.14	74.60	144.23	37.74	28.98
2009	468.60	175.84	80.36	7.78	87.70	90.11	143.47	38.45	20.73
2010	483.00	178.46	79.85	7.09	91.52	92.54	141.75	47.86	22.39
2011	498.00	189.77	85.15	4.53	100.09	95.69	145.74	48.30	18.50
2012	506.40	191.85	82.74	4.04	105.07	115.41	95.48	85.41	18.25
2013	522.24	198.54	87.85	4.62	106.07	124.96	88.63	87.29	22.82
2014	530.44	205.74	89.88	4.22	111.64	125.40	81.90	90.16	27.24

2-7 分产业从业人员人数
NUMBER OF EMPLOYED PERSONS BY TYPE OF INDUSTRY

单位：万人 （10000 person）

年份 Year	总计 Total	第一产业 Primary Industry	第二产业 Secondary Industry	第三产业 Tertiary Industry
1995	398.64	93.64	150.98	154.02
1996	406.42	91.43	154.60	160.39
1997	411.83	92.97	154.22	164.64
1998	415.20	92.85	152.25	170.10
1999	417.78	92.96	151.87	172.95
2000	417.80	91.43	148.95	177.42
2001	406.12	90.42	141.47	174.23
2002	407.30	86.02	143.41	177.87
2003	412.00	83.08	144.43	184.49
2004	417.50	81.81	141.30	194.39
2005	421.80	80.58	137.66	203.56
2006	429.60	83.36	140.39	205.85
2007	442.20	82.96	146.60	212.64
2008	456.00	79.57	156.00	220.43
2009	468.60	63.84	175.26	229.50
2010	483.00	63.52	178.46	241.02
2011	498.00	61.10	189.50	247.40
2012	506.40	61.34	194.50	250.56
2013	522.24	50.87	200.86	270.51
2014	530.44	48.38	204.75	277.31

2-8 历年城镇非私营单位从业人员年平均工资
NUMBER OF STAFF AND WORKERS IN VARIOUS YEARS AT THE YEAR-END

单位：元 (yuan)

年份 Year	单位从业人员平均工资 The average wage unit employees	其中:在岗职工 Full Employed Staff and WorKers
1950	464	
1951	485	
1952	533	
1953	546	
1954	548	
1955	569	
1956	621	
1957	637	
1958	597	
1959	549	
1960	559	
1961	555	
1962	595	
1963	630	
1964	651	
1965	648	
1966	639	
1967	637	
1968	637	
1969	681	
1970	581	
1971	498	
1972	567	
1973	568	
1974	583	
1975	589	
1976	570	
1977	568	
1978	620	
1979	679	
1980	780	
1981	770	

2-8 续 表 Continued

单位：元 (yuan)

年　份 Year	单位从业人员平均工资 The average wage unit employees	其中：在岗职工 Full Employed Staff and Workers
1982	786	
1983	798	
1984	968	
1985	1107	
1986	1239	
1987	1379	
1988	1630	
1989	1893	
1990	2093	
1991	2332	
1992	2689	
1993	3533	
1994	4580	
1995	5327	
1996	5981	
1997	6406	
1998	6746	8225
1999	7091	8812
2000	7628	9728
2001	9080	11314
2002	10039	12161
2003	11719	13729
2004	13818	15971
2005	16255	18505
2006	19759	21839
2007	22999	25136
2008	27212	28431
2009	32429	33320
2010	38428	39303
2011		45643
2012	46965	48942
2013	52387	53745
2014	59143	60624

注：根据国家统计局劳动工资统计报表制度的变化，本表中“单位从业人员”指标在2012年之前为“全部职工”口径。

Note: According to the change of the labor wage statistics report system of the State Statistics Bureau, This table "unit staff" index in 2012 for "of all employees to" index.

主要统计指标解释

出生率(又称粗出生率) 指在一定时期内(通常为一年)一定地域范围内出生人数与同期人口平均数之比。一般用千分率表示,计算公式:

$$出生率 = \frac{年出生人数}{年平均人数} \times 1000‰$$

出生人数 是指活产婴儿,即胎儿脱离母体时(不管怀孕月数),有过呼吸或其他生命现象。

年平均人数 是年初、年底人口数的平均数,也可用年中人口数代替。

死亡率(又称粗死亡率) 指在一定时期内(通常为一年)一定地区的死亡人数与同期平均人数(或期中人数)之比,一般用千分率表示。计算公式:

$$死亡率 = \frac{年死亡人数}{年平均人数} \times 1000‰$$

人口自然增长率 指在一定时期内(通常为一年)人口自然增加数(出生人数减死亡人数)与该时期内平均人数(或期中人数)之比,一般用千分率表示。计算公式:

$$人口自然增长率 = \frac{本年出生人数-本年死亡人数}{年平均人数} \times 1000‰$$

$$人口自然增长率 = 人口出生率-人口死亡率$$

从业人员 指从事一定社会劳动并取得劳动报酬或经营收入的人员。包括:(1)全部在岗职工;(2)再就业的离退休人员;(3)私营业主;(4)个体户主;(5)私营和个体从业人员;(6)乡镇企业从业人员;(7)农村从业人员;(8)其他从业人员。这一指标反映了一定时期内全部劳动力资源的实际利用情况,是研究我国基本国情国力的重要指标。

国有经济单位 指资产归国家所有的经济组织。包括按《中华人民共和国企业法人登记管理条例》规定登记注册的非公司制的经济组织,以及中央、地方各级国家机关、事业单位和社会团体。

集体经济单位 指生产资料归集体所有,并按《中华人民共和国企业法人登记管理条例》规定登记注册的经济组织。

其他经济单位 包括股份合作单位、联营单位、有限责任公司、股份有限公司、港澳台商投资单位以及外商投资单位等其他登记注册类型单位。

在岗职工 指在本单位工作并由单位支付工资的人员,以及有工作岗位,但由于学习、病伤产假等原因暂未工作,仍由单位支付工资的人员。

工资总额 指各单位在一定时期内直接支付给本单位全部单位从业人员的劳动报酬总额。工资总额的计算原则应以直接支付给单位从业人员的全部劳动报酬为根据。各单位支付给职工的劳动报酬以及其他根据有关规定支付的工资,不论是计入成本的还是不计入成本的,不论是按国家规定列入计征奖金税项目的,还是未列入计征奖金税项目的,不论是以货币形式支付的还是以实物形式支付的,均包括在工资总额内。

平均工资 指企业、事业,机关单位的从业人员在一定时期内平均每人所得的货币工资额。它表明一定时期单位从业人员工资收入的高低程度,是反映单位从业人员工资水平的主要指标。计算公式为:

$$平均工资 = \frac{报告期实际支付的全部单位从业人员工资总额}{报告期全部单位从业人员平均人数}$$

平均实际工资 指扣除物价变动因素后的单位从业人员平均工资。计算公式为:

$$实际平均工资 = \frac{报告期平均工资}{报告期城镇居民消费价格指数}$$

Explanatory Notes on Main Statistical Indicators

Birth Rate (or Crude Birth Rate) refers to the ratio of the number of births to the average population during a certain period of time (usually a year) , which is often expressed in ‰ . The following formula is used:

$$\text{Number of Births Birth Rate} = \frac{\text{Number of births}}{\text{Average Number of Population}} \times 1000‰$$

Number of Births refers to live births, i. e. the births when babies had showed any vital phenomena regardless of the length of pregnancy Annual Average Number of Population is the average of the number of population at the beginning of the year and that at the end of the year. Sometimes it is substituted for with the mid-year population.

Death Rate (or Crude Death Rate) refers to the ratio of the number of deaths to the average population (or mid-year population) during a certain period of time (usually a year) , which is often expressed in ‰. The following formula is used:

$$\text{Death Rate} = \frac{\text{Number of Deaths}}{\text{Average Number of Population}} \times 1000‰$$

Natural Growth Rate of Population refers to the ratio of natural increase in population number of births minus number of deaths) in a certain period of time (usually a year) to the average population (or mid-year population) of the same period. which is often expressed in ‰. The following formulas are applied:

$$\text{Natural Growth Rate Of Population} = \frac{\text{Number of Births - Number of Deaths}}{\text{Average Number of Population}} \times 1000‰$$

Natural Growth Rate of Population = Birth Rate-Death Rate

Employed Persons refers to the persons who are engaged in social labour and receive remuneration payment or earn business income, including: (1) total staff and workers; (2) re - employed retirees; (3) employers of private enterprises; (4) employers of individual economy; (5) employed persons in private enterprises and individual economy; (6) employed persons in the enterprises in the urban areas; (7) employed persons in the rural areas; (8) other employed persons (including teachers in the schools run by the local people, people engaged in religious profession and the servicemen, etc.) .

This indicator reflects the actual utilization of total labour force during a certain period of time and is often used for the research on China's economic affairs and national power.

Persons employed in various units refer to all the persons working in government agencies of various levels, political and party organizations, social organizations, and enterprises and institutions and receiving payment, including staff and workers, reemployed retirees, teachers in schools run by the local people, foreigners, and Chinese compatriots from Hong Kong, Macao, and Taiwan working in various units. This indicator reflects the total number of labourers actually engaged in production or other operations in various units.

Staff and Workers refer to the persons who work in (and receive payment therefrom) enterprises and institutions of state ownership, collective ownership, Joint ownership, share holding, foreign ownership, and ownership by entrepreneurs from Hong Kong, Macao, and Taiwan, and other types of ownership and their affiliated units, excluding the retired persons invited to work in the units again, teachers in the schools run by the local people and foreigners and persons coming from Hong Kong, Macao and Taiwan and working in the state - owned economic units.

Staff and Workers in State-owned Economic Units refer to the persons who work in the state owned economic units or their attached units and are listed in their payrolls.

Staff and Workers of Collective-owned Units in Urban Areas refer to the persons who work in collective owned units in urban areas and their administration departments and receive payment therefrom.

Staff and Workers in Units of Other types of Ownership refer to those who work in (and receive payment therefrom) enterprises and institutions of joint ownership, share holding, foreign ownership, and ownership by entrepreneurs from Hong Kong, Macao, and Taiwan.

Total Wages of Staff and Workers refer to the total remuneration payment to staff and workers in various units during a certain period of time. The calculation of total wages is based on the total remuneration payment to the staff and workers. Therefore, all the wages and salaries and other payments to staff and workers are included in the total wages regardless of their sources, category, and forms (in kind or cash).

Average Wage of Staff and Workers refers to the average wage in money terms per person during a certain period of time for staff and workers in enterprises, institutions, and government agencies, which reflects the general level of wage income during a certain period of time and is calculated as follows:

$$\text{Average Wage of Staff and Workers} = \frac{\text{Total Wages of Staff and Workers in Reference Period}}{\text{Average Number of Staff and Workers in Reference Period}}$$

Average Real Wage of Staff and Workers refers to average wage of staff and workers after removing the effects of price changes, which is calculated as follows:

$$\text{Average Real Wage of Staff and Workers} = \frac{\text{Average Wage of Staff and Workers in Reference Period}}{\text{Consumer Price Index of Urban Residents in Reference Period}}$$

三、工业、能源消费

INDUSTRY AND CONSUMPTION OF ENERGY

资料整理人员: 胡　红　夏洪全　肖诗军　朱朝雨　栾　波　陈　圆　孙振华
蒋　于　万庆敏　王　立　朱　颖　王　婷

STAFF FOR DATA PROCESSING:

Hu Hong　Xia Hongquan　Xiao Shijun　Zhou Chaoyu　Luan Bo　Chen Yuan　Sun Zhenhua
Jiang Yu　Wan Qingmin　Wang Li　Zhu Ying　Wang Ting

简要说明

本篇工业资料内容包括武汉市工业企业单位数、工业总产值、销售产值、主要工业产品产量、规模以上工业企业主要经济指标;能源消费内容包括能源消费量(折标煤)和全社会用电量。

工业统计调查范围为武汉地区全部工业企业。1997 年以前,我国工业的统计范围分为乡及乡以上独立核算工业企业和非独立核算生产单位、村办工业、城镇合作工业、农村合作工业、城镇个体工业、农村个体工业六大部门(1984 年以前村办工业不在工业统计范围内)。1998 年后统计范围修定为按企业规模划分:全部国有及年产品销售收入 500 万元及以上非国有工业企业和年产品销售收入 500 万元以下非国有工业企业两部分。2007 年后统计范围又进行了调整,改为全部年主营业务收入 500 万元及以上工业企业和年主营业务收入 500 万元以下工业企业。2010 年后统计范围再次调整,改为全部年主营业务收入 2000 万元及以上工业企业和年主营业务收入 2000 万元以下工业企业。统计数据是根据工业统计年度报表中有关资料整理汇总的。2003 年起,工业统计执行新的国民经济行业分类和大中小型企业划分标准,有关轻、重工业和行业分组资料与往年比已发生变化。

能源消费统计范围,1999 年以前年份为全社会统计口径,1999 年以后年份(含 1999 年)为规模以上工业企业。全社会用电量资料由武汉供电公司提供。

Brief Description

Data in this chapter involve number of industrial enterprises, the gross industrial output value, sales output, output of key industrial products, major indicators of industrial enterprises above designated size in Wuhan City. The content of consumption of energy (the standard coal) involves consumption of energy and electricity.

The scope of industrial statistics includes all industrial enterprises within Wuhan city. before 1997, the scope of industrial statistics based on types of ownership, they were mainly the following six parts: industrial enterprises at and above county level with independent accounting system and products units without independent accounting system, village industrial enterprises, urban joint industrial enterprises, rural joint industrial enterprises, urban individual industrial enterprises, and rural industrial enterprises, (rural industrial enterprises were not included in this part before 1984). Since 1998, the scope of industrial statistics shifted from types of ownership to size of enterprises, they are: all state-owned industrial enterprises and those non-state industrial enterprises with annual sales over 5 million yuan, and non-state industrial enterprises with annual sales below 5 million yuan. Since 2007, the scope shifted, they are: all industrial enterprises with annual sales over 5 million yuan, and enterprises with annual sales below 5 million yuan. Since 2010, the scope shifted again, they are: all industrical enterprises with annual sales over 20 million yuan, and enterprises with annual sales below 20 million yuan. The statistics data are prepared from annual reporting of industrial statistics. Since 2003, industry statistics carry out new national economy classification and the new standard divided with the big, small and medium enterprise. Data on heavy and light industry, trade divide into groups are already changed.

The scope of statistics of consumption of energy was whole social before 1999. since 1999, the scope of statistics of consumption of energy has been industrial enterprises above designated size. Data on total electricity consumption are provided by Wuhan city bureau of power supply administration.

3－1 规模以上工业企业单位数及构成

NUMBER OF INDUSTRIAL ENTERPRISES ABOVE DESIGNATED SIZE AND BY TYPE OF ENTERPRISES

项目	Item	2014 单位数（个） Number	2014 构成（%） Type	2013 单位数（个） Number	2013 构成（%） Type
规模以上工业	All State-owned Enterprises and Non-State-owned Ones With Annual Sales Income Over 20 Mil. yuan	2442	100.0	2340	100.0
按登记注册类型分	Grouped by Ownership				
国有企业	State-owned	35	1.4	40	1.7
集体企业	Collective-owned	36	1.5	40	1.7
股份合作企业	Cooperative Enterprises of Share Holding	3	0.1	4	0.2
联营企业	Joint-owned	1	0.04	1	0.04
有限责任公司	Companies of Limited Liabilities	1140	46.7	1046	44.7
股份有限公司	Share Holding	123	5.0	114	4.9
私营企业	Private-owned	766	31.4	773	33.0
其他企业	Others			2	0.1
港澳台投资企业	Enterprises Funded by Entrepreneurs from Hongkong, Macao & Taiwan	83	3.4	79	3.4
外商投资企业	Foreign-Funded	255	10.4	241	10.3
按企业规模分	Grouped by Size				
大型企业	Large Enterprises	88	3.6	85	3.6
中型企业	Medium-Sized Enterprises	306	12.5	313	13.4
小型企业	Small-Sized Enterprises	1992	81.6	1879	80.3
微型企业	Micro-Sized Enterprises	56	2.3	63	2.7

注：规模以上工业指年主营业务收入 2000 万元及以上法人工业企业（下同）。
Note: Industrial enterprises above designated size refer to all state-owned industrial enterprises and non-state-owned industrial enterprises with prime operating revenue over 20 millions yuan (Similarly in following tables).

3-2 规模以上工业总产值
ABOVE SCALE INDUSTRIAL OUTPUT VALUE

单位：亿元 (100 million yuan)

项目	Item	按当年价格计算 Current Prices 2014	2013	2014 年比 2013 年 ±(%) Increase Rate in 2014 over 2013(%)
规模以上工业	All State-owned Enterprises & Non-state-owned Ones With Annual Sales Income Over 5 Mil. yuan	11764.59	10394.07	12.3
按经济类型分	Grouped by Ownership			
其中：国有企业	State-owned	1885.47	1798.00	0.5
集体企业	Collective-owned	34.47	29.77	14.3
股份合作企业	Cooperative Enterprises of Share Holding	33.84	28.43	19.2
股份制企业	Joint-stock Enterprises	5709.64	5091.68	17.3
外商及港、澳、台投资企业	Foreign Funded and Enterprises Funded by Entrepreneurs From Hongkong, Macao & Taiwan	3634.58	3268.69	11.5
按轻重工业分	Grouped by Light & Heavy Industry			
轻 工 业	Light Industry	2721.74	2393.00	12.0
重 工 业	Heavy Industry	9042.85	8001.07	12.3
按企业规模分	Grouped by Size of Enterprises			
大型企业	Large Enterprises	6805.87	6073.35	10.1
中型企业	Medium-sized Enterprises	1887.03	1765.96	11.3
小型企业	Small-sized Enterprises	3071.69	2554.76	17.6

注:2013 年华中电网不在武汉统计,故统计口径有差异。

Note:2013 Statistical contral power Grid Corp are not in Wuhan, so the statistics difference.

3-3 历年规模以上工业总产值和增加值
INDUSTRIAL OUTPUT VALUE AND ADDED VALUE OVER THE YEARS

本表按当年价格计算。 Data in this table are calculated at current prices.
单位：亿元 (100 million yuan)

年份 Year	规模以上工业总产值 Above scale industrial output value	轻工业 Light Industry	重工业 Heavy Industry	规模以上工业增加值 Above Scale Industrial Added Value
2001	1020.84			329.80
2002	1138.98			365.04
2003	1334.49			427.88
2004	1678.34	460.90	1217.44	538.89
2005	2286.69	502.08	1784.61	734.53
2006	2818.59	617.79	2200.80	880.53
2007	3525.63	785.91	2739.72	1055.18
2008	4338.28	944.10	3394.18	1388.00
2009	5032.18	1152.79	3879.39	1656.15
2010	6424.59	1493.30	4931.29	1941.33
2011	7390.66	1564.57	5826.09	2458.77
2012	9018.88	1967.92	7050.96	2711.47
2013	10394.07	2393.00	8001.07	3113.30
2014	11764.59	2721.74	9042.85	3453.35

3-4 历年规模以上工业总产值和增加值指数

INDUSTRIAL OUTPUT VALUE AND INCREASE VALUE INDEX OVER THE YEARS

本表按当年价格计算。 Data in this table are calculated at current prices.

（上年=100） Preceding year=100

年份 Year	规模以上工业总产值 Above scale industrial output value	轻工业 Light Industry	重工业 Heavy Industry	规模以上工业增加值 Above Scale Industrial Added Value
2001				
2002	111.6			112.6
2003	117.9			114.3
2004	126.0	118.3	129.2	121.7
2005	128.2	115.1	132.4	123.8
2006	122.7	122.1	122.8	124.2
2007	125.5	129.3	124.4	122.1
2008	125.4	124.7	125.5	120.3
2009	110.2	117.5	108.2	118.5
2010	128.4	130.1	127.9	121.7
2011	121.8	124.8	121.0	116.0
2012	115.3	124.2	113.0	115.2
2013	118.0	117.4	118.2	117.7
2014	112.3	112.0	112.3	110.9

3-5 分经济类型的规模以上工业总产值及构成

THE TOTAL ABOVE SCALE INDUSTRIAL OUTPUT VALUE OF ECONOMIC TYPE AND COMPOSITION

本表按当年价格计算　　Data in this table are calculated at current prices.

年份 Year	规模以上工业总产值(亿元) Above scale industrial output value (100 million yuan)				
	总计 Total	国有经济 State-owned Enterprises	集体经济 Colletive-owned Enterprises	外商及港澳台经济 Economy of foreign, Hong Kong ,Macao and Taiwan	其他经济 Enterprises of Other Ownership
2008	5773.76	1315.18	29.63	1274.41	3154.54
2009	5798.88	1333.86	28.31	1567.96	2868.75
2010	6424.59	1698.99	32.20	2110.94	2582.46
2011	7390.66	1914.78	22.71	2411.86	3041.31
2012	9018.88	2789.15	39.37	2804.30	3386.06
2013	10394.07	2580.95	29.77	3268.69	4514.66
2014	11764.59	1885.47	34.47	3634.58	6210.07

年份 Year	比重(%) Composition (%)				
	总计 Total	国有经济 State-owned Enterprises	集体经济 Colletive-owned Enterprises	外商及港澳台经济 Economy of foreign, Hong Kong ,Macao and Taiwan	其他经济 Enterprises of Other Ownership
2008	100.0	22.8	0.5	22.1	54.6
2009	100.0	23.0	0.5	27.0	49.5
2010	100.0	26.4	0.5	32.9	40.2
2011	100.0	25.9	0.3	32.6	41.2
2012	100.0	30.9	0.4	31.1	37.6
2013	100.0	24.8	0.3	31.4	43.5
2014	100.0	16.0	0.3	30.9	52.8

3-6 分行业规模以上工业企业单位数及工业总产值、销售产值(2014)

GROSS INDUSTRIAL OUTPUT VALUE AND SALES VALUE OF INDUSTRIAL ENTERPRISES WITH SALES INCOME OVER 20 MIL. YUAN(2014)

单位：亿元 (100 million yuan)

项目 Item	企业单位数(个) Number of Enterprises	工业总产值 Gross Industrial Output Value	工业销售产值 Industrial Sales Value	#出口交货值 Delivery Values of Export
总计 Total	2442	11764.59	11113.65	626.61
煤炭开采和洗选业 Ming and Washing of coal				
石油和天然气开采业 Petroleum and Natural Gas Mining				
黑色金属矿采选业 Ferrous Metal Minerals Mining and Dressing	1	3.63	3.63	
有色金属矿采选业 Non Ferrous Minerals Mining and Dressing				
非金属矿采选业 Non-matal ores Mining and Quarrying	3	4.60	4.60	
开采辅助活动 Mining Support Activities	1	5.25	5.25	
其他采矿业 Mining of Others Ores				
农副食品加工业 Farm and Sideline Product Processing	122	391.58	357.84	4.46
食品制造业 Food Production	53	141.23	137.72	2.26
饮料制造业 Beverage Production	22	210.52	187.31	0.26
烟草制品业 Tobacco Processing	3	607.99	568.14	1.26
纺织业 Textile Industry	61	98.81	92.69	4.58
纺织服装、鞋、帽制造业 Garments and Other Fiber Products	46	97.75	92.07	5.85
皮革、毛皮、羽绒及其制品业 Leather,Furs,Down and Related Products	7	13.16	11.85	0.05
木材加工及竹、藤、棕、草制品业 Timber Processing, Bamboo,Cane,Palm Fiber and Straw Products	24	22.47	21.67	
家具制造业 Furniture Manufacturing	17	13.80	12.80	1.05
造纸及纸制品业 Papermaking and Paper Products	43	90.40	86.41	2.66
印刷业和记录媒介的复制 Printing and Reproduction	44	90.45	79.13	2.07
文教、工美、体育和娱乐用品制造业 Cultural,Educational and Sports Goods	12	20.81	20.32	2.57

3－6 续 表 Continued

单位：亿元 (100 million yuan)

项 目 Item	企业单位数（个） Number of Enterprises	工业总产值 Gross Industrial Output Value	工业销售产值 Industrial Sales Value	#出口交货值 Delivery Values of Export
石油加工、炼焦及核燃料加工业 Petroleum Refining, Coking and Nucless Fuel Processing	16	475.15	473.75	
化学原料及化学制品制造业 Raw Chemical Materials and Chemical Products	115	396.64	387.53	9.64
医药制造业 Medical and Pharmaceutical Products	74	229.69	222.22	10.82
化学纤维制造业 Chemical Fiber Manufacturing	1	4.07	4.09	1.14
橡胶制品业 Rubber Products	110	248.89	244.10	0.97
非金属矿物制品业 Nonmetal Mineral Products	220	319.99	313.14	4.93
黑色金属冶炼及压延加工业 Smelting and Pressing of Ferrous Metals	44	891.83	885.51	
有色金属冶炼及压延加工业 Smelting and Pressing of Nonferroys Metals	29	54.80	52.99	0.96
金属制品业 Metal Products	166	317.97	316.57	4.81
通用设备制造业 Ordinary Machinery	168	382.18	374.96	31.49
专用设备制造业 For Special Purposes Equipment Manufacturing	147	429.97	411.31	19.46
汽车制造业 Automobile IndustryAutomobile Industry	236	2338.72	2256.52	14.20
铁路、船舶、航空航天和其他运输设备制造业 Railway, Ship, Aerospace and Other transportation Equipment	53	154.06	140.08	18.85
电气机械及器材制造业 Electric Equipment and Machinery	205	822.53	803.99	38.61
计算机、通信和其他电子设备制造业 Computer, Telecommunication and Other Ecectronic Devices	132	1556.52	1481.84	440.75
仪器仪表制造业 Instruments and Meters	30	60.17	58.60	2.18
其他制造业 Other Industry	5	6.31	6.21	
废弃资源综合利用业 Utilization of Discard Resource and Material	13	42.64	41.63	
金属制品、机械和设备修理业 Mineral Products, Machinery and Repair of Equipment	11	16.61	13.80	0.69
电力、热力的生产和供应业 Electricity, Thermal and Water Production and Supply	14	868.02	867.88	
燃气生产和供应业 Gas Production and Supply	12	53.09	53.07	
水的生产和供应业 Tap Water Production and Supply	10	22.95	21.71	

3-7 规模以上工业主要产品产量
OUTPUT OF MAJOR INDUSTRIAL PRODUCTS OF ENTERPRISES ABOVE DESIGNATED SIZE

项目	Item	2014	2013
食用植物油(万吨)	Edible Vegetable Oil(10 000 tons)	79.35	86.59
乳制品(吨)	Dairy Products(ton)	266575.80	174673.00
饮料酒(万吨)	Alcoholic Beverages(10 000 tons)	73.61	76.15
软饮料(万吨)	Soft Berverage (10 000 tons)	275.28	307.56
卷烟(万箱)	Cigarettes (10 000 boxes)	281.53	279.60
纱(吨)	Yarn (ton)	139708	135076
布总计(万米)	Cloth In Total (10 000 M)	10192.20	14861.50
#纯棉布	Pure Cotton Cloth	2241.50	5407.00
棉混纺交织布	Blending Cotton Cloth	5035.60	6159.60
纯化纤布	Pure Chemical Fiber	2915.10	3294.90
印染布(万米)	Dyeing Cloth (10 000 M)	2069.00	1264.00
服装(万件)	Garments (10 000 units)	8611.30	8487.40
人造板(万立方米)	Synthetic Board (10 000 cubic meter)	13.72	37.06
家具(万件)	Furniture (10 000 units)	48.58	54.87
原油加工量(万吨)	Crude Oil (10 000 tons)	788.28	641.48
汽油(万吨)	Gasoline (10 000 tons)	128.94	129.70
柴油(万吨)	Diesel Oil (10 000 tons)	267.10	256.11
燃料油(万吨)	Fuel Oil (10 000 tons)	1.59	3.59
焦炭(万吨)	Coke (10 000 tons)	641.11	672.69
硫酸(折100%)(吨)	Sulfuric Acid(100%,ton)	89619.00	78582.70
农用化肥(折纯)(万吨)	Chemical Fertilizers (10 000 tons)	110.86	96.80
油漆(吨)	Paint (ton)	119990.50	111338.30
化学原料药(吨)	Chemical Raw Medicine (ton)	13410	12856
中成药(吨)	Traditional Chinese Patent Medicine (ton)	42053	91987
塑料制品(吨)	Plastic Products(ton)	1765293.20	1450458.50
机制纸及纸板(万吨)	Machine Made Papr and Paperboards	49.28	43.99
水泥(万吨)	Cement(10 000 tons)	1140.90	1066.39
砖(亿块)	Bricks (100 million pcs)	0.57	0.50

3－7 续 表 Continued

项 目 Item		2014	2013
平板玻璃(万重量箱)	Plate Glass (10 000 Weight-Box)	2366.01	2528.55
显 示 器(万部)	Display (10 000 units)	1636.59	1372.37
生 铁(万吨)	Pig Iron (10 000 tons)	1637.15	1680.78
钢 总 计(万吨)	Steel Products (10 000 tons)	1842.76	1895.23
成品钢材总计(万吨)	Steel Products(10 000 tons)	1725.50	1809.12
铝 材(万吨)	Ten Kinds of Non-ferrous Metals(10 000 tons)	6.29	6.09
工业锅炉(蒸发量吨)	Industrial Boiler (tons)	3865.70	3979.00
金属切削机床总计(台)	Metal-Cutting Machine(unit)	401	655
#数控机床	Numerically Controlled Machine Tool	88	90
小型拖拉机(台)	Mini Tractors (unit)	41282	36873
汽 车(辆)	Motor Vehicles (unit)	1124652	953450
载货汽车	Trucks	121	83
轿 车	Cars	761231	665868
改装汽车(辆)	Refit Automobile (unit)	3005	3757
民用钢质船舶(载重吨)	Loading Capacity of Commerical Steel Ships (ton)	383365	587801
发电设备(万千瓦)	Generating Equipment (10 000 Kw)	87.90	145.70
光 缆(万芯千米)	Optical Cable (10 000 tons km)	3372.34	2915.57
钢绞线(吨)	Aluminium Twisting Wire With Steel Core (ton)	185214	162197
铅酸蓄电池(万千伏安时)	Storage Battery (10 000 KVAH)	174.44	207.54
电子元件(万只)	Electronic Component (10 000 units)	11953.30	17759.50
电热水器(万台)	Ecectric Water-Heater(10 000 units)	211.96	221.48
冷 柜(万台)	Freezers(10 000 units)	83.08	99.39
房间空气调节器(万台)	House Air Conditioner (10 000 units)	1441.50	1189.35
发电量总计(亿千瓦时)	Electricity (100 million Kwh)	213.32	244.36
交流电动机(万千瓦)	Alternating Current Motor(10 000 Kw)	119.10	131.74
变 压 器(万千伏安)	Transformer (10 000 kva)	949.51	1216.77

3-8 规模以上工业企业主要经济指标(2014年)

单位:亿元

项	目 Item	企业单位数(个) Number of Enterprises (unit)
总　计	Total	2442
一、按登记注册类型分组:	Grouped by Ownership	
内资企业	Domestic Funded Enterprises	2104
国有企业	State-owned	35
集体企业	Collective-owned	36
股份合作企业	Cooperative Enterprises of Share Holding	3
联营企业	Joint-owned	1
有限责任公司	Companies of Limited Liabilities	1140
股份有限公司	Share Holding	123
私营企业	Private-owned	766
其他企业	Others	
港、澳、台商投资企业	Enterprises Funded by Entrepreneurs from Hongkong, Macao & Taiwan	83
外商投资企业	Foreign Funded	255
二、在总计中:亏损企业	of the Total: Loss-making Enterprises	350
在总计中:国有控股企业	of the Total: State-holding Enterprises	242
在总计中:农村工业	of the Total: Rural Industry	10
在总计中:轻 工 业	Light Industry	727
重 工 业	Heavy Industry	1715
在总计中:大型企业	Large-Scale Enterprises	88
中型企业	Medium-Scale Enterprises	306
小型企业	Small-Scale Enterprises	1992
微型企业	Micro-Scale Enterprises	56

MAIN ECONOMIC INDICATORS ABOVE DESIGNATED SIZE INDUSTRIAL ENTERPRISE (2014)

(100 million yuan)

#亏损企业 Loss-making Enterprises	资产合计 Total Intangible and Deferred Assets	流动资产合计 Total Circulating Assets	#应收帐款 Net Receivables	#产成品 Finished Goods
350	**11102.86**	**5448.48**	**1436.13**	**605.82**
282	8672.93	4129.86	1131.96	485.63
7	3464.02	925.96	171.66	139.06
7	15.27	11.63	4.94	1.37
1	2.91	2.40	1.44	0.24
0	0.96	0.79	0.54	0.10
169	3037.98	1905.92	570.01	243.41
18	1387.54	814.02	241.68	47.82
80	764.25	469.13	141.70	53.63
14	359.57	221.41	76.57	17.64
54	2070.36	1097.21	227.61	102.55
350	1523.52	818.21	243.11	70.82
49	6891.00	2928.29	570.85	381.92
3	3.07	1.92	0.71	0.19
96	1891.08	1111.04	234.37	137.14
254	9211.78	4337.43	1201.76	468.68
17	7517.05	3305.34	759.52	352.26
61	1660.88	966.01	283.67	137.32
255	1906.42	1166.11	389.01	114.64
17	18.52	11.02	3.93	1.60

3-8 续 表 1

单位:亿元

项目 Item		固定资产净值 Net Value of Fixed Assets
总 计	**Total**	**3720.55**
一、按登记注册类型分组:	**Grouped by Ownership**	
内资企业	Domestic Funded Enterprises	2938.27
国有企业	State-owned	1794.31
集体企业	Collective-owned	2.05
股份合作企业	Cooperative Enterprises of Share Holding	0.48
联营企业	Joint-owned	0.14
有限责任公司	Companies of Limited Liabilities	744.84
股份有限公司	Share Holding	184.69
私营企业	Private-owned	211.75
其他企业	Others	
港、澳、台商投资企业	Enterprises Funded by Entrepreneurs from Hongkong, Macao & Taiwan	93.77
外商投资企业	Foreign Funded	688.51
二、在总计中:亏损企业	**of the Total:Loss-making Enterprises**	461.91
在总计中:国有控股企业	of the Total:State-holding Enterprises	2760.37
在总计中:农村工业	of the Total:Rural Industry	0.44
在总计中:轻 工 业	Light Industry	426.70
重 工 业	Heavy Industry	3293.85
在总计中:大型企业	Large-Scale Enterprises	2843.76
中型企业	Medium-Scale Enterprises	399.29
小型企业	Small-Scale Enterprises	475.81
微型企业	Micro-Scale Enterprises	1.70

3-8 Continued 1

(100 million yuan)

负 债 合 计 Total Liabilities	主 营 业 务 收 入 Mainly Operating Income	主营业务成本 Main Sales Cost	主营业务税金及附加 Mainly Operating Turnover Tax and Additional Tax	管理费用 Management Expenses
6764.84	**11265.31**	**9196.37**	**530.65**	**502.57**
5265.31	8020.21	6662.98	416.52	357.56
2207.82	2532.86	2323.89	4.70	97.97
10.53	33.09	29.16	0.34	1.63
1.90	4.69	4.32	0.01	0.16
0.68	0.83	0.73	0.01	0.11
1909.57	3597.69	2774.91	399.93	158.60
784.69	724.79	553.11	5.82	57.56
350.10	1126.26	976.86	5.72	41.53
209.87	569.78	508.10	1.46	21.18
1289.67	2675.32	2025.28	112.67	123.83
1107.80	1376.98	1268.64	53.77	58.73
4257.69	6385.48	5026.69	502.08	277.16
1.01	5.63	5.13	0.12	0.11
941.92	2361.13	1586.58	351.24	111.08
5822.92	8904.18	7609.79	179.41	391.49
4675.18	7396.69	5908.04	503.39	295.13
1014.58	1486.46	1248.34	13.64	92.56
1066.95	2363.85	2024.10	13.45	114.06
8.13	18.31	15.89	0.17	0.82

3-8 续 表 2

单位:亿元

项 目 Item		财务费用 Financial Expenditures
总 计	Total	112.54
一、按登记注册类型分组:	Grouped by Ownership	
内资企业	Domestic Funded Enterprises	108.46
国有企业	State-owned	58.09
集体企业	Collective-owned	0.16
股份合作企业	Cooperative Enterprises of Share Holding	0.01
联营企业	Joint-owned	
有限责任公司	Companies of Limited Liabilities	28.49
股份有限公司	Share Holding	9.54
私营企业	Private-owned	12.16
其他企业	Others	
港、澳、台商投资企业	Enterprises Funded by Entrepreneurs from Hongkong, Macao & Taiwan	0.27
外商投资企业	Foreign Funded	3.82
二、在总计中:亏损企业	of the Total: Loss-making Enterprises	17.42
在总计中:国有控股企业	of the Total: State-holding Enterprises	70.58
在总计中:农村工业	of the Total: Rural Industry	0.02
在总计中:轻 工 业	Light Industry	18.65
重 工 业	Heavy Industry	93.89
在总计中:大型企业	Large-Scale Enterprises	71.15
中型企业	Medium-Scale Enterprises	15.81
小型企业	Small-Scale Enterprises	25.39
微型企业	Micro-Scale Enterprises	0.19

3-8 Continued 2

(100 million yuan)

利息支出 Interest paid	利润总额 Total Profits	亏损企业亏损总额 Total Loss of Loss-making Enterprises	利税总额 Total Profit	本年应交增值税 Value-added Tax Payable This Year
126.62	468.17	82.47	1432.74	426.40
105.36	255.68	61.64	930.01	251.09
58.27	12.15	10.27	96.02	73.74
0.15	1.43	0.17	2.84	1.06
	0.02	0.01	0.09	0.06
	0.01		0.06	0.04
27.5	154.13	36.31	692.01	137.25
10.91	41.47	10.48	69.08	21.49
8.53	46.46	4.41	69.91	17.45
2.19	16.87	2.46	27.17	8.50
19.08	195.63	18.37	475.55	166.80
17.23	-82.47	82.47	-3.20	25.44
87.84	246.35	47.08	1083.58	328.88
0.02	0.12	0.02	0.31	0.04
17.50	170.87	12.02	644.46	121.42
109.13	297.30	70.44	788.27	304.98
89.46	266.66	48.73	1121.81	345.44
16.41	87.22	16.62	138.82	37.35
20.63	113.79	16.95	171.31	43.48
0.12	0.49	0.17	0.81	0.13

3-8 续 表 3

单位:亿元

项目 Item		全部从业人员年平均人数(人) Average Staff and Workers (person)
总　计	**Total**	**849103**
一、按登记注册类型分组:	**Grouped by Ownership**	
内资企业	Domestic Funded Enterprises	670207
国有企业	State-owned	221940
集体企业	Collective-owned	8210
股份合作企业	Cooperative Enterprises of Share Holding	344
联营企业	Joint-owned	421
有限责任公司	Companies of Limited Liabilities	268868
股份有限公司	Share Holding	72970
私营企业	Private-owned	97454
其他企业	Others	
港、澳、台商投资企业	Enterprises Funded by Entrepreneurs from Hongkong, Macao & Taiwan	53094
外商投资企业	Foreign Funded	125802
二、在总计中:亏损企业	**of the Total:Loss-making Enterprises**	116567
在总计中:国有控股企业	of the Total:State-holding Enterprises	406805
在总计中:农村工业	of the Total:Rural Industry	821
在总计中:轻工业	Light Industry	196036
重工业	Heavy Industry	653067
在总计中:大型企业	Large-Scale Enterprises	467421
中型企业	Medium-Scale Enterprises	168817
小型企业	Small-Scale Enterprises	211780
微型企业	Micro-Scale Enterprises	1085

3-8 Continued 3

(100 million yuan)

总资产贡献率 (%) Ratio of Total Assets to Industrial Output Value (%)	资产负债率 (%) Ratio of Liabilitiesto Assets (%)	流动资产周转率 (次/年) Turnover Ratio of Cirulating Assets (times/year)	成本费用利润率 (%) Ration of Profits to Industrial Cost (%)	产品销售率 (%) Sales Ration of Industrial Products (%)
13.97	60.93	2.12	4.45	96.21
11.78	60.71	2.00	3.37	97.07
4.26	63.74	2.77	0.48	99.37
19.48	68.97	2.89	4.52	97.15
3.26	65.27	1.96	0.44	75.26
6.93	70.90	1.05	1.60	102.86
23.58	62.86	1.98	4.76	96.10
5.56	56.55	0.90	6.06	95.56
10.16	45.81	2.42	4.30	96.79
7.64	58.37	2.61	3.01	85.22
24.23	62.29	2.49	8.27	96.40
0.71	72.71	1.70	-5.81	96.89
16.96	61.79	2.26	4.22	97.71
10.50	32.95	3.05	2.22	94.57
34.85	49.81	2.25	8.60	94.07
9.68	63.21	2.09	3.48	96.83
16.06	62.19	2.30	3.93	96.21
9.17	61.09	1.60	5.95	94.91
9.98	55.97	2.04	5.05	97.01
4.95	43.92	1.70	2.71	95.14

3－9 按行业分的规模以上工业企业主要经济指标(2014年)

单位:亿元

项目 Item		企业单位数(个) Number of Enterprises (unit)
总计	Total	2442
煤炭开采和洗选业	Ming and Washing of cocl	
石油和天然气开采业	Petroleum and Natureal Gas	
黑色金属矿采选业	Ferrous Metal Minerals Mining and Dressing	1
有色金属矿采选业	Non-Ferrous Minerals Mining and Dressing	
非金属矿采选业	Nonmetal Ores Mining and Quarrying	2
开采辅助活动	Mining Auxiliary Activities	1
其他采矿业	Other Mining Industry	1
农副食品加工业	Farm and Sideline Product Processing	123
食品制造业	Food Production	60
饮料制造业	Beverage Production	22
烟草制品业	Tobacco Processing	3
纺织业	Textile Industry	62
纺织服装、鞋、帽制造业	Garments and Other Fiber Products	45
皮革、毛皮、羽绒及其制品业	Leather, Furs, Down and Related Products	8
木材加工及竹、藤、棕、草制品业	Timber Processing, Bamboo, Cane, Palm Fiber and Straw Products	24
家具制造业	Furniture Manufacturing	18
造纸及纸制品业	Papermaking and Paper Products	49
印刷业和记录媒介的复制	Printing Reproduction	48
文教体育用品制造业	Cultural, Educational and Sports Goods	15
石油加工、炼焦及核燃料加工业	Petroleum Refining, Coking and Nucless Fuel processing	17
化学原料及化学制品制造业	Raw Chemical Materials and Chemical Products	121
医药制造业	Medical and Pharmaceutical Products	74
化学纤维制造业	Chemical Fiber Manuafacturing	1
橡胶和塑料制品业	Rubber and Plastic Products	117
非金属矿物制品业	Nonmetal Mineral Products	230
黑色金属冶炼及压延加工业	Smelting and Pressing of Ferrous Metals	43
有色金属冶炼及压延加工业	Smelting and Pressing of Non-ferrous Metals	32
金属制品业	Metal Products	203
通用设备制造业	General Purpose Machinery Manufacturing	162
专用设备制造业	For Special Purposes Equipment Manufacturing	164
汽车制造业	Automobile Industry	262
铁路、船舶、航空航天和其他运输设备制造业	Railway, Ship, Aerospace and Other transportation Equipment	51
电气机械及器材制造业	Electric Equipment and Machinery	218
计算机、通信和其他电子设备制造业	Computer, Telecommunication and Other Ecectronic Devices	128
仪器仪表制造业	Instruments and Meters	63
其他制造业	Other Industry	8
废弃资源综合利用业	Utilization of Discard Resource and Material	13
金属制品、机械和设备修理业	Mineral Products, Machinery and Repair of Equipment	13
电力、热力的生产和供应业	Electric Power Production and Supply	14
燃气生产和供应业	Gas Production and Supply	12
水的生产和供应业	Tap Water Production and Supply	14

MAIN ECONOMIC INDICATORS OF ABOVE DESIGNATED SIZE INDUSTRIAL ENTERPRISES (2014)

(100 million yuan)

#亏损企业 Loss-making Enterprises	资产合计 Total Intangible and Deferred Assets	流动资产合计 Total Circulating Funds	#应收帐款 Net Receivables	#产成品 Finished Goods
350	11102.86	5448.48	1436.13	605.82
	0.44	0.39		
	0.43	0.20	0.10	0.05
1	16.06	1.21	0.11	0.02
	0.69	0.52		
15	159.03	90.87	15.67	14.14
10	86.27	34.58	8.26	4.17
5	123.94	55.95	6.57	3.41
	390.80	307.12	19.44	30.83
8	56.93	29.38	5.85	6.02
7	68.84	42.68	9.67	15.50
	2.16	1.25	0.50	0.22
	8.00	4.10	0.92	0.77
2	10.14	6.00	1.60	0.46
11	74.43	43.72	13.27	1.97
7	79.58	46.38	15.18	5.27
3	25.86	17.95	1.47	1.85
2	106.09	46.29	5.66	2.85
13	365.43	123.29	35.39	14.72
8	318.14	168.44	45.27	17.21
	3.22	1.33	0.49	0.10
12	121.18	70.96	16.90	7.54
20	270.36	144.29	48.86	9.56
8	2235.13	635.20	107.90	121.35
3	18.72	10.64	3.07	0.87
26	338.19	232.58	56.04	65.82
33	728.27	371.61	126.26	17.87
26	576.09	409.65	121.27	35.24
34	1559.60	949.00	181.00	105.34
9	144.77	81.85	25.25	6.47
45	582.21	383.41	158.87	39.87
24	1257.86	932.12	358.05	66.08
5	67.53	51.28	19.33	3.65
1	7.98	3.98	0.32	0.18
2	24.21	15.38	4.30	5.04
3	13.84	11.04	4.30	0.05
2	1007.06	48.38	8.67	0.42
1	76.44	24.90	4.41	0.17
4	176.93	50.60	5.94	0.77

3-9 续表 1

单位:亿元

项 目 Item		固定资产净值 Net Value of Fixed assets
总　　　计	Total	3720.55
煤炭开采和洗选业	Ming and Washing of cocl	
石油和天然气开采业	Petroleum and Natureal Gas	
黑色金属矿采选业	Ferrous Metal Minerals Mining and Dressing	
有色金属矿采选业	Non-Ferrous Minerals Mining and Dressing	
非金属矿采选业	Nonmetal Ores Mining and Quarrying	0.12
开采辅助活动	Mining Auxiliary Activities	4.16
其他采矿业	Other Mining Industry	0.16
农副食品加工业	Farm and Sideline Product Processing	47.14
食品制造业	Food Production	26.66
饮料制造业	Beverage Production	46.07
烟草制品业	Tobacco Processing	28.30
纺 织 业	Textile Industry	18.05
纺织服装、鞋、帽制造业	Garments and Other Fiber Products	14.14
皮革、毛皮、羽绒及其制品业	Leather, Furs, Down and Related Products	0.76
木材加工及竹、藤、棕、草制品业	Timber Processing, Bamboo, Cane, Palm Fiber and Straw Products	2.78
家具制造业	Furniture Manufacturing	2.12
造纸及纸制品业	Papermaking and Paper Products	22.62
印刷业和记录媒介的复制	Printing Reproduction	17.52
文教体育用品制造业	Cultural, Educational and Sports Goods	3.10
石油加工、炼焦及核燃料加工业	Petroleum Refining, Coking and Nucless Fuel processing	59.09
化学原料及化学制品制造业	Raw Chemical Materials and Chemical Products	172.01
医药制造业	Medical and Pharmaceutical Products	93.33
化学纤维制造业	Chemical Fiber Manuafacturing	1.86
橡胶和塑料制品业	Rubber and Plastic Products	33.75
非金属矿物制品业	Nonmetal Mineral Products	88.27
黑色金属冶炼及压延加工业	Smelting and Pressing of Ferrous Metals	909.47
有色金属冶炼及压延加工业	Smelting and Pressing of Non-ferrous Metals	6.45
金属制品业	Metal Products	80.57
通用设备制造业	General Purpose Machinery Manufacturing	103.64
专用设备制造业	For Special Purposes Equipment Manufacturing	140.04
汽车制造业	Automobile Industry	378.42
铁路、船舶、航空航天和其他运输设备制造业	Railway, Ship, Aerospace and Other transportation Equipment	53.29
电气机械及器材制造业	Electric Equipment and Machinery	159.43
计算机、通信和其他电子设备制造业	Computer, Telecommunication and Other Ecectronic Devices	199.35
仪器仪表制造业	Instruments and Meters	8.80
其他制造业	Other Industry	1.34
废弃资源综合利用业	Utilization of Discard Resource and Material	2.79
金属制品、机械和设备修理业	Mineral Products, Machinery and Repair of Equipment	1.60
电力、热力的生产和供应业	Electric Power Production and Supply	924.17
燃气生产和供应业	Gas Production and Supply	35.99
水的生产和供应业	Tap Water Production and Supply	33.21

3-9 Continued 1

(100 million yuan)

负债合计 Total Liabilities	主营业务收入 Mainly Operating Income	主营业务成本 Main Sales Cost	主营业务税金及附加 Mainly Operating Turnover Tax and Additional Tax	管理费用 Management Expenses
6764.84	11265.31	9196.37	530.65	502.57
0.09	3.63	3.16	0.11	0.05
0.05	4.47	3.74	0.17	0.13
11.95	5.47	5.48	0.01	0.17
0.53	0.33	0.26	0.00	0.05
81.68	316.26	274.48	0.91	9.47
45.45	140.64	116.47	0.64	6.42
57.08	173.50	132.53	6.84	6.99
146.64	554.28	114.29	336.71	21.90
30.80	89.29	77.94	0.59	3.95
39.61	79.32	63.70	0.41	4.08
0.91	15.73	15.12	0.05	0.25
3.56	19.89	17.31	0.27	0.64
5.45	11.83	9.71	0.09	0.77
57.43	79.44	71.82	0.22	3.17
39.61	74.96	57.89	0.41	5.67
16.59	26.04	22.32	0.08	1.28
40.43	473.79	423.88	49.44	5.70
228.10	386.85	345.84	2.06	14.32
155.52	233.13	145.25	1.65	21.03
1.18	4.27	3.90	0.01	0.07
62.88	226.50	195.61	0.95	8.37
145.50	289.90	247.13	2.12	12.09
1420.69	1587.25	1441.29	1.02	69.94
13.28	52.05	48.80	0.18	1.28
244.67	350.22	306.45	2.55	14.98
540.56	274.68	217.75	1.80	18.67
296.88	344.47	287.86	1.70	22.01
975.65	2181.18	1610.33	106.69	106.38
112.88	143.49	132.67	1.08	10.05
361.95	749.98	645.24	3.19	41.93
770.72	1292.20	1144.94	3.56	76.10
34.96	54.41	39.00	0.42	5.97
4.19	9.03	7.89	0.05	0.41
15.18	43.90	42.41	0.11	1.01
9.70	15.49	12.89	0.16	1.63
657.28	871.94	838.72	3.77	2.16
50.74	61.63	52.35	0.44	1.79
84.47	23.87	19.97	0.19	1.70

3-9 续 表 2

单位:亿元

项	目 Item	财务费用 Financial Expenditures
总　　　　计	Total	112.54
煤炭开采和洗选业	Ming and Washing of cocl	
石油和天然气开采业	Petroleum and Natureal Gas	
黑色金属矿采选业	Ferrous Metal Minerals Mining and Dressing	
有色金属矿采选业	Non-Ferrous Minerals Mining and Dressing	
非金属矿采选业	Nonmetal Ores Mining and Quarrying	0.03
开采辅助活动	Mining Auxiliary Activities	0.23
其他采矿业	Other Mining Industry	
农副食品加工业	Farm and Sideline Product Processing	2.76
食品制造业	Food Production	0.68
饮料制造业	Beverage Production	0.50
烟草制品业	Tobacco Processing	1.37
纺 织 业	Textile Industry	0.95
纺织服装、鞋、帽制造业	Garments and Other Fiber Products	1.58
皮革、毛皮、羽绒及其制品业	Leather, Furs, Down and Related Products	0.06
木材加工及竹、藤、棕、草制品业	Timber Processing, Bamboo, Cane, Palm Fiber and Straw Products	0.30
家具制造业	Furniture Manufacturing	0.14
造纸及纸制品业	Papermaking and Paper Products	1.71
印刷业和记录媒介的复制	Printing Reproduction	0.62
文教体育用品制造业	Cultural, Educational and Sports Goods	0.47
石油加工、炼焦及核燃料加工业	Petroleum Refining, Coking and Nucless Fuel processing	0.06
化学原料及化学制品制造业	Raw Chemical Materials and Chemical Products	8.65
医药制造业	Medical and Pharmaceutical Products	4.15
化学纤维制造业	Chemical Fiber Manuafacturing	
橡胶和塑料制品业	Rubber and Plastic Products	1.86
非金属矿物制品业	Nonmetal Mineral Products	2.54
黑色金属冶炼及压延加工业	Smelting and Pressing of Ferrous Metals	43.59
有色金属冶炼及压延加工业	Smelting and Pressing of Non-ferrous Metals	0.27
金属制品业	Metal Products	3.73
通用设备制造业	General Purpose Machinery Manufacturing	6.25
专用设备制造业	For Special Purposes Equipment Manufacturing	5.98
汽车制造业	Automobile Industry	-6.27
铁路、船舶、航空航天和其他运输设备制造业	Railway, Ship, Aerospace and Other transportation Equipment	1.71
电气机械及器材制造业	Electric Equipment and Machinery	4.29
计算机、通信和其他电子设备制造业	Computer, Telecommunication and Other Eectronic Devices	4.33
仪器仪表制造业	Instruments and Meters	0.77
其他制造业	Other Industry	0.07
废弃资源综合利用业	Utilization of Discard Resource and Material	0.31
金属制品、机械和设备修理业	Mineral Products, Machinery and Repair of Equipment	0.19
电力、热力的生产和供应业	Electric Power Production and Supply	16.61
燃气生产和供应业	Gas Production and Supply	0.30
水的生产和供应业	Tap Water Production and Supply	1.74

3-9 Continued 2

(100 million yuan)

利息支出 Interest Paid	利润总额 Total Profits	亏损企业亏损总额 Total Loss of Loss-making Enterprises	利税总额 Total Profit	本年应交增值税 Value-added Tax Payable This Year
126.62	468.17	82.47	1432.74	426.40
	0.07	0.24	0.06	
0.01	0.27		0.51	0.07
0.28	-0.38	0.38	-0.38	
	0.02		0.02	
2.10	13.81	1.48	17.83	2.57
0.42	6.39	0.77	10.34	3.16
0.61	6.13	2.62	20.14	7.18
1.86	66.99		478.26	74.56
0.49	2.41	0.68	4.57	1.55
1.29	4.55	0.83	6.60	1.64
0.06	0.16		0.40	0.19
0.17	0.97		1.46	0.21
0.14	0.24	0.14	0.54	0.21
2.30	0.94	1.48	2.15	0.99
0.47	8.24	0.48	11.05	2.38
0.17	0.85	0.33	1.17	0.24
0.36	-6.33	7.36	52.42	9.31
8.75	11.62	1.07	20.67	6.88
3.72	25.22	0.49	39.73	12.71
	0.11		0.18	0.06
1.61	14.38	0.32	20.25	4.91
2.24	15.00	2.14	23.84	6.63
43.36	8.43	0.74	48.55	33.79
0.18	0.90	0.05	1.77	0.67
3.66	11.76	2.77	21.47	7.10
6.10	15.08	3.04	24.11	7.13
5.55	14.29	2.86	24.47	8.45
7.01	166.39	18.28	426.93	153.72
1.88	-8.74	13.11	-5.67	1.99
4.64	38.33	3.28	57.03	15.19
6.98	19.55	14.49	42.04	18.63
0.73	5.98	0.10	8.26	1.81
0.08	0.70	0.03	0.80	0.06
0.30	-0.20	0.78	0.37	0.47
0.20	0.65	0.09	1.59	0.77
16.83	14.29	0.74	57.46	39.30
0.43	5.77	0.05	7.31	1.10
1.67	3.32	1.49	4.27	0.74

3-9 续 表 3

单位:亿元

项 目 Item		全部从业人员年平均人数（人）Average Staff and Workers (person)
总 计	Total	849103
煤炭开采和洗选业	Ming and Washing of cocl	
石油和天然气开采业	Petroleum and Natureal Gas	
黑色金属矿采选业	Ferrous Metal Minerals Mining and Dressing	47
有色金属矿采选业	Non-Ferrous Minerals Mining and Dressing	
非金属矿采选业	Nonmetal Ores Mining and Quarrying	176
开采辅助活动	Mining Auxiliary Activities	346
其他采矿业	Other Mining Industry	150
农副食品加工业	Farm and Sideline Product Processing	20791
食品制造业	Food Production	16520
饮料制造业	Beverage Production	14984
烟草制品业	Tobacco Processing	6813
纺 织 业	Textile Industry	12653
纺织服装、鞋、帽制造业	Garments and Other Fiber Products	17476
皮革、毛皮、羽绒及其制品业	Leather, Furs, Down and Related Products	874
木材加工及竹、藤、棕、草制品业	Timber Processing, Bamboo, Cane, Palm Fiber and Straw Products	2429
家具制造业	Furniture Manufacturing	2289
造纸及纸制品业	Papermaking and Paper Products	6682
印刷业和记录媒介的复制	Printing Reproduction	10122
文教体育用品制造业	Cultural, Educational and Sports Goods	2206
石油加工、炼焦及核燃料加工业	Petroleum Refining, Coking and Nucless Fuel processing	4473
化学原料及化学制品制造业	Raw Chemical Materials and Chemical Products	16541
医药制造业	Medical and Pharmaceutical Products	30680
化学纤维制造业	Chemical Fiber Manuafacturing	170
橡胶和塑料制品业	Rubber and Plastic Products	17817
非金属矿物制品业	Nonmetal Mineral Products	29451
黑色金属冶炼及压延加工业	Smelting and Pressing of Ferrous Metals	111788
有色金属冶炼及压延加工业	Smelting and Pressing of Non-ferrous Metals	3337
金属制品业	Metal Products	33369
通用设备制造业	General Purpose Machinery Manufacturing	35232
专用设备制造业	For Special Purposes Equipment Manufacturing	38489
汽车制造业	Automobile Industry	102375
铁路、船舶、航空航天和其他运输设备制造业	Railway, Ship, Aerospace and Other transportation Equipment	20586
电气机械及器材制造业	Electric Equipment and Machinery	63028
计算机、通信和其他电子设备制造业	Computer, Telecommunication and Other Ecectronic Devices	107273
仪器仪表制造业	Instruments and Meters	11047
其他制造业	Other Industry	1085
废弃资源综合利用业	Utilization of Discard Resource and Material	3239
金属制品、机械和设备修理业	Mineral Products, Machinery and Repair of Equipment	5217
电力、热力的生产和供应业	Electric Power Production and Supply	86744
燃气生产和供应业	Gas Production and Supply	4735
水的生产和供应业	Tap Water Production and Supply	7869

Continued 3

(100 million yuan)

总资产贡献率（%）Ratio of Total Assets to Industrial Output Value（%）	资产负债率（%）Ratio of Liabilitiesto Assets（%）	流动资产周转率（次/年）Turnover Ratio of Cirulating Assets（times/year）	成本费用利润率（%）Ration of Profits to Industrial Cost（%）	产品销售率（%）Sales Ration of Industrial Products（%）
13.97	60.93	2.12	4.45	96.21
54.33	21.16	9.43	2.08	100.00
119.32	11.19	22.94	6.59	100.00
-0.95	74.44	4.57	-6.52	101.14
2.76	77.43	0.62	6.18	100.00
12.21	51.36	3.49	4.60	90.71
12.46	52.68	4.14	4.67	97.69
16.52	46.05	3.19	3.70	88.80
122.75	37.52	2.12	26.96	93.45
8.13	54.10	3.07	2.81	94.07
11.46	57.54	1.88	5.98	91.61
21.40	42.04	12.61	1.06	92.30
20.24	44.54	4.86	5.22	96.57
6.65	53.71	2.00	2.09	92.99
5.03	77.16	1.83	1.18	95.41
14.38	49.78	1.62	12.28	87.76
5.15	64.14	1.46	3.40	97.95
49.46	38.11	10.23	-1.47	99.71
7.95	62.42	3.19	3.06	98.02
13.59	48.88	1.39	12.05	96.63
5.52	36.61	3.22	2.70	100.85
17.94	51.89	3.25	6.67	97.97
9.45	53.82	2.01	5.48	98.01
3.83	63.56	2.54	0.52	99.86
10.24	70.93	4.94	1.75	98.48
7.32	72.35	1.65	3.16	97.55
4.12	74.23	0.75	5.87	97.53
5.07	51.53	0.85	4.35	95.70
28.36	62.56	2.34	8.82	97.77
-2.76	77.97	1.77	-5.87	91.13
10.47	62.17	2.03	5.15	97.53
3.60	61.27	1.40	1.51	89.19
13.18	51.76	1.07	12.03	95.43
10.78	52.45	2.27	8.28	99.33
2.75	62.69	2.87	-0.46	97.47
12.90	70.08	1.40	4.40	97.07
7.34	65.27	18.22	1.65	99.96
9.99	66.38	2.51	10.14	99.99
3.33	47.74	0.50	11.24	98.52

3-10 规模以上工业能源消费量(折标煤)
CONSUMPTION OF ENERGY BY ENTERPRISES ABOVE DESIGNATED SIZE(coverted into SCE)

单位：万吨 (10 000 tons)

年份 Year	总计 Total	#用于转换 for Coverting into Other Type of Energy	煤炭 Coal	#洗精煤 Pure Coal	焦炭 Coke	原油 Crude Oil	燃料油 Fuel Oil
1999	2189.45	1133.91	917.01	415.39	309.28	390.49	24.58
2000	2485.33	1191.4	926.39	413.95	333.58	430.29	25.16
2001	2265.24	1087.32	863.67	414.91	320.59	365.58	25.62
2002	2356.15	822.71	950.27	432.16	331.34	412.45	21.97
2003	2615.67	1522.64	1084.49	460.09	379.43	435.27	25.47
2004	3274.48	1501.02	1435.12	496.14	368.92	530.24	29.21
2005	3255.39	1330.78	1742.06	589.56	411.12	584.18	38.96
2006	3828.17	1592.27	1891.64	584.12	441.93	580.95	29.58
2007	3884.03	1654.59	1863.85	705.64	422.65	611.07	26.5
2008	3914.27	1652.12	1793.92	699.84	506.28	569.31	27.29
2009	3741.91	1719.81	1672.25	761.05	485.07	646.93	11.68
2010	4071.71	1874.52	1768.01	823.63	644.22	713.41	8.14
2011	4396.63	2010.75	1977.36	912.65	668.84	720.11	8.29
2012	4230.66	1829.82	1824.80	847.81	627.09	619.07	4.61
2013	4872.01	2256.35	1928.65	869.08	637.33	917.30	2.74
2014	5191.93	2406.52	1781.16	824.48	613.81	1127.25	2.30

年份 Year	汽油 Gasoline	柴油 Kerosene	煤油 Diesel Oil	炼厂干气 Refinery Net Gas	液化石油气 Liquefied Gas	焦炉煤气 Coke Gas	外购热力 Heat Bought Beyond the City	电力 Electricity
1999	2.73	6.39	0.12	14.96	0.61	88.27	45.68	375.89
2000	5.38	6.4	0.24	11.66	0.48	90.59	49.68	403.96
2001	2.22	6.49	0.32	11.65	0.58	74.82	42.55	442.3
2002	7.61	2.77	0.25	13.58	0.12	89.68	57.42	325.54
2003	5.34	15.53	0.21	17.39	3.53	97.13	49.62	395.33
2004	4.92	9.82	0.61	22.69	2.74	90.54	53.37	710.32
2005	21.68	21.14	0.92	24.97	0.48	112.01	33.09	223.26
2006	44.24	42.21	2.27	26.36	0.45	129.05	103.87	178.24
2007	9.13	20.63	0.31	29.89	0.63	122.79	108.73	215.37
2008	8.26	14.48	0.4	28.48	0.66	140.38	100.04	221.32
2009	7.15	10.6	0.54	28.2	0.71	176.5	105.17	229.67
2010	9.86	11.32	0.68	25.01	1.16	171.15	89.07	259.98
2011	4.11	8.29	0.36	24.91	0.83	184.74	94.12	296.52
2012	4.28	9.02	0.37	21.4	0.58	170.86	88.18	375.71
2013	3.96	8.41	0.43	30.20	11.01	176.69	82.56	391.61
2014	4.10	8.64	0.45	37.86	51.95	175.18	81.58	408.59

注：从1999年开始为规模以上工业企业能源消费量。2004年为经济普查数据，2005年电力折算系数由4.04改为1.229。

Note: Data since 1999 is energy consumption of industry enterprises. It is economic above designated size census data in 2004. the coefficient for conversion of electric power is changed into 1.299 from 4.04

3-11 平均每万元工业总产值能源消费量
PER 10000 YUAN GROSS INDUSTRIAL OUTPUT VALUE CONSUMPTION OF ENERGY

年份 Year	能源总量（折标煤） Total Energy (SCE)	煤炭（吨） Coal (ton)	焦炭（吨） Coke (ton)	原油（吨） Crude Oil (ton)	燃料油（吨） Fuel Oil (ton)	电力（千瓦时） Electricity (KWH)
1997	2.43	2.28	0.6	0.55	0.06	1806
1998	2.09	1.98	0.52	0.38	0.04	1486
1999	2.1	1.55	0.42	0.36	0.02	1131
2000	1.43	1.5	0.44	0.39	0.02	1205
2001	1.15	1.18	0.32	0.25	0.02	1016
2002	1.35	0.84	0.34	0.28	0.02	795
2003	0.82	1.13	0.29	0.23	0.02	733
2004	0.94	0.89	0.23	0.22	0.01	1006
2005	0.81	0.99	0.19	0.18	0.01	975
2006	0.79	0.88	0.16	0.14	0.01	515
2007	0.63	0.74	0.12	0.12	0.01	497
2008	0.45	0.58	0.12	0.09	0.004	415
2009	0.34	0.33	0.1	0.13	0.002	456
2010	0.29	0.28	0.1	0.11	0.001	405
2011	0.27	0.33	0.09	0.1	0.001	400
2012	0.23	0.26	0.07	0.07	0.001	417
2013	0.47	0.24	0.06	0.06	0.0020	307
2014	0.44	0.15	0.05	0.10	0.0002	347

注：从2000年开始，万元工业产值能源消费量数据调整为万元工业产值综合能源消费量。
Note: Data on energy consumption per 10000 gross industrial output have been adjusted into synthesized energy consumption per 10000 gross industrial output since 2000.

3-12 全 社 会 用 电 量
CONSUMPTION OF ELECTRICITY

单位：万千瓦小时　　　　(10 000 Kwh)

项目	Item	2014	2013
全社会用电总计	**Total Electricity Consumption**	**4452202**	**4372338**
A、全行业用电合计	Total Electricity Consumption of Industries	3689573	3542215
第一产业	Primary Industry	33736	34253
第二产业	Secondary Industry	2616215	2513819
第三产业	Tertiary Industry	1039622	994143
B、城乡居民生活用电合计	Residential Electricity Consumption	762629	830123
城镇居民	In Urban Areas	669116	733135
乡村居民	In Rural Areas	93513	96988
全行业用电分类	**Classification by Sector**	**3689573**	**3542215**
一、农、林、牧、渔业	Farming, Forestry, Animal Husbandry, Fishery and Water Conservancy	33736	34253
二、工　业	Industry	2535124	2451760
1. 轻 工 业	Light Industry	281481	294991
2. 重 工 业	Heavy Industry	2253643	2156769
(一)采 矿 业	Mining and Quarrying	9449	9092
(二)制 造 业	Manufacturing	1737290	1599168
(三)电力、燃气及水的生产和供应业	Electricity, Gas and Tap Water Production and Supply	788385	843500
三、建 筑 业	Construction	81090	62058
四、交通运输、仓储和邮政业	Transportation, Storage, Postal and Telecommunications Services	128341	116171
五、信息传输、计算机服务和软件业	Information transfer, Computer and Software Services	29043	22361
六、商业、住宿和餐饮业	Commerce, Hotel and Catering Services	330448	334489
七、金融、房地产、商务及居民服务业	Baking, Real Estate, Commerce and Residential Services	246168	217990
八、公共事业及管理组织	Public Enterprise and Management Organization	305622	303134
1. 科学研究、技术服务和地质勘查业	Scientific Reserch, Polytechnical Services and Geological Prospecting	42089	38281
2. 水利、环境和公共设施管理业	Water Conservancy, Environment and Public Facilities	50513	50301
3. 教育、文化、体育和娱乐业	Education, Culture, Sports and Recreation Services	108328	108112
4. 卫生、社会保障和社会福利业	Health Care, Social Security and Welfare	45599	44479
5. 公共管理和社会组织、国际组织	Public Management, Social Organization and International Organization	59092	61962

主 要 统 计 指 标 解 释

工业 指从事自然资源的开采,对采掘品和农产品进行加工和再加工的物质生产部门。具体包括(1)对自然资源的开采,如采矿、晒盐、森林采伐等(但不包括禽兽捕猎和水产捕捞);(2)对农副产品的加工、再加工。如粮油加工、食品加工、轧花、缫丝、纺织、制革等;(3)对采掘品的加工、再加工,如炼铁、炼钢、化工生产、石油加工、机器制造、木材加工等,以及电力、自来水、煤气的生产和供应等;(4)对工业品的修理、翻新,如机器设备的修理、交通运输工具(包括小卧车)的修理等。1984 年以前农村的村及村以下办工业归属农业,1984 年以后划归工业。

工业统计调查单位 工业统计调查单位分为两类:独立核算法人工业企业和工业活动单位。

(1)独立核算法人工业企业 指从事工业生产经营活动的单位。独立核算法人工业企业应同时具备以下条件:①依法成立,有自己的名称、组织机构和场所,能够承担民事责任;②独立拥有和使用资产,承担负债,有权与其他单位签订合同;③独立核算盈亏,并能够编制资产负债表。

(2)工业活动单位 是指在一个场所从事一种或主要从事一种工业生产活动的经济单位。它包括独立核算工业企业按主营业务活动(即工业生产活动)划分的主营业务活动单位和非工业企业所属的工业生产活动单位(即原非独立核算工业生产单位)。工业活动单位,一般应同时具备以下三个条件:①具有一个场所,从事一种或主要从事一种工业活动;②单独组织工业生产经营或业务活动;③单独核算收入和支出。

国有经济工业 (即过去的全民所有制工业或国营工业)指生产资料归国家所有的一种经济类型。包括中央和地方各级国家机关、部队、科研机构、学校、人民团体和国有经济企事业单位等举办的国有经济工业。1957 年以前的公私合营和私营工业,后均改造为国营工业,1992 年改为国有工业,这部分工业的资料不单独分列时,均包括在国有工业内。

集体经济工业 指生产资料归公民集体所有的一种经济类型,是社会主义公有制经济的组成部分。包括城乡所有使用集体投资举办的企业,以及部分个人通过集资自愿放弃所有权并依法经工商行政管理机关认定为集体所有制的企业。

其他经济类型工业 指除国有经济、集体经济、城乡个体经济以外的其他经济类型工业企业(单位)。包括私营经济、联营经济、股份制经济(股份有限公司,有限责任公司);外商投资经济(中外合资经营、中外合作经营、外资企业);港、澳、台投资经济(与大陆合资经营、与大陆合作经营、港、澳、台独资企业)及其他经济类型的工业。

轻工业 指主要提供生活消费品和制作手工工具的工业。按其所使用的原料不同,可分为两大类(1)以农产品为原料的轻工业,是指直接或间接以农产品为基本原料的轻工业。主要包括食品制造、饮料制造、烟草加工、纺织、缝纫、皮革和毛皮制作、造纸以及印刷等工业;(2)以非农产品为原料的轻工业,是指以工业品为原料的轻工业。主要包括文教体育用品、化学药品制造、合成纤维制造、日用化学制品、日用玻璃制品、日用金属制品、手工工具制造、医疗器械制造、文化和办公用机械制造等工业。

重工业 是指为国民经济各部门提供物质技术基础的主要生产资料的工业。按其生产性质和产品用途,可以分为下列三类(1)采掘(伐)工业,是指对自然资源的开采,包括石油开采、煤炭开采、金属矿开采、非金属矿开采和木材采伐等工业;(2)原材料工业,指向国民经济各部门提供基本材料、动力和燃料的工业。包括金属冶炼及加工、炼焦及焦炭化学、化工原料、水泥、人造板以及电力、石油和煤炭加工等工业;(3)加工工业,是指对工业原材料进行再加工制造的工业。包括装备国民经济各部门的机械设备制造工业、金属结构、水泥制品等工业,以及为农业提供的生产资料如化肥、农药等工业。

根据上述划分原则,修理业中以重工业产品为修理作业对象的划为重工业,反之划为轻工业。工业总产值是以货币表现的工业企业在一定时期内生产的已出售或可供出售工业产品总量,它反映一定时间内工业生产的总规模和总水平。它包括:在本企业内不再进行加工,经检验、包装入库(规定不需包装的产品除外)的成品价值,工业性作业价值,自制半成品、在产品期末初差额价值。工业总产值采用"工厂法"计算,即以工业企业作为一个整体,按企业工业生产活动的最终成果来计算,企业内部不允许重复计算,不能把企业内部各个车间(分厂)生产的成果相加。但在企业之间、行业之间、地区之间存在着重复计算。

轻重工业总产值的划分也是按"工厂法"计算的,即一个工业企业在正常情况下生产的主要产品的性质属于轻工业,则该企业的全部总产值作为轻工业总产值;一个工业企业生产的主要产品的性质属于重工业,则该企业的全部总产值作为重工业总产值。

工业增加值 是指工业行业在报告期内以货币表现的工业生产活动的最终成果。

固定资产原价 指企业在建造、购置、安装、改建、扩建、技术改造某项固定资产时所支出的全部货币总额。它一般包括买价、包装费、运杂费和安装费等。

固定资产净值 是指固定资产原价减去历年已提折旧额后的净额。

流动资产 是指可以在一年或者超过一年的一个营业周期内变现或者耗用的资产,包括现金及各种存款、短期投资、应收及预付货款、存货等。

利税总额 指企业利润总额、产品销售税金及附加和应交增值税之和。

工业企业能源消费量 指工业企业在工业生产活动和非工业生产活动中消费的能源,包括工业生产活动中作为燃料、动力、原料、辅助材料使用的能源,生产工业中使用的能源,用于能源加工转换的能源;非工业生产活动中使用的能源。

Explanatory Notes on Main Statistical Indicators

Industry refers to the material production sector which is engaged in extraction of natural resources and processing and reprocessing of minerals and agricultural products, including (1) extraction of natural resources, such as mining, salt production, logging (but not including hunting and fishing); (2) processing and reprocessing of farm and sideline produces such as rice husking, flour milling, wine making, oil pressing, cotton ginning, silk reeling, spinning and weaving, andleather making; (3) manufacture of industrial products, such as steel making, iron smelting, chemicals manufacturing, petroleum processing, machine building, timber processing water and gas production and electricity generation and supply; (4) repairing of industrial products such as the repairing of machinery and means of transport (including cars).

Prior to 1984, the rural industry run by villages and cooperative organizations under village was classified into agriculture. Since 1984, it has been grouped into industry.

Units of industrial Statistics and inquiry: They are classified into two categories (1) corporate industrial enterprises with independent accounting system (2) industrial establishments.

(1) Corporate industrial enterprises with independent accounting system refer to enterprises engaging in industrial production activities, which meet the following requirements: 1. They are established legally, having their own names organizations, location, able to take civil liability 2. They possess and use their assets independently, assume liabilities, and are entitled to sign contracts with other units 3. They are financially independent and compile their own balance sheets.

(2) Industrial establishments refer to economic units which located in one single place and engaged entirely or primarily in one kind of industrial activity, including financially independent industrial enterprises and units engaged in industrial activities under the non-industrial enterprises (or financially dependent). Industrial establishments generally meet the following requirements: <a> They have each one location and are engaged in one kind of industrial activity each <b> They operate and manage their industrial production activities separately <c> They have accounts of income and expenditures separately.

State-owned Industry refers to industrial enterprises where the means of production or income are owned by the state. Joint state-private industries and private industries which existed before 1957 have been transformed into state industries. Statistics on these enterprises has been included in the state-owned industries since 1957 when separation of data was no longer necessary.

Collective Owned industry refers to industrial enterprises where the means of production are owned collectively, including urban and rural enterprises invested by collectives and some enterprises which were formerly owned privately but have been registered in industrial and commercial administration agency as collective units through raising fund from the public.

Industry of Other Type of Ownerships refers to industrial enterprises (units) of the ownerships other than the state-owned economy, collective economy, individual economy. They include the enterprises of private economy, joint owned economy, share - holding economy (companies limited by shares and companies limited with liabilities.), foreign-funded economy (Sino - foreign joint ventures, Sino- foreign cooperative enterprises and foreign ventures exclusively with their own investment), economy funded by the entrepreneurs from Hong Kong, Macao and Taiwan (joint ventures and cooperative enterprises with the mainland as well as ventures exclusively with their own investment) and other types of ownership.

Light industry refers to the industry which produces consumer goods and hand tools. It consists of two categories, depending on the materials used:

(1) Industries using farm products as raw materials. These are branches of light industry which directly or indirectly use farm products as basic raw materials, including the manufacture of food and beverages, tobacco processing, textile, clothing, fur and leather manufacturing, paper making, printing, etc.

(2) Industries using non-farm products as raw materials. These are branches of light industry which use manufactured goods as raw materials, including the manufacture of cultural, educational articles and sports goods, chemicals, synthetic fiber, chemical products for daily use, glass products for daily use, metal products for daily use, hand tools, medical apparatus and instruments, and the manufacture of cultural and clerical machinery.

Heavy industry refers to the industry which produces capital goods, and provides various sectors of the national economy with necessary material and technical basis. It consists of the following three branches according to the purpose of production or the use of products:

(1) Mining, quarrying and logging industry refers to the industry that extracts natural resources, including extraction of petroleum, coal, metal and non-metal ores and logging.

(2) Raw materials industry refers to the industry that provides various sectors of the national economy with raw materials, fuels and power. It includes smelting and processing of metals, coking and coke chemistry, chemical materials and building materials such as cement, plywood, and power, petroleum refining and coal dressing.

(3) Manufacturing industry refers to the industry that processes raw materials. It includes machine-building industry which equips sectors of the national economy, industries of metal structure and cement products, industries producing means of agricultural production, such as chemical fertilizers and pesticides.

According to the above principle of classification, the repairing trades which are engaged primarity in repairing products of heavy industry are classified into heavy industry while these engaged in repairing products of light industry are classified into light industry.

Gross industrial Output Value is the total volume of industrial products sold or available for sale in value terms which reflects the total achievements and overall scale of industrial production during a given period. It includes the value of the finished products, which are not to be further processed in the enterprises and have been inspected, packed and put in storage, the value of industrial services rendered to other units and the changes in the value of the semi finished products and products in process between the beginning and closing of the period (only the enterprises with long production cycle are required to calculate the changes). The gross industrial output value is calculated with "factory method". No double calculations are to be made within the same enterprise. However, double counting does occur among different enterprises.

Output value of light and heavy industries is also classified with the "factory" method. Under normal conditions, if the major products of an industrial enterprise belong to light industry products, the gross output value of that enterprise is classified wholly into light industry; the same principle applies to heavy industry.

Value Added of industry refers to the final results of industrial production of the industrial trade in money terms during the reference period.

Original Value of Fixed Assets refers to the original value of all fixed assets owned by industrial enterprises, calculated at the cost paid at the time of purchase, installation, reconstruction, expansion, and technical innovation and transformation of the said assets, which includes expenses on purchase, package, transportation, and installation, etc.

Net Value of Fixed Assets is obtained by deducting depreciation over years from the original value of fixed assets.

Working Capital (Circulating Assets) refers to assets which can be cashed in or spent or consumed in an operating cycle of one year or over one year, which includes cash, various deposits, short term investment, and receivable payments, and advance payments, stock, etc.

Total Value of Profit and Tax (Pre - tax Profits) refers to the sum of the total profits, products sales tax and surcharges and the value added tax payable of industrial enterprises. It is also called pretax profits.

Total Domestic Energy Consumption Consumption of industral enterprises in the industrial production and non industrial production activities in the energy. Including industrial production activities the used energy As fuel, power, raw materials, auxiliary materials, The used energy of manufacturing industry , the energy for processing and conversion , The used energy of non industrial production activities

四、农　　业

AGRICULTURE

资料整理人员：桂永超　张菊萍　王　忠　陈业林　王　莹　郑文毅

STAFF FOR DATA PROCESSING：

Gui Yongchao　Zhang Jupin　Wang Zhong　Chen Yeling　Wang Ying　Zheng Wenyi

简要说明

本篇资料反映我市农业生产和农村经济的基本情况，内容主要包括乡村从业人员、耕地、农业机械拥有量、农林牧渔业产值、主要农产品产量、国营农场基本情况等方面的统计资料。

有关资料根据《农林牧渔业统计报表制度》和《农业产值统计报表制度》整理。《农林牧渔业统计报表制度》由各级统计部门根据所在地实际情况，采取抽样调查、重点调查或全面调查的办法搜集资料并层层上报；或利用同级业务部门统计资料。

Brief Description

The data in this chapter show the basic conditions of agricultural production and rural economy, including mainly rural laborer, cultivated land, quantity of agricultural machinery, output of farming, forestry, animal husbandry and fishery, output of major agricultural products, and basic conditions of the state-owned farms, and basic conditions of township enterprises.

Data related are provided using data from the comprehensive statistical reporting on farming, forestry, animal husbandry and fishery, the comprehensive statistical reporting on agricultural output. the comprehensive statistical reporting on farming, forestry, animal husbandry and fishery is collected by statistical offices at all levels by means of sample surveys, surveys of key units or full enumeration depending on the local circumstances, or estimated by using information from other government agencies at the same level.

4-1 农村基层组织、户数、人口、从业人员
RURAL GRASSROOTS UNITS, HOUSEHOLDS, POPULATION, LABOR FORCES

项目 Item	2010	2011	2012	2013	2014
一、农村基层组织(个) Rural Grassroots Units (unit)					
乡政府 Township Governments	8	5	5	3	3
镇政府 Town Governments	11	8	7	5	5
办事处 Agency	57	63	64	68	68
村委会 Villagers Committees	2011	2002	2031	1988	1957
村民小组 Villagers Subcommittees	17997	18017	18175	17777	17346
二、户数、人口 Rural Households, Population					
乡村户数(万户) Households (10 000 units)	76.13	74.97	77.29	77.2	74.44
乡村人口(万人) Population (10 000 persons)	266.28	262.97	269.97	264.64	252.75
三、乡村从业人员(万人) Number of Rural Laborers By Sector (10 000 persons)	138.42	138.41	141.32	145.32	145.83
1. 农林牧渔业 Farming, Forestry, Animal Husbandry & Fishery	56.45	54.11	49.94	47.05	49.93
2. 工　业 Industry	20.94	22.22	25.39	28.36	29.98
3. 建筑业 Construction	24.93	27.12	28.76	30.66	28.87
4. 交通运输业 Transportation	6.73	6.75	7.24	7.56	7.52
5. 仓储及邮电通讯业 Storage, Postal and Telecommunication Services	0.49	0.62	1.24	1.15	1.37
6. 信息传输、计算机服务和软件业 Information transfer, Computer and Software Services	0.47	0.47	0.96	0.96	1.04
7. 批发与零售业 Wholesale, Retail Sale and Catering Trades	8.22	8.08	8.19	9.02	8.64
8. 住宿和餐饮业 Hotel and Catering Services	5.3	5.22	5.75	7.14	6.75
9. 其他非农行业从业人员 Other Non-agricultural Trades	14.89	13.82	13.85	13.38	11.74
四、国营农林牧渔场从业人员(万人) Number of Laborers in State-owned Farms (10 000 persons)	6.77	7.33	6.66	6.84	6.42
1. 农业从业人员 Agriculture Laborers	3.14	3.01	2.81	2.82	2.64
2. 非农业从业人员 Non-agriculture Laborers	3.63	4.32	3.85	4.03	3.78

4-2 耕 地 面 积
AREA UNDER CULTIVATION

单位：千公顷 (1 000 hectares)

项目	Item	2010	2011	2012	2013	2014
年末耕地资源	Cultivated Area (year-end)	207.07	206.52	203.82	199.44	198.53
#水田	Paddy Fields	122.38	121.77	121.33	119.44	117.10
旱地	Dry Fileds	82.41	83.17	80.79	78.20	80.15
年内减少的耕地面积	Decrease in Cultivated Area in the Year	2.64	2.08	3.51	4.49	1.12
#国家基建占地	Capital Construction of Government	2.10	0.91	2.23	1.99	0.42
其他基建占地	Other Capital Construction	0.43	0.49	0.9	2.36	0.05

4-3 农 村 社 会 基 础 设 施
RURAL SOCIAL INFRASTRUCTURE

项目	Item	2014	2013
自来水受益村数(个)	Number of Villages with Access to Tap Water (unit)	1929	1957
占全部村民委员会比重(%)	Proportion in All Villages (%)	98.60	98.44
通汽车村数(个)	Number of Villages Open to Motor Vehicles (unit)	1957	1988
占全部村民委员会比重(%)	Proportion in All Villages (%)	100.0	100.0
通电村数(个)	Number of Villages with Access to Electricity (unit)	1957	1988
占全部村民委员会比重(%)	Proportion in All Villages (%)	100.0	100.0
通电话村数(个)	Number of Villages with Access to Telephone (unit)	1957	1988
占全部村民委员会比重(%)	Proportion in All Villages(%)	100.0	100.0

4-4 乡 村 从 业 人 员
STATISTICS ON RURAL LABOR FORCES BY SECTOR

单位：万人 (10 000 persons)

项目	Item	2010	2011	2012	2013	2014
1.农林牧渔业	Farming, Forestry, Animal Husbandry, Fishery	56.45	54.11	49.94	47.05	49.93
2.工业	Industry	20.94	22.22	25.39	28.36	29.98
3.建筑业	Construction	24.93	27.12	28.76	30.66	28.87
4.交通运输业	Transportation	6.73	6.75	7.24	7.56	7.52
5.仓储及邮电通讯业	Warehouse, Postal & Telecommunications Services	0.49	0.62	1.24	1.15	1.37
6.信息传输、计算机服务和软件业	Information transfer, Computer and Software Services	0.47	0.47	0.96	0.96	1.04
7.批发与零售业	Wholesale, Retail Sale Trades	8.22	8.08	8.19	9.02	8.64
8.住宿和餐饮业	Hotel and Catering Services	5.30	5.22	5.75	7.14	6.75
9.其他非农行业从业人员	Other Non-agricultural Trades	14.89	13.82	13.85	13.38	11.74

4-5 农业生产条件和农业投入

STATISTICS ON PRODUCTIVE CONDITIONS OF AGRICULTURE AND CONSUMPTION OF AGRICULTURAL PRODUCER GOODS

项目	Item	2014	2013
一、农田水利建设情况	Irrigation and Water Conservancy		
有效灌溉面积(千公顷)	Available Irrigated Area (1 000 hectares)	151.81	162.10
旱涝保收面积(千公顷)	Flood-Free and Drought-Free Area (1 000 hectares)	120.32	130.43
机电排灌面积(千公顷)	Motor-pumped Irrigation Area (1 000 hectares)	118.91	122.41
二、主要能源及物质消耗	Consumption of Main Energy and Materials		
农村用电量(万千瓦小时)	Consumption of Electricity in Rural Area (10 000 kwh)	146764	120729
农用化肥施用量(折纯量,吨)	Consumption of Chemical Fertilizers (100% ,ton)	143155	148704
1.氮　肥	Nitrogenous Fertilizer	55232	56975
2.磷　肥	Phosphate Fertilizer	22039	22513
3.钾　肥	Potash Fertilizer	15719	16264
4.复合肥	Compound Fertilizer	52165	52952
农用塑料薄膜使用量(吨)	Consumption of Plastic Film for Farm Use(ton)	6652	6152
#地　膜(吨)	Plastic Sheeting Consumed (ton)	4064	3831
#地膜覆盖面积(千公顷)	Sown Areas Applied with Plastic Sheeting (1 000 hectares)	32.12	32.49
农用柴油(吨)	Diesel Oil Consumed for Farm Use (ton)	25262	29948
农药使用量(吨)	Consumption of Pesticide (ton)	4557	6407

4-6 农业机械化情况
BASIC CONDITIONS OF FARM MECHANIZATION

项目	Item	2014	2013
农业机械总动力(万千瓦)	Total Power of Agricultural Machinery (10 000 kw)	274.05	263.68
1.柴油发动机动力	Diesel Engines	182.17	174.79
2.汽油发动机动力	Gasoline Engines	6.05	5.38
一、耕作机械	Machines for Cultivation		
大中型拖拉机(台)	Large & Medium Tractors (unit)	9388	8900
动　力(万千瓦)	Power (10 000 kw)	29.40	27.01
小型及手扶拖拉机(台)	Mini-tractors (unit)	20094	19790
动　力(万千瓦)	Power (10 000 kw)	17.60	17.33
大中型拖拉机配套农具(部)	Number of Machinery Farm Tools Matching With Large & Medium Tractors (unit)	20189	14393
小型拖拉机配套农具(部)	Number of Machinery Farm Tools Matching With Mini-Tractors (unit)	34306	28455
二、排灌机械	Irrigation Machinery		
柴油机(台)	Diesels (Unit)	17009	16931
动　力(万千瓦)	Power (10 000 kw)	15.56	15.52
电动机(台)	Electric Motors (unit)	34609	34074
动　力(万千瓦)	Power (10 000 kw)	50.27	49.66
农用水泵(台)	Pumps (10 000 kw)	43762	43694
喷灌机械(套)	Spray Irrigation Machine (unit)	20809	20696
三、收割机械	Harvest Machinery		
联合收割机(台)	Combine (unit)	1450	1430
动　力(千瓦)	Power (kw)	70156.9	64547.79
机动脱粒机(台)	Motorized Thresher (unit)	13647	13645
四、植保机械	Equipment for Plant Protection		
机动喷粉(雾)器(部)	Motorized Sprayer (unit)	32822	29103
动　力(千瓦)	Power (kw)	39532.56	35403.53
五、农产品加工动力机械(万千瓦)	Machinery for Processing of Farm Products (1 0000 kw)	28.12	27.57
轧花机(部)	Cotton Rolling Mill (unit)	690	690
榨油机(部)	Oil Press (unit)	1591	1569
六、推土机(台)	Bulldozer (unit)		2150
动　力(万千瓦)	Power (10 000 kw)		11.16

4－7 历年农林牧渔业总产值
GROSS OUTPUT VALUE OF AGRICULTURE

（按当年价格计算）　　　　Data in this table are calculated at current prices.

单位：万元　　　　（10 000 yuan）

年份 Year	产值 Output Value	年份 Year	产值 Output Value
1953	13934	1984	133116
1954	10565	1985	161919
1955	14089	1986	178272
1956	17254	1987	216576
1957	19424	1988	294433
1958	20250	1989	326277
1959	16722	1990	368637
1960	19239	1991	352689
1961	20144	1992	411035
1962	22901	1993	485043
1963	29824	1994	723819
1964	29568	1995	943381
1965	40569	1996	1098393
1966	46023	1997	1213162
1967	44789	1998	1176359
1968	44403	1999	1211291
1969	36686	2000	1269443
1970	43815	2001	1337788
1971	50414	2002	1412480
1972	53667	2003	1517909
1973	56244	2004	1656507
1974	62128	2005	1805957
1975	59702	2006	1912103
1976	61725	2007	2159177
1977	61436	2008	2446364
1978	65218	2009	2517873
1979	87748	2010	2810947
1980	69502	2011	3294880
1981	81558	2012	4760365
1982	99678	2013	5302657
1983	94353	2014	5594354

4-8 历年农林牧渔业总产值指数(上年=100)
INDEX OF GROSS OUTPUT VALUE OF FARMING, FORESTRY, ANIMAIL HUSBANDRY AND FISHER IN VARIOUS YEARS(preceding year=100)

年份 Year	农林牧渔业总计 Total	农业 Farming	林业 Forestry	牧业 Animal Husbandry	渔业 Fishery
1952	110.0	109.3	116.1	115.0	108.5
1953	113.9	114.6	111.8	113.4	105.9
1954	76.3	61.0	125.6	125.1	173.8
1955	129.2	158.1	95.2	79.3	71.5
1956	116.3	117.9	135.6	107.6	111.3
1957	109.8	106.8	103.8	129.2	111.7
1958	100.6	103.5	108.8	85.3	99.1
1959	78.2	76.9	110.3	76.0	91.0
1960	111.2	115.6	97.9	94.3	96.2
1961	89.8	91.6	83.1	95.4	61.5
1962	112.7	111.5	77.2	119.7	128.9
1963	129.9	128.2	168.7	142.7	121.7
1964	100.6	101.0	122.9	92.9	107.0
1965	130.5	134.2	118.1	121.5	97.1
1966	98.1	93.3	139.7	122.4	119.5
1967	97.3	99.4	86.6	92.2	81.9
1968	99.3	100.2	66.7	93.0	115.2
1969	79.8	75.6	101.5	95.2	109.0
1970	119.3	124.2	144.6	102.8	90.4
1971	117.5	118.9	112.9	127.4	72.7
1972	104.3	104.8	92.0	104.6	96.4
1973	104.7	105.5	121.3	95.5	115.9
1974	106.9	109.2	99.1	95.4	94.5
1975	96.1	95.2	108.2	100.7	97.1
1976	104.5	103.8	106.4	109.5	106.0
1977	98.2	98.5	94.2	93.6	111.3
1978	103.3	102.5	89.1	111.0	102.8
1979	114.8	112.9	92.6	133.2	106.0
1980	81.4	80.1	87.8	79.2	122.8
1981	110.2	109.3	122.7	116.4	101.8
1982	121.0	122.4	101.2	113.9	124.3
1983	91.0	87.9	93.4	106.6	100.5

4-8 续 表 Continued

年份 Year	农林牧渔业总计 Total	农业 Farming	林业 Forestry	牧业 Animal Husbandry	渔业 Fishery
1984	125.8	127.1	103.1	119.5	132.9
1985	107.5	102.0	104.4	131.2	124.9
1986	104.1	102.3	99.8	106.1	122.1
1987	106.6	103.2	105.8	114.1	122.0
1988	104.1	100.0	107.3	114.7	114.3
1989	103.8	102.4	96.7	106.3	109.8
1990	106.3	96.5	99.5	115.8	157.8
1991	94.4	88.9	104.3	104.4	100.3
1992	113.3	115.8	78.0	110.4	111.0
1993	107.9	105.8	114.6	107.1	118.2
1994	109.4	104.6	101.9	111.4	124.1
1995	112.0	109.3	122.6	110.0	123.6
1996	108.7	106.7	103.4	113.0	108.7
1997	108.4	108.7	99.1	107.0	109.9
1998	99.7	97.8	110.3	93.4	113.6
1999	106.9	106.6	118.9	107.1	107.1
2000	105.3	104.5	108.0	106.9	105.2
2001	105.6	104.6	88.7	106.1	108.1
2002	105.2	104.7	124.9	104.7	106.2
2003	106.5	103.0	139.5	108.5	103.0
2004	106.2	107.9	91.1	102.3	107.9
2005	105.5	105.8	100.8	106.3	105.0
2006	105.1	105.6	85.8	102.8	107.9
2007	104.0	102.2	99.3	106.6	106.8
2008	103.5	101.3	97.1	110.9	99.5
2009	102.9	100.8	84.9	104.9	107.1
2010	104.5	102.8	125.4	106.5	106.4
2011	104.0	102.4	160.4	105.1	104.7
2012	105.7	106.2	127.7	106.3	102.0
2013	104.5	108.5	122.9	97.6	100.6
2014	105.0	105.6	118.2	103.0	102.5

注:2005年后为价格缩减法计算的可比价格速度,2005年前为1990年不变价格速度。
Note: The comparable price speed was calculated by price flop-out method in 2005, but it was calculated according to the fixed price of 1990 before 2005.

4-9 农林牧渔业产值及构成
GROSS OUTPUT VALUE OF FARMING, FORESTRY, ANIMAL HUSBANDRY, FISHERY AND ITS COMPOSITION

项目 Item	农林牧渔业总计 Total	农业 Farming	林业 Forestry	牧业 Animal Husbandry	渔业 Fishery	农林牧渔服务业 Farming, Forestry, Animal Husbandry & Fishery Service
产值(万元) Gross Value(10 000 yuan)						
2000	1269443	782006	8473	291210	187754	
2001	1337788	794920	7284	325084	210500	
2002	1412480	842941	8658	338440	222441	
2003	1517909	881895	15520	368760	233701	
2004	1656507	959760	13744	409578	260177	13248
2005	1805957	1033226	14974	458194	289117	10446
2006	1912103	1122949	13214	447692	317139	11109
2007	2159177	1212819	13738	561204	359839	11577
2008	2446364	1322469	14598	695589	401135	12573
2009	2517873	1388083	13867	647831	455231	12861
2010	2810947	1512017	19902	739386	525628	14014
2011	3294880	1746823	34861	900221	594045	18930
2012	4760365	2585872	48708	1213014	784105	128666
2013	5302657	3051002	65857	1186703	836617	162478
2014	5594354	3162714	87107	1269943	874004	200586
比重(%) Composition (%)						
2000	100.0	61.6	0.7	22.9	14.8	
2001	100.0	59.4	0.5	24.3	15.8	
2002	100.0	59.7	0.6	24.0	15.7	
2003	100.0	58.1	1.0	24.3	15.4	
2004	100.0	58.0	0.8	24.7	15.7	0.8
2005	100.0	57.2	0.8	25.4	16.0	0.6
2006	100.0	58.7	0.7	23.4	16.6	0.6
2007	100.0	56.2	0.6	26.0	16.7	0.5
2008	100.0	54.1	0.6	28.4	16.4	0.5
2009	100.0	55.1	0.6	25.7	18.1	0.5
2010	100.0	53.8	0.7	26.3	18.7	0.5
2011	100.0	53.0	1.1	27.3	18.0	0.6
2012	100.0	54.3	1.0	25.5	16.5	2.7
2013	100.0	57.5	1.2	22.4	15.8	3.1
2014	100.0	56.5	1.6	22.7	15.6	3.6

4-10 农林牧渔业分类产值
GROSS OUTPUT VALUE OF FFAF BY CATEGORY OF FARM PRODUCTS

单位：万元 (10 000 yuan)

项目	Item	按当年价格计算 at current prices 2014	2013
农林牧渔业产值	**Total of Farming、Forestry、Animal Husbandry and Fishery**	**5594354**	**5302657**
一、农业产值	Farming	3162714	3051002
1.谷　物	Cereal	353975	336556
2.豆　类	Beans	24651	23397
3.棉　花	Cotton	54313	78148
4.油　料	Oil-bearing Crops	111630	110439
5.麻　类	Fiber Crops	1335	1232
6.糖　料	Sugar Crops	10741	4441
7.烟　叶	Tobacco		
8.药　材	Herb Crops	7402	7324
9.薯　类	Tuber Crops	18783	18388
10.蔬菜及食用菌(含菜用瓜)	Vegetables & Melons	2018097	1938423
11.茶、桑、果	Tea, Mulberry & Fruit	156604	110755
12.花卉园艺	Flower and Hoticulture	386506	340143
13.其他农作物	Other Crops	18677	16876
14.采集野生植物	Gathering of Wild Plants		
二、林业产值	Forestry	87107	65857
三、牧业产值	Animal Husbandry	1269943	1186703
四、渔业产值	Fishery	874004	836617
五、农林牧渔服务业产值	Output Value of Service Industry of Farming、Forestry、Aminal Husbandry and Fishery	200586	162478

4-11 主要农产品产量
OUTPUT OF MAJOR FARM PRODUCTS

项目	Item	2010	2011	2012	2013	2014
粮　食(吨)	Grains (ton)	1367057	1208573	1258942	1268700	1271300
棉　花(吨)	Cotton (ton)	20148	23477	24557	33168	20457
油　料(吨)	Oil-bearing Crops (ton)	190087	176145	180191	186620	185481
蔬　菜(吨)	Vegetables (ton)	5970728	6271282	6616203	6880851	7027365
水　果(吨)	Fruit (ton)	74531	78960	76848	84824	110214
牲猪出栏(万头)	Slaughtered Hogs (10 000 heads)	261.95	278.05	298.40	308.20	311.00
家禽出笼(万只)	Slaughtered Poultry (10 000 heads)	5033.99	5164.87	5552.20	5802.05	5500.40
禽蛋产量(吨)	Eggs (ton)	180121	202636	205676	214931	220415
牛　奶(吨)	Milk (ton)	54951	59453	66897	71350	79491
水产品(吨)	Aquatic Products (ton)	434092	460138	468605	490161	505529

4-12 农作物播种面积
SOWN AREAS OF FARM CROPS

单位：千公顷 (1 000 hectares)

项目	Item	2010	2011	2012	2013	2014
总计	Total Sown Areas	541.51	533.02	547.98	545.72	528.01
一、粮食作物	Sown Areas of Grain Crops	238.16	221.02	229.45	222.45	216.33
1.夏收粮食	Summer Grain Crops	33.72	29.64	32.72	33.91	32.86
#小麦	Wheat	22.34	22.07	26.06	25.12	24.83
蚕豌豆	Broad Bean & Pea	6.23	6.05	4.23	6.39	5.91
薯类	Tuber Crops (Potato,etc)	2.58	1.21	0.65	0.52	0.60
其他杂粮	Coarse Cereals	2.57	0.31	1.78	1.88	1.52
2.秋收粮食	Autumn Grain Crops	204.44	191.38	196.73	188.54	183.47
稻谷	Paddy Rice	165.29	160.92	161.42	152.97	151.20
#早稻	Early Season Rice	57.43	54.60	56.49	52.66	50.24
中稻(含一季晚)	Mid-season Rice (Including Single Rotation Late Season Rice)	45.62	46.06	44.09	43.41	43.69
双季晚稻	Double Rotation Late Rice	62.24	60.26	60.84	56.9	57.26
玉米	Corn	18.28	16.04	19.15	17.91	15.78
大豆	Soybean	11.06	9.83	9.45	9.57	9.28
薯类	Tuber Crops	6.76	2.50	4.36	5.05	4.48
其他杂粮	Other Coarse Cereals	3.05	2.09	2.35		0.09
二、棉花	Sown Areas of Cotton	15.33	19.23	26.23	26.25	21.21
三、油料	Sown Areas of Oil-bearing Crops	96.63	94.28	93.60	89.48	87.77
#油菜籽	Rape Seeds	67.72	65.70	64.60	63.22	62.47
花生	Peanuts	13.38	13.58	13.67	14.33	14.07
芝麻	Sesame	15.44	14.93	15.33	11.82	11.12
四、麻类	Fiber Crops (Incl. Jute and Ambary Hemp,etc)	1.49	1.25	1.28	1.00	0.59
五、糖料	Sugar Crops	1.45	1.39	1.23	1.17	1.17
六、烟叶	Tobacco					
七、药材	Herb Crops	0.27	0.42	0.84	1.18	1.12
八、蔬菜、瓜类	Sown Areas of Vegetables & Melons	173.17	180.83	181.51	187.02	186.08
蔬菜	Vegetables	154.93	161.81	163.08	169.37	169.08
瓜类	Melons	18.24	19.02	18.43	17.65	17.00
九、青饲料	Green Fodder	6.38	6.37	6.22	6.96	6.84
十、绿肥	Green Fertilizer Crops	6.60	6.40	6.24	5.87	5.78
十一、其他作物	Other Crops	2.03	1.83	1.37	4.34	1.12

4-13 农 作 物 总 产 量
YIELD OF FARM CROPS

单位：吨 (ton)

项目 Item	2010	2011	2012	2013	2014
总计 Total Sown Areas					
一、粮食作物 Sown Areas of Grain Crops	1367057	1208573	1258942	1268700	1271300
1.夏收粮食 Summer Grain Crops	96129	78274	77107	87476	81000
#小麦 Wheat	63636	57198	60787	70462	64728
蚕豌豆 Broad Bean & Pea	12724	11865	8162	8860	9508
薯类 Tuber Crops (Potato,etc)	12532	4735	2831	2829	2413
其他杂粮 Coarse Cereals	7237	4476	5327	5325	4351
2.秋收粮食 Autumn Grain Crops	1270928	1130299	1181835	1181224	1190300
稻谷 Paddy Rice	1062555	983237	1047768	1020491	1014581
#早稻 Early Season Rice	325676	293398	312824	309682	312906
中稻(含一季晚) Mid-season Rice (Including Single Rotation Late Season Rice)	348416	324761	350566	338459	336527
双季晚稻 Double Rotation Late Rice	388463	365078	384378	372350	365148
玉米 Corn	131755	97749	70501	94176	104472
大豆 Soybean	27837	25054	31352	23241	29077
薯类 Tuber Crops	42893	20633	28799	38161	36825
其他杂粮 Other Coarse Cereals	5888	3626	3415		360
二、棉花 Sown Areas of Cotton	20148	23477	24557	33168	20457
三、油料 Sown Areas of Oil-bearing Crops	190087	176145	180191	186620	185481
#油菜籽 Rape Seeds	121600	107804	112049	123389	120017
花生 Peanuts	42477	42274	41355	42335	43951
芝麻 Sesame	25664	26037	26787	20832	21183
四、麻类 Fiber Crops (Incl. Jute and Ambary Hemp,etc)	4174	2935	2808	2652	2370
五、糖料 Sugar Crops	69414	70246	2808	47455	47164
六、烟叶 Tobacco					
七、药材 Herb Crops					
八、蔬菜、瓜类 Sown Areas of Vegetables & Melons					
蔬菜 Vegetables	5970728	6271282	6616203	6880851	7027365
瓜类 Melons	553658	520703	545749	520840	542552

4-14 农作物单位面积产量
PER HECTARE FIELD OF FARM CROPS

单位：公斤/公顷　　　　(kilogram/hectare)

项目 Item		2010	2011	2012	2013	2014
总计	Total Sown Areas					
一、粮食作物	Sown Areas of Grain Crops	5740	5468	5487	5703	5877
1.夏收粮食	Summer Grain Crops	2851	2641	2357	2580	2465
#小　麦	Wheat	2849	2592	2333	2805	2607
蚕豌豆	Broad Bean & Pea	2042	1961	1929	1387	1609
薯　类	Tuber Crops (Potato,etc)	4857	3913	4363	5440	4041
其他杂粮	Coarse Cereals	2816	2449	2999	2832	2861
2.秋收粮食	Autumn Grain Crops	6217	5906	6007	6265	6488
稻　谷	Paddy Rice	6428	6110	6491	6671	6710
#早　稻	Early Season Rice	5671	5374	5538	5880	6228
中稻(含一季晚)	Mid-season Rice (Including Single Rotation Late Season Rice)	7637	7051	7951	7797	7702
双季晚稻	Double Rotation Late Rice	6241	6058	6317	6544	6377
玉　米	Corn	7208	6094	3681	5258	6619
大　豆	Soybean	2517	2549	3318	2429	3134
薯　类	Tuber Crops	6345	8253	6609	7557	8216
其他杂粮	Other Coarse Cereals	1930	1735	1453		4154
二、棉　花	Sown Areas of Cotton	1314	1221	936	1264	964
三、油　料	Sown Areas of Oil-bearing Crops	1967	1868	1925	2086	2113
#油菜籽	Rape Seeds	1796	1641	1735	1952	1921
花　生	Peanuts	3175	3113	3025	2954	3124
芝　麻	Sesame	1662	1744	1747	1762	1906
四、麻　类	Fiber Crops (Incl. Jute and Ambary Hemp,etc)	2801	2348	2199	2652	3985
五、糖　料	Sugar Crops	47872	50537	47205	40560	40300
六、烟　叶	Tobacco					
七、药　材	Herb Crops					
八、蔬菜、瓜类	Sown Areas of Vegetables & Melons					
蔬　菜	Vegetables	38538	38757	40570	40626	41563
瓜　类	Melons	30354	27377	29612	29509	31912

4-15 林 业 生 产 情 况
STATISTICS ON FORESTRY PRODUCTION

项 目	Item	2014	2013
一、荒山(沙)地造林面积(公顷)	Barren Mountain(sand) Afforestation (hectare)	4141	4605
按造林方式分	By Way of Afforestation		
1、人工造林	Artificial Afforestation	4141	4432
2、飞机造林	Areial Afforestation		
3. 无林地和疏林地新封	No Forest and Wood and New Sealed		
按经济成份分	By Ownership		
1、公有经济造林	State-owned	136	589
2、非公有经济造林	Non-state-owned	4005	4016
按林种用途分:	By Function of Afforestation		
(1)用材林	Timber Forest	1006	1477
(2)经济林	Economic Forest	1730	2171
(3)防护林	Shelter-forest	1392	957
(4)薪炭林	Fuel Forest		
(5)特种用途林	Special Purpose Forest	13	
二、有林地造林面积	Forest Afforestation Area	469	127
1、林冠下造林	Under the Canopy of Afforestation	400	54
2、飞播造林	Afforestation by Aerial Seeding		
3、有林地和灌木林地新封	Forest and Woodland New Sealed	69	73
三、更新造林面积	Reforestation Area	101	11
四、低产低效林改造面积	Low Efficiency Forest Improvement Area	2874	3052
五、零星(四旁)植树(万株)	Scattered(Four-side) Tree planging (10 000 plants)	684	598
六、年末实有封山(沙)育林面积(公顷)	year-end Area of Hillsides closed for Afforestation (hectare)	7866	10633
七、幼林抚育作业面积(公顷)	Working Area for Young Stands (hectare)	7195	3217
八、幼林抚育实际面积(公顷)	Actural Tending Area for Young Stands (hectare)	5550	2800
九、成林抚育面积(公顷)	Tending Area for Mature Plantation (hectare)	10314	9343
十,抚育改造出材量(立方米)	Production from Reforestation Area (cubic metre)	74429	54868
十一、林木种子采集量(吨)	Forest Tree Seed Collection (tons)		
十二、当年苗木产量(万株)	Seeding Production (10 000 plants)	2180	6507
十三、育苗面积(公顷)	Areas of Raising Seedlings (hectare)	7806	7351
十四,年末实有母树林面积(公顷)	Parent Forest Area (hectare)	1892	456
十五、年末实有种子园面积(公顷)	Seed Orchard Area (hectare)	2133	398
十六、木材采伐量(立方米)	Quantity of Timber Cut (cubic meter)	88900	71312

4-16 主要林产品产量
OUTPUT OF MAIN FORESTRY PRODUCTS

单位:吨 (ton)

项目	Item	2014	2013
油桐籽	Seeds of Tung Oil Tree	129	117
油茶籽	Oil-tea Camellia Seed	7724	5079
板栗	Chinese Chestnut	8181	7245

4-17 牧业生产情况
STATISTICS ON ANIMAL HUSBANDRY PRODUCTION

项目	Item	2014	2013
年末大牲畜存栏(头)	Large Animals In Stock(year-end, heads)	201893	213091
(1)耕　牛	Farm Cattle	166675	171736
(2)良种及改良种乳牛	Cows of Fine Breed & Improved Variety	18587	11633
(3)肉 用 牛	Beef Cattle	16466	29462
(4)马	Horses		
(5)驴	Donkeys	165	260
(6)骡	Mutes		
年末羊只数(只)	Sheep And Goats in Stock (year-end,heads)	55435	48743
年末牲猪存栏(万头)	Hogs in stock (year-end, 10 000 heads)	215.53	216.19
#能繁母猪(万头)	Female Hogs of Reprductive Ability(10 000 heads)	17.92	18.1
全年肉猪出栏(万头/吨)	Slaughtered Fattened Hogs (10 000 heads/ton)	311.02/234394	308.20/233043
全年出售和自宰肉用牛(头/吨)	Slaughtered Cattle (heads/ton)	59379/8858	61057/9401
全年出售和自宰肉用羊(只/吨)	Slaughtered Sheep and Goats (heads/ton)	50109/1036	47691/1051
全年出售和自宰家禽(万只/吨)	Slaghtered Poultry (10 000 heads/ton)	5500.37/84934	5802.05/91645
牛奶产量(吨)	Milk (ton)	79491	71350
蜂蜜产量(吨)	Honey (ton)	1887	1932
禽蛋产量(吨)	Eggs(ton)	220451	214931

4-18 茶叶、水果生产情况
STATISTICS ON PRODUCTION OF TEA & FRUIT

项目	Item	2014	2013
茶叶产量(吨)	Output of Tea (ton)	2947	2448
#绿　茶	Green Tea	2917	2332
青　茶	Wulong Tea		86
白　茶	White Tea	17	17
其它茶	Other Tea	13	13
年末茶园面积(公顷)	Tea Plantation Area (hectare)	8944	8574
#本年采摘面积	Picked Area This Year	5924	5631
水果产量(吨)	Output of Fruit (ton)	110214	84824
#桃　子	Peaches	30162	25018
苹　果	Apples		
柑　桔	Citrus	41529	30560
梨　子	Pears	15101	14347
葡　萄	Grapes	18309	8910
柿　子	Persimmons	2545	2231
年末果园面积(公顷)	Orchard Area (year-end, hectare)	9014	8503
#苹果园面积	Apples	34	13
柑桔园面积	Citrus	4127	4148
梨园面积	Pears	1337	1183
葡萄园面积	Grapes	1014	774
桃园面积	Peachs	1684	1776

4-19 渔业生产情况
STATISTICS ON FISHERY PRODUCTION

项目	Item	2014	2013
水产品总产量(吨)	Total Aquatic Products (ton)	505529	490161
淡水捕捞产量	Fish Caught in Fresh Water	28445	28548
淡水养殖产量	Fish Artificially Cultured	477084	461613
按水产品种分类(吨)	By Category of Aquatic Products (ton)		
鱼　类	Fish	451673	438090
虾蟹类	Shrimps, Prawns & Crabs	23511	22149
贝　类	Shellfish	182	435
其他类	Others	1718	1374
养殖面积(公顷)	Artificially Cultured Area (hectares)	107071	104785
池塘养殖	Ponds	46440	43541
湖泊养殖	Lakes	52503	52556
河沟养殖	Rivers, Brooks	930	1100
水库养殖	Reservoirs	4985	4965
其他养殖	Others	2214	2624
稻田养鱼面积(公顷)	Artificially Cultured in Paddy Fields (hectares)	9103	8814

主 要 统 计 指 标 解 释

农林牧渔业总产值 是以货币表现的农、林、牧、渔业全部产品的总量,它反映一定时期内农业生产总规模和总成果。

农、林、牧、渔业的统计范围包括国有经济的各种专业农(农、林、牧、渔)场的农业生产活动;国家各级机关、团体、学校、部队进行的农业生产活动;集体所有制的乡、镇,村办农场的农业生产活动;工矿企业经营的农、林、牧、渔业生产活动;以及农村各种经济组织和农户经营的农林牧渔业生产活动和农民家庭兼营的商品性工业生产活动等。

(1)农业包括种植业和其他农业。

种植业包括谷物、豆类、薯类、棉、油料、糖料、麻类、烟叶、蔬菜、药材、瓜类和其他农作物的种植,以及茶园、桑园、果园的生产经营。

其他农业包括采集野生植物的果实、纤维、树胶、树脂、油料以及柴草、野生药材、菌类等及农民家庭兼营的商品性工业。

(2)林业包括林木的栽培(不包括茶园、桑园和果园的栽培,管理和收获等活动),林产品的采集和村及村以下合作经济组织和农户的竹木采伐。

(3)牧业包括牲畜饲养和放牧、家禽饲养以及野生动物的捕猎和饲养。

(4)渔业包括水生动物和海藻类植物的养殖和捕捞。

农业总产值的计算方法通常是按农林牧渔业产品及其副产品的产量分别乘以各自单位产品价格求得,少数生产周期较长,当年没有产品或产品产量不易统计的,则采用间接方法匡算其产值,然后将四业产品产值相加即为农业总产值。

粮食产量 指全社会的产量。包括国有经济经营的、集体统一经营的和农民家庭经营的粮食产量,还包括工矿企业办的农场和其他生产单位的产量。粮食除包括稻谷、小麦、玉米、高粱、谷子及其他杂粮外,还包括薯类和豆类,其产量计算方法,豆类按去豆荚后的干豆计算;薯类(包括甘薯和马铃薯,不包括芋头和木薯)1963 年以前按每 4 公斤鲜薯折 1 公斤粮食计算,从 1964 年开始及以后改为按 5 公斤鲜薯折 1 公斤粮食计算。

油料产量 指全部油料作物的生产量。包括花生、油菜籽、芝麻、向日葵籽、胡麻籽(亚麻籽)和其他油料。不包括大豆,也不包括木本油料和野生油料。花生以带壳干花生计算。

水产品产量 指人工养殖的水产品和天然生长的水产品的捕捞量。包括海水的鱼类、虾蟹类、贝类和藻类以及内陆水域的鱼类、虾蟹类和贝类,不包括淡水生植物。

猪、牛、羊肉产量 指当年出栏并已屠宰后除去头蹄下水后带骨肉(即胴体重)的重量。

耕地面积 指年初可以用来种植农作物、经常进行耕锄的田地,除包括熟地、当年新开荒地、连续撂荒未满三年的耕地和当年的休闲地(轮歇地)外,还包括以种植农作物为主并附带种植桑树、茶树、果树和其他林木的土地,以及沿海、沿湖地区已围垦利用的"海涂"、"湖田"等面积。但不包括属于专业性的桑园、茶园、果园、果木苗圃、林地、芦苇地、天然或人工草地面积。

农作物播种面积 指实际播种或移植有农作物的面积。凡是实际种植有农作物的面积,不论种植在耕地上还是种植在非耕地上,均包括在农作物播种面积中。在播种季节基本结束后,因遭灾而重新改种和补种的农作物面积,也包括在内。

有效灌溉面积 指具有一定的水源,地块比较平整,灌溉工程或设备已经配套,在一般年景下当年能够进行正常灌溉的耕地面积。

农用化肥施用量 指本年内实际用于农业生产的化肥数量,包括氮肥、磷肥、钾肥和复合肥。化肥施用量要求按折纯量计算数量,折纯法化肥施用量是把氮肥、磷肥和钾肥分别按含氮、含五氧化二磷、含氧化钾的百分之一百成分折算后的数量。复合肥按其所含主要成分折算。

农业机械总动力 指主要用于农、林,牧、渔业的各种动力机械的动力总和。包括耕作机械、排灌机械、收获机械、农用运输机械、植物保护机械、牧业机械、林业机械、渔业机械和其他农业机械(内燃机按引擎马力折成瓦(特)计算,电动机按功率折成瓦(特)计算)。不包括专门用于乡、镇、村、组办工业、基本建设。非农业运输、科学试验和教学等非农业生产方面用的动力机械与作业机械。

农林牧渔业从业人员 指直接参加农林牧渔业生产劳动的从业人员。

谷物 指籽实主要供作粮食的作物。这类作物包括稻谷、小麦、玉米、谷子、高粱和其他谷物,不包括豆类和薯类作物。

Explanatory Notes on Main Statistical Indicators

Gross Output Value of Farming, Forestry, Animal Husbandry and Fishery refers to the total volume of products of farming, forestry, animal husbandry and fishery in value terms, which reflects the total scale and total result of agricultural production during a given period of time.

The statistical coverage of farming, forestry, animal husbandry and fishery are as follows:

In terms of ownership, China's agriculture includes specialized state farms (farming, forestry, animal husbandry, fishery), farms managed by various government agencies, organizations, schools, research institutions, and army; farms managed by rural collective organizations at levels of township, town, and village; farming, forestry, animal husbandry, fishery run by mining and industrial enterprises, various rural collective organizations and individual farmers, and some additional commodity industries of individual farmers.

(1) Farming includes cultivation of farm crops and other agricultural activities. Cultivation includes the cultivation of grain crops, beans, tubers, cotton, oil-bearing crops, sugar crops, fiber crops, tobacco, vegetables, medicinal herbs, melons and gourds, and cultivation and management of tea plantations, mulberry fields and orchards. Other agricultural activities includes gathering fruits, fiber, gum and resin of wild plants, oil-bearing plants, grass wild medicinal herbs, fungus plants, and commodity industries of the rural house holds.

(2) Forestry refers to planting trees of various kinds (excluding tea plantations, mulberry fields and orchards), gathering of forest products, and cutting and felling of bamboo and trees by villages and other cooperative organizations under villages.

(3) Animal husbandry refers to raising and grazing of livestock, raising poultries, and hunting and raising of wild animals.

(4) Fishery refers to cultivation and catching of fish and other aquatic animals and cultivation and collection of sea weed and other aquatic plants.

Gross output value of agriculture is obtained by first multiplying the output of each product or by-product by its price, resulting in the output value of each single item. For a small number of products, annual output of which is not available Or difficult to get due to the long production/growing process involved, the output value is estimated through an indirect approach. The sum of output value of all products of farming, forestry, animal husbandry, and fishery is then equal to the gross output value of agriculture.

Grain Yield refers to the yield in the whole country or region including grains produced by state farms, collective units, industrial enterprises and mines. Grain includes rice, wheat, corn, sorghum, millet and other miscellaneous grains as well as tubers and beans. Output of beans refers to dry beans without pods. The output of tubers (sweet potatoes and potatoes, not including taros and cassava) was converted into that of grain at the ratio 4 : 1, i. e. four kilograms of fresh tubers was equivalent to one kilogram of grain up to 1963. Since 1964 the ratio for conversion has been 5 : 1.

Yield of Oil-bearing Crops refers to the total yield of oil-bearing crops of various kinds, including peanuts, (dry, in shell) rape seeds, sesame, sunflower seeds, flax seeds, and other oil-bearing crops. Soybeans, oil-bearing woody plants, and wild oil-bearing crops are not included.

Output of Aquatic Products refers to catches of both artificially cultured and naturally grown aquatic products, including fish, shrimps, crabs and shellfish in sea and inland water as well as seaweed. Freshwater plants are not included.

Output of Pork, Beef, and Mutton refers to the meat of slaughtered hogs, cattle, sheep and goats with head, feet, and offal taken away.

Cultivated Area (Area under cultivation) refers to farmland which is plowed constantly for growing crops, including cultivated land, newly cultivated land in the current year, farmland left without cultivation for less than three years and fallow land in the current year, rotation land, rotation land of grass and crops, farmland with some fruit trees, mulberry trees and other trees and cultivated seashore land, lake land, and etc. The land of mulberry fields, tea plantations, orchards, nurseries of young plants, forest land, reed land, natural and man-made grassland and other land are not included in cultivated land.

Sown Area of Crops refers to area of land sown or transplanted with crops regardless of being in cultivated area or non-cultivated area. Area of land resown due to natural disasters is also included.

Irrigated Area refers to areas that are effectively irrigated, i. e. level land which has water source and complete sets of irrigation facilities to lift and move adequate water for irrigation purpose under normal conditions.

Consumption of Chemical Fertilizers in agriculture refers to the quantity of chemical fertilizers applied in agriculture in the year, including nitrogenous fertilizer, phosphate fertilizer, potash fertilizer, and compound fertilizer. The consumption of chemical fertilizers is required in calculation to convert the gross weight into weight containing 100 % effective component (eg. 100% nitrogen content in nitrogenous fertilizer, 100% phosphorous pentoxide content in phosphate fertilizer, 100 % potasium oxide content in potash fertilizer). Compound fertilizer is converted with its major component.

Total Power of Farm Machinery refers to total mechanical power of machinery used in farming, forestry, animal husbandry, and fishery, including ploughing, irrigation and drainage, harvesting, transport, plant protection, stock breeding, forestry and fishery.

The power of internal combustion engines is required to convert horsepower into watts and the power of electric motors is required to be converted into watts. Machinery employed for non-agricultural purposes, such as the machines used in township-run and village - run industry, construction, non-agricultural transport, scientific experiments and teaching, is excluded.

Laborers Engaged in Farming, Forestry, Animal Husbandry and Fishery refers to the total laborers who are directly engaged in production of farming, forestry, animal husbandry and fishery.

Cereals refer to seeds of various kinds of crops that are used mainly for grain. Cereals include paddy, wheat, maize, millet, Chinese sorghum, etc., except beans and tubers.

五、固定资产投资与建筑业

INVESTMENT IN FIXED ASSETS, CONSTRUCTION

资料整理人员:王　青　余芙蓉　吴　麒　胡　海　肖从新　王志斌　董　烁

STAFF FOR DATA PROCESSING:

Wang Qing　Yu Furong　Wu Qi　Hu Hai　Xiao Congxin　Wang Zhibing　Dong Shuo

简要说明

本篇资料通过对一定时期全社会建造和购置固定资产活动的数量方面的描述，反映报告期内武汉市固定资产投资的规模和速度、固定资产投资的结构和比例关系、固定资产投资的资金来源及新增固定资产以及建设项目的新增生产或效益等。

全社会固定资产投资统计的范围包括：城镇项目投资、房地产开发投资、农村项目投资、农村私人（农户）固定资产投资。城镇和农村非农户项目投资统计范围包括：城乡各种登记注册类型的企业、事业、行政单位及个体户进行的计划总投资（或实际需要总投资）500万元及以上的建设项目或固定资产购置。

Brief Description

The Data in this chapter show the size and pace, structural and proportional relations, funded sources, newly increased fixed assets, newly increased production capacity of construction projects, or effiency the investment in fixed assets in reported period by describing the volume of construction and purchase of fixed assets.

The investment in fixed assets in the whole country includes the investment in captial construction projects in urban, construction projects of non-individuals in rural, the investment by individuals in rural areas. Statistics on the investment in capital construction projects in urabn and non-individuals in rural areas cover construction projects of 5 million yuan and above which are invested by enterprises, institutions, of administrative units and individuals registed in urban and rural areas.

5-1 全社会固定资产投资
TOTAL INVESTMENT IN FIXED ASSETS

单位：万元 (10 000 yuan)

项目 Item	2014	2013
全社会固定资产投资 Total Investment in Fixed Assets	**70028536**	**60019555**
#国有经济及国有控股 State-owned and State Holding	24824241	21960002
一、按登记注册类型分 Grouped by Ownership		
(一)内　资 Domestic Funded Enterprises	64845379	55598597
国　有 State-owned Units	17143719	15736084
集　体 Collective-owned Units	1964624	1698275
股份合作 Share Holding Cooperative	391813	594458
联　营 Joint owned Economic Units	191571	344647
#国有联营 Joint State-owned Units	43356	150020
#集体联营 Joint Collective-owned Unit	98486	4865
有限责任公司 Limited Liability Companies	25429534	17905862
#国有独资公司 Companies State - owned Exclusive Investment	1647506	1290101
股份有限公司 Share Holding Corporations LTD.	4254707	5111185
私营企业 Private Units	10993267	9603628
其他内资公司 Other Companies	4476144	4604458
(二)外商投资企业 Foreign-Funded Enterprises	2392655	2718065
中外合资经营 Sino-Foreign Joint Economic Units	608164	1593815
中外合作经营 Sino-Foreign Cooperative Economic Units	92134	80035
外商独资 Foreign Enterprises	1149350	708775
股份有限 Companies of Share Holding with Limited Liabilities	319345	273843

5－1 续 表 Continued

单位：万元 (10 000 yuan)

项 目 Item	2014	2013
(三)港澳台投资企业 Economic Units Funded from Hong Kong, Macao and Taiwan	2368213	1417570
与大陆合资经营 Mainland-Hong Kong or Mainland-Macao or Mainland-Tai wan Joint Economic Units	740771	302027
与大陆合作经营 Mainland-Hong Kong or Mainland-Maca o or Mainland-Taiwan Cooperative Economic Units		0
港澳台独资企业 Economic Units Funded by Entrepreneurs from Hong Kong, Macao and Taiwan	1495829	1014458
股份有限 Companies of Share Holding with Limited Liabilities	126110	85275
(四)个体经营 Individual Business	422289	285323
二、按构成分 Grouped by Use of Funds		
建筑工程 Construction	45351107	37002567
安装工程 Installation	5939239	5134549
设备工器具购置 Purchase of Equipment and Instruments	9661667	8557092
其它费用 Others	9076523	9325347
三、按三次产业分 Grouped by Industry		
第一产业 Primary Industry	413691	222688
第二产业 Secondary Industry	26438128	22667308
工 业 Industry	26063164	22580742
制 造 业 Manufacturing	24774710	21640482
电力、燃气及水的生产和供应业 Production and Supply of Electricity, Gas and Water	1264454	907613
第三产业 Tertiary Industry	43176717	37129559
#交通运输、仓储、邮电通信业 Transportation, Storage, Postal and Telecommunications Services	4547044	4190317
信息传输、计算机服务和软件业 Information transfer, Computer and Software Services	471202	632864
#电信和其它信息传输服务业 Telecom and other Information Transfer	375230	380733
水利、环境和公共设施管理业 Water Conservancy, Environment and Pulic Facilities	6418944	6451840

5-2 历年全社会固定资产投资
TOTAL INVESTMENT IN FIXED ASSETS IN VARIOUS YEARS

单位：万元 (10 000 yuan)

年份 Year	全社会固定资产投资 Total Investment in Fixed Assets	一、城镇投资 Urban investment	1. 城镇500万元以上项目投资 Project Investment of 500 Thousands and above in Urban Area	2. 房地产开发投资 Real Estate Development	二、农村投资 Rural Investment	1. 农村500万元以上项目投资 Project Investment over 500 Thousands in Non Farming Household of Rural Areas	2. 农村农户(私人)投资 Investment of Farming Household in Rural Areas
1951	3180	3180	3180				
1952	6741	6741	6741				
1953	15656	15656	15656				
1954	20901	20901	20901				
1955	28200	28200	28200				
1956	42740	42740	42740				
1957	45184	45184	45184				
1958	68222	68222	68222				
1959	84323	84323	84323				
1960	72920	72920	72920				
1961	15651	15651	15651				
1962	7034	7034	7034				
1963	9576	9576	9576				
1964	17283	17283	17283				
1965	23474	23474	23474				
1966	32646	32646	32646				
1967	21013	21013	21013				
1968	13381	13381	13381				
1969	20035	20035	20035				
1970	41436	41436	41436				
1971	45621	45621	45621				
1972	43245	43245	43245				
1973	34687	34687	34687				
1974	40909	40909	40909				
1975	70842	70842	70842				
1976	146559	146559	145873				
1977	228047	228047	227232				
1978	117384	117384	116592				
1979	88384	88384	87258				
1980	100751	100751	97404				
1981	95404	95404	89561				
1982	112112	107431	97459		4681	2556	2125

5－2 续 表 Continued

单位：万元 (10 000 yuan)

年 份 Year	全社会固定资产投资 Total Investment in Fixed Assets	一、城镇投资 Urban investment	1.城镇500万元以上项目投资 Project Investment of 500 Thousands and above in Urban Area	2.房地产开发投资 Real Estate Development	二、农村投资 Rural Investment	1.农村500万元以上项目投资 Project Investment over 500 Thousands in Non Farming Household of Rural Areas	2.农村农户(私人)投资 Investment of Farming Household in Rural Areas
1983	115984	115984	107380				
1984	179294	156366	140820		22928	7421	15507
1985	234020	199495	183811		34525	15487	19038
1986	271164	231184	205936		39980	11798	28182
1987	327384	291865	258060		35483	12802	22681
1988	363111	326301	298986		36810	16434	20376
1989	320134	286329	263932		33805	10221	23584
1990	389728	351369	304036	33452	38359	10285	28074
1991	437967	397207	347233	34190	40760	11314	29446
1992	683566	637783	558184	55821	45783	19750	26033
1993	1189811	1138689	874988	246322	51122	22535	28587
1994	2060165	1969526	1378053	570618	90639	47974	42665
1995	3222274	3035549	1963484	916194	186725	94461	92264
1996	3870259	3630725	2456817	972609	239534	116981	122553
1997	4081797	3774020	2414385	1065729	307777	141097	166680
1998	4204250	3888663	2489886	1067997	315587	152384	163203
1999	4312456	3974560	2686567	967130	337896	167024	170872
2000	4619265	4360454	3284340	1013105	268811	164641	104170
2001	5084427	4855038	3619987	1153357	229389	117474	111915
2002	5704258	5493295	4075535	1325012	210963	134551	76412
2003	6450642	6228215	4449322	1695468	222427	142819	79608
2004	8222009	7966538	5547750	2333006	255471	160338	95133
2005	10551808	10239525	7259606	2979919	269815	205304	64511
2006	13252872	12970563	9309047	3661516	282309	206668	75641
2007	17327895	16871463	12273965	4597498	456432	337569	118863
2008	22520524	22024452	16320847	5703605	496072	377191	118881
2009	30011045	29217564	21431618	7785946	793481	596593	196888
2010	37531682	36514462	26340475	10173987	1017220	710496	306724
2011	42551621	41776290	29034544	12741746	775331	547558	227773
2012	50312488	49627630	33879025	15748605	684858	533136	151722
2013	60019555	59503162	40447162	19056000	516393	242110	274283
2014	70028536	69076668	45540405	23536263	951868	548670	403198

5-3 全社会住宅投资

TOTAL INVESTMENT IN RESIDENTIAL BUILDINGS

单位：万元　　　　　　　　　　　　　　　　　　　　　　　　　　　　　　　　(10 000 yuan)

项目 Item	2010	2011	2012	2013	2014
总计 Total	**6581086**	**7675433**	**10288318**	**12806301**	**16188031**
一、城镇投资 Urban Investment	6377566	7534967	10177388	12621575	15972661
(一)城镇500万元以上项目 Number of Urban Construction Pojects over 500 Thousand Yuan	424316	161829	263336	113736	367135
(二)房地产开发 Real Estate Development	5953250	7373138	9914052	12507839	15605526
二、农村投资 Rural Investment	203520	140466	110930	184726	215370
(一)农村500万元以上项目投资 Non-Farming Household in Rural Areas	48260	16102	980	0	12382
(二)农村农户投资 Farming Household Investment in Rual Areas	155260	124364	109950	184726	202988

5-4 全社会竣工房屋建筑面积
TOTAL FLOOR SPACE OF BUILDINGS COMPLETED

单位：万平方米 (10 000 sq. m)

项目 Item	2010	2011	2012	2013	2014
总计 Total	2172.26	2182.98	2776.48	2416.17	2993.46
一、城镇投资 Urban Investment	1937.13	1998.50	2603.77	2250.98	2787.30
(一)城镇500万元以上项目 Number of Urban Construction Projects over 500 Thousands Yuan	1017.73	934.44	1551.64	1571.67	2021.89
(二)房地产开发 Real Estate Development	919.40	1064.06	1052.13	679.31	765.42
二、农村投资 Rural Investment	235.13	184.48	172.71	165.19	206.16
(一)农村500万元以上项目投资 Non-Farming Household in Rural Areas	32.93	37.67	34.38	7.98	15.62
(二)农村农户投资 Farming Household Investment in Rual Areas	202.2	146.81	138.33	157.22	190.54

5-5 全社会住宅竣工面积
TOTAL FLOOR SPACE OF RESIDENTIAL BUILDINGS COMPLETED

单位：万平方米 (10 000 sq. m)

项 目 Item	2010	2011	2012	2013	2014
总 计 **Total**	**1068.77**	**1128.32**	**1085.84**	**690.20**	**849.96**
一、城镇投资 **Urban Investment**	**867.66**	**976.20**	**948.96**	**542.22**	**665.25**
(一)城镇500万元以上项目投资 Number of Urban Construction Projects over 500 Thousands Yuan	134.18	54.22	50.38	12.53	19.27
(二)房地产开发 Real Estate Development	733.48	921.98	898.57	529.70	645.98
二、农村投资 **Rural Investment**	**201.11**	**152.12**	**136.89**	**147.98**	**184.71**
(一)农村500万元以上项目投资 Non-Farming Household in Rural Areas	14.00	12.14	0.63	0.00	0.00
(二)农村农户投资 Farming Household Investment in Rual Areas	187.11	139.98	136.26	147.98	184.71

5-6 全社会新增固定资产
NEWLY INCREASED FIXED ASSETS

单位：万元　　(10 000 yuan)

项目 Item	2014	2013
总计 Total	25849230	20485909
一、城镇投资 Urcbn Investment	25203809	20086418
(一)城镇 500 万元以上项目投资 Number of Urban construction Projects over 500 Thousands Yuan	21063235	15808277
(二)房地产开发 Real Estate Development	4140574	4278141
二、农村投资 Rural Investment	645421	399491
(一)农村 500 万元以上项目投资 Non-Farming Household in Rural Areas	242223	125208
(二)农村农户投资 Farming Household Investment in Rual Areas	403198	274283

5-7 固 定 资 产 投 资
TOTAL INVESTMENT IN FIXED ASSETS

单位：万元　　　　(10 000 yuan)

项　　目 Item	2014	2013	增　幅 (%) Increase Rate in 2014 over 2013 (%)
计划总投资 **Tota Planned Investment**	**246011867**	**210446903**	**16.9**
#本年新开工 Started this year	41121695	38704056	6.2
自开始建设累计完成投资 Total Invesment from Started	165925901	137528603	20.6
本年完成投资 **Total Investment**	**69625338**	**59745272**	**16.5**
#国有经济及国有控股 State-owned and State-holding Units	24824241	21960002	13.0
#住宅投资 Investment in Residential Buildings	15972771	12621575	26.6
一、按登记注册类型分 **Grouped by Ownership**			
(一)内资企业 Domestic Funded Enterprises	64845379	55598597	16.6
国　有 State-owned Units	17143719	15736084	8.9
集　体 Collective-owned Units	1964624	1698275	15.7
股份合作 Share-holding Cooperative	391813	594458	-34.1
联　营 Joint-owned Economic Units	191571	344647	-44.4
#国有联营 Joint State-owned	43356	150020	-71.1
集体联营 Joint Collective-owned	98486	4865	1924.4
有限责任公司 Limited Liability Companies	25429534	17905862	42.0
#国有独资公司 Companies State - owned Exclusive Investment	1647506	1290101	27.7
股份有限公司 Share-holding Corporations LTD.	4254707	5111185	-16.8
私营企业 Private Units	10993267	9603628	14.5
其他内资公司 Other Companies	4476144	4604458	-2.8
(二)外商投资企业 Foreign-Funded Enterprises	2392655	2718065	-12.0
中外合资经营 Sino-Foreign Joint Economic Units	608164	1593815	-61.8
中外合作经营 Sino-Foreign Cooperative Economic Units	92134	80035	15.1
外商独资 Foreign Enterprises	1149350	708775	62.2
股份有限 Companies of Share-holding With Limited Liabilities	319345	273843	16.6
其他外商投资 Other Foreign Funded Enterprises	223662	61597	263.1

注：本表固定资产投资为城镇和非农户投资额。
Note: The investment of fixed assets in this table is the investment of urban and rural households.

5－7 续 表 Continued

项 目 Item	2014	2013	增 幅 （%） Increase Rate in 2014 over 2013（%）
（三）港澳台投资企业 Economic Units Funded from Hong Kong, Macao and T aiwan	2368213	1417570	67.1
与大陆合资经营 Mainland-Hong Kong or Mainland-Macao or Mainland-Taiwan Joint Economic Units	740771	302027	145.3
与大陆合作经营 Mainland-Hong Kong or Mainland-Macao or Mainland-Taiwan Cooperative Economic Units			
港澳台独资企业 Economic Units Funded by Entrepreneurs from Hong Kong, Macao and Taiwan	1495829	1014458	47.5
股份有限 Companies of Share Holding With Limited Liabilities	126110	85275	47.9
其他港、澳、台商投资 Other Investment in Hongkong、Macro and Taiwan	5503	15810	－65.2
（四）个体经营 Individual Business	19091	11040	72.9
二、按构成分 Grouped by Use of Funds			
建筑工程 Construction	45138331	36817841	22.6
安装工程 Installation	5939239	5134549	15.7
设备工器具购置 Purchase of Equipment and Instruments	9471245	8467535	11.9
其它费用 Others	9076523	9325347	－2.7
三、按三次产业分 Grouped by Industry			
第一产业 Primary Industry	223269	133131	67.7
第二产业 Secondary Industry	26438128	22667308	16.6
第三产业 Tertiary Industry	42963941	36944833	16.3
四、按建设性质分 Grouped by Type of consturction			
#新 建 New construction	56311644	50070090	12.5
扩 建 Expansion	3417208	3172149	7.7
改 建 Reconsturcion	7354561	4733677	55.4

5-8 城镇500万元以上项目投资
PROJECTS INVESTMENT OVER HALF A MIL. YUAN IN URBAN AREA

单位：万元 (10 000 yuan)

项　　目 Item	计量单位	2014	2013
计划总投资 **Total Planned Investment**	万元	**141044539**	**122786331**
#本年新开工 **Started this year**	万元	40394605	38561238
自开始建设累计完成投资 **Total Invesment from started**	万元	91823376	80479734
本年完成投资 **Total Investment completed this year**	万元	**45540405**	**40447162**
#国有经济及国有控股 State-Owned and State-holding	万元	20269874	17770561
#住宅投资 UInvestment in Residential Buildings	万元	367135	113736
一、按登记注册类型分 **Grouped by Ownership**			
(一)内资企业 Domestic funded Enter prises	万元	43514467	37796986
国　有 State-owned Units	万元	16860542	14205022
集　体 Collective-owned Units	万元	1876078	1579649
股份合作 Cooperative of Share Holding	万元	391813	531282
联　营 Joint-owned Economic Units	万元	191571	336265
#国有联营 Joint State-owned	万元	43356	150020
集体联营 Joint Collective-owned	万元	98486	4865
有限责任公司 Limited Liability Companies	万元	11971299	9104425
#国有独资公司 Companies State-owned Excluasive Investment	万元	888209	709895
股份有限公司 Share-holding Corporations LTD.	万元	2234063	2940501
私营 Private Units	万元	5536756	4933647
其他内资公司 Other Companies	万元	4452345	4166195
(二)外商投资企业 Foreign-Funded Enterprises	万元	1585940	2266084
中外合资经营 Sino-Foreign Joint Economic Units	万元	477815	1466257
中外合作经营 Sino-Foreign Cooperative Economic Units	万元	9286	23905
外商独资 Foreign Enterprises	万元	770687	450381
股份有限 Companies of Share Holding With Limited Liabilities	万元	318445	263944

5－8 续 表 Continued

项目 Item	计量单位	2014	2013
(三)港澳台投资企业 Economic Units Funded from Hong Kong, Macao and Taiwan	万元	430020	373052
与大陆合资经营 Mainland-Hong Kong or Mainland-Macao or Mainland-Tai wan Joint Economic Units	万元	224555	143429
与大陆合作经营 Mainland-Hong Kong or Mainland-Macao or Mainland-Taiwan Cooperative Economic Units	万元		
港澳台独资企业 Economic Units Funded by Entrepreneurs from Hong Kong, Macao and Taiwan	万元	104494	146782
股份有限 Companies of Share Holding With Limited Liabilities	万元	95468	67031
(四)个体经营 Individual Businsses	万元	9978	11040
二、按构成分 Grouped by Use of Funds	万元		
建筑工程 Construction	万元	29250235	24828688
安装工程 Installation	万元	3786742	3538361
设备工器具购置 Purchase of Equipment and Instruments	万元	8954178	7900123
其它费用 Others	万元	3549250	4179990
三、按建设性质分 Grouped by Type of Construction	万元		
#新　建 New Construction	万元	32396600	30826759
扩　建 Expansion	万元	3332900	3163182
改　建 Reconstruction	万元	7300575	4688911
本年新增固定资产 Newly Increased Fixed Assets this year	万元	21063235	15808277
本年施工项目个数 Number of Projects under Construction this year	个	2886	2607
#本年新开工项目 Projects Started this year	个	1801	1678
本年投产项目个数 Number of Projects Put into Use	个	1553	1336
本年施工房屋面积 Floorspace of Householding this year	万平方米	42163303	34576305
#住　宅 Residential	万平方米	2774371	1249403
本年竣工房屋面积 Floor Space of Completed Householding this year	万平方米	20218871	15716707
#住　宅 Residential	万平方米	192652	125267

5-9 城镇500万元以上项目投资效率
EFFICIENCY OF INVESTMENT OF PROJECTS OVER 5 MILLION YUAN IN URBAN AREAS

项目 Item	2014	2013
一、建设项目投产率(%) **Rate of Projects Completed and Put into Use (%)**	53.8	51.3
全部投产项目(个) Number of Projects Fully Completed and Put into Use (unit)	1553	1336
施工项目(个) Number of Projects under Construction (unit)	2886	2607
二、固定资产交付使用率(%) **Rate of Fixed Assets Put into Use (%)**	46.3	39.1
新增固定资产(万元) Newly Increased Fixed Assets (10 000 yuan)	21063235	15808277
投资额(万元) Investment (10 000 yuan)	45540405	40447162
三、房屋建筑面积竣工率(%) **Completion Rate of Floor Space of Buildings (%)**	48.0	45.5
房屋竣工面积(万平方米) Floor Space of Buildings Completed (sq. m)	20218871	15716707
房屋施工面积(万平方米) Floor Space of Buildings Under Construction (sq. m)	42163303	34576305
#住宅建筑面积竣工率(%) Completion Rate of Floor Space of Residential Buildings (%)	7.0	10.0
住宅竣工面积(万平方米) Floor Space of Residential Buildings Completed (sq. m)	192652	125267
住宅施工面积(万平方米) Floor Space of Residential Buildings Under Construction (sq. m)	2774371	1249403
四、建设周期(年) **Cycle of Construction (Year)**	3	3
计划总投资(万元) Total Planned Investment (10 000 yuan)	141044539	122786331
投 资 额(万元) Investment (10 000 yuan)	45540405	40447162

5-10 城镇500万元以上项目分行业投资
INVESTMENT OF PROJECTS OVER 5 MILLION YUAN IN URBAN AREAS

单位：万元 (10 000 yuan)

项目 Item	2014	2013
总计 Total	**45540405**	**40447162**
农、林、牧、渔业 Farming, Forestry, Animal Husbandry and Fishery	135234	192728
采矿业 Mining and quarrying	24000	32647
制造业 Manufacturing	24518142	21580866
电力、燃气及水的生产和供应业 Electric Power, Gas and Water Production and Supply	1247626	902674
建筑业 Construction	452908	161171
批发和零售业 Wholesale and Retail Trade	781665	852958
交通运输、仓储及邮政业 Transportation, Storage, Postal and Telecommunications Services	4499525	4188363
住宿和餐饮业 Accomodation and Catering services	254481	368791
信息传输、计算机服务和软件业 Information Transfer, Computer and Software Services	471202	632864
金融业 Banking	247012	465113
房地产业 Real Estate Development	2668534	2044941
租赁和商务服务业 Leasing Services and Commercial Services	925783	596166
科学研究、技术服务和地质勘查业 Scientific Research, Polytechnic Services and Geological Prospecting	282467	316998
水利、环境和公共设施管理业 Water Conservancy, Envrionment and Pulic Facilities	6367638	6428734
居民服务和其他服务业 Resident Services and other Services	410889	233956
教育 Education	714866	416234
卫生和社会工作	640070	358234
文化、体育和娱乐业 Culture, Sports and Recreational Sevices	574323	275847
公共管理、社会保障和社会组织	324040	397877
国际组织 International Organization		

5－11 城镇500万元以上项目制造业投资
MANUFACTURING OVER 5 MILLION YUAN IN URBAN AREA INVESTMENT

单位：万元 （10 000 yuan）

项目 Item	2014	2013
制造业合计 **Total**	**24518142**	**21580866**
农副食品加工业 Food and Sideline Product Processing	775783	795073
食品制造业 Food Production	296663	335972
酒、饮料和精制茶制造业 Wine, Drinks and Refined Tea Processing	106195	189103
烟草制品业 Tobacco Processing	244713	76158
纺织业 Textile Industry	161033	177175
纺织服装、服饰业业 Garments and	355321	190649
皮革、毛皮、羽绒及其制品业和制鞋业 Leather, Furs, Down and Related Products（制鞋业）	31155	47052
木材加工及竹、藤、棕、草制品业 Timber Processing, Bamboo, Camboo, Cane, Palm Fiber and Straw Products	169138	92269
家具制造业 Furniture Products	270148	283562
造纸及纸制品业 Papemaking and Paper Products	267180	434348
印刷业和记录媒介的复制 Printing	390214	255287
文教、工美、体育和娱乐用品制造业 Culture Education, Industrial Arts Sporting and Entertainment	86352	225014
石油加工、炼焦及核燃料加工业 Petroleum Refining	277771	320043
化学原料及化学制品制造业 Raw Chemical Materials and Chemical Products	812831	728089
医药制造业 Medical and Phamaceutical Products	786176	615022
化学纤维制造业 Chemicial Fiber	7980	8294
橡胶和塑料制品业 Rubber and Plattic Products	485261	602367
非金属矿物制品业 Nonmetal Mineral Products	1248448	906725
黑色金属冶炼及压延加工业 Smelting and Pressing of Ferrous Metals	865828	796719
有色金属冶炼及压延加工业 Smelting and Pressing of Nonferroys Metals	143781	203686
金属制品业 Metal Products	1296988	626956
通用设备制造业 Ordinary Machinery	1533202	1230160
专用设备制造业 Equipment for Special Purposes	2039725	1952130
汽车制造业 Automobile Industry	4890536	4797041
铁路、船舶、航空航天和其他运输设备制造业 Railway, Ship, Aerospace and Other transportation Equipment	712282	670594
电气机械及器材制造业 Electric Equipment and Machinery	1842826	1833216
计算机、通信和其他电子设备制造业 Computer, Telecommunication and Other Ecectronic Devices	3108971	1916909
仪器仪表制造业 Instruments and Meters	537374	664780
其他制造业 Other Industry	408740	324149
废弃资源综合利用业 Utilization of Discard Resource and Material	270342	207719
金属制品、机械和设备修理业 Mineral Products, Machinery and Repair of Equipment	95185	74605

5－12 城镇500万元以上项目分行业新增固定资产
NEWLY INCREASED FIXED ASSETS OF PROJECTS OVER 5 MILLION YUAN IN URBAN AREA BY SECTOR

单位：万元 (10 000 yuan)

项目 Item	2014	2013
总计 Total	21063235	15808277
农、林、牧、渔业 Farming, Forestry, Animal Husbandry and Fishery	87399	56662
采矿业 Mining and quarrying	24000	13057
制造业 Manufacturing	12513543	8829090
电力、燃气及水的生产和供应业 Electric Power, Gas and Water Production and Supply	479378	266986
建筑业 Construction	230496	75110
批发和零售业 Wholesale and Retail Trade	550523	730763
交通运输、仓储及邮政业 Transportation, Storage, Postal and Telecommunications Services	1147858	1308393
住宿和餐饮业 Accomodation and Catering services	196294	204624
信息传输、计算机服务和软件业 Information Transfer, Computer and Software Services	138874	190738
金融业 Banking	69422	258781
房地产业 Real Estate Development	1283963	1097508
租赁和商务服务业 Leasing Services and Commercial Services	709893	195748
科学研究、技术服务和地质勘查业 Scientific Research, Polytechnic Services and Geological Prospecting	116656	189874
水利、环境和公共设施管理业 Water Conservancy, Envrionment and Pulic Facilities	1574333	1330719
居民服务和其他服务业 Resident Services and other Services	346049	12095
教育 Education	520656	295402
卫生和社会工作 Health and Social Work	528857	171485
文化、体育和娱乐业 Culture, Sports and Recreational Sevices	395867	286388
公共管理、社会保障和社会组织 Public management, Social Security and Social Organization	149174	294854
国际组织 International Organization		

5－13 城镇500万元以上项目制造业新增固定资产

NEWLY INCREASED MANUFACTURING FIXED ASSETS OF PROJECTS OVER 5 MILLION YUAN IN URBAN AREA

单位：万元 (10 000 yuan)

项　　目 Item	2014	2013
制 造 业 合 计 Total	12513543	8829090
农副食品加工业 Food and Sideline Product Processing	628484	378831
食品制造业 Food Production	246866	146707
酒、饮料和精制茶制造业 Wine, Drinks and Refined Tea Processing	91928	131406
烟草制品业 Tobacco Processing	64221	57541
纺 织 业 Textile Industry	87307	70435
纺织服装、服饰业业 Garments and	108383	194993
皮革、毛皮、羽绒及其制品业和制鞋业 Leather, Furs, Down and Related Products(制鞋业)	31524	14107
木材加工及竹、藤、棕、草制品业 Timber Processing, Bamboo, Camboo, Cane, Palm Fiber and Straw Products	77131	54739
家具制造业 Furniture Products	137032	138339
造纸及纸制品业 Papemaking and Paper Products	153064	342086
印刷业和记录媒介的复制 Printing	182064	148856
文教、工美、体育和娱乐用品制造业 Culture Education, Industrial Arts Sporting and Entertainment	31842	151050
石油加工、炼焦及核燃料加工业 Petroleum Refining	72582	310112
化学原料及化学制品制造业 Raw Chemical Materials and Chemical Products	261272	160704
医药制造业 Medical and Phamaceutical Products	451328	214980
化学纤维制造业 Chemicial Fiber	1105	8294
橡胶和塑料制品业 Rubber and Plattic Products	391037	318873
非金属矿物制品业 Nonmetal Mineral Products	669656	623229
黑色金属冶炼及压延加工业 Smelting and Pressing of Ferrous Metals	378892	311847
有色金属冶炼及压延加工业 Smelting and Pressing of Nonferroys Metals	109148	189605
金属制品业 Metal Products	825367	314562
通用设备制造业 Ordinary Machinery	866340	665396
专用设备制造业 Equipment for Special Purposes	1204371	684823
汽车制造业 Automobile Industry	2529476	1431226
铁路、船舶、航空航天和其他运输设备制造业 Railway, Ship, Aerospace and Other transportation Equipment	472937	172391
电气机械及器材制造业 Electric Equipment and Machinery	1168810	758827
计算机、通信和其他电子设备制造业 Computer, Telecommunication and Other Ecectronic Devices	700733	490391
仪器仪表制造业 Instruments and Meters	96560	107360
其他制造业 Other Industry	248836	42944
废弃资源综合利用业 Utilization of Discard Resource and Material	141351	123613
金属制品、机械和设备修理业 Mineral Products, Machinery and Repair of Equipment	83896	70823

5－14 城镇500万元以上项目投资资金来源情况
SOURCE OF INVESTMENT FUNDS OF PROJECTS OVER 5 MILLION YUAN IN URBAN AREA

单位：万元　　　　(10 000 yuan)

项目	Item	2014	2013
一、本年资金来源合计	**Total Sources of Funds this year**	**47079849**	**41184597**
1、上年末结余资金	Residual Funds last year	1577279	1133710
2、本年资金来源小计	Subtotal Sources of Funds this year	45502570	40050887
(1)国家预算内资金	State Budgetary Appropriation	2419839	1350816
(2)国内贷款	Domestic Loans	6426290	6062020
(3)债　　券	Bonds		67290
(4)利用境外资金	Foreign Investment	291694	303427
其中:境外直接投资	Direct Foreign Investment	282666	121171
(5)自筹资金	Fund Raising	35687728	30419450
#企事业单位自有资金	Funds Owned by Enterprises	3379946	3406686
(6)其他资金来源	Others	677019	1847884
二、本年各项应付款合计	**All Account Payable this year**	**2836697**	**2858058**
其中:工 程 款	Funds of Projects	242890	215871

5-15 农村500万元以上项目固定资产投资情况

单位：万元　　　　　　　　　　　　　　　　　　　　　　　　　　　　　　　　　　　　　　（10 000 yuan）

项　　目 Item	2014	2013
计划总投资 Total Planned Investment	894778	308375
#本年新开工 Started this year	727090	142818
自开始建设累计完成投资 Total Invesment from started	626859	289311
本年完成投资 **Total Investment completed this year**	**548670**	**242110**
#住宅投资 Investment in Residential Buildings		
(一)按登记注册类型分 Grouped by Ownership		
1、内资企业 Domestic funded Enter prises	537177	242110
国　　有 State-owned Units	102271	59209
集　　体 Collective-owned Units	43031	5208
股份合作 Cooperative of Share Holding		5971
联　　营 Joint-owned Economic Units		
有限责任公司 Limited Liability Companies	212042	66406
股份有限公司 Share-holding Corporations LTD.		
私营、个体 Private Units	156034	62651
其他内资公司 Other Companies		
2、外商投资企业 Foreign-Funded Enterprises		
3、港澳台投资企业 Economic Units Funded from Hong Kong, Macao and Taiwan		

项　　目 Item	2014	2013
(二)按构成分 Grouped by Use of Funds		
建筑工程 Construction	229508	123796
安装工程 Installation	158108	54473
设备工器具购置 Purchase of Equipment and Instruments	120178	44615
其它费用 Others	40876	19226
(三)按建设性质分 Grouped by Type of Construction		
#新　　建 New construction	378781	187331
扩　　建 Expansion	84308	8967
改　　建 Reconsturcion	53986	44766
本年新增固定资产 Newly Increased Fixed Assets this year	242223	125208
本年施工项目个数(个) Number of Projects under Construction this year (unit)	97	43
#本年新开工项目(个) Projects Started this year(unit)	88	33
本年投产项目个数(个) Number of Projects Put into Use(unit)	62	34
本年施工房屋面积(万平方米) Floor Space of Householding this year (10 000 sq. m)	17.5893	55.6261

#住　　宅(万平方米)
Residential(10 000 sq. m)
	1.2382	

本年竣工房屋面积(万平方米) Floor Space of Completed Householding this year (10 000 sq. m)	15.6221	7.9761
#住　　宅(万平方米) Residential (10 000 sq. m)		

5－16　农村500万元以上项目固定资产投资情况(分行业)
NON-FARMER HOUSEHOLD INVESTMENT IN RURAL AREAS (BY INDUSTRY)

单位：万元　　　　(10 000 yuan)

项　目 Item	2014	2013
按国民经济行业分 **Grouped by Sectors**		
农、林、牧、渔业 Farming, Forestry, Animal Husbandry and Fishery	124226	48524
采 矿 业 Mining and quarrying		
制 造 业 Manufacturing	256568	59616
电力煤气及水的生产和供应业 Production and Supply of Electricity, Gas and Water	16828	4939
建 筑 业 Construction	17241	
批发和零售业 Wholesale and Retail Trade		
交通运输、仓储及邮政业 Transportation, Storage, Postal and Telecommunication Services	47519	1954
住宿和餐饮业 Accomodation and Catering Services		
信息传输、软件和信息技术服务业 Information Transmission, Software and Services Industry		
金 融 业 Banking		
房地产业 Real Estate	17980	
租赁和商务服务业 Leasing Services and Commercial Services		
科学研究、技术服务和地质勘查业 Scientific Research, Ploytechnic Services and Geological Prospecting	11042	6899
水利、环境和公共设施管理业 Water Conservancy, Environment and Public Facilities Management	51306	23106
居民服务和其他服务业 Resident Services and other Services		61058
教　育 Education		
卫生、社会保障和社会福利业 Health Care, Social Security and Social welfare	1460	30583
文化、体育和娱乐业 Culture, Sports and Recreational Services	4500	
公共管理和社会组织 Public Management and Social Organization		5431
国际组织 International Organization		

5－17 农村农户(私人)固定资产投资
INDIVIDUAL INVESTMENT IN RURAL AREAS

项目 Item	2010	2011	2012	2013	2014
投资总计 Total	306724	227773	151722	274283	403198
一、私人建房 Building Construction by Individuals					
竣工房屋间数(间) Number of Buildings Completed (unit)	58720	51058	45957	58408	30771
#住宅 Residential Buildings	54968	49102	45280	57031	28310
竣工房屋面积(平方米) Floor Space of Buildings Completed(sq. m)	2021999	1468095	1383301	1572179	1905432
#住宅 Residential Buildings	1871111	1399774	1362554	1479784	1847149
竣工房屋价值(万元) Value of Buildings Completed (10 000yuan)	169280	130883	112896	184726	212776
#住宅 Residential Buildings	155260	124364	109950	181192	202988
二、购买生产性固定资产投资(万元) Investment in Purchase of Productive Fixed Assets	137444	96890	38826	89557	190422

5-18 房地产开发投资
INVESTMENT IN REAL ESTATE DEVELOPMENT

单位：万元　　　　(10 000 yuan)

项目	Item	2014	2013
房地产开发投资总额	**Total Investment**	23536263	19056000
一、按企业登记注册类型分	**Grouped by Type of Company Registration**		
㈠内　资	Domestic-Funded Enterprises	20793735	17559501
国　有	State-owned	180906	1471853
集　体	Collective-owned	45515	113418
联　营	Joint-owned Companies	0	8382
有限责任公司	Companies of Limited Liabilities	13246193	8735031
股份有限公司	Companies of Share Holding With Limited Liabilities	2020644	2137734
私营企业	Private Owned Enterprises	5300477	4607330
其他内资	Other Type of Enterprises	0	428548
㈡港、澳、台商投资	Enterprises Funded by Enterpreneurs from Hongkong, Macao & Taiwan	1935813	1044518
㈢外商投资	Foreign-Funded Enterprises	806715	451981
二、按构成分	**Grouped by Use of Funds**		
建筑工程	Construction	15658588	11865357
安装工程	Installation	1994389	1541715
设备工器具购置	Purchase of Equipment and Instruments	396889	522797
其他费用	Others	5486397	5126131
其中：土地购置费	Purchase of Land	3216848	2759840
三、按工程用途分	**Grouped by Function**		
住　宅	Residential Buildings	15605526	12507839
其中：别墅、高档公寓	Villas, High-Grade Flats	718997	427777
办 公 楼	Offices Buildings	1403893	1236820
商业营业用房	Buildings for Commercial or Business Purposes	3582305	2742557
其　他	Others	2944539	2568784
本年新增固定资产	Newly Increased Investment in Fixed Assets	4140574	4278141
待开发土地面积(平方米)	Land Space to be Developed (sq. m)	4261151	5606600
本年购置土地面积(平方米)	Land Space Purchased in this Year (sq. m)	2270608	5028212
本年土地成交价款	Turnover of land this year	1097068	1954520

5-19 房地产开发投资效率
EFFICIENCY OF INVESTMENT IN REAL ESTATE DEVELOPMENT

项 目 Item		2014	2013
一、固定资产交付使用率(%)	Rate of Fixed Assets Put into Use(%)	17.6	22.5
新增固定资产(万元)	Newly Increased Fixed Assets(10 000 yuan)	4140574	4278141
投 资 额(万元)	Investment(10 000 yuan)	23536263	19056000
二、房屋建筑面积竣工率(%)	Completion Rate of Floor Space of Buildings (%)	7.5	7.9
房屋竣工面积(平方米)	Floor Space of Buildings Completed (sq. m)	7654176	6793066
房屋施工面积(平方米)	Floor Space of Buildings under Construction(sq. m)	102384320	85451294
#住宅建筑面积竣工率(%)	Completion Rate of Floor Space of Residential Buildings (%)	8.8	8.5
住宅竣工面积(平方米)	Floor Space of Residential Buildings Completed(sq. m)	6459842	5296953
住宅施工面积(平方米)	Floor Space of Residential Buildings under Construction (sq. m)	73054271	62257480
三、建设周期(年)	Cycle of Construction (year)	4.4	4.6
计划总投资(万元)	Total Planned Investment(10 000 yuan)	104072550	87352197
投 资 额(万元)	Investment(10 000 yuan)	23536263	19056000

5－20 房地产开发房屋面积和竣工房屋价值(2014)
FLOOR SPACE OF BUILDINGS UNDER CONSTRUCTION AND COMPLETED (2014)

项目 Item	房屋施工面积合计(平方米) Floor Space of Building under Construction total(sq. m)	本年新开工(平方米) Starting this year (sq. m)	房屋竣工面积(平方米) Floor Space of Buildings Completed (sq. m)	竣工房屋价值(万元) Value of Buildings Completed (10 000 yuan)
合计 Total	102384320	23186644	7654176	3041654
1.住宅 Residential Buildings	73054271	16789799	6459842	2525059
#别墅高档公寓 Villas, High-Grade Flats	2382808	418063	94407	92849
2.办公楼 Offices Buildings	5501893	1273495	168107	68760
3.商业营业用房 Buildings for Commercial Purposes	11884766	2252976	530868	281911
4.其他 Others	11943390	2870374	495359	165924

5－21 商品房屋销售、出租与待售情况(2014)
SALING,LEASING AND UNSOLD OF COMMERCIAL HOUSES (2014)

项　　目 Item	商品房销售面积(平方米) Actually Sold(sq. m)			商品房销售额(万元) Actually Sold			待售面积(平方米) Vacant	
	合　计 Total	现房销售 Sold to Individuls	期房销售 Advance Booking	合　计 Total	现房销售 Sold to Individuls	期房销售 Advance Booking	合　计 Total	1-3 年 1-3 year
合　计 Total	**22731563**	**6235739**	**16495824**	**18074608**	**4761720**	**13312888**	**7695815**	**4943857**
住　宅 Residential Buildings	19789630	4509594	15280036	14641608	2962633	11678975	5111436	3275388
#别墅、高档公寓 Aillas, High-Grade Flats	309151	123436	185715	385165	137198	247967	446690	241882
办 公 楼 Offices Buildings	578309	199487	378822	657769	239701	418068	525466	305562
商业营业用房 Buildings for Commercial or Business Purposes	1622594	877111	745483	2338173	1184365	1153808	1388312	875539
其　他 Others	741030	649547	91483	437058	375021	62037	670601	487368

5-22 按资质等级分房地产开发投资情况(2014)
BASIC STATUS OF INVESTMENT IN REAL ESTATE DEVELOPMENT GROUPED BY ENTERPRISE GRADE (2014)

项目 Item	总计 Total	一级 First Grade	二级 Secondary Grade	三级 Third Grade
计划总投资(万元) Total Planning Investment (10 000 yuan)	104072550	11337777	27025472	12308734
自开始建设至本年底累计完成投资 Accumulative Investment Actually Made Since Starting of Construction Up to the End of this year	73475666	9230738	20218596	9492954
本年完成投资(万元) Investment Made in this year (10 000 yuan)	23536263	1541947	5431183	2574635
按构成分: Grouped by use of Funds				
建筑工程 Construction	15658588	1201760	3897052	1588153
安装工程 Installation	1994389	75100	412920	332980
设备工器具购置 Purchase of Equipment and Instruments	396889	46864	65079	115371
其他费用 Others	5486397	218223	1056132	538131
其中:旧建筑物购置费 Purchase of Old Construction	189217	15051	46447	37299
土地购置费 Purchase of Land	3216848	118234	688532	174405
按工程用途分: Grouped by Use of Project				
住宅 Residential Buildings	15605526	1079150	3792915	1386820
其中:90平方米以下住房 Residential Building Below 90m^2	4872573	338400	924061	475821
别墅、高档公寓 Villas, High-Grade Flats	718997	13484	386499	52506
办公楼 Offices Buildings	1403893	88731	287520	165263
商业营业用房 Buildings for Commercial or Business Purposes	3582305	206793	951952	636086
其他 Other	2944539	167273	398796	386466
本年新增固定资产 New Increased Fixed Assets in this year	4140574	470959	1296690	540423
待开发土地面积(平方米) Land Space Undeveloped (sq. m)	4261151	300615	189529	269367
本年购置土地面积(平方米) Land Space Purchased in this year (sq. m)	2270608	0	194875	114770
房屋施工面积(平方米) Floor Space of Building Under Construction (sq. m)	102384320	9640843	24862733	15378479
1.住宅施工面积 Residential Space Under Construction	73054271	8042039	17576536	10231983
90平方米以下住房施工面积 Residential Space Below 90m^2 Under Construction	26029161	3814248	5078483	3609006
别墅、高档公寓施工面积	2382808	148066	666215	565497

5-22 续 表 1 Continued 1

项 目 Item	总 计 Total	一 级 First Grade	二 级 Secondary Grade	三 级 Third Grade
2. 办公楼面积 Floor Space of Office Building under Construction	5501893	272019	1461836	831877
3. 商业营业用房施工面积 Floor Space of Houses for Business Use under Construction	11884766	674206	3093366	2819739
4. 其他房屋施工面积 Floor Space of other Building under Construction	11943390	652579	2730995	1494880
本年新开工面积(平方米) New space started this year (sq. m)	**23186644**	**714169**	**4432720**	**2070806**
1. 本年新开工住宅面积 New Residential Space Started this year	16789799	482574	3673918	1467299
本年新开工90平方米以下住房面积 New Commom Resdidential Space Started this year	6949564	55719	1294404	733672
本年新开工别墅、高档公寓面积 New Villa, Luxury Housing Space Started	418063	25727	70135	102356
2. 本年新开工办公楼面积 New Office Building Space Started	1273495	39525	68538	216609
3. 本年新开工商业营业用房面积 New Space of House for Business Use Started	2252976	98526	352745	209773
4. 本年新开工其他房屋面积 New Space of Other Building Started	2870374	93544	337519	177125
房屋竣工面积(平方米) Floor Space Completed (sq. m)	**7654176**	**1205854**	**2053560**	**583744**
1. 住宅竣工面积 Floor Space of Residental Completed	6459842	1056175	1551171	510818
90平方米以下住房竣工面积 Floor Space of Common Residential Completed	1553980	83340	463357	137660
别墅、高档公寓竣工面积 Floor Space of Villa, Luxury Housing Completed	94407	12716	39990	29007
2. 办公楼竣工面积 Floor Space of Office Building Completed	168107	0	55287	148
3. 商业营业用房竣工面积 Floor Space of House for Business Use Completed	530868	34704	283231	41735
4. 其他房屋竣工面积 Floor Space of Other Building Completed	495359	114975	163871	31043
商品房销售面积(平方米) Floor Space of Buildings Sold (sq. m)	**22731563**	**1727471**	**5653177**	**3372759**
1. 住宅销售面积 Floor Space of Residential Sold	19789630	1500403	4714076	2850564
90平方米以下住房销售面积 Floor Space of Common Residential Sold	6031112	610532	985034	884297
别墅、高档公寓销售面积 Floor Space of Villa, Luxury Houses Sold	309151	13697	125387	49577

5-22 续 表 2 Continued 2

项 目 Item	总 计 Total	一 级 First Grade	二 级 Secondary Grade	三 级 Third Grade
2. 办公楼销售面积 Floor Space of Office Buildings Sold	578309	51498	127606	120878
3. 商业营业用房销售面积 Floor Space of Houses for Business Use Sold	1622594	174842	527477	277387
4. 其他房屋销售面积 Floor Space of other Houses Sold	741030	728	284018	123930
商品房销售额(万元) Sales Value of Buildings (10 000 yuan)	**18074608**	**1431700**	**4752801**	**2583691**
1. 住宅销售额 Sales Value of Residential Buildings	14641608	1098008	3687597	1996597
90 平方米以下住房销售额 Sales Value of Common Residential Buildings	4219163	455953	808518	527004
别墅、高档公寓销售额 Sales Value of Villa, Luxury Buildings	385165	10346	191585	39905
2. 办公楼销售额 Sales Value of Office Building	657769	63861	133029	91313
3. 商业营业用房销售额 Sales Value of Houses for Business Use	2338173	269483	744060	392653
4. 其他房屋销售额 Sales Value of Other Buildings	437058	348	188115	103128
现房销售面积(平方米) Floor Space of Present Buildings Sold (sq. m)	**6235739**	**250433**	**2066440**	**1728336**
1. 住宅现房销售面积 Sales Space of Present Buildings Sold	4509594	223140	1448216	1266293
90 平方米以下住房销售面积 Sales Space of Residential Buildings Below $90m^2$	1178241	82721	147375	358347
别墅、高档公寓现房销售面积 Floor Space of Villa, Luxury Houses Sold	123436	7136	26810	48464
2. 办公楼现房销售面积 Floor Space of Present Office Buildings Sold	199487	0	2440	75073
3. 商业营业用房现房销售面积 Floor Space of Present Houses for Business Use Sold	877111	27052	363945	263040
4. 其他房屋现房销售面积 Floor Space of Present other Buildings Sold	649547	241	251839	123930
现房销售额(万元) Sales Value of Present Buildings(10 000 yuan)	**4761720**	**215868**	**1706616**	**1346015**
1. 住宅现房销售额 Sales Value of Present residential Buildings	2962633	161264	1028590	820147
90 平方米以下住房现房销售额 Sales Value of Present Commion Residential Buildings	689621	24340	101964	195327
别墅、高档公寓现房销售额 Sales Value of Present Villa, Luxury Houses	137198	5207	45217	38013
2. 办公楼现房销售额 Sales Value of Present Office Buildings	239701	0	2390	59970
3. 商业营业用房现房销售额 Sales Value of Present Houses for Business Use	1184365	54529	497993	362770
4. 其他房屋现房销售额 Sales Value of Present other Houses	375021	75	177643	103128

5－22 续 表 3 Continued 3

项 目 Item	总 计 Total	一 级 First Grade	二 级 Secondary Grade	三 级 Third Grade
期房销售面积(平方米) Floor Space of Future Buildings Sold (sq. m)	**16495824**	**1477038**	**3586737**	**1644423**
1. 住宅期房销售面积 Floor Space of Future Residential Buildings Sold	15280036	1277263	3265860	1584271
90 平方米以下住房期房销售面积 Floor Space of Future Common Residential Buildings Sold	4852871	527811	837659	525950
别墅、高档公寓期房销售面积 Floor Space of Future Villa, Luxury Houses Sold	185715	6561	98577	1113
2. 办公楼期房销售面积 Floor Space of Future Office Buildings Sold	378822	51498	125166	45805
3. 商业营业用房期房销售面积 Floor Space of Future Houses for Business Use Sold	745483	147790	163532	14347
4. 其他房屋期房销售面积 Floor Space of Future other Houses Sold	91483	487	32179	0
期房销售额(万元) Sales Value of Future Buildings(10 000 yuan)	**13312888**	**1215832**	**3046185**	**1237676**
1. 住宅期房销售额 Sales Value of Future Residential Houses	11678975	936744	2659007	1176450
90 平方米以下住房期房销售额 Sales Value of Future Common Residential Houses	3529542	431613	706554	331677
别墅、高档公寓期房销售额 Sales Value of Future Villa, Luxury Houses	247967	5139	146368	1892
2. 办公楼期房销售额 Sales Value of Future Office Buildings	418068	63861	130639	31343
3. 商业营业用房期房销售额 Sales Value of Future Houses for Business Use	1153808	214954	246067	29883
4. 其他房屋期房销售额 Sales Value of Future other Houses	62037	273	10472	0
待售面积(平方米) Unsold Floor Space (sq. m)	7695815	495248	1620808	2423876
1. 住宅待售面积 Unsold Floor Space of Residential Buildings	5111436	346072	1174612	1347869
90 平方米以下住房待售面积 Unsold Floor Space of Residential Buildings	1683420	106344	404111	183485
别墅、高档公寓待售面积 Unsold Floor Space of Villa, Luxury Houses	446690	48543	227676	116962
2. 办公楼待售面积 Unsold Floor Space of Office Buildings	525466	14450	50606	185395
3. 商业营业用房待售面积 Unsold Floor Space of Houses for Business Use	1388312	123114	237299	602420
4. 其他房屋待售面积 Unsold Floor Space of other Houses	670601	11612	158291	288192

5－23 房地产开发资金来源情况
SOURCES OF FUNDS OF BUILDINGS DEVELOPED

单位:万元 (10 000 yuan)

项目	Item	2014	2013
一、本年实际到位资金合计	**The Actual Funds in Place This Year**	**32586240**	**29453148**
1、上年末结余资金	Residual Funds last year	7748174	5164568
2、本年实际到位资金小计	The Actual Funds Subtotal	24838066	24288580
(1)国内贷款	State Budgetary Appropriation	5051536	5480295
其中：银行贷款	Loans of Bank	4773380	4836832
(2)利用外资	Foreign Investment	169739	0
其中：外商直接投资	Direct Foreign Investment	169739	0
(3)自筹资金	Fund Raising	10749287	8792803
其中:自有资金	Funds Owned by Enterprises	4948447	4073790
(4)其他资金来源	Other Resoureces of Funds	8867504	10015482
二、本年各项应付款合计	**All Account Payable this year**	**6068078**	**4223732**
其中:工 程 款	Funds of Projects	2337708	2004224

5-24 建筑企业生产情况(2014年)

单位:千元

项目 Item	企业个数 Number of Enterprises 建筑业企业个数(个) Number of Construction Enterprises (unit)	合同情况 About Contructs 签订的合同额 Value of Signed Contracts
总计 Tota	**1250**	**1158327838**
其中:国有及国有控股企业 of the Total:State-holding Enterprises	127	802652345
一、按登记注册类型分组 Grouped by Ownership		
内资企业 Domestic Funded Enterprises	1238	1157565313
国有企业 State-owned	47	24460068
集体企业 Collective-owned	19	1441564
股份合作企业 Cooperative Enterprises of Share Holding	2	578119
联营企业 Joint-owned	1	100852
有限责任公司 Companies of Limited Liabilities	534	985852069
股份有限公司 Share-holding	38	34495073
私营企业 Private-owned	596	110637568
其他企业 Others	1	0
港、澳、台商投资企业 Enterprises Funded by Entrepreneurs from Hongkong, Macao & Taiwan	10	759822
外商投资企业 Foreign Funded	2	2703
二、按国民经济行业分组 Grouped by Sector		
房屋建筑业 Buildings	446	542896006
土木工程建筑业 Civil Engineering Construction	164	542977092
建筑安装业 Equipment Installation	315	46371620
建筑装饰业和其他建筑业 Construction Decoration and Other Construction	325	26083120

PRODUCTION OF CONSTRUCTION ENTERPRISE (2014)

(1 000 yuan)

建筑业总产值 Gross Output Value				竣工产值 Output Value of Completed Construction
建筑业总产值 Gross Ouput Value	建筑工程产值 Value of Construction	安装工程产值 Value of Installation	其他产值 Others	
584050282	**517712683**	**46151492**	**20186107**	**229041695**
349781743	314711233	23266622	11803888	80755210
583354470	517067537	46108920	20178013	228978593
13701721	6788997	2846976	4065748	4500451
1245628	912127	329977	3524	917111
476258	349703	126555		
100852	100852			100852
476524671	430300999	36916764	9306908	169433045
17879260	14834782	904243	2140235	7541072
73426080	63780077	4984405	4661598	46486062
693109	642443	42572	8094	60715
2703	2703			2387
315921788	279021688	29736673	7163427	168986400
218444733	209375337	4355897	4713499	31343779
28695963	16926351	8732829	3036783	15964133
20987798	12389307	3326093	5272398	12747383

5－24 续 表

单位:千元

项 目 Item	房屋建筑施工面积(平方米) Floor Space of Buildings under Construction (sq. m) 房屋建筑施工面积 Floor Space of Buildings under Consturction	其中:本年新开工面积 New Space Started this year
总 计 Tota	**286090599**	**132465749**
其中:国有及国有控股企业 of the Total:State-holding Enterprises	133050409	44473047
一、按登记注册类型分组 Grouped by Ownership		
内资企业 Domestic Funded Enterprises	286090599	132465749
国有企业 State-owned	1578773	573775
集体企业 Collective-owned	804009	478077
股份合作企业 Cooperative Enterprises of Share Holding		
联营企业 Joint-owned		
有限责任公司 Companies of Limited Liabilities	229120619	109348953
股份有限公司 Share-holding	9685179	4405907
私营企业 Private-owned	44902019	17659037
其他企业 Others		
港、澳、台商投资企业 Enterprises Funded by Entrepreneurs from Hongkong,Macao & Taiwan		
外商投资企业 Foreign Funded		
二、按国民经济行业分组 Grouped by Sector		
房屋建筑业 Buildings	262640744	120609388
土木工程建筑业 Civil Engineering Construction	15460626	6032176
建筑安装业 Equipment Installation	7535233	5711049
建筑装饰业和其他建筑业 Construction Decoration and Other Construction	453996	113136

5－24 Continute

(1 000 yuan)

从业人员情况 Employees	房屋建筑竣工面积(平方米) Floor Space Completed (sq. m)	
直接从事生产经营活动的平均人数(人) of Employees (person)	合　计 Total	住宅房屋 Residential Houses
1017773	**102239527**	**71399218**
419137	18018209	12680297
1015852	102239527	71399218
29481	407467	166315
5414	598667	492037
633		
88		
749475	81854703	56621387
16956	2821769	1605265
213764	16556921	12514214
41		
1877		
44		
595192	95996748	66447249
272022	498134	346899
109903	5450629	4352313
40656	294016	252757

5－25　建筑企业财务情况(2014 年)

单位:千元

项　　目 Item	一、年末资产负债 Assets and Liabilities and Year-end		
	流动资产合计 Liquied Assets	固定资产合计 Fixed Assets	累计折旧 Accumulated Depreciation
总　　计 **Tota**	**388037986**	**72984264**	**29393406**
其中:国有及国有控股企业 of the Total:State-holding Enterprises	278312182	56752990	22123939
一、按登记注册类型分组 **Grouped by Ownership**			
内资企业 Domestic Funded Enterprises	386405600	72968704	29375336
国有企业 State-owned	12402539	1218546	723199
集体企业 Collective-owned	665991	94432	57116
股份合作企业 Cooperative Enterprises of Share Holding	100523	695	1533
联营企业 Joint-owned	249754	25405	10782
有限责任公司 Companies of Limited Liabilities	307371610	63225157	24740032
股份有限公司 Share-holding	22178216	1339334	667554
私营企业 Private-owned	43433386	7061626	3170119
其他企业 Others	3581	3509	5001
港、澳、台商投资企业 Enterprises Funded by Entrepreneurs from Hongkong, Macao & Taiwan	1626299	14588	15572
外商投资企业 Foreign Funded	6087	972	2498
二、按国民经济行业分组 **Grouped by Sector**			
房屋建筑业 Buildings	138123274	13088612	5895360
土木工程建筑业 Civil Engineering Construction	210731721	54636595	20217985
建筑安装业 Equipment Installation	27474342	3560577	2387850
建筑装饰业和其他建筑业 Construction Decoration and Other Construction	11708649	1698480	892211

THE FINANCIAL SITUATION IN CONSTRUCTION ENTERPRISES(2014)

(1 000 yuan)

一、年末资产负债 Assets and Liabilities and Year-end			二、损益及分配 Profits Loss and Distribution	
资产合计 Total Assets	负债合计 Total Liabilities	所有者权益合计 Creditor's Equity	营业收入 Operational Imcome	主营业务收入 Sales Income of Products
505907860	**380634311**	**125273549**	**569682835**	**563642239**
371804202	310288227	61515975	345825627	342010740
503730508	379471472	124259036	569301049	563285711
14238188	10944409	3293779	15309185	13649413
772684	468080	304604	995013	995013
103685	33577	70108	116167	116167
286314	259455	26859	98525	98525
409543383	317923796	91619587	459750565	456360374
24457540	21061100	3396440	19287764	18822177
54319124	28780662	25538462	73743830	73244042
9590	393	9197	0	0
2170293	1161481	1008812	378656	353398
7059	1358	5701	3130	3130
166382197	114415764	51966433	272861088	271057547
292151348	238222973	53928375	243010538	241108425
33251053	20399595	12851458	32760540	30798737
14123262	7595979	6527283	21050669	20677530

5－25 续 表

单位:千元

项 目 Item	二、损益及分配 Profits Loss and Distribution		
	营业成本 Sales Cost	主营业务成本 Main Sales Cost	营业税金及附加 Main Business Taxes and Extras
总 计 Tota	**505833357**	**498285440**	**18775597**
其中:国有及国有控股企业 of the Total:State-holding Enterprises	310489712	308198258	10429845
一、按登记注册类型分组 Grouped by Ownership			
内资企业 Domestic Funded Enterprises	505528615	498001145	18764612
国有企业 State-owned	13873430	13504083	396173
集体企业 Collective-owned	860070	860002	34498
股份合作企业 Cooperative Enterprises of Share Holding	91915	91915	3571
联营企业 Joint-owned	83802	83802	3370
有限责任公司 Companies of Limited Liabilities	409309904	405084457	14989214
股份有限公司 Share-holding	17262638	16830306	618273
私营企业 Private-owned	64046856	61546580	2719513
其他企业 Others			
港、澳、台商投资企业 Enterprises Funded by Entrepreneurs from Hongkong,Macao & Taiwan	301792	281345	10879
外商投资企业 Foreign Funded	2950	2950	106
二、按国民经济行业分组 Grouped by Sector			
房屋建筑业 Buildings	245019798	240779041	9618593
土木工程建筑业 Civil Engineering Construction	214971944	213382381	7567744
建筑安装业 Equipment Installation	27847921	26468538	824001
建筑装饰业和其他建筑业 Construction Decoration and Other Construction	17993694	17655480	765259

5 -25 Continute

(1 000 yuan)

二、损益及分配 Profits Loss and Distribution				
主营业务税金及附加 Main Business Taxes and Extras	营业利润 Operating Profits	利润总额 Total Profits	应交所得税 Income Tax Payable	应付职工薪酬（本年贷方累计发生额） Employee Compensation
18623585	**19532950**	**19749975**	**5444530**	**39727608**
10388851	7901466	8266626	1898486	18559520
18613075	19511395	19741305	5438608	39663432
382604	325380	325662	93271	1298433
34498	42322	42309	13719	135620
3571	7945	8918	983	5115
3370	7179	7485	1872	6385
14889844	14807996	15143614	4047585	30337286
614306	435546	502707	116490	799801
2684882	3885114	3710697	1164688	7079767
	-87	-87		1025
10404	21691	8806	5916	63675
106	-136	-136	6	501
9541252	10694628	10530826	3139352	21433042
7531013	6176727	6487350	1616404	13733802
802030	1801668	1853557	444160	3103793
749290	859927	878242	244614	1456971

5－26　建筑业主要经济效益指标（2014 年）
MAIN ECONOMIC INDICATOR OF CONSTRUCTION (2014)

项　　目 Item	全员劳动生产率（按建筑业总产值计算）（元/人） Overall Labor Productivity (yuan/person)	资产负债率（%） Ratio of Liabilitiesto Assets (%)	产值利润率（%） Output Value-Profit Ratio(%)
总　　计 Tota	573851	75.2	3.4
一、按登记注册类型分组 Grouped by Ownership			
国有企业 State-owned	464764	76.9	2.4
集体企业 Collective-owned	230075	60.6	3.4
股份合作企业 Cooperative Enterprises of Share Holding	752382	32.4	1.9
联营企业 Joint-owned	1146045	90.6	7.4
有限责任公司 Companies of Limited Liabilities	635811	77.6	3.2
股份有限公司 Share-holding	1054450	86.1	2.8
私营企业 Private-owned	343491	53.0	5.1
其他企业 Others		4.1	
港、澳、台商投资企业 Enterprises Funded by Entrepreneurs from Hongkong, Macao & Taiwan	369264	53.5	1.3
外商投资企业 Foreign Funded	61432	19.2	-5.0

主 要 统 计 指 标 解 释

全社会固定资产投资　固定资产投资是社会固定资产再生产的主要手段。通过建造和购置固定资产的活动,国民经济不断采用先进技术装备,建立新兴部门,进一步调整经济结构和生产力的地区分布,增强经济实力,为改善人民物质文化生活创造物质条件。这对我国的社会主义现代化建设具有重要意义。

固定资产投资额是以货币表现的建造和购置固定资产活动的工作量,它是反映固定资产投资规模、速度、比例关系和使用方向的综合性指标。全社会固定资产投资包括城镇建设项目投资、房地产开发投资、农村非住户建设项目投资、农村私人(农户)固定资产投资。城镇和农村非农户建设项目投资统计范围包括:城乡各种登记注册类型的企业、事业、行政单位及个体户进行的计划总投资(或实际需要总投资)500 万元及以上的建设项目。

固定资产投资按国民经济行业分　建设项目归哪个行业,按其建成投产后的主要产品或主要用途及社会经济活动性质来确定。基本建设按建设项目划分国民经济行业,更新改造、国有经济单位其他固定资产投资及城镇集体投资根据整个企业、事业单位所属的行业来划分。一般情况下,一个建设项目或一个企业、事业单位只能属于一种国民经济行业。为了更准确地反映国民经济各行业之间的比例关系,联合企业(总厂)所属分厂属于不同行业的,原则上按分厂划分行业。

施工和竣工房屋建筑面积　房屋建筑面积是从房屋外墙线算起的各层平面面积的总和,包括房屋结构(如柱、墙)占用的面积和地下室面积。多层建筑按各自然层面积总和计算,包括房屋内的楼隔层,突出墙面的眺望间、门斗、有柱雨罩的面积。不包括突出墙面结构的构件、艺术装饰等所占的面积,如台阶等。凹阳台、挑阳台按其水平投影面积一半计算建筑面积。

住宅建筑面积　指施工和竣工房屋建筑面积中供居住用的施工和竣工房屋建筑面积。

竣工面积　指在报告期内房屋建筑按照设计要求已全部完工,达到住人和使用条件,经验收鉴定合格,正式移交使用单位的建筑面积。

建筑业总产值　指建筑业企业或附营建筑施工单位自行完成的按工程进度计算的建筑安装生产总值。建筑业产值包括:①建筑工程产值:指列入建筑工程预算内的各种工程价值。②设备安装工程产值:指设备安装工程价值。③房屋、构筑物修理产值:指房屋、构筑物修理所完成的价值,但不包括被修理房屋、构筑物本身的价值和生产设备的修理价偷 ④非标准设备制造产值:指加工制造没有定型的,非标准的生产设备的加工费和原材料价值,不论是现场还是附属加工厂为本单位承建工程制造的非标准设备的价值,都应计算产值。

房屋建筑施工面积　指在报告期内施工的全部房屋建筑面积,包括本期内新开工的,上期施工跨入本期继续施工、上期停建本期复工的房屋建筑面积;不包括工期开工后又停工,本期未施工的房屋建筑面积。

房屋建筑峻工面积　指在报告期内,按照设计所规定的内容全部完成,达到了设计规定的交工条件,经有关部门检查验收鉴定合格的房屋建筑面积。

主营业务收入　指企业确认的销售商品提供劳务等主营业务的收入。根据会计“主营业务收入”科目的期末贷方余额结转前)填报。执行 2006 年《企业会计准则》的企业,如末设置该科目,以“营业收入”代替填报。

利润总额　指企业在一定会计期间的经营成果,是生产经营过程中各种收入扣除各种耗费后的盈余,反映企业在报告期内实现的盈亏总额根据会计“利润表”中“利润总额”项目的本期金额填报。执行 2006 年《企业会计准则》的企业,利润总额为营业利润加上营业外收入,减去营业外支出后的金额;未执行 2006 年《企业会计准则》的企业,利润总额为营业利润加上投资收益、补贴收入、营业外收入,再减去营业外支出后的金额。

Explanatory Notes on Main Statistical Indicators

Total investment in Fixed Assets Investment in fixed assets is the essential means for social reproduction of fixed assets. By means of construction and purchase of fixed assets, more advanced technologies and equipment are adopted in the national economy, and new sectors are established, which promote the adjustment of economic structure and the regional distribution of productive forces and enhance the economic strengths so as to provide the material condition for improving the people's livelihood. This is significant for speeding up the drive of socialist modernization in city.

Amount of investment in fixed assets refers to the volume of activities in construction and purchases of fixed assets in monetary terms. It is a comprehensive indicator which shows the size, pace, proportional relations and use orientation of the investment in fixed assets. The investment in fixed assets in the whole country. includes the investment in captial construction projects in urban, construction projects of non individuals in rural, the investment by individuals in rural areas. Statistics on the investment in capital construction projects in urabn and non individuals in rural areas cover construction projects of 50 000 yuan and above which are invested by enterprises, institutions, of administrative units and individuals registed in urban and rural areas.

Investment in Fixed Assets by Sector The classification of construction projects by sector is determined by the major products or the purpose of the projects when they are put into production or use, and by the nature of their social economic activities. The investment in capital construction is classified by construction projects, while investment in innovation, other investment by state owned units and urban collective units are classified according to the sector which the whole enterprise or institution belongs to. In general, one project or one enterprise or institution can only belong to one sector. In order to reflect more accurately the proportions among various sectors, the branch factories of integrated complex are classified into different sectors according to their economic activities.

Floor Space of Buildings Under Construction and Completed refers to total floor space in each story of buildings calculated from the outside line of building walls, including the space occupied by constructions like pillars or walls and basements. The floor space of multi-story building includes the total floor space of each story, including area occupied by separating walls, watching rooms, doorways, and pillars, but excluding protruding wall structures, artistic decoration, etc.

(for example, flight of steps). The space of recessed verand and tantilevered balcony is counted by half of the projection area.

Floor Space of Residential Buildings refers to the floor space of the residential buildings under construction and completed among the total space of buildings under construction and completed.

Floor Space of Building Completed refers to the floor space of buildings completed in the reference period, which have come up to the designed standards and have been put into use.

Gross Output Value of Construction refers to the gross output value of construction and installation projects that are undertaken by construction enterprises or affiliated constructing units, calculated in line with the planned schedule. It includes: .

(1) Output value of construction projects, that is the value of projects covered by the project budgets;

(2) Output value of installation projects, that is the value of the installation of equipment;

(3) Output value of repair of buildings and structures, that is the value created through the repairs of buildings or structures being repaired and the value of the repair of production equipment;

(4) Output value of manufactured nonstandard equipment, that is the value of nonstandard production equipment (including raw materials and manufacturing cost) made for the construction project, irrespective of whether the equipment is manufactured on the construction site or by subsidiary workshops.

Floor Space of Buildings Under Construction refers to floor space of buildings under construction during the reference period, including newly started buildings, buildings started earlier and continued during the reference period, and buildings suspended earlier but restarted during the reference period. Excluded are buildings started and then suspended earlier that have not been restarted during the reference time.

Floor Space of Buildings Completed refers to the floor space of buildings that are completed in the reference period in accordance with the requirements of the design, up to the standard for putting them into use, and have been checked and accepted by concerned departments as qualified ones.

lMain Business Revenue Main business revenue refers to the income of the business of the mian business confirmed by enterprise, such as the sale of goods, services, etc. Enterprise personnel fill in data on the final credit balance of the subject of the accounting "main business income". The enterprise implementing the accounting standards in 2006 fill instead of "Business income", if the enterprise doesn't set the subject.

Total Profit total profit refers to the enterprise's operating results of a certain accounting period, it is the production and operation of a variety of income after deducting the cost of surplus, and is a reflection of the enterprise in the reporting period to achieve the total profit and loss. Enterprise fill data according to the current amount of the total profit project in the accounting profit table. For the enterprise implmenting the accounting standards in 2006. The total profit is the total operating profit plus investment income, subsidy income, minus the amount of business expenese.

六、公用事业

URBAN PUBLIC UTILITIES

资料整理人员:胡　海

STAFF FOR DATA PROCESSING:　Hu Hai

简要说明

本篇资料反映武汉城市建设面貌,其内容根据市建委、市交委提供的2014年《城市、县城建设统计报表制度》汇总整理而成。

Brief Description

The data in this chapter reflect the feature of urban construction and public utilities. Data are collected, prepared and provided by committee of Housing and Urban-Rural Development of Wuhan.

6-1 道路、下水道、堤防、绿化情况
ROADS, DRAINPIPES, DIKES AND VIRESCENCE

项　　目 Item	2014	2013
道路长度(公里) Length of Roads (km)	5143.40	4833.12
道路面积(万平方米) Area of Roads (10 000 sq. m)	8879.63	8383.71
#人行道面积(万平方米) Area of Pavenment(10 000 sq. m)	2487.45	2332.52
人均拥有道路面积(平方米) Per Capital Area of Roads(sq. m)	10.80	13.34
污水年排放量(万吨) Annual Discharge Volume of Sewage (10 000 tons)	79245	71643
污水处理厂(座) Daily Plant of Sewage(seat)	19	19
#二、三级处理(座) The Second, Third Disposal Plants of Sewage(seat)	15	15
污水处理能力(万立方米/日) Daily Disposal Capacity of Sewage (10 000 tons/day)	230.8	215.5
#二、三级处理(万立方米/日) The Second, Third Disposal Plants of Sewage(10 000 cu. m/day)	168.8	168.5
其他污水处理设施处理能力(万立方米/日) Other Daily Disposal Capacity of Sewage(10 000 tons/day)	4.9	4.9
污水处理总量(万立方米) Total Capacity of Sewage(10 000 tons/day)	73698	66557
排水管道长度(公里) Length of Drain Pipes (km)	9102	9010
建成区排水管道密度(公里/平方公里) Length of Drain Pipes (km)	16.47	16.58
城市生活污水集中处理率(%) Percentage of Collective Disposal of Sewage(%)	93.0	95.4
污水处理厂集中处理率(%) Percentage of Collective Disposal of Sewage(%)	93.0	92.9
防洪堤长度(公里) Length of Anti-Flood Dikes (km)	808	808
人均公园绿地面积(平方米) Park green area per capita(sq. m)	11.06	10.54
建城区绿地率(%) Greenbelt rate of built-up area (%)	33.80	32.94
建城区绿化覆盖率(%) Coverage Rate of Green Area in Developed Area (%)	39.21	38.21

注:2013年道路长度、道路面积和人均道路面积不含公路数。

Note: 2013 Length of roads, roads arer, Per catita Road area are not include traffic way.

6-2 自 来 水 情 况
BASIC STATISTICS ON TAP WATER SUPPLY

项 目 Item	2014	2013
水厂综合生产能力(万吨/日) General Productive Capacity (10 000 tons/day)	453	453.00
供水管网长度(公里) Length of Water Supply Pipelines (km)	12058	11293.12
供水总量(万吨) Total Volume of Water Supply (10 000 tons)	120455	115472.90
售水总量(万吨) Sales Volume of Tap Water (10 000 tons)	94422	90571.56
居民家庭用水(万立方米) For Residential Use(10 000 cu. m)	50073	48211.69
行政事业用水量(万立方米) Water Use of Administrative Institutions(10 000 cu. m)	12020	12680
工业用水量(万立方米) Water Use of Industry(10 000 cu. m)	20425	17136.47
经营服务用水量(万立方米) Water Use of Businesss Services(10 000 cu. m)	11621	12249.4
特种行业用水量(万立方米) Water use of Special Industry(10 000 cu. m)	283	294
免费供水量(万立方米) Supply of Water for Free (10 000 cu. m)	9742	9328.98
自备水取水量(万立方米) Withdrawals of Owned Water(10 000 cu. m)	10281	10784.00
* 工业取水量(万立方米) * Withdrawals of Industry(10 000 cu. m)	9228	9660.50
其他取水量(万立方米) Withdrasals of Other(10 000 cu. m)	1053	1123.50
万元 GDP 用水量(立方米/万元)(含一产业) Water Consumption of Annual ten Thousands GDP(include Primary Industry)	39	44
万元 GDP 用水量(立方米/万元)(不含一产业) Water Consumption of Annual ten Thousands GDP(Not include Primary Industry)	29	32.4
万元工业增加值用水量(立方米/万元) Water consumption of Per Unit of Indutry Added Value ($1m^3$/10 000 yuan)	49	51
城市居民生活用水量(L/人.日) Living Water Comsumption of Urban Individuals(L/person. day)	179.1	173.39
工业用水量重复利用率(%) Peuse Rati of Water Use by Industry(%)	88.6	88.51

注:资料由市水务局提供。* 自备水工业取水量不含火力发电直流冷却用水量。

Note:The data above was provided by Wuhan Bureau of Water Service.

6-3 公共交通情况
PUBLIC TRAFFIC

项目 Item	2014	2013
营运公共车辆(辆) Operating Public Vehicles (unit)	7767	7594

#公共汽车(辆)
Buses(unit)
	7616	7383

无轨电车(辆) Trolley Buses (unit)	151	211
标准营运车数(标台) Number of Operating Public Vehicles (converted into standard unit)	10262	10084
客运总量(万人次) Passenter Traffic(10 000 persons)	148299.9	149712.8
每万人拥有公共交通车辆(标台)(按城区人口计算) Per 10 000 Capital Public Vehicles (converted into standard unit)	16.2	13.9
营运出租汽车(辆) Operating Taxes (unit)	16597	16597
营运渡江客轮(艘) Operating Ferries (unit)	36	37
渡江客轮客运总数(万人次) Number of Passengers Carried by Ferries (10 000 persons-times)	972.0	977.9
轨道交通运营车数(辆) Number of Operating Light Rail Vehicles (unit)	578	402
轨道交通客运总量(万人次) Number of Passagers Carried by Light Rail (10 000 persons)	35624.2	27343.3

6-4 城市天燃气情况
BASIC STATISTICS ON SUPPLY OF GAS

项目 Item	2014	2013
储气能力(万立方米) Gross Productive Quantity (10 000 cu. m)	80	80
供气管道长度(公里) Length of Pipeline (km)	7594	7244
销售气量(万立方米) Volume of Sale (10 000 cu. m)	147000	140000
#居民家庭(万立方米) Residential Household (10,000 cu. m)	26460	25060
用气户数(户) Number of Consumers (houshold)	1637574	1633757
#家庭用户 Household Consumers	1619032	1617081
用气人口(万人) Population with Access to Gas (10 000 Persons)	514	513
汽车加气站座数(座) Gas Supply Seat (seat)	63	59

6-5 市区清洁卫生情况
ENVIRONMENT AND SANITATION IN THE CITY PROPER

项目	Item	2014	2013
生活垃圾无害化处理率(%)	Percentage of Harmless Treatment for Living Carbage (%)	100.0	100.0
实际清扫面积(万平方米)	Actual Area Cleaned (10 000 sq. m)	15837	10040
清运生活垃圾量(万吨)	Volume of Garbage Disposal (10 000 tons)	257.36	264
生活垃圾无害化处理厂(场)(座)	Treatment Farms for Making Garbage Harmless(unit)	8	7
无害化垃圾处理能力(吨/日)	Treatment Capacity (ton/day)	11250	10600
生活垃圾处理量(万吨)	Treatment Capacity of Living Garbage(10 000 tons)	257.36	264
生活垃圾无害化处理量(万吨)	Treatment Capacity of Non-harm Living Garbage(10 000 tons)	257.36	264
公共厕所(座)	Number of Public Lavatories (set)	1203	834

七、公共交通 邮电

PUBLIC TRANSPORTION POST AND TELECOMMUNICATIONS

资料整理人员： 陈至勇　杨　丹　方　青　付梦丹

STAFF FOR DATA PROCESSING：

Chen Zhiyong　Yang Dan　Fang Qing　Fu Mengdan

简要说明

本篇交通、邮电资料内容包括交通运输全行业(水路、铁路、公路、航空)运行情况和邮政电信业务基本情况。交通部分内容由武汉市交委提供,邮电部分内容由湖北省邮政公司武汉市分公司提供。

Brief Description

Data in this chapter present the development of transportation (railway、highways、waterways、aviation), post and telecommunications in Wuhan. DEata on transportation are from transportation Commission of Wuhan. Data on postal and telecommunication services are from Wuhan branch of Hubei post company.

7-1 全社会交通运输量
TOTAL PASSENGER AND FREIGHT TRAFFIC

项目	Items	2014	2013
换算周转量(亿吨公里)	**Converted tumover (100 million ton-km)**	**3912.43**	**3342.25**
铁　路	Railway	1979.00	1961.20
水　运	Water Way	1345.63	887.87
航　空	Civil Aviation	13.49	12.36
公　路	High Way	574.31	480.82
客　运　量(万人)	**Passenger Traffic(10 000 persons)**	**28145.48**	**29621.69**
铁　路	Railway	14299.90	12105.40
航　空	Civil Aviation	1097.58	995.29
公　路	High Way	12748.00	16521.00
旅客周转量(亿人公里)	**Passenger-Km(100 million passenger-Km)**	**1090.72**	**1011.82**
铁　路	Railway	865.60	763.00
航　空	Civil Aviation	138.02	124.06
公　路	High Way	87.10	124.76
货　运　量(万吨)	**Freight Traffic(10 000 tons)**	**48530.83**	**44528.75**
铁　路	Railway	7686.40	9010.40
水　运	Water Way	12751.20	10485.55
航　空	Civil Aviation	10.23	9.80
公　路	High Way	28083.00	25023.00
货物周转量(亿吨公里)	**Freight Ton-KM(100 milion ton-KM)**	**3026.12**	**2555.96**
铁　路	Railway	1113.40	1198.20
水　运	Water Way	1345.64	887.87
航　空	Civil Aviation	1.49	1.54
公　路	High Way	565.59	468.35
旅客吞吐量(万人)	**Passenger throughtput (10 000 persons)**	**1727.71**	**1570.61**
机　场(天河)	Airport (Tian He)	1727.71	1570.61
货物吞吐量(万吨)	**Cargo throughtput (10 000 tons)**	**8164.30**	**7714.95**
机　场(天河)	Airport (Tian He)	14.30	12.95
港　口	Pore	8150.00	7702.00
其中:集装箱(万TEU)	#Container (10 000 TEU)	100.50	85.30

7-2 客运量
PASSENGER TRAFFIC

单位:万人 (10000 persons)

年份 Year	总计 Total	铁路 Railway	公路 Highway	水运 Waterway	民用航空 Civil Aviation
1980	5482.30	2337.40	1521.90	1615.70	7.30
1985	6518.90	2119.90	2636.30	1754.00	8.70
1986	6389.90	1841.90	2963.80	1573.80	10.40
1987	7480.20	2851.10	3096.40	1514.50	18.20
1988	7688.30	3177.50	2860.70	1634.60	16.00
1989	7263.10	2781.60	2951.00	1517.40	13.10
1990	6266.80	2088.00	2996.20	1166.40	16.30
1991	6700.20	1959.00	3466.20	1241.00	34.00
1992	7146.00	2035.00	3595.00	1396.00	120.00
1993	7294.00	2231.00	3695.00	1254.00	114.00
1994	7455.60	2311.60	4086.00	886.00	162.00
1995	7250.00	2242.00	4166.90	624.60	216.00
1996	7088.90	1994.10	4339.80	514.00	241.00
1997	7416.55	1974.10	4669.50	555.50	217.48
1998	8585.36	2105.60	5813.60	443.20	222.96
1999	9034.64	2256.70	6208.70	332.10	237.14
2000	8362.40	2498.60	5342.00	261.40	260.40
2001	8124.00	2654.20	4994.10	198.40	277.30
2002	11933.30	2774.30	8851.00		308.00
2003	11882.00	2611.60	8936.00		334.40
2004	12885.70	2956.90	9480.00		448.80
2005	15413.40	4626.40	10293.30		493.70
2006	16193.70	4849.00	10771.00		573.70
2007	17338.36	5124.90	11500.90		712.56
2008	18882.06	6026.50	12082.00		773.56
2009	21735.62	6439.80	14532.00		763.82
2010	22896.71	7281.30	14730.00		885.41
2011	25743.22	8511.70	16317.00		914.52
2012	27492.40	9764.90	16794.00		933.50
2013	29621.29	12105.40	16521.00		995.29
2014	28145.48	14299.90	12748.00		1097.58

7-3 旅 客 周 转 量
TURNOVER VOLUME OF PASSENGER TRAFFIC

单位:亿人公里 (100 million person - kms)

年 份 Year	总 计 Total	铁 路 Railway	公 路 Highway	水 运 Waterway	民用航空 Civil Aviation
1980	55.84	23.91	7.37	24.18	0.37
1985	80.65	43.96	11.91	33.26	0.52
1986	91.07	45.21	12.79	32.37	0.69
1987	142.89	94.58	13.78	33.29	1.24
1988	161.41	109.59	14.26	36.48	1.08
1989	147.03	97.94	14.88	33.31	0.91
1990	127.25	85.00	14.81	26.35	1.09
1991	141.37	94.10	17.34	27.23	2.70
1992	167.10	105.30	18.60	32.10	2.70
1993	168.90	111.60	15.30	31.06	11.00
1994	179.70	117.00	21.10	25.90	15.70
1995	181.00	119.60	20.62	19.60	21.20
1996	171.09	107.50	21.15	18.13	24.32
1997	181.26	115.56	23.00	20.80	21.91
1998	185.81	122.39	25.21	16.40	21.81
1999	206.89	141.01	29.54	12.23	24.12
2000	220.02	158.58	25.89	10.06	25.49
2001	231.53	171.60	25.78	7.27	26.88
2002	266.00	182.80	54.30		28.90
2003	266.40	175.50	57.20		33.70
2004	317.60	213.00	60.40		44.20
2005	507.80	388.00	68.60		51.20
2006	543.14	410.00	71.08		62.06
2007	596.70	440.80	78.20		77.79
2008	634.51	474.01	81.70		78.80
2009	654.94	466.70	109.53		78.72
2010	747.45	528.90	119.49		99.06
2011	873.84	646.30	124.58		102.96
2012	897.34	663.60	127.38		106.36
2013	1011.82	763.00	124.76		124.06
2014	1090.72	865.60	87.10		138.02

7-4 货　　运　　量
GREIGHT TRAFFICGREIGHT TRAFFIC

单位:万吨　　(10000 tons)

年　份 Year	总　计 Total	铁　路 Railway	公　路 Highway	水　运 Waterway	民用航空 Civil Aviation
1980	5926.60	2238.20	1672.90	2015.30	0.17
1985	6830.90	2312.90	1782.40	2735.30	0.29
1986	7001.80	2423.00	1719.30	2859.20	0.19
1987	9034.30	4631.40	1566.00	2836.60	0.30
1988	9078.10	4728.00	1435.20	2914.60	0.29
1989	8866.60	4831.30	1299.70	2735.40	0.17
1990	8378.50	4758.50	1134.30	2485.60	0.10
1991	8545.40	4809.00	1132.00	2604.00	0.38
1992	8700.00	4903.00	1054.00	2741.00	2.00
1993	8820.00	5046.00	1077.00	2695.00	2.00
1994	8227.10	5012.10	1020.00	2193.00	2.00
1995	8311.90	5055.00	934.60	2319.30	3.00
1996	8202.89	5030.80	935.80	2233.00	3.29
1997	7989.83	5004.00	789.71	2193.00	3.12
1998	9441.92	4854.60	1226.70	3357.00	3.62
1999	9612.14	4748.80	1202.60	3655.90	4.84
2000	9464.30	4921.10	874.00	3664.00	5.20
2001	9713.13	5253.20	898.20	3557.60	4.13
2002	15942.60	5472.20	7369.00	3096.90	4.50
2003	16609.80	5823.60	7786.30	2994.60	5.30
2004	17044.80	5860.80	7811.60	3366.30	6.10
2005	19611.70	8491.50	8485.00	2629.10	6.20
2006	20817.75	8990.00	8972.00	2848.97	6.78
2007	22554.93	9728.50	9918.10	2899.40	8.89
2008	29142.98	10201.80	10515.50	8417.83	7.85
2009	34409.19	9839.10	16679.00	7884.00	7.09
2010	40287.93	10145.60	21120.00	9013.00	9.33
2011	41804.45	10059.40	22442.00	9293.06	9.99
2012	43892.49	9177.40	24354.00	10351.73	9.36
2013	44528.75	9010.40	25023.00	10485.55	9.80
2014	48530.83	7686.40	28083.00	12751.20	10.23

7-5 货 物 周 转 量
TURNOVER VOLUME OF FREIGHT TRAFFIC

单位:亿吨公里 (100 million ton-kms)

年份 Year	总计 Total	铁路 Railway	公路 Highway	水运 Waterway	民用航空 Civil Aviation
1980	258.00	140.54	2.57	114.89	0.01
1985	386.81	185.33	4.59	196.86	0.03
1986	408.40	194.44	4.80	209.15	0.02
1987	616.45	399.11	4.82	212.50	0.02
1988	643.09	415.41	5.13	222.54	0.02
1989	671.29	443.03	4.55	223.70	0.01
1990	645.75	455.60	3.67	196.47	0.01
1991	679.82	470.80	3.66	205.53	0.03
1992	713.36	502.80	3.60	207.10	0.16
1993	724.90	514.40	3.70	206.60	0.20
1994	723.40	547.10	3.90	172.20	0.20
1995	751.60	563.70	2.81	184.80	0.27
1996	739.81	560.42	2.81	176.23	0.36
1997	673.70	488.83	2.45	182.07	0.35
1998	643.38	440.84	3.87	198.28	0.39
1999	636.11	420.25	4.02	211.29	0.54
2000	638.61	421.28	4.00	212.77	0.56
2001	655.02	432.60	2.59	219.39	0.44
2002	737.70	466.90	54.40	215.90	0.50
2003	764.00	488.50	56.50	218.50	0.60
2004	835.20	538.00	58.50	238.00	0.70
2005	1277.70	987.00	66.40	223.60	0.70
2006	1312.73	1017.00	69.45	225.53	0.76
2007	1418.00	1138.20	74.80	203.96	1.05
2008	1750.01	1096.91	78.90	573.26	0.94
2009	1900.05	1032.40	282.19	584.63	0.83
2010	2263.60	1144.60	307.61	810.28	1.11
2011	2644.18	1226.60	343.26	1072.86	1.46
2012	2910.22	1194.10	410.82	1303.94	1.36
2013	2555.96	1198.20	468.35	887.87	1.54
2014	3026.12	1113.40	565.59	1345.64	1.49

注:从 2013 年 5 月开始长航凤凰远洋业务划转上海,本年调整水运上报口径。
Note: From the beginning of 2013 May, CSC Phoenix ocean business transfer to Shanghai, This year adjustment shipping report caliber.

7-6 民用车辆拥有量(2014年)
NUMBER OF CIVIL VEHICLES(2014)

单位:辆　　　　(unit)

项目 Item	合计 Total	总计中: in total 营运 For Earning Income and Profit	非营运 Not for Earning Income and Profit	校车 School Bus	其中:进口 Import	其中:个人 Individuals	其中:新注册 New Registered	报废 Scrap
总计 Total	1816498	177705	1638166	627	96805	1468107	334723	10352
一、汽车 Cars	1636989	168600	1467762	627	96698	1298488	330090	10216
1. 载客汽车 Buses & Cars	1463879	41700	1421552	627	96393	1272549	312554	6689
其中:大型 Larg-sized Automobiles	18509	11030	7170	309	168	142	2576	2086
中型 Medium-sized Automobiles	14851	971	13562	318	419	7436	608	1009
小型 Small-sized Automobiles	1416779	29698	1387081		95184	1251798	308746	3530
微型 Mini-sized Automobiles	13740	1	13739		622	13173	624	64
其中:轿车 Cars	944493	29654	914839		38937	837216	190049	2522
2. 载货汽车 Trucks	152687	123636	29051		222	17907	15857	2375
其中:重型 Larg-sized Trucks	48578	42468	6110		121	4402	6172	234
中型 Medium-sized Trucks	15771	12886	2885		1	2060	1069	354
轻型 Small-sized Trucks	87959	67986	19973		100	11380	8615	1739
微型 Mini-sized Trucks	379	296	83			65	1	48
其中:普通载货	46149	33805	12344		90	7166	3620	1186
3. 其他汽车 Others	20423	3264	17159		83	8032	1679	1152
其中:三轮汽车 Three Wheeled	895	1	894			894	29	303
低速货车 Low Speed Truck	4964	89	4875			4819	333	451
二、电车 Trolleys	190	160	30					23
1. 无轨 Trolley Bus	190	160	30					23
2. 有轨 Tram								
三、摩托车 Motorcycles	170122	422	169700		102	169422	3894	26
1. 普通	169171	417	168754		102	168474	3880	26
2. 轻便	951	5	946			948	14	0
四、挂车 Trilers	8864	8362	502			194	735	63
五、其它类型车 Others	333	161	172		5	3	4	24

7-7 邮电业务基本情况
BASIC CONDITIONS OF POST AND TELECOMMUNICATIONS SERVICES

项目	Item	2014	2013
一、邮政主要指标	Main Items of Post		
邮政业务总量(2010年价格)(亿元)	Business Volume of Post(Price in 2010)(100 Billion yuan)	49.66	37.68
邮政业务收入(亿元)	Income of Post Services (100 Billion yuan)	39.74	30.69
函　　件(万件)	Number of Letters (10 000 pcs)	3357.57	5200.00
包　　件(万件)	Number of Parcels (10 000 pcs)	35.84	39.22
报纸累计份数(万份)	Number of Newspaper and Magazines (10 000 copies)	14080.15	14369.57
杂志累计份数(万份)	Number of Newspaper and Magazines (10 000 copies)	652.66	650.69
邮电局、所(处)	Number of Post & Telecommuniucation Offices (station)	261.00	268.00
信筒信箱(个)	Number of Post Boxes (unit)	511.00	519.00
邮路总长度(单程)(公里)	Length of Postal Routes (Km)	25283.00	27163.00
二、电信主要指标	Main Items of Telecommunication		
电信业务总量(2010年价格)(亿元)	Business Volume of Telecommunication(Price in 2010)(100 Billion yuan)	207.02	156.08
电信业务收入(亿元)	Income of Telecommunication Services(100 Billion yuan)	145.54	141.49
固定电话用户数(万户)	Number of Subscribers of Telephone(Subscribers)	254.79	294.00
公用电话(万户)	Number of Public Telephone Subscribers(subscribers)	44.95	48.00
移动电话用户数(万户)	Number of Mobile Telephone Subscribers (subscribers)	1644.18	1662.00
局用交换机容量(万门)	Capacity of Office Telephone Exchanges(10 000 lines)	610.28	655.00
移动交换机容量(万门)	Capacity of Mobile Telephone Exchanges (10 000 subscribers)	3391.24	2267.00
互联网用户(万户)	Internet Users (10 000 subscribers)	390.32	388.00
电话普及率(部/百人)	Coverage Rate of Telephones(unit/100 persons)	229.50	237.90
固定电话普及率(部/百人)	Coverage Rate of House Telephones(unit/100 person)	30.80	35.80
移动电话普及率(部/百人)	Coverage Rate of Mobile Telephones(unit/100 persons)	198.74	202.20

说明:邮政业务总量和邮政业务收入均含快递业务;2014年局用交换机容量口径发生调整。
Note: Both total amount of the postal service and the post and telecommunications business income are including the express delivery business, The caliber of office telephone exchanges capacity is adjusted in 2004.

主 要 统 计 指 标 解 释

货(客)运量 指在一定时期内,各种运输工具实际运送的货物(旅客)数量。该指标是反映运输业为国民经济和人民生活服务的数量指标,也是制定和检查运输生产计划、研究运输发展规模和速度的重要指标。货运按吨计算,客运按人计算。货物不论运输距离长短、货物类别,均按实际重量统计。旅客不论行程远近或票价多少,均按一人次客运量统计,半价票、小孩票也按人统计。

货物(旅客)周转量 指在一定时期内,由各种运输工具运送的货物(旅客)数量与其相应运输距离的乘积之总和。该指标可以反映运输业生产的总成果,也是编制和检查运输生产计划,计算运输效率、劳动生产率以及核算运输单位成本的主要基础资料。计算货物周转量通常按发出站与到达站之间的最短距离,也就是计费距离计算。计算公式为

货物(旅客)周转量 = ∑[货物(旅客)运输量 × 运输距离]

港口货物吞吐量(又称港口吞吐量) 指经由水路运进、出港区范围,并经过装卸的货物数量。按货物流向分为进港吞吐量和出港吞吐量;按货物的贸易性质分为内贸和外贸吞吐量,按货物的类别分,可根据现行的交通行业标准《运输货物分类和代码》分类。

邮电业务总量 指以价值量形式表现的邮电通信企业为社会提供各类邮电通信服务的总数量。邮电业务量按专业分类包括函件、包件、汇票、报刊发行、邮政快件、特快专递、邮政储蓄、集邮、公众电报、用户电报、传真、长途电话、出租电路、无线寻呼、移动电话、分组交换数据通信、出租代维等。计算方法为各类产品乘以相应的平均单价(不变价)之和,再加上出租电路和设备、代用户维护电话交换机和线路等的服务收入。该指标综合反映了一定时期邮电业务发展的总成果,是研究邮电业务量构成和发展趋势的重要指标。计算公式为:

邮电业务总量 = ∑(各类邮电业务量 × 不变单价) + 出租代维及其他业务收入 = 邮政业务总量 + 电信业务总量

民用汽车拥有量 指报告期末,在公安交通管理部门按照《机动车注册登记工作规范》,已注册登记领有民用车辆牌照的全部汽车数量。汽车拥有量统计的主要分类:根据汽车结构分为载客汽车、载货汽车及其他汽车,根据汽车所有者不同分为个人(私人)汽车、单位汽车. 根据汽车的使用性质分为营运汽车、非营运汽车和特种汽车,根据汽车大小规格不同载客汽车分为大型、中型、小型和微型,载货汽车分为重型、中型、轻型和微型。

局用电话交换机容量 指安装在电信运营企业内用于接续本地固定电话的电话交换机容量,包括现用和备用的人工或自动交换机的全部容量。不包括用户交换机容量。

移动电话交换机容量 指移动电话交换机根据一定话务模型和交换机处理能力计算出来的最大同时服务用户的数量。

Explanatory Notes on Main Statistical Indicators

Freight (Passenger) Traffc refers to the volume of freight (passenger) transported with various means within a specific pe riod of time This indicatar reflectsthe service of the transport industry towards the national economy and people's living conditions, as well as an important indicator used in formulating and monitoring transport production plans and research into the scale and pace of transport development Freight transport is calculated in tons and passenger traffic cis calculated in terms of number of persons. Freighttransportis calculated in terms of the actualweight of the goods and takes no account of the type of fireight and distance of travel Passenger traffic is calculated by the principle that one person can be counted only once in one trip and takes no account ofthe travelling distance and ticket price. The passengers who travel with a half price ticket or a child's ticket is also calculated as one person

Turnover Volume of Freight (Passenger) Traffic refers to the sum of the product ofthe volume of transported cargo (passengers) multiplied by the transport distance It is an important indicator to reflect the achievement of the transportation industry. Thisis an important indicator to show the totaI results of the transport industry; to prepare and examine the transport plan; and to serve as the main basic data for calculating the emfficiency labour productivity and unit COSt of transport Normally, the shortest distance between the departure station and the destination station (i. e. , the payable distance) is the basis in calculating the freightton—kilometres. The formula is as foIlows:

Turnover Volume of Freight (Passenger) Trafficc = ∑Freighr(Passenger) = ∑Freight (Passenger) Disrance of Transportation

Ports Cargo Handled Capacity refers to the volume of cargo passingin and Out the harbor area and having been loaded and unloaded. The volume of freight handled may be classified as in – port & out – port. It can also be classified as national trade and international trade by the attribute of trade or be classified by the classification of cargo accordingtothe standardoftrafficin use "The Classification and Code of Transported Cargo".

Business Vaue of Post and TelecommunIcation Services refers to the total amount of post andt elecommunication services, expressed in value terms, provided by the post andtelecommunications departments for the society. Post and telecommunication services can be classified as Ietters, parcels, remittance issue of newspapers and magazines, fastmail service, expressmail service, savings deposits, stamps for collection, public and individual telegraph service, facsimiles, long – distance telephone service, leasing of telephone lines, urban paging service, mobile telephone service, data transfer and transmission etc The accounting approach is to multiply the service products of all types with their average unit price (constant price) to get sum of business value, plus income from other services such as leasing of telephone lines and equipment, maintenance of telephone switchboards and lines on behalf of customers This indicator reflects the overa [results of post and telecommunications service during a givenperiod, and is important to study the composion of business service and the development of post and telecommunications service. The formubis as foIlows:

Business Volue of Post and Telecommunication Services = ∑ (Transaction of Post and Telecommunication Servicex ConstantPrice) + Income from leasing, Maintenance and Other Services = Business Volume of Post + Business Volume of TelecommunIcation.

Possession of Civil Motor Vehicles refers to the taraI number of vehicles that are registered and received vehicles license taos according to the Work Standard for Motor Vehicles Registration formulated bytransport management office under department of public security at the end of reference period. They are divided into following categories according to the structure of motor vehicles: passenger vehicles, trucks and others; and private vehicles andvehicles for units use according to ownerships; working vehicles, non – working vehicles and spedal motor vehicles according to kind of usage; large passenger vehicles, medium passenger vehicles, small passenger vehicles and mini passenger vehicle, heavy trucks, light – heavy trucks, lighttrucks and minitrucks according to sizes of vehicles.

Capacity of Office Telephone Exchanges refersto the capacity (measured in gate) oftelephone exchanges installed in the offices of telecommunication service providers for communication between fixed telephones. It in cludes the capacity of both manual and automatic exchanges in use and for stand – by purpose, excluding the capacity of subscribers' exchanges.

Capacity of Mobile Telephone Exchanges refers to the capacity of the maximum services provided to subscribers at one time basing on a certain model and transacting capacityofthe mobile telephone exchanges.

八、贸易、外经、旅游业

DOMESTIC TRADE, FOREIGN TRADE, ECONOMIC COOPERATION AND TOURISM

资料整理人员: 陈　燕　帅国豪　曾德辉　涂孝斌　钟　玲　陈弥灵　张　瑾　李　晶

STAFF FOR DATA PROCESSING:

Chen Yan　Shuai Guohao　Zeng Dehui　Tu XiaoBing　Zhong Ling　Chen Miling　Zhang Jin　Li Jing

简要说明

本篇资料反映武汉市国内贸易、对外经济及旅游情况。国内贸易资料内容包括社会消费品零售总额、批发和零售业商品流转情况、住宿和餐饮业经营情况、限额以上批发和零售业财务状况、限额以上住宿和餐饮业财务状况、连锁企业经营情况、亿元商品交易市场基本情况等。国内贸易数据取得方式:对限额以上企业及大个体户采用全面调查的方法,从2011年年报起,由企业在国家统计局统计数据联网直报平台上报送企业一套表;对限额以下企业及个体户采用抽样调查方法;亿元商品交易市场、连锁企业实行全面调查。对外经济资料包括进出口贸易、实际利用外资等,其中进出口贸易资料由武汉海关提供;利用外资资料由武汉市商务局提供。旅游资料包括接待旅游者人数、旅游总收入以及星级饭店个数、客房数、床位数等,由武汉市旅游局提供。

Brief Description

The data in this chapter reflect the development of domestic-trade, foreign trade, economic cooperation and tourism. Data on domestic trade includes the circulation of goods of enterprises above designated size in wholesale and retail sales of consumer good, and total city transactions of consumption goods. Data on basic conditions for all corporate enterprises of wholesale, retail and catering trades that avove the designated size are collected by city statistics bureau and area statistic bureau through comprehensive reporting systems and data are reported level by level. Data on hotel, catering trade enterprises and individual enterprises below the designated size are collected through survey of statistic bureau and regions at different levels and relevant methods of calculation. Data on whole city transactions of consumption goods are provided by the 2004's Economic General Investigation of Wuhan. Data on foreign trade and economic coorperation involve foreign capital actually used and investment of foreign country, HongKong, Macao and Taiwan. The information of imports and exports of foreign trade comes from wuhan customs. The infromation of utilization of foreign capital comes from wuhan office of Foreign Economic Relation and Trade through comprehensive reporting systems and data are reported level by level. Data on tourism are provided by Wuhan city bureau of Tourism Administration, including number of tourists abroad. Number of tourists by day, nbumber of foreign tourists spent pub up in hotels for night by country and earnings from international tourism.

8－1 历年社会消费品零售总额及指数
TOTAL RETAIL SALES OF CONSUMER GOODS AND INDICES IN VARIOUS YEARS

年份 Year	消费品零售总额（万元）Total Retail Sales of Consumer Goods (10 000 yuan)	指数（上年＝100）Index (preceding year＝100)	年份 Year	消费品零售总额（万元）Total Retail Sales of Consumer Goods (10 000 yuan)	指数（上年＝100）Index (preceding year＝100)
1953	54166	131.8	1984	362100	122.2
1954	51675	95.4	1985	486210	134.3
1955	52224	101.1	1986	534462	109.9
1956	72538	138.9	1987	636886	119.2
1957	77584	107.0	1988	833627	130.9
1958	83757	108.0	1989	932510	111.9
1959	92593	110.5	1990	957229	102.7
1960	98845	106.8	1991	1091230	114.0
1961	88515	89.5	1992	1235498	113.2
1962	87404	98.7	1993	1705498	138.0
1963	80004	91.5	1994	2345541	137.5
1964	80766	101.0	1995	2989002	127.4
1965	80921	100.2	1996	3741103	125.2
1966	86446	106.8	1997	4380226	117.1
1967	94690	109.5	1998	4918926	112.3
1968	96140	101.5	1999	5395504	109.7
1969	95908	99.8	2000	6285694	112.3
1970	95631	99.7	2001	7112263	113.2
1971	96836	101.3	2002	7986360	112.3
1972	104620	108.0	2003	8856873	110.9
1973	114218	109.2	2004	9962211	112.5
1974	117409	102.8	2005	11286436	113.3
1975	127036	108.2	2006	12933276	114.6
1976	132784	104.5	2007	15183023	117.4
1977	139750	105.2	2008	18500452	121.8
1978	157086	112.4	2009	21640873	117.0
1979	179840	114.5	2010	25704037	118.8
1980	219490	122.0	2011	30317900	118.0
1981	244985	111.6	2012	34673700	114.4
1982	266412	108.7	2013	39166042	113.0
1983	296380	111.2	2014	43693155	112.7

注：指数根据省局正式核定的年度数据计算，2001 年－2005 年社会消费品零售额为第一次经济普查口径。
Note: Index is calculated by annual data checked by Statistics Bureau of Hubei, total retail sales of consumer goods are region of the first economic census for 2001-2005.

8-2 社会消费品零售总额
TOTAL RETAIL SALES OF CONSUMER GOODS

单位：亿元　　　　　　　　　　　　　　　　　　　　　　　　(10 000 yuan)

项目 Item	2010 年	2011 年	2012 年	2013 年	2014 年
社会消费品零售总额 Total Retail Sales of Consumer Goods	2570.40	3031.79	3467.37	3916.60	4369.32
(一)按行业分: Grouped by Sector					
批发和零售业 Wholesale and Retail Trade	2265.59	2664.05	3095.21	3514.72	3966.10
住宿和餐饮业 Hotel and Catering Services	257.61	294.99	337.22	363.88	403.22
其　它 Others	47.20	72.75	34.94	38.00	
社会消费品零售总额构成(%) Composition(%)	100.0	100.0	100.0	100.0	100.0
(一)按行业分: Grouped by Sector					
批发和零售业 Wholesale and Retail Trade	88.1	87.9	89.3	89.7	90.8
住宿和餐饮业 Hotel Catering Services	10.0	9.7	9.7	9.3	9.2
其　它 Others	1.9	2.4	1.0	1.0	

8-3 历年批发和零售业商品销售额及指数
WHOLESALE AND RETAIL SALES OF GOODS AND INDICES OVER THE YEARS

年份 Year	合计 Total		批发业 Wholesale Trade		零售业 Retail Trade	
	绝对数(亿元) Data (100 million yuan)	指数(上年=100) preceding year = 100	绝对数(亿元) Data (100 million yuan)	指数(上年=100) preceding year = 100	绝对数(亿元) Data (100 million yuan)	指数(上年=100) preceding year = 100
2005	3353.44	—	2208.48	—	1144.96	—
2006	3595.58	107.2	2306.89	104.5	1288.69	112.6
2007	4169.36	116.0	2817.82	122.1	1351.54	104.9
2008	5578.06	133.8	3746.51	133.0	1831.55	135.5
2009	7135.44	127.9	4781.75	127.6	2353.69	128.5
2010	8604.30	123.8	6029.44	127.1	2574.86	116.7
2011	10443.87	125.1	7442.40	126.0	3001.47	122.8
2012	12305.47	117.8	8722.72	116.9	3582.75	120.1
2013	14182.79	115.3	9958.73	114.2	4224.06	117.9
2014	15860.74	111.8	10967.55	110.1	4893.19	115.8

注：指数根据省局正式核定的年度数据计算。
Note: Index is calculated according to the provincial Bureau formaly approved thd annual data.

8-4 批发和零售业商品销售情况
TOTAL SALES OF COMMODITIES IN WHOLESALE AND RETAIL TRADE

单位:亿元 (10 000 yuan)

	销售合计 Total		批发额 Wholesale		零售额 Retail	
	2014年	2013年	2014年	2013年	2014年	2013年
合计 Total	15860.74	14182.79	11974.43	10740.54	3886.31	3442.25
一、批发业 Wholesale Trade	10967.55	9958.73	10612.53	9645.26	355.02	313.47
限额以上企业和大个体 Enterprises Above Designated Size and Big Individuals	7255.76	7146.77	7052.56	6996.11	203.20	150.66
限额以下企业和个体户 Enterprises Below Designated Size And Individuals	3711.79	2811.96	3559.97	2649.15	151.82	162.81
二、零售业 Retail Trade	4893.19	4224.06	1361.90	1095.28	3531.29	3128.78
限额以上企业和大个体 Enterprises Above Designated Size and Big Individuals	3078.84	2691.67	319.59	317.93	2759.25	2373.74
限额以下企业和个体户 Enterprises Below Designated Size And Individuals	1814.35	1532.39	1042.31	777.35	772.04	755.04

注:本表为行业口径,仅含法人和个体,不含非同业附属产业活动单位。
Note:This table is showed by industry caliber, containing corporate and individual.

8-5 限额以上批发和零售业商品销售类值(2014年)

TOTAL SALES OF ENTERPRISES ABOVE DESIGNATED SIZE IN WHOLESALE AND RETAIL TRADE BY CATEGORY OF COMMODITIES(2014)

单位:万元 (10 000 yuan)

项目	Item	商品销售总额 Total	批发额 Wholesale	零售额 Retail
总计	Total	105539407.3	75117014.7	30422392.6
其中:通过互联网实现的商品销售	Among them: Commodity Sales Through the Internet	1460898.3	348072.1	1112826.2
粮油、食品、饮料、烟酒类	Food、Beverage and Tabacco	13646108.3	7251711.5	6394396.8
服装、鞋帽、针纺织品类	Garments、Shoes Hats and Textile Products	4273939.8	754542.6	3519397.2
化妆品类	Cosmetics	1364983.4	126524.8	1238458.6
金银珠宝类	Jewelry	1138197.4	349065.4	789132.0
日用品类	Articles for Daily Use	1681850.7	335918.4	1345932.3
五金、电料类	Hardware and Electrical Tools	147588.6	71511.0	76077.6
体育、娱乐用品类	Sports and Recreation Articles	119619.9	13432.2	106187.7
书报杂志类	Books and Newspapers	622978.9	324737.4	298241.5
电子出版物及音像制品类	Electronic Publications and Audio Video Products	8466.9	4982.1	3484.8
家用电器和音像器材类	Household Appliances and Audio and Video Apparatus	2557143.8	1103305.4	1453838.4
中西药品类	Medicines	9931420.2	6783781.2	3147639.0
文化办公用品类	Culture and Office Articles	1848156.8	1252880.0	595276.8
家具类	Furniture	893168.3	341495.3	551673.0
通讯器材类	Telecommunication Equipments	734821.4	354670.7	380150.7
煤炭及制品类	Coal Products	2831773.4	2831773.4	
木材及制品类	Timber and Products	5385.8	5385.8	
石油及制品类	Petroleum Products	35109589.3	32289489.8	2820099.5
化工材料及制品类	Chemical Materials and Products	1565338.3	1565338.3	
金属材料类	Metal Materials	14029398.6	14029398.6	
建筑及装潢材料类	Building Materials	599285.7	398053.3	201232.4
机电产品及设备类	Mechanical and Electric Products	1977945.3	1882172.2	95773.1
汽车类	Automobile	8646087.4	1702796.4	6943291.0
种子饲料类	Seed and Forage	60541.0	60541.0	
棉麻类	Cotton and Fiber	1068786.1	1068786.1	
其他类	Others	676832.0	214771.8	462060.2

8-6 限额以上批发和零售业重要商品销售量(2014年)
TOTAL SALES OF ENTERPRISES ABOVE DESIGNATED SIZE IN WHOLESALE AND RETAIL TRADES BY COMMODITY(2014)

项目	Item	计量单位 Unit	销售量 Sales
大　米(稻米)	Rice	千克(kg)	237987544
面　粉(小麦面)	Flour	千克(kg)	38085850
杂　粮	Grains	千克(kg)	32721932
食用植物油	Edible Vegetable Oil	千克(kg)	725766298
猪　肉	Pork	千克(kg)	69541294
牛　肉	Beef	千克(kg)	3541580
羊　肉	Mutton	千克(kg)	709486
禽　肉	Poultry	千克(kg)	9817201
鲜　蛋	Eggs	千克(kg)	36548865
彩色电视机	Television Set	台(set)	874573
家用电冰箱	Refrigerator	台(set)	792765
房间空调器	Air Conditioner	台(set)	4106731
电脑(微型计算机)	Computer	台(set)	1339404
汽　车	Motor Vehicles	辆(unit)	2101772
其中:轿　车	Automobile	辆(unit)	1237213
煤　炭	Coal	吨(ton)	30025008
汽　油	Gasline	吨(ton)	13941204
柴　油	Kerosense	吨(ton)	21942264
钢　材	Rolled - Steel	吨(ton)	27160826
铜	Copper	吨(ton)	148196
铝	Alluminium	吨(ton)	69417
水　泥	Cement	吨(ton)	3362360
化学肥料	Chemical Fertilizer	吨(ton)	3838809
化学农药	Chemical Pesticide	吨(ton)	7821

8-7 限额以上批发业法人企业商品购销存(2014年)

单位:万元

项目 Item	法人企业数(个) Number of Enterprises	年末从业人员数(人) Average Staff and Workers	商品购进额 Total Amount of Purchasing Goods	进口 Imports
总计 Total	1084	105032	71613793.6	2788446.7
其中:国有控股 State Owned and State holding	81	24096	34844971.1	2042205.0
1.按批发行业小类分 According to the classification of the wholesale industry				
农、林、牧产品批发 Wholesale of Farm Products and Livestock Products	30	2143	929158.7	6064.1
谷物、豆及薯类批发 Wholesale of Grain, Beaus and Potato	8	665	41975.5	
种子批发 Seed Wholesale	5	299	43253.0	
饲料批发 Food Wholesale	4	55	31974.5	
棉、麻批发 Cotton&hamp Wholesale	9	1032	788364.1	6064.1
林业产品批发 forestry products wholesale	2	49	8545.3	
牲畜批发 Livestock Wholesale	2	43	15046.3	
食品、饮料及烟草制品批发 Wholeasle Trade of Food、Beverage Tobacco and Atricles for Family	107	20033	6432624.1	20769.4
米、面制品及食用油批发 Wholesale of Rice, Noodle and Edible Oil	14	946	760813.3	
糕点、糖果及糖批发 Wholesale of Cakes, Candy and Sugar	8	812	108189.6	
果品、蔬菜批发 Wholesale of Fruit and Vegetables	21	1420	127837.8	
肉、禽、蛋、奶及水产品批发 Wholesale of Meat, Bird, Eggs, Milk and Aquatic products	17	2887	1970968.4	7967.4
盐及调味品批发 Wholesale of Salt and Seasoning	5	2840	161085.8	3358.8
营养和保健品批发 Wholesale of Health Care products	2	76	18549.3	
酒、饮料及茶叶批发 Wholesale of Alcohol, Drinks and Tea	22	6524	1676512.2	1574.6
烟草制品批发 Wholesale of Tobaccos	2	1687	1061840.8	7868.6
其他食品批发 The Other foods Wholesale	16	2841	546826.9	
纺织、服装及家庭用品批发 Wholesale of Textile, Clothing and Household Goods	111	7989	2283003.1	26566.2
纺织品、针织品及原料批发 Wholesale of Textiles, Knitwear and Bow Material	14	254	79512.4	4984.9

PURCHASE, SALES AND STOCK OF ENTERPRISES ABOVE DESIGNATED SIZE IN WHOLESALE(2014)

(10 000 yuan)

商品销售额 Total Sales	批发额 Wholesale	出口 Exports	零售额 Retail	年末商品库存额 Stocks at Year-end	年末零售营业面积（平方米） Business Area for retail at Year-end
74414599.5	**71243694.3**	**1505106.5**	**3170905.2**	**3785079.1**	**222057**
36118837.7	35309117.1	607383.3	809720.6	777291.5	14600
954070.8	940039.1	15595.5	14031.7	125031.7	1051
35948.8	29465.0		6483.8	22823.6	238
54077.9	48401.6	3916.2	5676.3	25848.5	
33094.8	32597.8		497.0	1021.4	
805834.4	805833.8	517.2	0.6	75234.7	
8552.8	7578.8		974.0	78.5	813
16562.1	16162.1	11162.1	400.0	25.0	
7605358.1	6779418.5	56027.9	825939.6	377899.6	19187
755430.4	692955.6		62474.8	72124.8	
112992.5	111731.8		1260.7	17490.1	350
149835.4	97554.5	3546.2	52280.9	2159.0	7102
2018559.3	1448594.4	27707.0	569964.9	10785.3	500
177554.4	176301.0		1253.4	17443.0	8500
19606.9	19606.9			2730.8	
2321702.1	2292663.1		29039.0	77822.2	1030
1438244.1	1437247.1	24774.7	997.0	77151.8	140
611433.0	502764.1		108668.9	100192.6	1565
2088283.0	2006703.6	280773.4	81579.4	471508.8	12632
86164.9	86164.9	64774.9		4492.5	

8-7 续 表 1

单位:万元

项 目 Item	法人企业数(个) Number of Enterprises	年末从业人员数(人) Average Staff and Workers	商品购进总额 Total Amount of Purchasing Goods	进 口 Imports
服装批发 Wholesale of Gamments	38	1571	243641.7	4054.3
鞋帽批发 Wholesale of Shoes and Hats	4	181	40282.7	
化妆品及卫生用品批发 Wholesale of Conmetics and Hygiene	14	1285	149066.7	17295.6
厨房、卫生间用具及日用杂货批发 Wholesale of Kitchen Supplits, Toilet Artides amd Daily Neiessities	3	634	30871.5	
灯具、装饰物品批发 Wholesale of Lampsand Ornament	2	27	9944.7	
家用电器批发 Wholesale of Household Ecectrical Appliances	24	3044	1622368.8	
其他家庭用品批发 Wholesale of Other household products	12	993	107314.6	231.4
文化、体育用品及器材批发 Wholesale of Cultural and Sports Goods	31	6706	1005963.2	1780.8
文具用品批发 Wholesale of Stationery	15	336	228144.2	1780.8
图书批发 Wholesale of Books	5	3349	378367.7	
首饰、工艺品及收藏品批发 Wholesale of Jewely, Handicraft and Collection	9	2969	392933.4	
其他文化用品批发 Wholesale of the Other Cultural activities	2	52	6517.9	
医药及医疗器材批发 Wholesale of Medicines and Medical Appliances	172	24570	8212187.1	36549.3
西药批发 Western Medicine Wholesale	119	22502	7611803.2	36158.3
中药批发 Traditional Chinese Medicine Wholesale	33	1505	449767.1	
医疗用品及器材批发 Medical Supplies and Apparatus Wholesale	20	563	150616.8	391.0
矿产品、建材及化工产品批发 Wholesale of Mineral Products, Building Material and Chemical Products	412	33149	43198670.2	255927.9
煤炭及制品批发 Wholesale of Coal and Related Products	40	762	1101831.8	682.7
石油及制品批发 Wholesale of Petroleum and related Products	33	25116	30323421.7	231693.2
非金属矿及制品批发 Wholesale of Non Metallic Minerals and Products	4	71	95038.6	
金属及金属矿批发 Wholesale of Metals and Metal Minerals	217	4161	9629030.7	9180.0

8－7 Continued 1

(10 000 yuan)

商品销售总额 Total Sales	批发额 Wholesale	出口 Exports	零售额 Retail	年末商品库存总额 Stocks at Year-end	年末零售营业面积（平方米） Business Area for Retail at Year-end
273072.5	**262253.7**	**157470.1**	**10818.8**	**29659.7**	**4388**
41533.5	36861.6	4023.8	4671.9	6456.0	500
183681.3	156876.2	20037.1	26805.1	42004.6	900
35470.2	35470.2	5186.2		2957.1	
10352.6	10204.1		148.5	565.8	108
1351859.6	1335649.6	9357.8	16210.0	366857.5	1986
106148.4	83223.3	19923.5	22925.1	18515.6	4750
1074024.3	949183.2		124841.1	215778.4	24267
239656.4	231193.3		8463.1	16634.9	1777
386068.7	326356.5		59712.2	63664.3	7600
441264.1	384720.4		56543.7	132090.4	14490
7035.1	6913.0		122.1	3388.8	400
7953620.0	6827576.2	39889.7	1126043.8	922194.6	101242
7278059.8	6226907.2	16592.4	1051152.6	866929.8	97749
501730.1	437900.7		63829.4	35924.4	433
173830.1	162768.3	23297.3	11061.8	19340.4	3060
44641230.3	43861064.2	110752.1	780166.1	1201361.4	20053
1145437.5	1145389.2		48.3	46474.0	420
31585100.8	30918360.1		666740.7	419008.7	2060
101786.9	101786.9			4511.8	
9663496.0	9626453.2	34980.9	37042.8	522959.6	12830

8-7 续 表 2

单位:万元

项 目 Item	法人企业数(个) Number of Enterprises	年末从业人员数(人) Average Staff and Workers	商品购进总额 Total Amount of Purchasing Goods	进 口 Imports
建材批发 Wholesale of Building Materials	31	799	492951.0	
化肥批发 Wholesale of Fertilizers	13	608	680390.0	
其他化工产品批发 The Other Chemical Products Wholesale	74	1632	876006.4	14372.0
机械设备、五金产品及电子产品批发 Wholesale Trade of Mechanical and Electrical Products	204	8752	4138205.9	739317.3
农业机械批发 Agricaltural Machinery Wholesale	1	47	3503.3	
汽车批发 Wholesale of Automobiles	25	1777	845462.9	
汽车零配件批发 Wholesale of Auto Parts	25	964	703127.5	91185.5
摩托车及零配件批发 Wholesale of Motorcycles and Parts	3	92	54932.3	
五金产品批发 Hardware Products Wholesale	10	200	79823.8	
电气设备批发 Ecectrical Equipment Wholesale	13	289	43201.8	3683.2
计算机、软件及辅助设备批发 Wholesale of Computer, Software and Related Appliances	29	901	1406969.2	562749.9
通讯及广播电视设备批发 Communication, Softeware and Auriliary Equipment Wholesale	14	1319	360076.7	
其他机械设备及电子产品批发 The Other mechanical Equipment and Ecectronic Products	84	3163	641108.4	81698.7
贸易经纪与代理 Trade Brokerage and Agents	8	1351	5327545.4	1701471.7
贸易代理 Trade Agent	8	1351	5327545.4	1701471.7
其他批发业 Other Wholesale Trade	9	339	86435.9	
再生物资回收与批发 Wholesale of Recyded Matorials	7	310	78966.6	
其他未列明批发 Other Mtlisted Wholesale	2	29	7469.3	
2. 按登记注册类型分 Grouped by Registration				
内资企业 Domestic Investment	1054	92714	66865085.7	2749547.8
国有企业 State-owned	13	2613	1370188.3	6513.0

8－7 Continued 2

(10 000 yuan)

商品销售总额 Total Sales	批发额 Wholesale	出口 Exports	零售额 Retail	年末商品库存总额 Stocks at Year-end	年末零售营业面积(平方米) Business Area for Retail at Year-end
534413.2	519586.9	24538.9	14826.3	7892.8	3440
649481.2	649481.2			166954.3	1200
961514.7	900006.7	51232.3	61508.0	33560.2	103
4623515.3	4406431.0	539388.8	217084.3	348561.0	43545
3829.7	3829.7			1017.1	
867054.3	836300.3		30754.0	91510.4	21070
839006.9	835302.1	6875.1	3704.8	78898.0	2100
54387.9	53913.2		474.7	7650.0	250
92566.2	88295.8		4270.4	13593.8	1560
54867.8	54067.5	2857.7	800.3	4803.5	662
1577221.0	1469186.4	390947.8	108034.6	63823.5	2560
393532.9	350633.1		42899.8	26701.4	3778
741048.6	714902.9	138708.2	26145.7	60563.3	11565
5382077.8	5380858.6	462679.1	1219.2	119197.3	80
5382077.8	5380858.6	462679.1	1219.2	119197.3	80
92419.9	92419.9			3546.3	
84165.0	84165.0			2945.4	
8254.9	8254.9			600.9	
68797569.2	66231386.1	1498425.0	2566183.1	3535108.0	206518
1746533.4	1745841.2	12787.5	692.2	75690.6	

8-7 续 表 3

单位:万元

项 目 Item	法人企业数(个) Number of Enterprises	年末从业人员数(人) Average Staff and Workers	商品购进总额 Total Amount of Purchasing Goods	进 口 Imports
集体企业 Collective-owned	4	264	71535.1	
股份合作企业 Cooperative of Share Holding	2	53	12582.0	
联营企业 Joint-owned	1	21	968.7	
其他联营企业 Other Joint	1	21	968.7	
有限责任公司 Companies of Limited Liabilities	534	37770	36446889.7	462115.8
国有独资公司 Companies State-owned Excluasive Investment	14	6749	19843357.6	217430.0
其他有限责任公司 Other Companies of Limited Liabilities	520	31021	16603532.1	244685.8
股份有限公司 Share Holding	32	36105	21063994.6	2262072.1
私营企业 Private-owned	461	15546	7656470.5	18846.9
私营独资企业 Private Exclusive Investment	1	22	5404.3	
私营有限责任公司 Private Companies of Limited Liabilities	449	15242	7543154.3	18846.9
私营股份有限公司 Private Companies of Limited Liabilities with Share Holding	11	282	107911.9	
其他企业 Others	7	342	242456.8	
港、澳、台商投资企业 Enterprises Funded by Entepreneurs from HongKong, Macao & Taiwan	13	4021	2178927.0	3009.4
与港澳台商合资经营企业 Joint Ventures with HongKong, Macao and Taiwan	5	521	124066.7	881.5
港、澳、台商独资经营企业 Manage with HongKong, Macao and Taiwan Jointly	8	3500	2054860.3	2127.9
外商投资企业 Foreign Funded	17	8297	2569780.9	35889.5
中外合资经营企业 Joint Venture Enterprises	6	585	832147.5	34533.0
外资企业 Enterprises with Sole Foreign Investment	8	6283	1667820.7	1356.5
外商投资股份有限公司 Companies Limited by Shares with Foreign Investment	1	14	8342.0	
其他外商投资企业 Other Foreign Investment Enterprises	2	1415	61470.7	

(10 000 yuan)

商品销售总额 Total Sales	批发额 Wholesale	出口 Exports	零售额 Retail	年末商品库存总额 Stocks at Year-end	年末零售营业面积(平方米) Business Area for Retail at Year-end
71502.7	70283.5		1219.2	9293.2	80
13567.3	11988.0		1579.3	493.5	60
1106.6	1106.6			0.1	
1106.6	1106.6			0.1	
37382330.4	35782226.6	403201.6	1600103.8	1748028.9	133076
20497324.4	19902702.6	3916.2	594621.8	165137.2	5000
16885006.0	15879524.0	399285.4	1005482.0	1582891.7	128076
21287181.5	20595812.1	481609.1	691369.4	1072923.4	25021
8046735.3	7787457.2	600826.8	259278.1	626359.6	47043
5385.8	5382.8		3.0	163.5	150
7926500.1	7667353.7	600125.6	259146.4	610616.1	42493
114849.4	114720.7	701.2	128.7	15580.0	4400
248612.0	236670.9		11941.1	2318.7	1238
2236736.4	1647966.9		588769.5	139106.7	15162
138488.2	116820.7		21667.5	21821.4	640
2098248.2	1531146.2		567102.0	117285.3	14522
3380293.9	3364341.3	6681.5	15952.6	110864.4	377
979655.0	970229.0	3823.8	9426.0	74871.1	
2299225.7	2292699.1	2857.7	6526.6	33619.9	377
11080.5	11080.5				
90332.7	90332.7			2373.4	

8－8 限额以上零售业法人企业商品购销存(2014 年)

单位:万元

项目 Item	法人企业数(个) Number of Enterprises	从业人员期末人数(人) Average Staff and Workers	商品购进额 Total Amount of Purchasing Goods	进口 Imports
总计 Total	864	136033	27606944.9	751124.6
其中:国有控股 State-owned and State Holding	56	53861	11773545.4	
1.按零售行业小类分 According to the Classfication of Retail Industry				
综合零售 Comprehensire	76	61742	9441264.5	
百货零售 Department Store	38	26130	6048127.0	
超级市场零售 Super Market	26	34036	3256952.8	
其他综合零售 Other Comprehensire	12	1576	136184.7	
食品、饮料及烟草制品专门零售 Wholeasle Trade of Food、Beverage Tobacco and Atricles for Family	72	8918	752731.0	5083.8
粮油零售 Grain and Oil	2	46	88848.3	
糕点、面包零售 Cake and Bread	5	1019	58326.5	
果品、蔬菜零售 Fruits and Vegetables	11	367	72880.0	
肉、禽、蛋、奶及水产品零售 Wholesale of Meat, Bird, Eggs, Milk and Aquatic products	14	1050	136075.9	
营养和保健品零售 Wholesale of Health Care products	3	157	3911.8	
酒、饮料及茶叶零售 Wholesale of Alcohol, Drinks and Tea	20	1125	95724.2	
烟草制品零售 Wholesale of Tobaccos	5	604	61934.0	
其他食品零售 The Other foods Wholesale	12	4550	235030.3	5083.8
纺织、服装及日用品专门零售 Textile Garment and Daily necessities	106	11345	738192.7	7152.2
纺织品及针织品零售 Textiles and Knitwear	6	362	22074.5	
服装零售 Clothing	63	6431	415748.9	7152.2
鞋帽零售 Shoes and Hats	13	3004	127975.2	
化妆品及卫生用品零售 Cosmetics and Hygiene	2	100	56400.6	
钟表、眼镜零售 Clocks, Watch and Glasses	5	648	27855.6	
箱、包零售 Luggage and Bags	1	48	665.8	
厨房用具及日用杂品零售 Kitchen Utensils and Daily Sundries	6	70	9485.0	
其他日用品零售 Other Daily Necessities	10	682	77987.1	
文化、体育用品及器材专门零售 Culturd and Sports Goodls	47	3571	277593.3	
文具用品零售 Stationery	5	150	13812.7	
体育用品及器材零售 Soprts Goods	1	20	209.0	
图书、报刊零售 Books and Newspapers	11	1968	94769.1	

PURCHASE, SALES AND STOCK OF ENTERPRISES ABOVE DESIGNATED SIZE IN RETAIL TRADE (2014)

(10 000 yuan)

商品销售额 Total Sales	批发额 Wholesale	出口 Expert	零售额 Retail	年末商品库存额 Stocks at Year-end	年末零售营业面积（平方米） Business Area for Retail at Year-end
29156631.0	**2008888.4**	**532.9**	**27147742.6**	**5807103.3**	**8495607**
12983337.1	1061499.6		11921837.5	858460.6	4720550
10699812.3	398404.9		10301407.4	786152.9	5903523
6760824.5	344050.4		6416774.1	577323.9	4259586
3807069.9	47500.0		3759569.9	185986.3	1594368
131917.9	6854.5		125063.4	22842.7	49569
892802.1	37516.4		855285.7	44384.9	110043
91024.1			91024.1	2067.4	1580
62708.9			62708.9	1372.2	9193
76499.6	17491.9		59007.7	680.6	5547
155608.8	1739.7		153869.1	7396.9	16197
4511.0			4511.0	830.1	1350
115566.8	14008.0		101558.8	6405.8	42302
73761.9			73761.9	13951.6	7906
313121.0	4276.8		308844.2	11680.3	25968
902869.6	82393.2	27.0	820476.4	182198.4	283266
13815.6	792.7		13022.9	11933.4	5119
503903.8	72616.0	27.0	431287.8	103582.4	211783
181495.9	7929.9		173566.0	55043.5	21783
75439.4			75439.4	1426.6	4447
33911.2	1054.6		32856.6	5022.7	1820
673.0			673.0	79.9	200
10362.7			10362.7	954.3	3050
83268.0			83268.0	4155.6	35064
310895.6	15754.9		295140.7	89790.9	74100
14709.5	1708.7		13000.8	363.7	1060
9137.7			9137.7	25.1	11163
102460.2	2511.5		99948.7	41563.4	51651

8-8 续 表 1

单位:万元

项 目 Item	法人企业数(个) Number of Enterprises	从业人员期末人数(人) Average Staff and Workers	商品购进额 Total Amount of Purchasing Goods	进 口 Imports
珠宝首饰零售 Bijoutere	16	1106	125477.4	
工艺美术品及收藏品零售 Arts and Crafts and Collectibles	3	97	22753.3	
乐器零售 Musical Instruments	4	90	8631.0	
照相器材零售 Photographic Equipment	3	45	8427.0	
其他文化用品零售 Other Cultural Activities	4	95	3513.8	
医药及医疗器材专门零售 Medicine and Medical Equipment	125	11075	2049823.9	7195.5
药品零售 Medicine	97	10146	1973236.0	
医疗用品及器材零售 Medical Supplies and Equipment	28	929	76587.9	7195.5
汽车、摩托车、燃料及零配件专门零售 Automobile, Motorcycle, Fule and Spare Parts	260	27491	10453850.9	726326.7
汽车零售 The Car	207	20618	7242072.2	726326.7
汽车零配件零售 Atuo Parts	11	255	71040.5	
摩托车及零配件零售 Motocycle and Spare Parts	2	33	9947.0	
机动车燃料零售 Motor Fuel	40	6585	3130791.2	
家用电器及电子产品专门零售 Houshold Appliances	100	7022	1486438.1	5048.5
家用视听设备零售 Home Auto - visual and Electronic Products Equipment	5	176	26467.5	
日用家电设备零售 Household Appliances	32	4446	1139430.7	
计算机、软件及辅助设备零售 Computer, Software and Auxliary Equipment	46	1683	239564.5	
通信设备零售 Communication Equipment	10	544	42576.2	5048.5
其他电子产品零售 Other Electronic Products	7	173	38399.2	
五金、家具及室内装饰材料专门零售 Hardware, Furniture and Interiov Decoration Materials	65	2423	361431.9	317.9
五金零售 Hardware	16	326	27116.6	
灯具零售 Lamps and Lanterns	3	64	3276.3	
家具零售 Furniture	18	1221	159619.3	
涂料零售 Paint	1	5	761.2	
卫生洁具零售 Sanitary ware	3	73	9753.2	317.9
木质装饰材料零售 Wood Decoration	3	74	22575.9	
陶瓷、石材装饰材料零售 Ceramic and Stone	5	156	17940.7	
其他室内装饰材料零售 Other interior Decoration Materials	16	504	120388.7	

8-8 Continued 1

(10 000 yuan)

商品销售总额 Total Sales	批发额 Wholesale	出口 Expert	零售额 Retail	年末商品库存总额 Stocks at Year-end	年末零售营业面积（平方米） Business Area for Retail at Year-end
140112.6	5276.9		134835.7	38481.7	6871
21389.8			21389.8	3577.9	330
10092.8			10092.8	4209.6	1880
8164.9	6257.8		1907.1	712.1	145
4828.1			4828.1	857.4	1000
2258407.8	282036.1	505.9	1976371.7	241147.1	196776
2156643.5	258046.1		1898597.4	232291.8	189020
101764.3	23990.0	505.9	77774.3	8855.3	7756
11041284.0	986907.5		10054376.5	4237977.2	894044
7594128.9	321731.8		7272397.1	4206759.3	579083
80522.0	19746.4		60775.6	6339.9	6026
9956.9			9956.9	620.8	2697
3356676.2	645429.3		2711246.9	24257.2	306238
1551132.8	173207.3		1377925.5	92405.8	658219
27871.2			27871.2	3212.0	2985
1194756.7	129635.4		1065121.3	63894.9	628772
248581.8	29762.4		218819.4	17772.6	16993
40627.5	10865.5		29762.0	5847.2	8200
39295.6	2944.0		36351.6	1679.1	1269
432900.0	29732.3		403167.7	25210.9	370142
29142.4	821.2		28321.2	1010.5	173721
4243.7			4243.7	428.1	1746
216908.8	5673.4		211235.4	15099.7	134506
738.9			738.9	22.3	50
11791.6			11791.6	1093.4	1680
24342.5	13306.4		11036.1	3555.8	690
19824.2			19824.2	1098.7	7956
125907.9	9931.3		115976.6	2902.4	49793

8-8 续 表 2

单位:万元

项 目 Item	法人企业数(个) Number of Enterprises	从业人员期末人数(人) Average Staff and Workers	商品购进额 Total Amount of Purchasing Goods	进 口 Imports
货摊、无店铺及其他零售 Stalls, No - shop and Others	13	2446	2045618.6	
货摊纺织、服装及鞋零售 Textile, Clothing and Footwwear Stalls	1	167	8925.3	
互联网零售 Internet	4	1986	2002382.6	
邮购及电视、电话零售 Mail Order and TV, Telephone	1	60	7468.5	
生活用燃料零售 Domestic Fule	4	141	13458.3	
其他未列明零售 Other not Listed	3	92	13383.9	
2.按登记注册类型分 **Grouped by Registration**				
内资企业 Domestic Investment	830	116843	23719774.8	691152.5
国有企业 State-owned	12	1539	1040681.6	
集体企业 Collective-owned	10	835	101563.4	
股份合作企业 Cooperative of Share Holding	5	199	33738.7	
有限责任公司 Compaines of Limited Liabilities	431	45563	10759220.2	380942.6
国有独资公司 State Owned	6	4375	2097738.2	
其他有限责任公司 Other Companies of Limited Liabilities	425	41188	8661482.0	380942.6
股份有限公司 Share Holding	17	45481	7632473.7	
私营企业 Private-owned	351	23124	4139319.1	310209.9
私营独资企业 Private Exclusive Investment	14	308	69770.9	
私营合伙企业 Private Partnership	1	26	2013.0	
私营有限责任公司 Private Companies of Limited Liabilities	326	21592	3740030.2	305551.9
私营股份有限公司 Private Companies of Limited Liabilities with Share Holding	10	1198	327505.0	4658.0
其他企业 Others	4	102	12778.1	
港、澳、台商投资企业 Enterprises funded by Entepreneurs from HongKong, Macao & Taiwan	16	7411	1078300.7	37437.1
与港澳台商合资经营企业 Joint Venture with Hongkong, Macro & Taiwan	3	633	32455.0	6383.0
港澳台商独资企业 Hongkong and Marcro, Taiwan Owned	13	6778	1045845.7	31054.1
外商投资企业 Foreign Investment	18	11779	2808869.4	22535.0
中外合资经营企业 Chinese Foreign Equity Joint Ventures	5	1185	83940.9	6082.0
外资企业 Foreign Enterprise	12	10533	2708475.5	
其他外商投资企业 Other Foreign Investment	1	61	16453.0	16453.0

8-8 Continued 2

(10 000 yuan)

商品销售总额 Total Sales	批发额 Wholesale	出口 Expert	零售额 Retail	年末商品库存总额 Stocks at Year-end	年末零售营业面积(平方米) Business Area for Retail at Year-end
1066526.8	2935.8		1063591.0	107835.2	5494
13711.6			13711.6	94.3	
1017943.0	806.1		1017136.9	106139.1	
8349.2			8349.2	0.1	
13016.9	2129.7		10887.2	602.8	4634
13506.1			13506.1	998.9	860
25786339.5	1976269.1		23810070.4	5505441.3	7780975
1082050.6	762.3		1081288.3	70787.4	12598
114288.0	3453.0		110835.0	3008.3	109003
33246.1			33246.1	789.4	22343
11419287.9	1219732.0		10199555.9	806128.2	2548871
2302433.3	630809.9		1671623.4	15584.0	232690
9116854.6	588922.1		8527932.5	790544.2	2316181
8579728.5	415675.4		8164053.1	685393.9	4266023
4544385.1	336646.4		4207738.7	3938756.0	814400
70141.3			70141.3	5067.1	13808
2030.3			2030.3	112.3	500
4120864.0	295660.6		3825203.4	3852687.2	770733
351349.5	40985.8		310363.7	80889.4	29359
13353.3			13353.3	578.1	7737
1389019.9	12709.9	27.0	1376310.0	127805.3	184192
55330.8	31.6	27.0	55299.2	11102.0	5967
1333689.1	12678.3		1321010.8	116703.3	178225
1981271.6	19909.4	505.9	1961362.2	173856.7	530440
112421.9	18186.0	505.9	94235.9	8923.7	44471
1849688.3	1723.4		1847964.9	162466.6	483969
19161.4			19161.4	2466.4	2000

8-9 历年住宿和餐饮业营业额及指数
ANNUAL ACCOMMODATION AND CATERING INDUSTRY TURNOVER AND INDEX

年份 Year	合计 Total		住宿业 Accommodation		餐饮业 Catering	
	绝对数（亿元）Data (100 million yuan)	指数（上年=100）preceding year = 100	绝对数（亿元）Data (100 million yuan)	指数（上年=100）preceding year = 100	绝对数（亿元）Data (100 million yuan)	指数（上年=100）preceding year = 100
2009	348.79	—	46.37	—	302.42	—
2010	404.05	115.8	54.93	118.4	349.12	115.4
2011	430.71	120.4	66.35	120.8	364.36	120.4
2012	532.01	123.5	79.18	119.3	452.83	124.3
2013	600.83	112.9	86.41	109.1	514.42	113.6
2014	678.79	113.0	90.30	104.5	588.49	114.4

注：指数根据省局正式核定的年度数据计算。
Note: The index is calculated according to the annual data Bureau approved.

8-10 住宿和餐饮业经营情况

OPERATION OF ENTERPRISES IN ACCOMMODATION AND CATERING TRADE

单位:万元 (10 000 yuan)

项　　目 Item	住宿业 Accommodation		餐饮业 catering	
	2014 年	2013 年	2014 年	2013 年
营业额总计 **Total Business Revenue**	902978.8	864094.5	5884958.4	5144194.4
(一)限额以上营业额 Revenue of Enterprises Above designated Size	427734.6	432138.7	1221847.4	1192576.4
1. 客房收入 Revenue From Hotel Rooms	252998.2	261499.9	39335.0	32368.6
2. 餐费收入 Revenue From Meals	130845.7	129546.7	1131764.6	1119642.2
3. 商品销售额 Revenue From Commodities	10371.2	9466.0	43991.1	33697.0
4. 其他收入 Other Revenue	33519.5	31626.1	6756.7	6868.6
(二)限额以下营业额 Below Designated Size	475244.2	431955.8	4663111.0	3951618.0
其中:餐费收入和商品销售额 Revenue From Meals and Commodities	61358.3	54608.5	2560899.3	2192153.8

注:本表为行业口径,仅含法人和个体,不含非同业附属产业活动单位。

Note:This table is showed by industry caliber, containing corporate and individual.

8－11　限额以上住宿业法人企业经营情况(2014 年)

单位:万元

项　　目 Item	法人企业数(个) Number of Enterprises	从业人员期末人数(人) Employed Person	营业额 Total Revenue	客房收入 Revenue From Hotel
总　计 Total	**208**	**24154**	**422598.5**	**250908.4**
其中:国有控股 State Holding	43	6023	90280.2	51959.6
1.按住宿行业小类分 Grouped by Small Class				
旅游饭店 Traveling Hotel	120	19416	343985.3	194094.3
一般旅馆 Generel Hotel	87	4723	78352.7	56553.6
其他住宿业 Other Accomodation Service	1	15	260.5	260.5
2.按登记注册类型分 Grouped by registration				
内资企业 Domestic Investment	192	20323	344617.4	209328.7
国有企业 State-owned	23	3253	42969.3	26514.1
集体企业 Collective-owned	2	468	10394.5	4886.5
有限责任公司 Cooperative of Share Holding	100	12015	226001.7	132097.2
国有独资公司 Companies State-owned Excluasive Investment	5	496	9109.7	2633.2
其他有限责任公司 Other Companies of Limited Liabilities	95	11519	216892.0	129464.0
股份有限公司 Share Holding	5	710	9509.6	7309.1
私营企业 Private-owned	61	3862	55481.8	38261.3
私营合伙企业 Private Partnership	2	24	381.0	372.0
私营有限责任公司 Private Companies of Limited Liabilities	56	3718	52665.6	36208.4
私营股份有限公司 Private Companies of Limited Liabilities with Share Holding	3	120	2435.2	1680.9
其他企业 Others	1	15	260.5	260.5
港澳台商投资企业 Enterprises funded by Entepreneurs from HongKong, Macao & Taiwan	15	3814	77531.1	41129.7
与港澳台商合资经营企业 Joint Ventures with HongKong, Macao and Taiwan	3	904	21728.1	10211.9
与港澳台商合作经营企业 Co-operation Companies	2	783	14299.4	7450.6
港澳台商独资企业 Manage with HongKong, Macao and Taiwan jointly	8	1775	31964.0	16624.5
港、澳、台商投资股份有限公司 Exclusive investment of HongKong, Macao, and Taiwan	2	352	9539.6	6842.7
外商投资企业 Foreign funded	1	17	450.0	450.0
外资企业 Enterprises with Sole Foreign Investment	1	17	450.0	450.0

OPERATION OF HOTELS ABOVE DESIGNATED SIZE (2014)

(10 000 yuan)

餐费收入 Revenue From Meals	商品销售收入 Revenue From Commodities	其他收入 Others	客房数 (间) Rooms	床位数 (个) Beds	餐位数 (位) Tables of Catering	年末餐饮营业面积 (平方米) Operational Area for Catering
126305.6	**10087.9**	**35296.6**	**36185**	**56707**	**45393**	**245986**
22979.7	3426.1	11914.8	7062	12196	11879	51649
113606.0	6929.0	29356.0	24599	38297	36565	201463
12699.6	3158.9	5940.6	11504	18256	8828	44523
			82	154		
97754.5	9117.0	28417.2	32133	50765	40109	220958
11555.6	2382.9	2516.7	3673	6804	7012	32800
4130.0	44.2	1333.8	376	577	1688	4740
70341.3	4150.4	19412.8	19391	29432	24060	146642
1749.3	591.0	4136.2	587	1027	491	2255
68592.0	3559.4	15276.6	18804	28405	23569	144387
1931.1	36.6	232.8	883	1188	1100	5140
9796.5	2502.9	4921.1	7728	12610	6249	31636
9.0			184	210	10	120
9075.2	2488.4	4893.6	7121	11645	5909	30216
712.3	14.5	27.5	423	755	330	1300
			82	154		
28551.1	970.9	6879.4	3898	5719	5284	25028
9283.1	642.4	1590.7	967	1443	1812	5600
6270.0	96.0	482.8	527	738	1258	3150
10499.4	232.4	4607.7	1948	2892	1928	15151
2498.6	0.1	198.2	456	646	286	1127
			154	223		
			154	223		

8-12 限额以上餐饮业法人企业经营情况(2014年)

单位:万元

项目 Item	法人企业数(个) Number of Enterprises	从业人员期末人数(人) Employed Person	营业额 Total Revenue	客房收入 Revenue From Hotel
总计 Total	493	50366	1165407.1	44502.2
其中:国有控股 State Holding	6	780	14935.1	2104.1
1.按餐饮行业小类分 Gropued by Small Class				
正餐服务 Dinner Service	473	38927	752038.7	44425.7
快餐服务 Fast Food Service	14	9095	324728.8	
饮料及冷饮服务 Beverage and Related Services	3	1721	40938.2	76.5
咖啡馆服务 Cafe Service	2	1690	39913.7	
其他饮料及冷饮服务 Other Catering Trade	1	31	1024.5	76.5
其他餐饮业 Other Catering Trade	3	623	47701.4	
小吃服务 Snack Service	1	81	32474.3	
餐饮配送服务 Food Distribution Service	1	475	14514.2	
其他未列明餐饮业 Other Not - listed Catering	1	67	712.9	
2.按登记注册类型分 Grouped by registration				
内资企业 Domestic Investment	475	38212	775621.8	42908.8
国有企业 State-owned	2	164	2105.5	1330.3
股份合作企业 Cooperative of Share Holding	1	28	207.7	
联营企业 Joint Venture	1	238	52398.7	
集体联营企业 Collective Joint	1	238	52398.7	

OPERATION OF ENTERPRISES IN CATERING SERVICES ABOVE DESIGNATED(2014)

(10 000 yuan)

餐费收入 Revenue From Meals	商品销售收入 Revenue From Commodities	其他收入 Others	客房数 (间) Rooms	床位数 (个) Beds	餐位数 (位) Tables of Catering	年末餐饮营业面积 (平方米) Operational Area for Catering
1073899.0	**37682.4**	**9323.5**	**9814**	**15719**	**323682**	**1190302**
10467.7		2363.3	385	735	3049	5640
661109.3	37194.4	9309.3	9794	15693	268470	1038622
324714.6		14.2			46207	135006
40373.7	488.0		20	26	8068	8560
39913.7					7848	8330
460.0	488.0		20	26	220	230
47701.4					937	8114
32474.3					698	5340
14514.2						2000
712.9					239	774
688708.1	37277.3	6727.6	9247	14931	268928	1022453
775.2			233	457	450	630
207.7					350	360
32646.2	19752.5				4000	5000
32646.2	19752.5				4000	5000

8-12 续 表

单位:万元

项 目 Item	法人企业数(个) Number of Enterprises	从业人员期末人数(人) Employed Person	营业额 Total Revenue	客房收入 Revenue From Hotel
有限责任公司 Companies of Limited Liabilities	226	23448	447997.5	27838.8
国有独资公司 Companies State-owned Excluasive Investment	2	436	6862.3	
其他有限责任公司 Other Companies of Limited Liabilities	224	23012	441135.2	27838.8
股份有限公司 Share Holding	2	95	1606.8	371.2
私营企业 Private-owned	242	14224	270882.6	13368.5
私营独资企业 Privately Owned	12	356	13725.0	397.4
私营合伙企业 Private Partnership	2	57	976.7	61.0
私营有限责任公司 Private Companies of Limited Liabilities	224	13069	244053.0	12833.6
私营股份有限公司 Private Companies of Limited Liabilities with Share Holding	4	742	12127.9	76.5
其他企业 Others	1	15	423.0	
港澳台商投资企业 Enterprises funded by Entepreneurs from HongKong, Macao & Taiwan	12	3215	69538.8	526.7
与港澳台商合资经营企业 Joint Ventures with HongKong, Macao and Taiwan	2	261	5043.1	290.2
港澳台商独资企业 Manage with HongKong, Macao and Taiwan jointly	9	2927	64184.3	236.5
港、澳、台商投资股份有限公司 Exclusive investment of HongKong, Macao, and Taiwan	1	27	311.4	
外商投资企业 Foreign funded	6	8939	320246.5	1066.7
中外合资经营企业 Chinese Foreign Equity Joint Ventures	1	430	5878.5	
外资企业 Enterprises with Sole Foreign Investment	5	8509	314368.0	1066.7

8－12 Continued

(10 000 yuan)

餐费收入 Revenue From Meals	商品销售收入 Revenue From Commodities	其他收入 Others	客房数（间）Rooms	床位数（个）Beds	餐位数（位）Tables of Catering	年末餐饮营业面积（平方米）Operational Area for Catering
402559.5	12125.1	5474.1	6234	9935	174901	610543
6862.3					1699	3200
395697.2	12125.1	5474.1	6234	9935	173202	607343
1210.3	25.3		60	123	600	1600
250886.2	5374.4	1253.5	2720	4416	88527	404120
13065.9	164.7	97.0	160	294	3826	14697
915.7			19	32	900	5132
225386.8	4676.1	1156.5	2521	4064	79546	371116
11517.8	533.6		20	26	4255	13175
423.0					100	200
66374.6	329.5	2308.0	236	316	14502	34749
2444.9		2308.0	220	300	1100	4633
63618.3	329.5		16	16	13242	28616
311.4					160	1500
318816.3	75.6	287.9	331	472	40252	133100
5878.5					2000	6000
312937.8	75.6	287.9	331	472	38252	127100

8－13 批发和零售业连锁经营情况(2014 年)

项　　目 Item	连锁总店数(个) Number of Headquarters in Chain Stores (unit)	连锁门店数(个) Number of Branches in Chain Stores	直营店 Direct Management
总计 Total	105	5477	4750
#外商及港、澳、台投资 Foreign and HongKong, Macao and Taiwan Investment	11	464	457
按业态分 Grouped by Shape of Retail			
便利店 CVS	2	42	42
超　市 Supermarkets	5	1145	1132
大型超市 Large Scale Supermarket	5	76	76
百货店 Bazaar	3	171	171
专业店 Special Shop	54	3097	2412
专卖店 Monopolistic Shop	28	891	891
家具建材商店 Furniture Buliding Materials Store	1	6	6
厂家直销中心 Factory Direct Sales Center	1	2	2
其　他 Others	6	47	18

加盟店 Joining - in Stores	年末零售营业面积（万平方米） Space of Management (10 000m²)	从业人数（人） Number of Employees (person)	销售总额（亿元） Total Sales Revenue (100 million yuan)	零售额 Retail
727	595.91	108979	1552.84	1358.49
7	41.57	15355	176.46	149.43
	0.21	247	0.86	0.41
13	130.31	38840	325.38	320.49
	109.47	13045	184.92	178.25
	223.20	16898	416.28	389.37
685	118.07	28489	537.82	409.20
	13.96	11191	86.07	60.09
	0.30	110	0.26	0.26
	0.01	3	0.00	0.00
29	0.38	156	1.25	0.41

8 – 14 住宿和餐饮业连锁经营情况(2014 年)

项　　目 Item	连锁总店数(个) Number of Headquarters in Chain Stores (unit)	连锁门店数(个) Number of Branches in Chain Stores	直营店 Direct Management	加盟店 Joining-in Stores
总计 **Total**	**31**	**673**	**671**	**2**
#外商及港、澳、台投资 Foreign and HongKong, Macao and Taiwan Investment	6	502	502	
按行业分 Grouped by Sector				
住宿业 Lodging Industry	3	43	42	1
一般旅馆 General Hotel	2	20	19	1
其他住宿业 Other Accommodation Services	1	23	23	
餐饮业 Catering	28	630	629	1
正餐服务 Dinner	22	123	122	1
快餐服务 Short Order	4	395	395	
咖啡馆服务 Coffee Services	1	102	102	
小吃服务 Snack Service	1	10	10	

年末餐饮营业面积（万平方米）Space of Management（10 000m²）	从业人数（人）Number of Employees（person）	客房数（间）Rooms	床位数（个）Beds	餐位数（位）Tables of Catering	营业额（亿元）Total Sales Revenue（100 million yuan）	零售额 Retail
44.77	36453	6581	8363	144477	54.29	52.55
15.99	25763			50533	36.09	36.09
0.02	799	3873	4657	222	1.71	0.09
	379	1218	1855		0.63	0.01
0.02	420	2655	2802	222	1.08	0.08
44.75	35654	2708	3706	144255	52.58	52.46
28.94	10213	2708	3706	95223	14.13	14.01
14.55	23682			40682	31.23	31.23
0.83	1678			7800	3.97	3.97
0.43	81			550	3.25	3.25

8-15 限额以上批发业法人财务指标(2014年)

单位:万元

项目 Item	法人企业数(个) Number of Enterprises	执行《2006年企业会计准则》企业数(个) Implementation of "Accounting Standards for Business Enterprises in 2006"
总计 Total	1084	980
其中:国有控股 State Owned and State holding	81	81
1.按批发行业小类分 According to the classification of the wholesale industry		
农、林、牧产品批发 Wholesale of Farm Products and Livestock Products	30	29
谷物、豆及薯类批发 Wholesale of Grain, Beaus and Potato	8	8
种子批发 Seed Wholesale	5	4
饲料批发 Food Wholesale	4	4
棉、麻批发 Cotton&hamp Wholesale	9	9
林业产品批发 forestry products wholesale	2	2
牲畜批发 Livestock Wholesale	2	2
食品、饮料及烟草制品批发 Wholeasle Trade of Food、Beverage Tobacco and Atricles for Family	107	100
米、面制品及食用油批发 Wholesale of Rice, Noodle and Edible Oil	14	13
糕点、糖果及糖批发 Wholesale of Cakes, Candy and Sugar	8	8
果品、蔬菜批发 Wholesale of Fruit and Vegetables	21	18
肉、禽、蛋、奶及水产品批发 Wholesale of Meat, Bird, Eggs, Milk and Aquatic products	17	17
盐及调味品批发 Wholesale of Salt and Seasoning	5	5
营养和保健品批发 Wholesale of Health Care products	2	2
酒、饮料及茶叶批发 Wholesale of Alcohol, Drinks and Tea	22	19
烟草制品批发 Wholesale of Tobaccos	2	2
其他食品批发 The Other foods Wholesale	16	16
纺织、服装及家庭用品批发 Wholesale of Textile, Clothing and Household Goods	111	98
纺织品、针织品及原料批发 Wholesale of Textiles, Knitwear and Bow Material	14	12
服装批发 Wholesale of Gamments	38	32
鞋帽批发 Wholesale of Shoes and Hats	4	4
化妆品及卫生用品批发 Wholesale of Conmetics and Hygiene	14	13
厨房、卫生间用具及日用杂货批发 Wholesale of Kitchen Supplits, Toilet Artides amd Daily Neiessities	3	1
灯具、装饰物品批发 Wholesale of Lampsand Ornament	2	1
家用电器批发 Wholesale of Household Ecectrical Appliances	24	24
其他家庭用品批发 Wholesale of Other household products	12	11

FINANCIAL INDICATORS OF ENTERPRISES ABOVE DESIGNATED SIZE IN WHOLE SALE(2014)

(10 000 yuan)

一、年初存货	二、期末资产负债 Late Assets and Liabilities			
The Beginning Inventory	流动资产合计 Total Liquid Assets	应收账款 Accounts Receivable	存　货 Stock	固定资产合计 Fixed Assets Price
3287446.1	17962703.2	4918362.9	3462507.4	2132689.8
894005.0	5573800.8	1739595.2	902010.2	956652.5
121205.0	553338.8	29490.5	111735.6	50836.9
16774.4	39667.5	1482.7	20594.1	2913.6
27959.5	62885.5	16936.9	24347.3	11181.4
1171.6	4864.7	463.7	290.4	738.3
75263.6	410823.8	10376.1	66493.6	35592.7
25.7	330.3			214.2
10.2	34767.0	231.1	10.2	196.7
389846.0	2409159.8	168654.4	336058.9	259640.0
110053.2	801178.4	53254.5	75699.0	25422.0
12934.4	32357.4	4730.9	17047.3	504.3
3807.1	15297.7	5631.2	845.1	43369.6
8429.2	111452.7	15961.5	10718.7	69865.9
17758.6	50338.3	7410.4	16202.2	22772.0
2044.9	5474.4	2163.9	2667.6	355.3
74415.2	737142.8	25190.4	69578.8	8868.2
80014.3	485349.9	15599.0	61265.2	76899.0
80389.1	170568.2	38712.6	82035.0	11583.7
151786.4	1064204.2	139005.7	421159.4	30557.9
4438.3	30353.0	4377.4	4083.5	271.2
24451.5	103925.7	29580.0	29687.9	7696.8
3816.3	11651.4	6421.7	5148.3	402.7
38664.9	84733.2	25175.2	39534.8	915.1
1234.3	5268.8	984.5	2527.6	1788.3
567.3	6617.5	2292.9	565.8	10.1
61564.6	784332.4	64046.9	320551.1	9501.0
17049.2	37322.2	6127.1	19060.4	9972.7

8-15 续 表 1

单位:万元

项 目 Item	法人企业数(个) Number of Enterprises	执行《2006 年企业会计准则》企业数(个) Implementation of " Accounting Standards for Business Enterprises in 2006"
文化、体育用品及器材批发 Wholesale of Cultural and Sports Goods	31	27
文具用品批发 Wholesale of Stationery	15	14
图书批发 Wholesale of Books	5	5
首饰、工艺品及收藏品批发 Wholesale of Jewely, Handicraft and Collection	9	7
其他文化用品批发 Wholesale of the Other Cultural activities	2	1
医药及医疗器材批发 Wholesale of Medicines and Medical Appliances	172	158
西药批发 Western Medicine Wholesale	119	111
中药批发 Traditional Chinese Medicine Wholesale	33	30
医疗用品及器材批发 Medical Supplies and Apparatus Wholesale	20	17
矿产品、建材及化工产品批发 Wholesale of Mineral Products, Building Material and Chemical Products	412	362
煤炭及制品批发 Wholesale of Coal and Related Products	40	35
石油及制品批发 Wholesale of Petroleum and related Products	33	30
非金属矿及制品批发 Wholesale of Non Metallic Minerals and Products	4	4
金属及金属矿批发 Wholesale of Metals and Metal Minerals	217	198
建材批发 Wholesale of Building Materials	31	24
化肥批发 Wholesale of Fertilizers	13	11
其他化工产品批发 The Other Chemical Products Wholesale	74	60
机械设备、五金产品及电子产品批发 Wholesale Trade of Mechanical and Electrical Products	204	189
农业机械批发 Agricaltural Machinery Wholesale	1	1
汽车批发 Wholesale of Automobiles	25	24
汽车零配件批发 Wholesale of Auto Parts	25	23
摩托车及零配件批发 Wholesale of Motorcycles and Parts	3	2
五金产品批发 Hardware Products Wholesale	10	10
电气设备批发 Ecectrical Equipment Wholesale	13	12
计算机、软件及辅助设备批发 Wholesale of Computer, Software and Related Appliances	29	28
通讯及广播电视设备批发 Communication, Softeware and Auriliary Equipment Wholesale	14	14
其他机械设备及电子产品批发 The Other mechanical Equipment and Ecectronic Products	84	75

8 – 15 Continued 1

(10 000 yuan)

一、年初存货 The Beginning Inventory	二、期末资产负债 Late Assets and Liabilities			
	流动资产合计 Total Liquid Assets	应收账款 Accounts Receivable	存货 Stock	固定资产合计 Fixed Assets Price
184664.9	561814.4	72224.8	200405.1	86640.3
17089.9	64975.6	20430.5	13726.4	2526.3
59898.3	344379.6	38840.2	69968.7	80711.7
104532.7	144039.8	10306.8	113321.3	3374.1
3144.0	8419.4	2647.3	3388.7	28.2
740548.4	3182391.5	1000406.5	820045.7	288961.2
702727.9	2856435.3	871190.6	775461.5	282887.3
29820.5	240799.0	85786.1	26042.4	5038.0
8000.0	85157.2	43429.8	18541.8	1035.9
1204546.6	6407799.2	1846795.6	987189.6	1340540.0
42598.0	537947.8	159063.4	39820.8	13167.0
502284.5	1241018.5	449861.2	429495.8	1199836.4
10713.1	58200.9	19658.2	4511.7	271.5
423819.1	4053212.2	1106533.9	425503.6	93263.5
9960.1	125793.6	56234.6	7124.9	13950.2
188211.6	190012.1	5288.9	49771.0	10478.7
26960.2	201614.1	50155.4	30961.8	9572.7
280988.6	1905456.7	734265.7	313200.1	51348.9
1114.0	4547.7	3309.0	1017.1	56.2
63958.5	288700.9	95602.7	85233.7	15143.9
48725.6	461203.1	110303.2	70264.2	11942.9
5992.3	7697.7	973.9	4407.6	24.1
6772.0	39033.4	19589.2	12245.0	770.0
3536.8	22077.0	12636.6	4281.2	1433.3
58192.3	574479.5	325475.1	56130.9	872.7
18027.3	107518.5	43007.2	24154.7	1267.0
74669.8	400198.9	123368.8	55465.7	19838.8

8-15 续 表 2

单位:万元

项目 Item	法人企业数（个）Number of Enterprises	执行《2006年企业会计准则》企业数(个) Implementation of " Accounting Standards for Business Enterprises in 2006"
贸易经纪与代理 Trade Brokerage and Agents	8	8
贸易代理 Trade Agent	8	8
其他批发 Other Wholesale Trade	9	9
再生物资回收与批发 Wholesale of Recyded Matorials	7	7
其他未列明批发 Other Mtlisted Wholesale	2	2
2.按登记注册类型分 Grouped by Registration		
内资企业 Domestic Investment	1054	952
国有企业 State-owned	13	13
集体企业 Collective-owned	4	4
股份合作企业 Cooperative of Share Holding	2	2
联营企业 Joint-owned	1	1
其他联营企业 Other Joint	1	1
有限责任公司 Companies of Limited Liabilities	534	488
国有独资公司 Companies State-owned Excluasive Investment	14	14
其他有限责任公司 Other Companies of Limited Liabilities	520	474
股份有限公司 Share Holding	32	31
私营企业 Private-owned	461	406
私营独资企业 Private Exclusive Investment	1	
私营有限责任公司 Private Companies of Limited Liabilities	449	397
私营股份有限公司 Private Companies of Limited Liabilities with Share Holding	11	9
其他企业 Others	7	7
港、澳、台商投资企业 Enterprises Funded by Entepreneurs from HongKong, Macao & Taiwan	13	13
与港澳台商合资经营企业 Joint Ventures with HongKong, Macao and Taiwan	5	5
港、澳、台商独资经营企业 Manage with HongKong, Macao and Taiwan Jointly	8	8
外商投资企业 Foreign Funded	17	15
中外合资经营企业 Joint Venture Enterprises	6	5
外资企业 Enterprises with Sole Foreign Investment	8	7
外商投资股份有限公司 Companies Limited by Shares with Foreign Investment	1	1
其他外商投资企业 Other Foreign Investment Enterprises	2	2

8 – 15 Continued 2

(10 000 yuan)

一、年初存货 The Beginning Inventory	二、期末资产负债 Late Assets and Liabilities 流动资产合计 Total Liquid Assets	应收账款 Accounts Receivable	存　货 Stock	固定资产合计 Fixed Assets Price
211310.1	1845088.3	911492.3	269017.0	21148.1
211310.1	1845088.3	911492.3	269017.0	21148.1
2550.1	33450.3	16027.4	3696.0	3016.5
1735.0	30342.6	15685.2	2762.3	2815.9
815.1	3107.7	342.2	933.7	200.6
3084041.2	16752187.0	4668251.4	3234300.2	2011563.7
77476.8	564872.8	46698.8	56911.1	88266.9
5440.8	66764.3	3731.2	8073.2	5603.3
376.7	1889.0	1273.9	422.0	14.8
0.1	2348.0	1153.2	174.9	54.9
0.1	2348.0	1153.2	174.9	54.9
1304547.8	8382954.3	2238448.5	1434322.1	737464.6
194654.6	796789.7	440165.6	157488.9	361255.2
1109893.2	7586164.6	1798282.9	1276833.2	376209.4
1156626.9	4134820.3	1363556.2	1152330.9	1076450.4
533923.9	3548676.6	997916.2	580048.8	101180.8
	190.2	12.5	163.5	185.2
524373.8	3502246.1	986333.9	571205.1	97300.0
9550.1	46240.3	11569.8	8680.2	3695.6
5648.2	49861.7	15473.4	2017.2	2528.0
101651.1	271829.1	60166.9	123431.8	106609.0
19140.4	86515.2	44577.9	22607.6	1409.3
82510.7	185313.9	15589.0	100824.2	105199.7
101753.8	938687.1	189944.6	104775.4	14517.1
55347.5	270480.3	159299.0	73412.4	10119.9
44858.8	628054.7	15343.3	28989.7	3678.9
	4379.0	3871.7		80.6
1547.5	35773.1	11430.6	2373.3	637.7

8－15 续 表 3

单位：万元

项目 Item	二、期末资产负债 Late Assets and Liabilities		
	固定资产原价 Fixed Asset Price	累计折旧 Accumulated Depreciation	本年折旧 Depreciation of this year
总计 Total	**3029614.8**	**900400.4**	**160286.6**
其中：国有控股 State Owned and State holding	1333347.0	379169.5	69304.9
1.按批发行业小类分 According to the classification of the wholesale industry			
农、林、牧产品批发 Wholesale of Farm Products and Livestock Products	73124.8	22287.9	3896.4
谷物、豆及薯类批发 Wholesale of Grain, Beaus and Potato	7641.1	4727.5	96.9
种子批发 Seed Wholesale	13923.8	2742.4	810.4
饲料批发 Food Wholesale	894.3	156.0	43.5
棉、麻批发 Cotton&hamp Wholesale	50091.1	14498.4	2886.3
林业产品批发 forestry products wholesale	220.3	6.1	6.1
牲畜批发 Livestock Wholesale	354.2	157.5	53.2
食品、饮料及烟草制品批发 Wholeasle Trade of Food、Beverage Tobacco and Atricles for Family	371978.6	112362.5	18755.8
米、面制品及食用油批发 Wholesale of Rice, Noodle and Edible Oil	33399.9	8123.3	1448.2
糕点、糖果及糖批发 Wholesale of Cakes, Candy and Sugar	1237.5	733.2	200.3
果品、蔬菜批发 Wholesale of Fruit and Vegetables	44799.4	1429.8	791.2
肉、禽、蛋、奶及水产品批发 Wholesale of Meat, Bird, Eggs, Milk and Aquatic products	83159.0	13291.9	5068.7
盐及调味品批发 Wholesale of Salt and Seasoning	53038.3	30147.4	2636.7
营养和保健品批发 Wholesale of Health Care products	422.8	67.5	29.3
酒、饮料及茶叶批发 Wholesale of Alcohol, Drinks and Tea	15680.9	6811.3	1482.1
烟草制品批发 Wholesale of Tobaccos	124485.6	47586.6	6134.6
其他食品批发 The Other foods Wholesale	15755.2	4171.5	964.7
纺织、服装及家庭用品批发 Wholesale of Textile, Clothing and Household Goods	45210.5	14652.6	3156.6
纺织品、针织品及原料批发 Wholesale of Textiles, Knitwear and Bow Material	835.5	564.3	94.5
服装批发 Wholesale of Gamments	12986.8	5290.0	866.9
鞋帽批发 Wholesale of Shoes and Hats	763.3	360.6	152.4
化妆品及卫生用品批发 Wholesale of Conmetics and Hygiene	1834.8	919.7	228.6
厨房、卫生间用具及日用杂货批发 Wholesale of Kitchen Supplits, Toilet Artides amd Daily Neiessities	3372.2	1583.9	208.4
灯具、装饰物品批发 Wholesale of Lampsand Ornament	12.3	2.2	2.0
家用电器批发 Wholesale of Household Ecectrical Appliances	10637.6	1136.6	497.4
其他家庭用品批发 Wholesale of Other household products	14768.0	4795.3	1106.4

8-15 Continued 3

(10 000 yuan)

二、期末资产负债 Late Assets and Liabilities				
在建工程 In the Construction Engineering	资产总计 Total Assets	流动负债合计 Total Liabilitiesers	应付账款 Accounts Payable	非流动负债合计 Non Current Liabilities
495831.2	**23115298.6**	**16611316.2**	**4479284.5**	**930094.3**
317057.7	8098268.8	5026742.3	1553784.4	562152.1
5252.6	650716.4	483186.9	12382.6	25439.4
3713.7	48810.8	35773.5	1243.7	8928.7
1384.1	81850.0	39731.4	6058.5	5363.7
	6353.6	6430.3		256.6
154.8	462611.4	375592.5	4896.2	9086.3
	1484.6	124.8		1252.5
	49606.0	25534.4	184.2	551.6
24703.8	2907683.1	1825927.3	480564.0	354020.9
4769.5	924860.9	420593.6	33692.1	309294.8
	33260.9	26278.5	10550.4	
2101.2	65785.9	12350.3	3756.4	14561.2
6418.5	225039.4	144929.1	17731.2	12022.8
5768.7	99098.2	48695.8	31709.0	14229.5
	5981.4	5508.7	609.8	123.0
467.9	767523.8	902836.9	303307.6	316.6
5178.0	603287.5	115191.0	56373.0	
	182845.1	149543.4	22834.5	3473.0
4966.3	1125106.5	994871.1	313268.2	20804.5
	30834.6	26972.5	10237.2	
35.5	116019.4	95300.6	36846.5	2030.0
3103.3	18427.5	13373.8	6787.6	
	86101.3	75732.2	30118.3	420.9
	9033.9	6017.8	3751.9	
	6629.7	5324.9	4379.7	
1827.5	807624.3	751462.2	213425.5	12623.1
	50435.8	20687.1	7721.5	5730.5

8-15 续 表 4

单位:万元

项 目 Item	二、期末资产负债 Late Assets and Liabilities		
	固定资产原价 Fixed Asset Price	累 计 折 旧 Accumulated Depreciation	本 年 折 旧 Depreciation of this year
文化、体育用品及器材批发 Wholesale of Cultural and Sports Goods	118553.0	31807.7	5866.3
文具用品批发 Wholesale of Stationery	3704.3	1073.0	237.4
图书批发 Wholesale of Books	106447.5	25735.8	4614.0
首饰、工艺品及收藏品批发 Wholesale of Jewely, Handicraft and Collection	8294.4	4920.3	1009.5
其他文化用品批发 Wholesale of the Other Cultural activities	106.8	78.6	5.4
医药及医疗器材批发 Wholesale of Medicines and Medical Appliances	374072.8	85044.2	18560.2
西药批发 Western Medicine Wholesale	362816.3	79929.1	17879.2
中药批发 Traditional Chinese Medicine Wholesale	9175.8	4137.8	441.1
医疗用品及器材批发 Medical Supplies and Apparatus Wholesale	2080.7	977.3	239.9
矿产品、建材及化工产品批发 Wholesale of Mineral Products, Building Material and Chemical Products	1908858.0	568824.3	99759.2
煤炭及制品批发 Wholesale of Coal and Related Products	20121.0	6954.0	942.8
石油及制品批发 Wholesale of Petroleum and related Products	1697721.9	495436.8	86372.8
非金属矿及制品批发 Wholesale of Non Metallic Minerals and Products	859.7	588.2	85.5
金属及金属矿批发 Wholesale of Metals and Metal Minerals	140413.8	47979.7	8413.2
建材批发 Wholesale of Building Materials	15108.9	3159.3	606.8
化肥批发 Wholesale of Fertilizers	16970.0	6491.3	1973.5
其他化工产品批发 The Other Chemical Products Wholesale	17662.7	8215.0	1364.6
机械设备、五金产品及电子产品批发 Wholesale Trade of Mechanical and Electrical Products	97825.8	49594.5	8821.4
农业机械批发 Agricaltural Machinery Wholesale	90.1	33.9	8.9
汽车批发 Wholesale of Automobiles	41659.3	26515.4	2020.7
汽车零配件批发 Wholesale of Auto Parts	17494.7	5549.8	1224.9
摩托车及零配件批发 Wholesale of Motorcycles and Parts	169.0	144.9	8.3
五金产品批发 Hardware Products Wholesale	1387.9	617.9	202.3
电气设备批发 Ecectrical Equipment Wholesale	2176.5	743.2	161.2
计算机、软件及辅助设备批发 Wholesale of Computer, Software and Related Appliances	1952.5	1079.6	215.0
通讯及广播电视设备批发 Communication, Softeware and Auriliary Equipment Wholesale	2524.8	1257.8	822.0
其他机械设备及电子产品批发 The Other mechanical Equipment and Ecectronic Products	30371.0	13652.0	4158.1

8－15 Continued 4

(10 000 yuan)

二、期末资产负债 Late Assets and Liabilities				
在建工程 In the Construction Engineering	资产总计 Total Assets	流动负债合计 Total Liabilitiesers	应付账款 Accounts Payable	非流动负债合计 Non Current Liabilities
4063.7	697801.0	464744.1	183279.8	3573.3
2317.8	70611.4	58007.3	9935.7	460.1
1745.9	467136.6	320047.2	114458.2	
	151605.4	78766.2	57542.2	3113.2
	8447.6	7923.4	1343.7	
32428.7	4090829.4	2708087.4	902596.0	178405.4
32428.7	3749861.2	2434533.7	782188.9	177276.4
	251651.6	202144.2	76137.7	1031.8
	89316.6	71409.5	44269.4	97.2
416829.0	9117852.3	6494240.5	1012362.5	218763.9
	611402.7	492102.7	65628.8	1112.2
399107.7	3455679.3	1798685.0	356243.7	119852.4
	64868.5	59879.7	9058.0	
4971.8	4360315.8	3665115.0	505831.5	77345.6
226.7	152697.6	118642.5	17401.9	4615.7
1439.7	234268.7	192922.6	10998.7	6033.1
11083.1	238619.7	166893.0	47199.9	9804.9
7587.1	2065913.2	1737574.4	825982.4	20132.1
	4603.9	4231.4	2938.5	
58.6	331304.0	294195.4	107116.9	3419.3
4745.2	491532.7	401831.2	52480.5	3227.7
	7721.8	6091.3	2576.3	
114.0	40559.1	30885.1	16195.8	159.7
	24165.1	16718.8	7087.4	
	587179.1	521920.0	456320.4	94.3
16.5	113876.9	100701.6	46763.5	2885.7
2652.8	464970.6	360999.6	134503.1	10345.4

8-15 续 表 5

单位:万元

项 目 Item	二、期末资产负债 Late Assets and Liabilities 固定资产原价 Fixed Asset Price	累计折旧 Accumulated Depreciation	本年折旧 Depreciation of this year
贸易经纪与代理 Trade Brokerage and Agents	34091.8	12943.7	1032.2
贸易代理 Trade Agent	34091.8	12943.7	1032.2
其他批发 Other Wholesale Trade	5899.5	2883.0	438.5
再生物资回收与批发 Wholesale of Recyded Matorials	4945.4	2129.5	349.4
其他未列明批发 Other Mtlisted Wholesale	954.1	753.5	89.1
2.按登记注册类型分 Grouped by Registration			
内资企业 Domestic Investment	2862909.9	854821.6	150442.0
国有企业 State-owned	143836.8	55569.9	6494.1
集体企业 Collective-owned	9932.0	4328.7	429.9
股份合作企业 Cooperative of Share Holding	54.2	39.4	1.9
联营企业 Joint-owned	99.0	44.1	1.1
其他联营企业 Other Joint	99.0	44.1	1.1
有限责任公司 Companies of Limited Liabilities	1040586.1	308087.9	59047.7
国有独资公司 Companies State-owned Excluasive Investment	502321.9	143989.7	29666.7
其他有限责任公司 Other Companies of Limited Liabilities	538264.2	164098.2	29381.0
股份有限公司 Share Holding	1509719.0	430965.4	71843.4
私营企业 Private-owned	150479.7	50111.1	12205.2
私营独资企业 Private Exclusive Investment	233.7	48.5	12.0
私营有限责任公司 Private Companies of Limited Liabilities	145382.8	48895.0	11949.6
私营股份有限公司 Private Companies of Limited Liabilities with Share Holding	4863.2	1167.6	243.6
其他企业 Others	8203.1	5675.1	418.7
港、澳、台商投资企业 Enterprises Funded by Entepreneurs from HongKong, Macao & Taiwan	141678.7	35069.7	7366.9
与港澳台商合资经营企业 Joint Ventures with HongKong, Macao and Taiwan	2823.5	1414.2	324.3
港、澳、台商独资经营企业 Manage with HongKong, Macao and Taiwan Jointly	138855.2	33655.5	7042.6
外商投资企业 Foreign Funded	25026.2	10509.1	2477.7
中外合资经营企业 Joint Venture Enterprises	15252.8	5132.9	1235.4
外资企业 Enterprises with Sole Foreign Investment	7659.2	3980.3	907.7
外商投资股份有限公司 Companies Limited by Shares with Foreign Investment	127.2	46.6	11.2
其他外商投资企业 Other Foreign Investment Enterprises	1987.0	1349.3	323.4

8-15 Continued 5

(10 000 yuan)

二、期末资产负债 Late Assets and Liabilities				
在建工程 In the Construction Engineering	资产总计 Total Assets	流动负债合计 Total Liabilitiesers	应付账款 Accounts Payable	非流动负债合计 Non Current Liabilities
	2421464.0	1872452.6	741740.5	108923.2
	2421464.0	1872452.6	741740.5	108923.2
	37932.7	30231.9	7108.5	31.6
	33624.4	27973.8	6755.2	31.6
	4308.3	2258.1	353.3	
488021.3	21739390.9	15294759.2	3987123.1	914035.2
8904.7	730246.2	195130.0	49753.8	20908.5
1036.3	74890.6	71421.0	5410.4	
	1904.0	1533.1	514.9	
	2402.9	1303.6	917.9	132.0
	2402.9	1303.6	917.9	132.0
249435.5	10006537.6	7623933.3	1792839.9	481897.1
212570.4	1485400.8	1073968.5	314845.4	29726.5
36865.1	8521136.8	6549964.8	1477994.5	452170.6
218920.7	6997167.6	4141545.9	1288708.8	374849.2
9724.1	3861260.0	3199777.7	845211.9	36196.9
	375.4	90.2	38.1	110.0
7406.3	3808555.7	3161748.0	840633.8	35316.4
2317.8	52328.9	37939.5	4540.0	770.5
	64982.0	60114.6	3765.5	51.5
6652.1	399596.1	245038.4	116812.1	14500.0
233.6	88695.7	63193.8	45040.4	
6418.5	310900.4	181844.6	71771.7	14500.0
1157.8	976311.6	1071518.6	375349.3	1559.1
689.9	283212.7	225005.2	81153.6	
467.9	649180.7	806964.4	268158.0	
	4467.2	341.1	229.0	1186.0
	39451.0	39207.9	25808.7	373.1

8－15 续 表 6

单位:万元

项 目 Item	二、期末资产负债 Late Assets and Liabilities		
	负债合计 Total Liabilitiesers	所有者权益合计 Total Interests of Own	实收资本 Total Capital Hold
总 计 Total	**17538638.0**	**5576660.5**	**4887849.7**
其中:国有控股 State Owned and State holding	5588894.4	2509374.4	1789198.1
1.按批发行业小类分 According to the classification of the wholesale industry			
农、林、牧产品批发 Wholesale of Farm Products and Livestock Products	508626.3	142090.1	69947.3
谷物、豆及薯类批发 Wholesale of Grain, Beaus and Potato	44702.2	4108.6	5107.3
种子批发 Seed Wholesale	45095.1	36754.9	19300.0
饲料批发 Food Wholesale	6686.9	－333.3	2610.0
棉、麻批发 Cotton&hamp Wholesale	384678.8	77932.6	28627.7
林业产品批发 forestry products wholesale	1377.3	107.3	107.3
牲畜批发 Livestock Wholesale	26086.0	23520.0	14195.0
食品、饮料及烟草制品批发 Wholeasle Trade of Food、Beverage Tobacco and Atricles for Family	2179948.2	727734.9	334601.0
米、面制品及食用油批发 Wholesale of Rice, Noodle and Edible Oil	729888.4	194972.5	133862.5
糕点、糖果及糖批发 Wholesale of Cakes, Candy and Sugar	26278.5	6982.4	6076.0
果品、蔬菜批发 Wholesale of Fruit and Vegetables	26911.5	38874.4	28791.5
肉、禽、蛋、奶及水产品批发 Wholesale of Meat, Bird, Eggs, Milk and Aquatic products	156951.9	68087.5	55982.2
盐及调味品批发 Wholesale of Salt and Seasoning	62925.3	36172.9	51260.0
营养和保健品批发 Wholesale of Health Care products	5631.7	349.7	321.3
酒、饮料及茶叶批发 Wholesale of Alcohol, Drinks and Tea	903153.5	－135629.7	23955.5
烟草制品批发 Wholesale of Tobaccos	115191.0	488096.5	15170.0
其他食品批发 The Other foods Wholesale	153016.4	29828.7	19182.0
纺织、服装及家庭用品批发 Wholesale of Textile, Clothing and Household Goods	1015675.6	109430.9	67232.4
纺织品、针织品及原料批发 Wholesale of Textiles, Knitwear and Bow Material	26972.5	3862.1	3139.1
服装批发 Wholesale of Gamments	97330.6	18688.8	16301.0
鞋帽批发 Wholesale of Shoes and Hats	13373.8	5053.7	1550.0
化妆品及卫生用品批发 Wholesale of Conmetics and Hygiene	76153.1	9948.2	11153.0
厨房、卫生间用具及日用杂货批发 Wholesale of Kitchen Supplits, Toilet Artides amd Daily Neiessities	6017.8	3016.1	1090.0
灯具、装饰物品批发 Wholesale of Lampsand Ornament	5324.9	1304.8	430.0
家用电器批发 Wholesale of Household Ecectrical Appliances	764085.3	43539.0	18971.0
其他家庭用品批发 Wholesale of Other household products	26417.6	24018.2	14598.3

8－15 Continued 6

(10 000 yuan)

二、期末资产负债 Late Assets and Liabilities					
国家资本 National Capits	集体资本 Collective Capita	法人资本 Corporate Capital	个人资本 Private Capital	港澳台资本 HK Macao and Taiwan's Capital	外商资本 Foreign Capital
1715787.5	**37951.6**	**1315338.4**	**1696726.5**	**108857.7**	**13088.0**
1708548.0	337.8	71228.5	6803.8	2280.0	
21836.0	14738.1	13444.8	17648.4	2280.0	
4140.9		666.4	300.0		
7320.2		5219.0	6760.8		
		1490.0	1120.0		
	14738.1	5040.0	8849.6		
		84.3	23.0		
10374.9		945.1	595.0	2280.0	
191935.9	1709.4	58475.0	33855.7	43600.0	5025.0
107946.9	1455.6	12440.0	2420.0	9600.0	
270.0		4236.0	1570.0		
		20664.0	8127.5		
15212.0		670.0	6100.2	34000.0	
50000.0			1260.0		
			321.3		
1022.2	242.8	11815.0	5875.5		5000.0
15170.0					
2314.8	11.0	8650.0	8181.2		25.0
3032.0	632.0	25229.0	38289.4	50.0	
20.0		1409.0	1710.1		
3012.0	332.0	8295.0	4662.0		
		50.0	1500.0		
		9080.0	2023.0	50.0	
			1090.0		
		100.0	330.0		
	300.0	4950.0	13721.0		
		1345.0	13253.3		

单位:万元

项目 Item	二、期末资产负债 Late Assets and Liabilities		
	负债合计 Total Liabilitiesers	所有者权益合计 Total Interests of Own	实收资本 Total Capital Hold
文化、体育用品及器材批发 Wholesale of Cultural and Sports Goods	468317.4	229483.6	1112666.7
文具用品批发 Wholesale of Stationery	58467.4	12144.0	10189.0
图书批发 Wholesale of Books	320047.2	147089.4	68218.0
首饰、工艺品及收藏品批发 Wholesale of Jewely, Handicraft and Collection	81879.4	69726.0	1033859.7
其他文化用品批发 Wholesale of the Other Cultural activities	7923.4	524.2	400.0
医药及医疗器材批发 Wholesale of Medicines and Medical Appliances	2886492.8	1204336.6	400594.6
西药批发 Western Medicine Wholesale	2611810.1	1138051.1	357506.1
中药批发 Traditional Chinese Medicine Wholesale	203176.0	48475.6	35403.0
医疗用品及器材批发 Medical Supplies and Apparatus Wholesale	71506.7	17809.9	7685.5
矿产品、建材及化工产品批发 Wholesale of Mineral Products, Building Material and Chemical Products	6710231.9	2407620.3	2324913.4
煤炭及制品批发 Wholesale of Coal and Related Products	493214.9	118187.7	149280.7
石油及制品批发 Wholesale of Petroleum and related Products	1918537.4	1537141.9	1506451.3
非金属矿及制品批发 Wholesale of Non Metallic Minerals and Products	59879.7	4988.8	5500.0
金属及金属矿批发 Wholesale of Metals and Metal Minerals	3739688.1	620627.7	567447.1
建材批发 Wholesale of Building Materials	123258.2	29439.4	26117.7
化肥批发 Wholesale of Fertilizers	198955.7	35313.0	18175.5
其他化工产品批发 The Other Chemical Products Wholesale	176697.9	61921.8	51941.1
机械设备、五金产品及电子产品批发 Wholesale Trade of Mechanical and Electrical Products	1757706.5	308206.7	180840.8
农业机械批发 Agricaltural Machinery Wholesale	4231.4	372.5	1000.0
汽车批发 Wholesale of Automobiles	297614.7	33689.3	35611.0
汽车零配件批发 Wholesale of Auto Parts	405058.9	86473.8	20915.0
摩托车及零配件批发 Wholesale of Motorcycles and Parts	6091.3	1630.5	1100.0
五金产品批发 Hardware Products Wholesale	31044.8	9514.3	8343.4
电气设备批发 Ecectrical Equipment Wholesale	16718.8	7446.3	4897.5
计算机、软件及辅助设备批发 Wholesale of Computer, Software and Related Appliances	522014.3	65164.8	23707.0
通讯及广播电视设备批发 Communication, Softeware and Auriliary Equipment Wholesale	103587.3	10289.6	20789.8
其他机械设备及电子产品批发 The Other mechanical Equipment and Ecectronic Products	371345.0	93625.6	64477.1

8 –15 Continued 7

(10 000 yuan)

二、期末资产负债 Late Assets and Liabilities					
国家资本 National Capits	集体资本 Collective Capita	法人资本 Corporate Capital	个人资本 Private Capital	港澳台资本 HK Macao and Taiwan's Capital	外商资本 Foreign Capital
68351.3		4092.3	1016147.3	24075.8	
2651.3		1308.4	6229.3		
65500.0			2718.0		
		2783.9	1007000.0	24075.8	
200.0			200.0		
24161.0	2095.0	260087.0	109751.6	4500.0	
24161.0	2095.0	231933.0	94817.1	4500.0	
		24873.0	10530.0		
		3281.0	4404.5		
1010360.3	16532.1	858444.1	403189.6	31487.3	4800.0
61242.6		43807.4	44130.7		
863560.6	300.0	593266.5	17976.2	31348.0	
		3089.0	2411.0		
79217.5	10702.3	179474.9	294052.4		4000.0
3000.0	500.7	7543.0	15074.0		
3303.0	1174.8	10681.7	3016.0		
36.6	3854.3	20581.6	26529.3	139.3	800.0
12301.0	2110.0	87016.2	73764.5	2864.6	2784.5
		1000.0			
1300.0	1500.0	13010.0	19801.0		
2500.0		8675.0	8555.0		1185.0
		500.0	600.0		
	10.0	5503.2	2830.2		
		487.0	4389.0		21.5
		13837.5	9869.5		
		16186.5	4603.3		
8501.0	600.0	27817.0	23116.5	2864.6	1578.0

8-15 续 表 8

单位:万元

项 目 Item	二、期末资产负债 Late Assets and Liabilities 负债合计 Total Liabilitiesers	所有者权益合计 Total Interests of Own	实收资本 Total Capital Hold
贸易经纪与代理 Trade Brokerage and Agents	1981375.8	440088.2	391120.0
贸易代理 Trade Agent	1981375.8	440088.2	391120.0
其他批发 Other Wholesale Trade	30263.5	7669.2	5933.5
再生物资回收与批发 Wholesale of Recyded Matorials	28005.4	5619.0	4133.5
其他未列明批发 Other Mtlisted Wholesale	2258.1	2050.2	1800.0
2.按登记注册类型分 Grouped by Registration			
内资企业 Domestic Investment	16206021.9	5533368.9	4738784.0
国有企业 State-owned	216038.5	514207.7	43004.4
集体企业 Collective-owned	71421.0	3469.6	5492.0
股份合作企业 Cooperative of Share Holding	1533.1	370.9	560.0
联营企业 Joint-owned	1435.6	967.3	1000.0
其他联营企业 Other Joint	1435.6	967.3	1000.0
有限责任公司 Companies of Limited Liabilities	8103057.9	1903479.6	2377050.3
国有独资公司 Companies State-owned Excluasive Investment	1103695.0	381705.8	376045.9
其他有限责任公司 Other Companies of Limited Liabilities	6999362.9	1521773.8	2001004.4
股份有限公司 Share Holding	4516395.1	2480772.5	1809470.0
私营企业 Private-owned	3235974.6	625285.4	493471.7
私营独资企业 Private Exclusive Investment	200.2	175.2	164.0
私营有限责任公司 Private Companies of Limited Liabilities	3197064.4	611491.3	479487.7
私营股份有限公司 Private Companies of Limited Liabilities with Share Holding	38710.0	13618.9	13820.0
其他企业 Others	60166.1	4815.9	8735.6
港、澳、台商投资企业 Enterprises Funded by Entepreneurs from HongKong, Macao & Taiwan	259538.4	140057.7	107327.7
与港澳台商合资经营企业 Joint Ventures with HongKong, Macao and Taiwan	63193.8	25501.9	12550.0
港、澳、台商独资经营企业 Manage with HongKong, Macao and Taiwan Jointly	196344.6	114555.8	94777.7
外商投资企业 Foreign Funded	1073077.7	-96766.1	41738.0
中外合资经营企业 Joint Venture Enterprises	225005.2	58207.5	33335.0
外资企业 Enterprises with Sole Foreign Investment	806964.4	-157783.7	6403.0
外商投资股份有限公司 Companies Limited by Shares with Foreign Investment	1527.1	2940.1	
其他外商投资企业 Other Foreign Investment Enterprises	39581.0	-130.0	2000.0

8 –15 Continued 8

(10 000 yuan)

二、期末资产负债 Late Assets and Liabilities					
国家资本 National Capits	集体资本 Collective Capita	法人资本 Corporate Capital	个人资本 Private Capital	港澳台资本 HK Macao and Taiwan's Capital	外商资本 Foreign Capital
383285.0	135.0	7700.0			
383285.0	135.0	7700.0			
525.0		850.0	4080.0		478.5
525.0		50.0	3080.0		478.5
		800.0	1000.0		
1713787.5	37951.6	1287938.4	1696726.5	2280.0	
40875.8		2128.6			
	5392.0		100.0		
	21.0		539.0		
			1000.0		
			1000.0		
662849.7	27772.3	430636.0	1255692.3		
372366.1		1000.0	2679.8		
290483.6	27772.3	429636.0	1253012.5		
1007496.6	4523.0	777102.6	18067.8	2280.0	
2565.4	243.3	75754.8	414908.2		
			164.0		
2565.4	243.3	72214.8	404464.2		
		3540.0	10280.0		
		2316.4	6419.2		
		750.0		106577.7	
		750.0		11800.0	
				94777.7	
2000.0		26650.0			13088.0
2000.0		26150.0			5185.0
					6403.0
		500.0			1500.0

8-15 续 表 9

单位:万元

项 目 Item	三、损益及分配 Increase, Decrese and Assgning 营业收入 Sales Revenue	 主营业务收入 Main Sales Revenue
总 计 **Total**	**62283516.8**	**62025052.2**
其中:国有控股 State Owned and State holding	30886839.6	30794332.6
1.按批发行业小类分 **According to the classification of the wholesale industry**		
农、林、牧产品批发 Wholesale of Farm Products and Livestock Products	851094.3	825264.1
谷物、豆及薯类批发 Wholesale of Grain, Beaus and Potato	35209.5	35209.5
种子批发 Seed Wholesale	53673.3	53632.3
饲料批发 Food Wholesale	29279.7	29279.7
棉、麻批发 Cotton&hamp Wholesale	709211.5	683537.7
林业产品批发 forestry products wholesale	8552.8	8552.8
牲畜批发 Livestock Wholesale	15167.5	15052.1
食品、饮料及烟草制品批发 Wholeasle Trade of Food、Beverage Tobacco and Atricles for Family	5153824.0	5130800.8
米、面制品及食用油批发 Wholesale of Rice, Noodle and Edible Oil	748601.3	739623.0
糕点、糖果及糖批发 Wholesale of Cakes, Candy and Sugar	101008.9	98104.4
果品、蔬菜批发 Wholesale of Fruit and Vegetables	141884.2	135864.3
肉、禽、蛋、奶及水产品批发 Wholesale of Meat, Bird, Eggs, Milk and Aquatic products	253809.0	251689.4
盐及调味品批发 Wholesale of Salt and Seasoning	152704.2	152307.7
营养和保健品批发 Wholesale of Health Care products	16758.1	16758.1
酒、饮料及茶叶批发 Wholesale of Alcohol, Drinks and Tea	1995717.6	1995353.6
烟草制品批发 Wholesale of Tobaccos	1240652.6	1238875.6
其他食品批发 The Other foods Wholesale	502688.1	502224.7
纺织、服装及家庭用品批发 Wholesale of Textile, Clothing and Household Goods	1848151.8	1840084.5
纺织品、针织品及原料批发 Wholesale of Textiles, Knitwear and Bow Material	83790.4	83790.4
服装批发 Wholesale of Gamments	265682.3	265661.4
鞋帽批发 Wholesale of Shoes and Hats	34768.2	34720.7
化妆品及卫生用品批发 Wholesale of Conmetics and Hygiene	157340.1	151303.0
厨房、卫生间用具及日用杂货批发 Wholesale of Kitchen Supplits, Toilet Artides amd Daily Neiessities	31083.3	31083.3
灯具、装饰物品批发 Wholesale of Lampsand Ornament	8848.4	8848.4
家用电器批发 Wholesale of Household Eeectrical Appliances	1169446.1	1168015.8
其他家庭用品批发 Wholesale of Other household products	97193.0	96661.5

(10 000 yuan)

三、损益及分配 Increase, Decrese and Assgning				
营业成本 Sales Cost	主营业务成本 Main Sales Cost	营业税金及附加 Mian Business Taxes and Extras	主营业务税金及附加 Main Business Taxes and Extras	其他业务利润 Profits of Other Business
58994753.6	58783007.0	142899.5	140700.8	222917.8
29846364.9	29766806.8	91673.9	90715.2	143968.7
809735.5	788404.8	823.0	786.8	679.3
31051.5	31051.5	94.2	94.2	
42309.5	42306.6	29.0	29.0	71.5
27692.8	27692.8	72.7	72.7	
686943.9	665720.3	610.0	579.0	596.7
7297.2	7297.2	3.9	3.9	
14440.6	14336.4	13.2	8.0	11.1
4074891.3	4057716.2	89105.5	89019.0	10890.0
713167.3	707749.1	1038.6	1029.3	2067.0
91343.0	88985.5	160.6	160.6	546.9
110967.2	106030.9	520.7	507.1	0.5
206337.5	205858.9	899.5	895.1	3164.4
106558.4	106325.1	924.9	924.9	4089.1
15182.1	15182.1	35.1	35.1	
1448053.3	1446226.0	10680.8	10680.8	505.4
934901.8	933375.8	73544.6	73544.6	251.0
448380.7	447982.8	1300.7	1241.5	265.7
1714067.4	1708143.2	3202.0	3161.0	45656.5
78675.1	78675.1	26.0	24.3	
240696.9	240200.3	279.6	279.6	
31478.7	31431.1	69.7	69.7	
136873.6	132873.6	631.9	631.9	5342.5
26984.4	26984.4	51.1	51.1	
8492.7	8492.7	7.7	7.7	
1105872.2	1104492.2	1222.2	1222.1	40116.3
84993.8	84993.8	913.8	874.6	197.7

8-15 续 表 10

单位:万元

项 目 Item	三、损益及分配 Increase, Decrese and Assgning 营业收入 Sales Revenue	 主营业务收入 Main Sales Revenue
文化、体育用品及器材批发 Wholesale of Cultural and Sports Goods	1033093.6	1027329.2
文具用品批发 Wholesale of Stationery	210550.0	210288.8
图书批发 Wholesale of Books	438483.2	433153.8
首饰、工艺品及收藏品批发 Wholesale of Jewely, Handicraft and Collection	378047.3	377873.5
其他文化用品批发 Wholesale of the Other Cultural activities	6013.1	6013.1
医药及医疗器材批发 Wholesale of Medicines and Medical Appliances	6844496.9	6827773.5
西药批发 Western Medicine Wholesale	6242416.2	6225698.1
中药批发 Traditional Chinese Medicine Wholesale	448633.5	448633.5
医疗用品及器材批发 Medical Supplies and Apparatus Wholesale	153447.2	153441.9
矿产品、建材及化工产品批发 Wholesale of Mineral Products, Building Material and Chemical Products	37780229.5	37612630.8
煤炭及制品批发 Wholesale of Coal and Related Products	985470.3	984648.1
石油及制品批发 Wholesale of Petroleum and related Products	26331202.1	26169681.0
非金属矿及制品批发 Wholesale of Non Metallic Minerals and Products	89991.0	89991.0
金属及金属矿批发 Wholesale of Metals and Metal Minerals	8409820.6	8406895.8
建材批发 Wholesale of Building Materials	469800.0	469714.0
化肥批发 Wholesale of Fertilizers	645928.2	644235.0
其他化工产品批发 The Other Chemical Products Wholesale	848017.3	847465.9
机械设备、五金产品及电子产品批发 Wholesale Trade of Mechanical and Electrical Products	4088453.1	4077002.7
农业机械批发 Agricaltural Machinery Wholesale	3830.0	3830.0
汽车批发 Wholesale of Automobiles	745643.3	745377.4
汽车零配件批发 Wholesale of Auto Parts	726345.7	725837.0
摩托车及零配件批发 Wholesale of Motorcycles and Parts	51334.5	51334.5
五金产品批发 Hardware Products Wholesale	79541.6	79541.6
电气设备批发 Ecectrical Equipment Wholesale	48255.5	47812.1
计算机、软件及辅助设备批发 Wholesale of Computer, Software and Related Appliances	1402445.9	1402428.6
通讯及广播电视设备批发 Communication, Softeware and Auriliary Equipment Wholesale	356992.1	356490.3
其他机械设备及电子产品批发 The Other mechanical Equipment and Ecectronic Products	674064.5	664351.2

8－15 Continued 10

(10 000 yuan)

三、损益及分配 Increase, Decrese and Assgning				
营业成本 Sales Cost	主营业务成本 Main Sales Cost	营业税金及附加 Mian Business Taxes and Extras	主营业务税金及附加 Main Business Taxes and Extras	其他业务利润 Profits of Other Business
900319.7	899669.0	3185.4	2586.5	71141.2
202587.0	202549.4	178.3	178.3	265.4
363059.7	362588.3	623.4	24.5	70843.6
329070.7	328929.0	2379.6	2379.6	32.2
5602.3	5602.3	4.1	4.1	
6331403.6	6330555.6	11109.8	11096.0	3713.4
5792667.7	5791854.8	9858.0	9844.2	3365.0
405140.2	405140.2	831.2	831.2	348.4
133595.7	133560.6	420.6	420.6	
36731807.9	36574961.5	26815.1	25844.1	16312.0
966760.6	966606.0	627.3	623.1	768.4
25601817.9	25448995.9	18720.3	18028.7	13247.5
84176.7	84176.7	43.9	43.9	
8211029.1	8209112.3	5372.8	5266.3	1653.3
449747.4	449747.4	684.4	683.2	90.2
619465.8	618040.5	448.2	280.7	480.9
798810.4	798282.7	918.2	918.2	71.7
3829346.3	3820374.8	6036.9	5585.6	6985.2
3597.9	3597.9	1.1	1.1	
693483.6	692705.8	812.4	812.4	1135.9
678004.6	677789.3	699.0	661.9	654.2
49452.7	49452.7	52.0	52.0	136.6
75693.1	75693.1	162.6	162.6	11.5
43095.4	42809.2	131.9	129.8	140.4
1346613.7	1346613.7	903.9	903.9	158.5
334131.3	334131.3	809.6	809.6	2849.7
605274.0	597581.8	2464.4	2052.3	1898.4

8-15 续 表 11

单位:万元

项 目 Item	三、损益及分配 Increase, Decrese and Assgning 营业收入 Sales Revenue	 主营业务收入 Main Sales Revenue
贸易经纪与代理 Trade Brokerage and Agents	4600979.2	4600978.4
贸易代理 Trade Agent	4600979.2	4600978.4
其他批发 Other Wholesale Trade	83194.4	83188.2
再生物资回收与批发 Wholesale of Recyded Matorials	75766.8	75760.6
其他未列明批发 Other Mtlisted Wholesale	7427.6	7427.6
2. 按登记注册类型分 Grouped by Registration		
内资企业 Domestic Investment	58942800.5	58685751.3
国有企业 State-owned	1505514.6	1503626.4
集体企业 Collective-owned	63795.7	63718.4
股份合作企业 Cooperative of Share Holding	11600.8	11600.8
联营企业 Joint-owned	952.1	952.1
其他联营企业 Other Joint	952.1	952.1
有限责任公司 Companies of Limited Liabilities	32233417.2	32175704.9
国有独资公司 Companies State-owned Excluasive Investment	17245158.0	17238791.9
其他有限责任公司 Other Companies of Limited Liabilities	14988259.2	14936913.0
股份有限公司 Share Holding	17860277.8	17678801.4
私营企业 Private-owned	7052537.7	7036689.8
私营独资企业 Private Exclusive Investment	5273.5	5273.5
私营有限责任公司 Private Companies of Limited Liabilities	6939233.4	6923425.0
私营股份有限公司 Private Companies of Limited Liabilities with Share Holding	108030.8	107991.3
其他企业 Others	214704.6	214657.5
港、澳、台商投资企业 Enterprises Funded by Entepreneurs from HongKong, Macao & Taiwan	430308.9	429241.3
与港澳台商合资经营企业 Joint Ventures with HongKong, Macao and Taiwan	119523.8	119245.4
港、澳、台商独资经营企业 Manage with HongKong, Macao and Taiwan Jointly	310785.1	309995.9
外商投资企业 Foreign Funded	2910407.4	2910059.6
中外合资经营企业 Joint Venture Enterprises	847206.0	847145.2
外资企业 Enterprises with Sole Foreign Investment	1968836.5	1968719.2
外商投资股份有限公司 Companies Limited by Shares with Foreign Investment	9474.8	9470.0
其他外商投资企业 Other Foreign Investment Enterprises	84890.1	84725.2

8－15 Continued 11

(10 000 yuan)

三、损益及分配 Increase, Decrese and Assgning				
营业成本 Sales Cost	主营业务成本 Main Sales Cost	营业税金及附加 Mian Business Taxes and Extras	主营业务税金及附加 Main Business Taxes and Extras	其他业务利润 Profits of Other Business
4528149.0	4528149.0	1961.2	1961.2	67534.0
4528149.0	4528149.0	1961.2	1961.2	67534.0
75032.9	75032.9	660.6	660.6	6.2
67771.9	67771.9	649.1	649.1	6.2
7261.0	7261.0	11.5	11.5	
56345954.2	56134744.6	128034.0	125838.8	214235.3
1195900.7	1194295.4	73982.8	73982.8	334.7
60320.1	60266.2	63.3	63.3	
10628.6	10628.6	29.9	20.8	－179.5
898.3	898.3	1.0	1.0	
898.3	898.3	1.0	1.0	
31137609.3	31095343.6	26307.1	24997.9	89869.1
16938981.7	16932729.9	8587.1	8552.9	21.1
14198627.6	14162613.7	17720.0	16445.0	89848.0
17042482.1	16886782.0	18118.5	17460.2	80122.8
6688917.8	6677333.2	9385.5	9166.9	44088.2
4572.7	4572.7	15.6	15.6	
6579963.6	6568379.0	9286.7	9069.5	44088.0
104381.5	104381.5	83.2	81.8	0.2
209197.3	209197.3	145.9	145.9	
362034.0	361707.2	2923.7	2920.2	8572.6
107230.9	107066.8	189.4	189.4	69.3
254803.1	254640.4	2734.3	2730.8	8503.3
2286765.4	2286555.2	11941.8	11941.8	109.9
796016.4	796016.2	1009.9	1009.9	22.6
1428230.5	1428020.5	10266.2	10266.2	87.3
7129.9	7129.9			
55388.6	55388.6	665.7	665.7	

8-15 续 表 12

单位:万元

项 目 Item	三、损益及分配 Increase, Decrese and Assgning		
	销售费用 Expenses for Maaketing	管理费用 Expenses for Management	税 金 Taxes
总 计 Total	**1550259.8**	**678344.3**	**31169.5**
其中:国有控股 State Owned and State holding	302932.0	200425.8	9264.4
1.按批发行业小类分 According to the classification of the wholesale industry			
农、林、牧产品批发 Wholesale of Farm Products and Livestock Products	10405.2	12608.2	977.6
谷物、豆及薯类批发 Wholesale of Grain, Beaus and Potato	875.4	1152.5	18.5
种子批发 Seed Wholesale	4578.8	3588.8	219.7
饲料批发 Food Wholesale	217.2	528.9	105.8
棉、麻批发 Cotton&hamp Wholesale	4346.1	6144.1	611.4
林业产品批发 forestry products wholesale	256.9	214.2	0.3
牲畜批发 Livestock Wholesale	130.8	979.7	21.9
食品、饮料及烟草制品批发 Wholeasle Trade of Food、Beverage Tobacco and Atricles for Family	609709.2	198394.9	4111.9
米、面制品及食用油批发 Wholesale of Rice, Noodle and Edible Oil	18261.8	7150.3	261.3
糕点、糖果及糖批发 Wholesale of Cakes, Candy and Sugar	7738.4	1500.0	64.0
果品、蔬菜批发 Wholesale of Fruit and Vegetables	4956.8	4520.1	196.4
肉、禽、蛋、奶及水产品批发 Wholesale of Meat, Bird, Eggs, Milk and Aquatic products	29319.3	6644.0	421.7
盐及调味品批发 Wholesale of Salt and Seasoning	24921.9	15526.9	547.6
营养和保健品批发 Wholesale of Health Care products	1053.7	403.5	6.9
酒、饮料及茶叶批发 Wholesale of Alcohol, Drinks and Tea	477893.5	94514.5	725.9
烟草制品批发 Wholesale of Tobaccos	17640.9	57553.0	1642.5
其他食品批发 The Other foods Wholesale	27922.9	10582.6	245.6
纺织、服装及家庭用品批发 Wholesale of Textile, Clothing and Household Goods	90531.3	28532.9	1300.3
纺织品、针织品及原料批发 Wholesale of Textiles, Knitwear and Bow Material	2905.1	1753.9	21.1
服装批发 Wholesale of Gamments	14317.9	6851.0	127.2
鞋帽批发 Wholesale of Shoes and Hats	1516.1	337.7	56.1
化妆品及卫生用品批发 Wholesale of Conmetics and Hygiene	12888.1	8008.8	99.1
厨房、卫生间用具及日用杂货批发 Wholesale of Kitchen Supplits, Toilet Artides amd Daily Neiessities	2703.9	1133.9	29.4
灯具、装饰物品批发 Wholesale of Lampsand Ornament	129.5	172.7	0.1
家用电器批发 Wholesale of Household Ecectrical Appliances	49382.1	8127.5	790.7
其他家庭用品批发 Wholesale of Other household products	6688.6	2147.4	176.6

8 -15 Continued 12

(10 000 yuan)

三、损益及分配 Increase, Decrese and Assgning				
财务费用 Financial Expenditures	利息收入 Interest Revenue	利息支出 Intertest Paid	资产减值损失 Impairment Loss of Assets	公允价值变动收益 Changes in Fair Value Gains
225572.1	59297.3	188643.8	27779.2	1277.4
50330.6	33346.4	69417.6	9728.8	345.4
11235.8	1237.1	11634.5	478.5	-19.5
826.3	5.9	479.7		
1176.5	48.6	1135.0	468.5	-24.5
-15.6	59.3	31.6		
8665.0	891.8	9310.6	10.0	5.0
60.0				
523.6	231.5	677.6		
-3747.3	26074.0	18569.0	726.9	418.0
2885.2	9477.4	12258.6	620.3	405.3
694.0	11.0	592.5	-11.6	12.7
1339.8	36.2	571.2		
628.6	1305.1	1308.5	184.4	
298.6	74.1	340.4	-118.1	
53.8	0.2	1.6		
745.6	689.7	989.9		
-13412.4	14019.1	564.0		
3019.5	461.2	1942.3	51.9	
2521.8	-1055.2	2789.2	1658.5	110.1
188.7	44.1	33.6		
824.1	213.4	957.6	1423.4	
148.2	0.2	2.2		109.4
1866.8	1033.2	719.7	12.5	
-11.1	10.2			
37.4				
-622.7	-2363.5	1057.4	205.4	0.7
90.4	7.2	18.7	17.2	

8-15 续 表 13

单位:万元

项 目 Item	三、损益及分配 Increase, Decrese and Assgning		
	销售费用 Expenses for Maaketing	管理费用 Expenses for Management	税 金 Taxes
文化、体育用品及器材批发 Wholesale of Cultural and Sports Goods	64802.1	35804.6	1441.3
文具用品批发 Wholesale of Stationery	2505.4	2720.7	126.6
图书批发 Wholesale of Books	32147.6	25687.8	725.2
首饰、工艺品及收藏品批发 Wholesale of Jewely, Handicraft and Collection	29812.6	7306.4	588.0
其他文化用品批发 Wholesale of the Other Cultural activities	336.5	89.7	1.5
医药及医疗器材批发 Wholesale of Medicines and Medical Appliances	194808.7	118040.6	6490.6
西药批发 Western Medicine Wholesale	171426.7	101890.1	6017.7
中药批发 Traditional Chinese Medicine Wholesale	15299.1	11615.1	345.4
医疗用品及器材批发 Medical Supplies and Apparatus Wholesale	8082.9	4535.4	127.5
矿产品、建材及化工产品批发 Wholesale of Mineral Products, Building Material and Chemical Products	433464.7	199920.3	11005.4
煤炭及制品批发 Wholesale of Coal and Related Products	9828.7	9264.2	806.8
石油及制品批发 Wholesale of Petroleum and related Products	312438.3	115559.2	4098.4
非金属矿及制品批发 Wholesale of Non Metallic Minerals and Products	2462.6	683.5	39.1
金属及金属矿批发 Wholesale of Metals and Metal Minerals	71564.5	47712.5	4667.5
建材批发 Wholesale of Building Materials	6680.8	5328.6	172.5
化肥批发 Wholesale of Fertilizers	6026.0	7390.0	589.5
其他化工产品批发 The Other Chemical Products Wholesale	24463.8	13982.3	631.6
机械设备、五金产品及电子产品批发 Wholesale Trade of Mechanical and Electrical Products	133714.3	54561.7	2797.1
农业机械批发 Agricaltural Machinery Wholesale	249.0	83.3	
汽车批发 Wholesale of Automobiles	39260.8	6123.0	158.0
汽车零配件批发 Wholesale of Auto Parts	13139.2	11023.4	425.3
摩托车及零配件批发 Wholesale of Motorcycles and Parts	364.9	1640.8	30.2
五金产品批发 Hardware Products Wholesale	1349.1	1445.0	38.7
电气设备批发 Ecectrical Equipment Wholesale	2525.3	1353.8	25.8
计算机、软件及辅助设备批发 Wholesale of Computer, Software and Related Appliances	23313.8	7178.7	1068.8
通讯及广播电视设备批发 Communication, Softeware and Auriliary Equipment Wholesale	13330.9	6977.6	319.6
其他机械设备及电子产品批发 The Other mechanical Equipment and Ecectronic Products	40181.3	18736.1	730.7

(10 000 yuan)

三、损益及分配 Increase, Decrese and Assgning				
财务费用 Financial Expenditures	利息收入 Interest Revenue	利息支出 Intertest Paid	资产减值损失 Impairment Loss of Assets	公允价值变动收益 Changes in Fair Value Gains
2476.1	297.7	1620.6	4649.1	
183.3	179.3	303.8	630.5	
-393.2	-289.7	76.6	4018.6	
2698.1	393.8	1238.5		
-12.1	14.3	1.7		
64676.3	2987.0	20138.5	3614.2	51.8
61161.3	2654.7	17302.6	2930.3	51.8
2773.7	298.3	2227.6	149.8	
741.3	34.0	608.3	534.1	
99383.8	24780.5	95049.0	15648.3	24.8
13216.4	559.8	11161.9	7387.0	
22770.9	5415.6	21726.4	4194.3	
3116.9	765.4	3555.9		
51314.0	17433.3	51373.4	2992.9	2.4
3138.5	37.4	2785.6	1.9	
2880.5	138.1	3008.7	1050.9	22.4
2946.6	430.9	1437.1	21.3	
14477.6	2699.7	11862.9	1879.4	692.2
219.1			58.7	
4887.9	557.1	5402.6	780.0	687.2
2693.5	534.0	1811.1	43.4	
112.2		1.2		
523.0	4.2	502.4		
168.3	3.1	140.0		
-1427.0	853.1	1246.4		
3192.6	34.7	411.7	-486.9	
4108.0	713.5	2347.5	1484.2	5.0

8-15 续 表 14

单位:万元

项 目 Item	三、损益及分配 Increase, Decrese and Assgning		
	销售费用 Expenses for Maaketing	管理费用 Expenses for Management	税 金 Taxes
贸易经纪与代理 Trade Brokerage and Agents	9243.1	28944.7	3005.4
贸易代理 Trade Agent	9243.1	28944.7	3005.4
其他批发 Other Wholesale Trade	3581.2	1536.4	39.9
再生物资回收与批发 Wholesale of Recyded Matorials	3394.7	1416.0	37.9
其他未列明批发 Other Mtlisted Wholesale	186.5	120.4	2.0
2.按登记注册类型分 Grouped by Registration			
内资企业 Domestic Investment	986264.1	566616.2	29783.9
国有企业 State-owned	17597.8	59328.6	1774.2
集体企业 Collective-owned		2896.7	351.1
股份合作企业 Cooperative of Share Holding	483.1	243.9	19.3
联营企业 Joint-owned	50.1	35.3	2.2
其他联营企业 Other Joint	50.1	35.3	2.2
有限责任公司 Companies of Limited Liabilities	410467.8	220876.3	13093.2
国有独资公司 Companies State-owned Excluasive Investment	60232.8	37171.6	1555.3
其他有限责任公司 Other Companies of Limited Liabilities	350235.0	183704.7	11537.9
股份有限公司 Share Holding	386272.6	186463.3	10017.0
私营企业 Private-owned	170661.1	94745.7	4434.3
私营独资企业 Private Exclusive Investment	140.2	153.0	15.6
私营有限责任公司 Private Companies of Limited Liabilities	168523.2	92979.1	4378.3
私营股份有限公司 Private Companies of Limited Liabilities with Share Holding	1997.7	1613.6	40.4
其他企业 Others	731.6	2026.4	92.6
港、澳、台商投资企业 Enterprises Funded by Entepreneurs from HongKong, Macao & Taiwan	42763.5	12247.7	387.4
与港澳台商合资经营企业 Joint Ventures with HongKong, Macao and Taiwan	7949.0	2041.4	35.5
港、澳、台商独资经营企业 Manage with HongKong, Macao and Taiwan Jointly	34814.5	10206.3	351.9
外商投资企业 Foreign Funded	521232.2	99480.4	998.2
中外合资经营企业 Joint Venture Enterprises	17578.0	5969.7	313.1
外资企业 Enterprises with Sole Foreign Investment	475528.9	91533.2	582.7
外商投资股份有限公司 Companies Limited by Shares with Foreign Investment	470.4	451.2	57.3
其他外商投资企业 Other Foreign Investment Enterprises	27654.9	1526.3	45.1

8 – 15 Continued 14

(10 000 yuan)

三、损益及分配 Increase, Decrese and Assgning				
财务费用 Financial Expenditures			资产减值损失 Impairment Loss of Assets	公允价值变动收益 Changes in Fair Value Gains
	利息收入 Interest Revenue	利息支出 Intertest Paid		
34155.1	2251.2	26674.2	-875.7	
34155.1	2251.2	26674.2	-875.7	
392.9	25.3	305.9		
341.8	23.5	268.4		
51.1	1.8	37.5		
216896.5	58708.2	180635.5	25633.5	1276.6
-12477.9	14168.2	1319.6	1450.6	12.4
1733.7	9.6	605.6		
30.1	2.0	27.3		
	0.2			
	0.2			
96130.2	27282.2	100894.1	18483.9	1247.4
9170.7	1450.6	8617.1	69.1	
86959.5	25831.6	92277.0	18414.8	1247.4
87768.4	8029.0	39209.2	5087.8	6.8
43331.0	8553.6	37762.9	611.2	10.0
129.8				
42819.1	8359.5	37645.2	601.2	5.0
382.1	194.1	117.7	10.0	5.0
381.0	663.4	816.8		
5778.6	494.7	5246.6	12.9	0.8
987.4	11.7	859.7	12.9	0.8
4791.2	483.0	4386.9		
2897.0	94.4	2761.7	2132.8	
2399.5	37.2	2370.8	1758.9	
60.7	56.1	0.3		
-0.7	1.1			
437.5		390.6	373.9	

8-15 续 表 15

单位:万元

项 目 Item	三、损益及分配 Increase, Decrese and Assgning 投资收益 Income from Investment	营业利润 Operating Profits	营业外收入 Operating Income
总 计 Total	**79149.7**	**755321.1**	**97059.8**
其中:国有控股 State Owned and State holding	19947.4	405746.8	24836.8
1.按批发行业小类分 According to the classification of the wholesale industry			
农、林、牧产品批发 Wholesale of Farm Products and Livestock Products	5283.3	10441.3	4023.5
谷物、豆及薯类批发 Wholesale of Grain, Beaus and Potato	11.4	1220.8	1026.5
种子批发 Seed Wholesale		1497.6	952.3
饲料批发 Food Wholesale	-1297.7	-514.0	4.5
棉、麻批发 Cotton&hamp Wholesale	5937.3	8434.7	1829.7
林业产品批发 forestry products wholesale		90.3	76.5
牲畜批发 Livestock Wholesale	632.3	-288.1	134.0
食品、饮料及烟草制品批发 Wholeasle Trade of Food、Beverage Tobacco and Atricles for Family	990.8	188300.0	35216.8
米、面制品及食用油批发 Wholesale of Rice, Noodle and Edible Oil	186.4	6283.9	3053.1
糕点、糖果及糖批发 Wholesale of Cakes, Candy and Sugar		-402.8	85.5
果品、蔬菜批发 Wholesale of Fruit and Vegetables		19572.4	220.8
肉、禽、蛋、奶及水产品批发 Wholesale of Meat, Bird, Eggs, Milk and Aquatic products	58.1	9853.8	716.3
盐及调味品批发 Wholesale of Salt and Seasoning	264.0	4855.6	14.2
营养和保健品批发 Wholesale of Health Care products		29.9	0.4
酒、饮料及茶叶批发 Wholesale of Alcohol, Drinks and Tea	315.3	-34058.6	29863.3
烟草制品批发 Wholesale of Tobaccos	170.0	170594.7	1206.7
其他食品批发 The Other foods Wholesale	-3.0	11571.1	56.5
纺织、服装及家庭用品批发 Wholesale of Textile, Clothing and Household Goods	-363.1	7551.9	952.4
纺织品、针织品及原料批发 Wholesale of Textiles, Knitwear and Bow Material		241.6	65.3
服装批发 Wholesale of Gamments	-145.3	1134.2	58.1
鞋帽批发 Wholesale of Shoes and Hats		1327.2	
化妆品及卫生用品批发 Wholesale of Conmetics and Hygiene		-2941.1	
厨房、卫生间用具及日用杂货批发 Wholesale of Kitchen Supplits, Toilet Artides amd Daily Neiessities		221.1	12.4
灯具、装饰物品批发 Wholesale of Lampsand Ornament		8.4	
家用电器批发 Wholesale of Household Ecectrical Appliances	5.8	5286.3	809.9
其他家庭用品批发 Wholesale of Other household products	-223.6	2274.2	6.7

8-15 Continued 15

(10 000 yuan)

三、损益及分配 Increase, Decrese and Assgning			四、人工成本及增值税 Labor Cost and Value Added Tax	
补贴收入 Subsidy Income	利润总额 Total Prfits	应交所得税 Income Tax Payable	应付职工薪酬 (本年贷方累计发生额) Employee Compensation	应交增值税 Value added Tax Payable
16480.5	**805152.6**	**201360.7**	**715693.0**	**595946.0**
9167.2	425799.7	104054.1	227235.0	277427.0
2214.1	13841.5	2207.0	8921.0	3995.0
	1437.5	254.3	2091.0	757.0
872.8	1947.8	10.3	2133.0	
4.5	-509.5	100.9	245.0	219.0
1126.3	10323.8	1839.5	3825.0	2995.0
76.5	797.1	2.0	142.0	1.0
134.0	-155.2		484.0	23.0
5724.0	212968.2	63477.0	182607.0	140611.0
1385.0	7817.3	-1145.2	6847.0	2445.0
5.7	-321.1	125.8	3657.0	515.0
219.8	10281.3	1485.0	4643.0	1407.0
510.6	11862.7	2806.5	7721.0	5154.0
10.4	4813.0	1280.2	24051.0	6299.0
	30.3	6.6	273.0	146.0
2942.5	-4263.0	10953.9	74304.0	64304.0
630.0	170703.5	46034.0	49964.0	54653.0
20.0	12044.2	1930.2	11146.0	5689.0
80.2	9722.7	3940.5	37687.0	53828.0
61.3	315.4	80.1	1292.0	-218.0
5.9	1195.9	327.0	7880.0	4926.0
	1327.2	304.3	847.0	522.0
	-2956.5	165.2	6404.0	1914.0
	214.0	53.6	2820.0	480.0
	8.4	1.2	79.0	55.0
8.0	7063.3	2299.9	14710.0	41128.0
5.0	2555.0	709.2	3655.0	5022.0

8-15 续 表 16

单位:万元

项 目 Item	三、损益及分配 Increase, Decrese and Assgning		
	投资收益 Income from Investment	营业利润 Operating Profits	营业外收入 Operating Income
文化、体育用品及器材批发 Wholesale of Cultural and Sports Goods	152.4	20412.5	3898.0
文具用品批发 Wholesale of Stationery	1.8	-150.9	78.8
图书批发 Wholesale of Books	150.6	13489.9	3366.0
首饰、工艺品及收藏品批发 Wholesale of Jewely, Handicraft and Collection		7080.9	453.1
其他文化用品批发 Wholesale of the Other Cultural activities		-7.4	0.1
医药及医疗器材批发 Wholesale of Medicines and Medical Appliances	52100.0	172640.9	10704.1
西药批发 Western Medicine Wholesale	52086.5	154415.5	10409.7
中药批发 Traditional Chinese Medicine Wholesale	13.5	12683.1	141.5
医疗用品及器材批发 Medical Supplies and Apparatus Wholesale		5542.3	152.9
矿产品、建材及化工产品批发 Wholesale of Mineral Products, Building Material and Chemical Products	17425.5	299589.6	22371.0
煤炭及制品批发 Wholesale of Coal and Related Products	-1356.5	-23855.2	3163.3
石油及制品批发 Wholesale of Petroleum and related Products	10936.4	272096.8	9086.2
非金属矿及制品批发 Wholesale of Non Metallic Minerals and Products		-492.6	
金属及金属矿批发 Wholesale of Metals and Metal Minerals	8041.6	31116.8	3662.6
建材批发 Wholesale of Building Materials	6.5	4223.6	79.5
化肥批发 Wholesale of Fertilizers	-381.5	9317.9	6088.0
其他化工产品批发 The Other Chemical Products Wholesale	179.0	7182.3	291.4
机械设备、五金产品及电子产品批发 Wholesale Trade of Mechanical and Electrical Products	768.5	52200.4	13951.4
农业机械批发 Agricaltural Machinery Wholesale		-379.1	
汽车批发 Wholesale of Automobiles	24.9	1007.7	39.7
汽车零配件批发 Wholesale of Auto Parts	168.2	20930.6	385.7
摩托车及零配件批发 Wholesale of Motorcycles and Parts		-287.9	12.6
五金产品批发 Hardware Products Wholesale		368.8	1.4
电气设备批发 Ecectrical Equipment Wholesale		980.8	7.2
计算机、软件及辅助设备批发 Wholesale of Computer, Software and Related Appliances		26730.2	1873.7
通讯及广播电视设备批发 Communication, Softeware and Auriliary Equipment Wholesale		127.1	404.3
其他机械设备及电子产品批发 The Other mechanical Equipment and Eecetronic Products	575.4	2722.2	11226.8

(10 000 yuan)

三、损益及分配 Increase, Decrese and Assgning			四、人工成本及增值税 Labor Cost and Value Added Tax	
补贴收入 Subsidy Income	利润总额 Total Prfits	应交所得税 Income Tax Payable	应付职工薪酬（本年贷方累计发生额） Employee Compensation	应交增值税 Value added Tax Payable
2720.4	23050.2	2089.5	51489.0	7223.0
55.0	-92.8	69.1	1984.0	385.0
2516.6	16036.5	146.6	24111.0	178.0
148.8	7113.8	1871.6	25143.0	6651.0
	-7.3	2.2	250.0	9.0
297.5	180116.3	30150.0	127171.0	63555.0
170.0	161909.8	27621.0	116202.0	53818.0
2.8	12459.1	1092.0	7661.0	7330.0
124.7	5747.4	1437.0	3308.0	2406.0
5078.8	303755.2	86471.9	238232.0	262414.0
1342.6	-21771.4	478.8	6791.0	3212.0
1205.0	271888.5	69839.2	184375.0	223199.0
	-492.6	3.7	388.0	193.0
418.9	34427.4	13206.5	31904.0	26415.0
37.4	4334.1	529.2	3734.0	3212.0
2034.7	6668.7	1205.2	2537.0	497.0
40.2	8700.5	1209.3	8504.0	5686.0
365.4	52328.8	11418.6	55389.0	41656.0
	-379.1		138.0	8.0
2.0	1663.4	368.5	10941.0	5755.0
59.3	21423.2	5686.9	6158.0	11523.0
	-277.1	57.2	415.0	345.0
	448.2	56.7	1120.0	489.0
4.2	919.6	200.7	1769.0	852.0
2.3	27732.9	3059.7	8056.0	6257.0
46.8	648.1	657.4	6367.0	1505.0
250.8	149.6	1331.5	20426.0	14923.0

8-15 续 表 17

单位:万元

项 目 Item	三、损益及分配 Increase, Decrese and Assgning 投资收益 Income from Investment	营业利润 Operating Profits	营业外收入 Operating Income
贸易经纪与代理 Trade Brokerage and Agents	2792.3	2194.1	5926.3
贸易代理 Trade Agent	2792.3	2194.1	5926.3
其他批发 Other Wholesale Trade		1990.4	16.3
再生物资回收与批发 Wholesale of Recyded Matorials		2193.3	16.1
其他未列明批发 Other Mtlisted Wholesale		-202.9	0.2
2. 按登记注册类型分 Grouped by Registration			
内资企业 Domestic Investment	79149.6	758657.4	65107.2
国有企业 State-owned	219.1	170034.5	2091.8
集体企业 Collective-owned		-1164.2	2.6
股份合作企业 Cooperative of Share Holding		5.5	1.4
联营企业 Joint-owned		-32.6	
其他联营企业 Other Joint		-32.6	
有限责任公司 Companies of Limited Liabilities	20596.7	347813.4	25207.7
国有独资公司 Companies State-owned Excluasive Investment	4501.5	195446.5	5400.3
其他有限责任公司 Other Companies of Limited Liabilities	16095.2	152366.9	19807.4
股份有限公司 Share Holding	58654.4	193064.3	21714.0
私营企业 Private-owned	-320.6	46714.1	15227.8
私营独资企业 Private Exclusive Investment		262.2	
私营有限责任公司 Private Companies of Limited Liabilities	-325.6	46397.6	15145.1
私营股份有限公司 Private Companies of Limited Liabilities with Share Holding	5.0	54.3	82.7
其他企业 Others		2222.4	861.9
港、澳、台商投资企业 Enterprises Funded by Entepreneurs from HongKong, Macao & Taiwan	0.1	10679.8	706.4
与港澳台商合资经营企业 Joint Ventures with HongKong, Macao and Taiwan	0.1	1114.4	45.7
港、澳、台商独资经营企业 Manage with HongKong, Macao and Taiwan Jointly		9565.4	660.7
外商投资企业 Foreign Funded		-14016.1	31246.2
中外合资经营企业 Joint Venture Enterprises		22492.8	1288.8
外资企业 Enterprises with Sole Foreign Investment		-36776.1	29931.9
外商投资股份有限公司 Companies Limited by Shares with Foreign Investment		1424.0	
其他外商投资企业 Other Foreign Investment Enterprises		-1156.8	25.5

(10 000 yuan)

三、损益及分配 Increase, Decrese and Assgning			四、人工成本及增值税 Labor Cost and Value Added Tax	
补贴收入 Subsidy Income	利润总额 Total Prfits	应交所得税 Income Tax Payable	应付职工薪酬（本年贷方累计发生额） Employee Compensation	应交增值税 Value added Tax Payable
0.1	7363.1	1477.3	11801.0	21326.0
0.1	7363.1	1477.3	11801.0	21326.0
	2006.6	128.9	2396.0	1337.0
	2209.3	128.4	2200.0	1231.0
	-202.7	0.5	196.0	106.0
12637.9	777973.6	183292.9	597269.0	508882.0
630.0	173082.0	46757.3	53520.0	55621.0
1.2	-7.4	15.3	1732.0	131.0
	6.9	1.2	258.0	130.0
	-32.6		52.0	10.0
	-32.6		52.0	10.0
9642.5	348060.3	83385.6	227655.0	183856.0
1038.6	200280.6	48025.5	62904.0	56485.0
8603.9	147779.7	35360.1	164752.0	127371.0
1554.1	204109.2	41243.0	240415.0	223754.0
810.1	50487.6	11845.0	72069.0	44617.0
	262.2	65.5	46.0	112.0
810.1	50433.9	11664.1	70793.0	43726.0
	-208.5	115.4	1231.0	778.0
	2267.6	45.5	1568.0	763.0
14.3	10018.2	2446.6	31512.0	9407.0
3.3	1151.5	1044.7	4387.0	1624.0
11.0	8866.7	1401.9	27126.0	7783.0
3828.3	17160.8	15621.2	86912.0	77657.0
885.8	23685.4	5072.6	5190.0	9491.0
2942.5	-6781.1	10594.9	72782.0	62949.0
	1423.8	99.7	230.0	461.0
	-1167.3	-146.0	8709.0	4755.0

8-16 限额以上零售业法人财务指标(2014 年)

单位:万元

项目 Item	法人企业数(个) Number of Enterprises	执行《2006 年企业会计准则》企业数(个) Implementation of "Accounting Standards for Business Enterprises in 2006"
总计 Total	864	796
其中:国有控股 State-owned and State Holding	56	55
1.按零售行业小类分 According to the Classfication of Retail Industry		
综合零售 Comprehensire	76	65
百货零售 Department Store	38	35
超级市场零售 Super Market	26	22
其他综合零售 Other Comprehensire	12	8
食品、饮料及烟草制品专门零售 Wholeasle Trade of Food、Beverage Tobacco and Atricles for Family	72	65
粮油零售 Grain and Oil	2	2
糕点、面包零售 Cake and Bread	5	5
果品、蔬菜零售 Fruits and Vegetables	11	10
肉、禽、蛋、奶及水产品零售 Wholesale of Meat, Bird, Eggs, Milk and Aquatic products	14	12
营养和保健品零售 Wholesale of Health Care products	3	3
酒、饮料及茶叶零售 Wholesale of Alcohol, Drinks and Tea	20	17
烟草制品零售 Wholesale of Tobaccos	5	4
其他食品零售 The Other foods Wholesale	12	12
纺织、服装及日用品专门零售 Textile Garment and Daily necessities	106	99
纺织品及针织品零售 Textiles and Knitwear	6	6
服装零售 Clothing	63	59
鞋帽零售 Shoes and Hats	13	12
化妆品及卫生用品零售 Cosmetics and Hygiene	2	2
钟表、眼镜零售 Clocks, Watch and Glasses	5	4
箱、包零售 Luggage and Bags	1	1
厨房用具及日用杂品零售 Kitchen Utensils and Daily Sundries	6	5
其他日用品零售 Other Daily Necessities	10	10
文化、体育用品及器材专门零售 Culturd and Sports Goodls	47	45
文具用品零售 Stationery	5	5
体育用品及器材零售 Soprts Goods	1	1
图书、报刊零售 Books and Newspapers	11	11

FINANCIAL INDICATORS OF ENTERPRISES ABOVE DESIGNATED SIZE IN RETAIL(2014)

(10 000 yuan)

一、年初存货 The Beginning Inventory	二、期末资产负债 Late Assets and Liabilities			
	流动资产合计 Total Liquid Assets	应收账款 Accounts Receivable	存 货 Stock	固定资产合计 Fixed Assets Price
1930378.7	8316944.5	1369733.3	2071426.3	2823573.1
485714.1	1818640.6	248426.1	476225.4	1588844.2
548318.8	2015276.4	148936.1	504331.5	1509273.7
171735.7	1275972.5	11352.5	157189.7	1043661.5
365775.2	714332.8	134398.4	334060.3	459618.0
10807.9	24971.1	3185.2	13081.5	5994.2
39150.2	192013.5	21715.9	44102.1	44197.7
624.5	1337.2	425.2	614.5	385.7
1055.0	13954.8	1270.3	1625.5	6441.5
3540.2	10643.1	2792.6	4468.0	5472.7
4437.3	20605.4	4114.0	6189.3	3500.4
236.3	1430.2	235.8	575.7	940.7
8446.9	29209.6	4661.8	5636.4	8189.5
16310.0	49044.5	998.4	12682.4	8327.1
4500.0	65788.7	7217.8	12310.3	10940.1
145543.0	531718.1	137328.8	144178.7	78984.7
8166.5	14497.3	1919.3	10121.6	120.5
70481.2	395490.9	127774.3	70681.3	70578.3
56747.9	90449.1	2619.3	53120.9	6040.6
1366.1	1929.8	15.2	1311.2	281.1
4717.9	13753.3	2544.5	3855.5	1109.1
13.7	408.8	102.1	79.9	
733.6	4459.0	1985.6	1208.4	303.5
3316.1	10729.9	368.5	3799.9	551.6
72680.6	189072.4	22358.5	78017.3	40148.5
340.0	1440.1	565.4	394.9	256.7
28.4	2648.3	440.8	25.1	114.2
37936.7	107205.9	12896.6	35436.5	31785.5

8－16 续　　表 1

单位:万元

项　　目 Item	法人企业数（个） Number of Enterprises	执行《2006年企业会计准则》企业数(个) Implementation of "Accounting Standards for Business Enterprises in 2006"
珠宝首饰零售 Bijoutere	16	15
工艺美术品及收藏品零售 Arts and Crafts and Collectibles	3	3
乐器零售 Musical Instruments	4	4
照相器材零售 Photographic Equipment	3	3
其他文化用品零售 Other Cultural Activities	4	3
医药及医疗器材专门零售 Medicine and Medical Equipment	125	110
药品零售 Medicine	97	86
医疗用品及器材零售 Medical Supplies and Equipment	28	24
汽车、摩托车、燃料及零配件专门零售 Automobile, Motorcycle, Fule and Spare Parts	260	248
汽车零售 The Car	207	200
汽车零配件零售 Atuo Parts	11	10
摩托车及零配件零售 Motocycle and Spare Parts	2	2
机动车燃料零售 Motor Fuel	40	36
家用电器及电子产品专门零售 Houshold Appliances	100	91
家用视听设备零售 Home Auto－visual and Electronic Products Equipment	5	4
日用家电设备零售 Household Appliances	32	29
计算机、软件及辅助设备零售 Computer, Software and Auxliary Equipment	46	42
通信设备零售 Communication Equipment	10	9
其他电子产品零售 Other Electronic Products	7	7
五金、家具及室内装饰材料专门零售 Hardware, Furniture and Interiov Decoration Materials	65	63
五金零售 Hardware	16	16
灯具零售 Lamps and Lanterns	3	3
家具零售 Furniture	18	18
涂料零售 Paint	1	1
卫生洁具零售 Sanitary ware	3	3
木质装饰材料零售 Wood Decoration	3	3
陶瓷、石材装饰材料零售 Ceramic and Stone	5	3
其他室内装饰材料零售 Other interior Decoration Materials	16	16

8 -16 Continued 1

(10 000 yuan)

一、年初存货 The Beginning Inventory	二、期末资产负债 Late Assets and Liabilities			
	流动资产合计 Total Liquid Assets	应收账款 Accounts Receivable	存货 Stock	固定资产合计 Fixed Assets Price
27764.0	59496.0	5083.0	37149.5	5984.4
2054.9	8492.2	1591.7	33.3	1469.1
3742.4	5350.3	452.6	4209.6	137.0
289.2	831.0	179.1	248.2	355.7
525.0	3608.6	1149.3	520.2	45.9
155303.6	1377669.8	603243.7	186964.7	52825.1
145793.4	1315466.1	570129.4	178489.5	51043.7
9510.2	62203.7	33114.3	8475.2	1781.4
787044.0	3168095.9	332880.1	978114.0	855803.5
763337.8	3035392.8	314349.8	951459.7	584138.0
5081.9	17868.9	5029.8	6825.9	2334.6
314.6	753.2	190.5	440.9	101.3
18309.7	114081.0	13310.0	19387.5	269229.6
113811.8	639698.1	80872.2	106868.8	156289.0
2611.2	6805.4	2591.5	3189.6	548.6
95003.1	569636.3	58586.3	87474.8	151713.9
12977.5	49000.7	13518.1	13303.2	2578.4
1684.2	9906.4	4790.7	1476.1	807.2
1535.8	4349.3	1385.6	1425.1	640.9
16778.2	173923.3	18741.1	23903.9	76915.8
884.7	28950.6	5231.6	1346.0	2936.2
345.5	2184.6	961.9	375.0	116.8
9063.5	87879.4	3360.3	13099.5	65150.2
128.8				95.5
657.4	3348.9	1311.5	972.1	58.2
2308.3	5869.8	1700.5	3344.0	2213.2
1139.7	3694.9	1169.8	806.3	838.6
2250.3	41995.1	5005.5	3961.0	5507.1

8－16 续 表 2

单位:万元

项 目 Item	法人企业数（个） Number of Enterprises	执行《2006 年企业会计准则》企业数(个) Implementation of "Accounting Standards for Business Enterprises in 2006"
货摊、无店铺及其他零售 Stalls, No－shop and Others	13	10
货摊纺织、服装及鞋零售 Textile, Clothing and Footwwear Stalls	1	1
互联网零售 Internet	4	2
邮购及电视、电话零售 Mail Order and TV, Telephone	1	1
生活用燃料零售 Domestic Fule	4	4
其他未列明零售 Other not Listed	3	2
2. 按登记注册类型分 Grouped by Registration		
内资企业 Domestic Investment	830	762
国有企业 State-owned	12	12
集体企业 Collective-owned	10	9
股份合作企业 Cooperative of Share Holding	5	4
有限责任公司 Compaines of Limited Liabilities	431	395
国有独资公司 State Owned	6	6
其他有限责任公司 Other Companies of Limited Liabilities	425	389
股份有限公司 Share Holding	17	16
私营企业 Private-owned	351	322
私营独资企业 Private Exclusive Investment	14	11
私营合伙企业 Private Partnership	1	
私营有限责任公司 Private Companies of Limited Liabilities	326	303
私营股份有限公司 Private Companies of Limited Liabilities with Share Holding	10	8
其他企业 Others	4	4
港、澳、台商投资企业 Enterprises funded by Entepreneurs from HongKong, Macao & Taiwan	16	16
与港澳台商合资经营企业 Joint Ventures with HongKong, Macao and Taiwan	3	3
港澳台商独资企业 Hongkong and Marcro, Taiwan Owned	13	13
外商投资企业 Foreign Investment	18	18
中外合资经营企业 Chinese Foreign Equity Joint Ventures	5	5
外资企业 Foreign Enterprise	12	12
其他外商投资企业 Foreign Capital	1	1

(10 000 yuan)

一、年初存货 The Beginning Inventory	二、期末资产负债 Late Assets and Liabilities			
	流动资产合计 Total Liquid Assets	应收账款 Accounts Receivable	存货 Stock	固定资产合计 Fixed Assets Price
51748.5	29477.0	3656.9	4945.3	9135.1
94.3	5248.0	2850.0	51.1	519.2
49844.0	17766.8	338.5	3320.3	4150.2
	1379.9	12.0		260.3
970.6	2499.2	302.9	575.0	3620.3
839.6	2583.1	153.5	998.9	585.1
1643663.7	7264505.5	1218875.6	1823417.0	2639206.8
47133.9	521770.9	151961.7	58950.2	36884.7
3364.3	40566.1	2839.2	2701.5	73731.2
687.6	3590.9	878.7	556.9	1982.5
818959.6	3792747.8	679999.3	1000659.9	1135858.9
16873.3	39871.8	7416.3	16574.2	207413.7
802086.3	3752876.0	672583.0	984085.7	928445.2
400140.2	1214807.7	128575.2	352776.3	1248334.9
372843.7	1689495.0	254381.2	406998.1	140799.3
1051.6	6418.6	907.5	1420.3	2740.5
	281.0	80.2	112.3	400.1
347687.3	1469239.2	208241.1	375730.8	128146.0
24104.8	213556.2	45152.4	29734.7	9512.7
534.4	1527.1	240.3	774.1	1615.3
178719.7	686693.2	131738.1	182583.9	47011.9
107.8	7785.2	3949.5	349.4	2628.5
178611.9	678908.0	127788.6	182234.5	44383.4
107995.3	365745.8	19119.6	65425.4	137354.4
10172.8	61541.2	13961.8	8889.2	5453.7
95676.9	300632.5	4885.5	54069.8	125303.3
2145.6	3572.1	272.3	2466.4	6597.4

8－16 续 表 3

单位:万元

项 目 Item	二、期末资产负债 Late Assets and Liabilities		
	固定资产原价 Fixed Asset Price	累 计 折 旧 Accumulated Depreciation	本 年 折 旧 Depreciation of this year
总 计 Total	**3940863.5**	**1119058.4**	**166254.1**
其中:国有控股 State-owned and State Holding	2033874.8	444647.6	64235.3
1. 按零售行业小类分 According to the Classfication of Retail Industry			
综合零售 Comprehensire	2015630.9	506357.1	70428.1
百货零售 Department Store	1367388.9	323727.3	42248.5
超级市场零售 Super Market	639828.4	180210.4	27744.5
其他综合零售 Other Comprehensire	8413.6	2419.4	435.1
食品、饮料及烟草制品专门零售 Wholeasle Trade of Food、Beverage Tobacco and Atricles for Family	56146.8	11950.9	4632.2
粮油零售 Grain and Oil	494.5	108.8	19.8
糕点、面包零售 Cake and Bread	8848.8	2407.3	333.6
果品、蔬菜零售 Fruits and Vegetables	6272.5	799.8	168.8
肉、禽、蛋、奶及水产品零售 Wholesale of Meat, Bird, Eggs, Milk and Aquatic products	4533.6	1033.2	162.2
营养和保健品零售 Wholesale of Health Care products	1097.4	156.7	52.4
酒、饮料及茶叶零售 Wholesale of Alcohol, Drinks and Tea	9658.9	1471.2	491.5
烟草制品零售 Wholesale of Tobaccos	11861.8	3534.7	1309.7
其他食品零售 The Other foods Wholesale	13379.3	2439.2	2094.2
纺织、服装及日用品专门零售 Textile Garment and Daily necessities	94814.8	17933.0	7773.0
纺织品及针织品零售 Textiles and Knitwear	215.9	95.4	38.4
服装零售 Clothing	79832.7	11357.3	5544.4
鞋帽零售 Shoes and Hats	9376.5	3335.9	1650.3
化妆品及卫生用品零售 Cosmetics and Hygiene	849.8	568.7	83.0
钟表、眼镜零售 Clocks, Watch and Glasses	2112.2	1003.1	108.1
箱、包零售 Luggage and Bags	42.2	42.2	
厨房用具及日用杂品零售 Kitchen Utensils and Daily Sundries	693.7	390.2	126.9
其他日用品零售 Other Daily Necessities	1691.8	1140.2	221.9
文化、体育用品及器材专门零售 Culturd and Sports Goodls	56943.9	16734.9	2236.3
文具用品零售 Stationery	289.8	33.1	8.0
体育用品及器材零售 Soprts Goods	317.3	203.1	45.3
图书、报刊零售 Books and Newspapers	46458.4	14613.2	1724.4

8 -16 Continued 3

(10 000 yuan)

二、期末资产负债 Late Assets and Liabilities				
在建工程 In the Construction Engineering	资产总计 Total Assets	流动负债合计 Total Liabilitiesers	应付账款 Accounts Payable	非流动负债合计 Non Current Liabilities
367467.5	**13605511.2**	**9361005.7**	**2324191.1**	**710128.8**
81938.0	4465008.4	3044787.9	730088.9	194680.4
45197.7	4439780.7	2952564.7	972195.5	270573.9
13592.9	3040111.7	2028370.0	559946.6	181927.0
31604.8	1366337.0	898881.8	397801.4	87528.4
	33332.0	25312.9	14447.5	1118.5
5230.7	273111.2	131003.6	58960.5	1402.6
	2177.9	374.4	84.0	180.0
	23316.4	16408.9	8675.3	175.1
99.8	17879.6	8096.4	2227.6	100.6
3127.7	28921.5	16990.8	3867.8	561.2
	2378.6	1620.3	86.0	20.5
1023.1	47236.3	28280.2	5517.3	193.0
861.8	59991.9	28465.8	18286.6	
118.3	91209.0	30766.8	20215.9	172.2
2418.0	680914.1	425895.0	152809.7	67912.8
	14764.1	12042.1	8203.0	900.0
2418.0	529150.7	349187.8	131463.1	65676.3
	99324.0	41362.4	8044.8	
	2370.4	2020.9	15.6	11.1
	15238.1	7367.8	2802.4	312.5
	435.3	227.4	104.8	112.9
	5023.4	3151.0	1311.2	
	14608.1	10535.6	864.8	900.0
452.2	245572.3	190280.0	86618.2	3205.8
	1696.8	591.5	-153.0	12.0
	6767.8	9870.6	9816.4	
452.2	149848.0	109864.6	55411.5	2119.4

8-16 续 表 4

单位:万元

项 目 Item	二、期末资产负债 Late Assets and Liabilities		
	固定资产原价 Fixed Asset Price	累计折旧 Accumulated Depreciation	本年折旧 Depreciation of this year
珠宝首饰零售 Bijoutere	7388.5	1403.3	370.9
工艺美术品及收藏品零售 Arts and Crafts and Collectibles	1723.3	254.2	19.6
乐器零售 Musical Instruments	167.7	30.7	4.9
照相器材零售 Photographic Equipment	457.3	101.6	8.0
其他文化用品零售 Other Cultural Activities	141.6	95.7	55.2
医药及医疗器材专门零售 Medicine and Medical Equipment	79646.9	26876.7	6492.3
药品零售 Medicine	76597.6	25608.8	6207.9
医疗用品及器材零售 Medical Supplies and Equipment	3049.3	1267.9	284.4
汽车、摩托车、燃料及零配件专门零售 Automobile, Motorcycle, Fule and Spare Parts	1347769.4	491651.0	63987.6
汽车零售 The Car	975481.7	391028.8	49300.0
汽车零配件零售 Atuo Parts	3108.5	773.9	141.2
摩托车及零配件零售 Motocycle and Spare Parts	128.8	27.5	9.9
机动车燃料零售 Motor Fuel	369050.4	99820.8	14536.5
家用电器及电子产品专门零售 Houshold Appliances	185286.6	28998.1	5756.5
家用视听设备零售 Home Auto - visual and Electronic Products Equipment	861.5	312.9	24.3
日用家电设备零售 Household Appliances	178053.4	26340.0	5024.3
计算机、软件及辅助设备零售 Computer, Software and Auxliary Equipment	4410.7	1832.3	417.0
通信设备零售 Communication Equipment	1092.2	285.0	165.8
其他电子产品零售 Other Electronic Products	868.8	227.9	125.1
五金、家具及室内装饰材料专门零售 Hardware, Furniture and Interiov Decoration Materials	90653.4	13721.0	3466.5
五金零售 Hardware	4651.3	1715.1	263.7
灯具零售 Lamps and Lanterns	286.9	170.1	13.2
家具零售 Furniture	74560.1	9409.9	2673.1
涂料零售 Paint	171.5	76.0	1.5
卫生洁具零售 Sanitary ware	65.3	7.1	4.9
木质装饰材料零售 Wood Decoration	2718.0	504.8	96.6
陶瓷、石材装饰材料零售 Ceramic and Stone	955.5	116.9	34.2
其他室内装饰材料零售 Other interior Decoration Materials	7244.8	1721.1	379.3

8－16 Continued 4

(10 000 yuan)

二、期末资产负债 Late Assets and Liabilities				
在建工程 In the Construction Engineering	资产总计 Total Assets	流动负债合计 Total Liabilitiesers	应付账款 Accounts Payable	非流动负债合计 Non Current Liabilities
	66623.2	56745.3	16806.5	1074.4
	9999.8	5417.3	857.8	
	5780.5	4895.7	2724.5	
	1186.8	566.7	75.5	
	3669.4	2328.3	1079.0	
10342.3	1555721.1	1308472.3	399815.4	19539.7
7967.2	1486296.9	1269400.2	377447.1	16153.4
2375.1	69424.2	39072.1	22368.3	3386.3
258891.0	5067946.9	3389544.1	456074.5	304165.3
208244.5	4420412.0	3041668.0	376601.8	268118.6
	21503.1	16238.3	6838.5	319.5
	854.5	532.9	454.7	
50646.5	625177.3	331104.9	72179.5	35727.2
23042.0	867539.9	637945.5	157016.6	12523.0
	7610.6	5537.5	1081.1	310.0
22432.0	785390.6	585115.5	135973.5	11433.6
610.0	57085.3	33019.2	10129.9	481.8
	12060.1	10337.9	7102.6	174.6
	5393.3	3935.4	2729.5	123.0
21401.1	430023.5	288208.9	26055.2	30737.5
14598.9	60101.7	44553.1	3423.2	42.6
	2302.7	2025.4	1090.4	
6800.8	284182.9	188418.3	11435.0	29893.5
	208.3	108.3		
	3434.9	2565.0	740.3	13.0
	8839.0	7168.9	3193.7	24.6
	4533.5	2290.4	956.8	211.6
1.4	66420.5	41079.5	5215.8	552.2

8-16 续 表 5

单位:万元

项目 Item	二、期末资产负债 Late Assets and Liabilities		
	固定资产原价 Fixed Asset Price	累计折旧 Accumulated Depreciation	本年折旧 Depreciation of this year
货摊、无店铺及其他零售 Stalls, No - shop and Others	13970.8	4835.7	1481.6
货摊纺织、服装及鞋零售 Textile, Clothing and Footwwear Stalls	2241.8	1722.6	120.1
互联网零售 Internet	6027.4	1877.2	988.8
邮购及电视、电话零售 Mail Order and TV, Telephone	357.7	97.4	34.2
生活用燃料零售 Domestic Fule	4461.4	841.1	270.8
其他未列明零售 Other not Listed	882.5	297.4	67.7
2.按登记注册类型分 Grouped by Registration			
内资企业 Domestic Investment	3614569.1	975027.4	143917.6
国有企业 State-owned	45004.8	8060.4	1448.1
集体企业 Collective-owned	98659.2	24927.9	6040.7
股份合作企业 Cooperative of Share Holding	3081.0	1098.5	140.5
有限责任公司 Compaines of Limited Liabilities	1685920.9	549895.7	79791.7
国有独资公司 State Owned	280374.9	72961.2	10913.1
其他有限责任公司 Other Companies of Limited Liabilities	1405546.0	476934.5	68878.6
股份有限公司 Share Holding	1572389.6	324054.7	41567.9
私营企业 Private-owned	207205.2	66297.1	14792.5
私营独资企业 Private Exclusive Investment	3403.7	663.2	161.6
私营合伙企业 Private Partnership	476.0	75.9	23.8
私营有限责任公司 Private Companies of Limited Liabilities	189089.7	60834.9	13027.2
私营股份有限公司 Private Companies of Limited Liabilities with Share Holding	14235.8	4723.1	1579.9
其他企业 Others	2308.4	693.1	136.2
港、澳、台商投资企业 Enterprises funded by Entepreneurs from HongKong, Macao & Taiwan	76642.1	31733.1	11081.7
与港澳台商合资经营企业 Joint Ventures with HongKong, Macao and Taiwan	2292.3	1766.7	126.5
港澳台商独资企业 Hongkong and Marcro, Taiwan Owned	74349.8	29966.4	10955.2
外商投资企业 Foreign Investment	249652.3	112297.9	11254.8
中外合资经营企业 Chinese Foreign Equity Joint Ventures	10739.3	5285.6	659.2
外资企业 Foreign Enterprise	231336.6	106033.3	10061.9
其他外商投资企业 Foreign Capital	7576.4	979.0	533.7

(10 000 yuan)

二、期末资产负债 Late Assets and Liabilities				
在建工程 In the Construction Engineering	资产总计 Total Assets	流动负债合计 Total Liabilitiesers	应付账款 Accounts Payable	非流动负债合计 Non Current Liabilities
492.5	44901.5	37091.6	14645.5	68.2
	9778.3	7694.1	1915.6	
460.0	23698.7	24429.7	11512.6	
	1669.0	484.8	314.2	
32.5	6542.3	2342.3	118.9	
	3213.2	2140.7	784.2	68.2
349506.9	12209512.2	8425992.0	1846051.6	658307.3
105.3	595793.5	530296.9	103652.0	971.2
613.4	120002.4	86476.7	20213.4	32772.7
	5991.9	1780.5	681.4	55.0
283281.5	6262143.9	4047441.5	911670.6	460986.2
45665.9	448621.7	260062.7	65969.6	2112.1
237615.6	5813522.2	3787378.8	845701.0	458874.1
36817.9	3183551.3	2135543.3	528620.0	123673.6
28688.8	2038835.7	1623892.8	281001.5	39816.2
	9396.6	2474.6	481.0	868.1
	681.1	70.3	37.2	90.0
23289.2	1763181.0	1420480.6	260071.9	31746.8
5399.6	265577.0	200867.3	20411.4	7111.3
	3193.5	560.3	212.7	32.4
4415.1	760540.4	537698.2	358684.4	7400.0
	17367.0	18621.0	10021.6	
4415.1	743173.4	519077.2	348662.8	7400.0
13545.5	635458.6	397315.5	119455.1	44421.5
4794.5	89698.8	41650.9	17630.5	4366.1
8683.0	533885.3	343303.7	101688.9	40055.4
68.0	11874.5	12360.9	135.7	

8-16 续 表 6

单位:万元

项目 Item	二、期末资产负债 Late Assets and Liabilities		
	负债合计 Total Liabilitiesers	所有者权益合计 Total Interests of Own	实收资本 Total Capital Hold
总计 Total	**10067621.9**	**3537889.3**	**1714449.2**
其中:国有控股 State-owned and State Holding	3239468.3	1225540.1	458782.4
1.按零售行业小类分 According to the Classfication of Retail Industry			
综合零售 Comprehensire	3219626.0	1220154.7	358649.9
百货零售 Department Store	2206784.4	833327.3	199431.1
超级市场零售 Super Market	986410.2	379926.8	154162.5
其他综合零售 Other Comprehensire	26431.4	6900.6	5056.3
食品、饮料及烟草制品专门零售 Wholeasle Trade of Food、Beverage Tobacco and Atricles for Family	132406.2	140705.0	51406.6
粮油零售 Grain and Oil	554.4	1623.5	1017.7
糕点、面包零售 Cake and Bread	16584.0	6732.4	5835.5
果品、蔬菜零售 Fruits and Vegetables	8197.0	9682.6	5177.6
肉、禽、蛋、奶及水产品零售 Wholesale of Meat, Bird, Eggs, Milk and Aquatic products	17552.0	11369.5	8318.0
营养和保健品零售 Wholesale of Health Care products	1640.8	737.8	630.0
酒、饮料及茶叶零售 Wholesale of Alcohol, Drinks and Tea	28473.2	18763.1	12962.8
烟草制品零售 Wholesale of Tobaccos	28465.8	31526.1	5021.9
其他食品零售 The Other foods Wholesale	30939.0	60270.0	12443.1
纺织、服装及日用品专门零售 Textile Garment and Daily necessities	493807.8	187106.3	127461.7
纺织品及针织品零售 Textiles and Knitwear	12942.1	1822.0	3716.5
服装零售 Clothing	414864.1	114286.6	83762.3
鞋帽零售 Shoes and Hats	41362.4	57961.6	30221.2
化妆品及卫生用品零售 Cosmetics and Hygiene	2032.0	338.4	185.0
钟表、眼镜零售 Clocks, Watch and Glasses	7680.3	7557.8	6048.1
箱、包零售 Luggage and Bags	340.3	95.0	300.0
厨房用具及日用杂品零售 Kitchen Utensils and Daily Sundries	3151.0	1872.4	1055.0
其他日用品零售 Other Daily Necessities	11435.6	3172.5	2173.6
文化、体育用品及器材专门零售 Culturd and Sports Goodls	193485.8	52086.5	47960.6
文具用品零售 Stationery	603.5	1093.3	1032.9
体育用品及器材零售 Soprts Goods	9870.6	-3102.8	500.0
图书、报刊零售 Books and Newspapers	111984.0	37864.0	33063.6

8－16 Continued 6

(10 000 yuan)

二、期末资产负债 Late Assets and Liabilities					
国家资本 National Capits	集体资本 Collective Capita	法人资本 Corporate Capital	个人资本 Private Capital	港澳台资本 HK Macao and Taiwan's Capital	外商资本 Foreign Capital
502286.6	**65678.9**	**502111.6**	**451662.7**	**65391.0**	**127318.4**
297784.8	14169.4	96966.9	35688.6	9224.0	4948.7
78578.0	28366.9	74754.6	46597.6	37381.7	92971.1
77231.5	22491.3	28245.5	16217.8	28987.2	26257.8
1196.5	3939.5	45646.4	28672.3	7994.5	66713.3
150.0	1936.1	862.7	1707.5	400.0	
4844.9	778.6	17622.9	27008.3	651.9	500.0
433.0		481.5	103.2		
		626.7	5208.8		
		2603.4	2574.2		
		3539.1	4778.9		
		5.0	625.0		
	778.6	4681.1	6851.2	651.9	
4411.9			610.0		
		5686.1	6257.0		500.0
15630.0	100.0	61276.1	41700.4	7632.2	1123.0
		3716.5			
15600.0		50663.4	16550.9		948.0
		155.0	22934.0	7132.2	
			10.0		175.0
30.0	100.0	5018.0	400.1	500.0	
			300.0		
			1055.0		
		1723.2	450.4		
12949.0	150.0	9095.1	21597.6	4168.9	
		150.0	882.9		
		500.0			
12948.9		4540.0	15574.7		

8－16 续 表 7

单位:万元

项 目 Item	二、期末资产负债 Late Assets and Liabilities		
	负债合计 Total Liabilitiesers	所有者权益合计 Total Interests of Own	实 收 资 本 Total Capital Hold
珠宝首饰零售 Bijoutere	57819.7	8803.5	8963.9
工艺美术品及收藏品零售 Arts and Crafts and Collectibles	5417.3	4582.5	2000.2
乐器零售 Musical Instruments	4895.7	884.8	700.0
照相器材零售 Photographic Equipment	566.7	620.1	700.0
其他文化用品零售 Other Cultural Activities	2328.3	1341.1	1000.0
医药及医疗器材专门零售 Medicine and Medical Equipment	1328012.0	227709.1	160635.8
药品零售 Medicine	1285553.6	200743.3	152459.3
医疗用品及器材零售 Medical Supplies and Equipment	42458.4	26965.8	8176.5
汽车、摩托车、燃料及零配件专门零售 Automobile, Motorcycle, Fule and Spare Parts	3693709.4	1374237.5	748654.5
汽车零售 The Car	3309786.6	1110625.4	559932.9
汽车零配件零售 Atuo Parts	16557.8	4945.3	3185.8
摩托车及零配件零售 Motocycle and Spare Parts	532.9	321.6	250.0
机动车燃料零售 Motor Fuel	366832.1	258345.2	185285.8
家用电器及电子产品专门零售 Houshold Appliances	650468.5	217071.4	76414.5
家用视听设备零售 Home Auto－visual and Electronic Products Equipment	5847.5	1763.1	986.0
日用家电设备零售 Household Appliances	596549.1	188841.5	53231.5
计算机、软件及辅助设备零售 Computer, Software and Auxliary Equipment	33501.0	23584.3	18596.4
通信设备零售 Communication Equipment	10512.5	1547.6	1910.0
其他电子产品零售 Other Electronic Products	4058.4	1334.9	1690.6
五金、家具及室内装饰材料专门零售 Hardware, Furniture and Interiov Decoration Materials	318946.4	111077.1	104381.6
五金零售 Hardware	44595.7	15506.0	16017.6
灯具零售 Lamps and Lanterns	2025.4	277.3	100.0
家具零售 Furniture	218311.8	65871.1	56229.2
涂料零售 Paint	108.3	100.0	100.0
卫生洁具零售 Sanitary ware	2578.0	856.9	830.0
木质装饰材料零售 Wood Decoration	7193.5	1645.5	1440.0
陶瓷、石材装饰材料零售 Ceramic and Stone	2502.0	2031.5	1900.0
其他室内装饰材料零售 Other interior Decoration Materials	41631.7	24788.8	27764.8

(10 000 yuan)

二、期末资产负债 Late Assets and Liabilities					
国家资本 National Capits	集体资本 Collective Capita	法人资本 Corporate Capital	个人资本 Private Capital	港澳台资本 HK Macao and Taiwan's Capital	外商资本 Foreign Capital
	150.0	2755.0	1890.0	4168.9	
0.1		0.1	2000.0		
		100.0	600.0		
		100.0	600.0		
		950.0	50.0		
13351.1	2596.6	115105.1	28599.0		984.0
13351.1	2596.6	111869.1	24642.5		
		3236.0	3956.5		984.0
365403.3	33457.8	134609.1	203268.6	3832.3	8083.4
212521.0	33119.0	125673.5	184167.1	3832.3	620.0
1000.0		1121.7	1064.1		
		200.0	50.0		
151882.3	338.8	7613.9	17987.4		7463.4
130.3	150.0	49923.9	23710.3	2500.0	
		100.0	886.0		
130.3	150.0	44277.5	8673.7		
		4056.4	12040.0	2500.0	
		790.0	1120.0		
		700.0	990.6		
1800.0	79.0	25574.8	53270.9		23656.9
1800.0		2315.3	11902.3		
		50.0	50.0		
		11881.2	24213.0		20135.0
			100.0		
		4.0	826.0		
			1440.0		
		850.0	1050.0		
	79.0	10474.3	13689.6		3521.9

8-16 续 表 8

单位:万元

项 目 Item	二、期末资产负债 Late Assets and Liabilities		
	负债合计 Total Liabilitiesers	所有者权益合计 Total Interests of Own	实收资本 Total Capital Hold
货摊、无店铺及其他零售 Stalls, No - shop and Others	37159.8	7741.7	38884.0
货摊纺织、服装及鞋零售 Textile, Clothing and Footwwear Stalls	7694.1	2084.2	18824.0
互联网零售 Internet	24429.7	-731.0	13510.0
邮购及电视、电话零售 Mail Order and TV, Telephone	484.8	1184.2	500.0
生活用燃料零售 Domestic Fule	2342.3	4200.0	5100.0
其他未列明零售 Other not Listed	2208.9	1004.3	950.0
2. 按登记注册类型分 Grouped by Registration			
内资企业 Domestic Investment	9084299.3	3125212.9	1524264.3
国有企业 State-owned	531268.1	64525.4	15985.1
集体企业 Collective-owned	119249.4	753.0	14887.3
股份合作企业 Cooperative of Share Holding	1835.5	4156.4	4167.7
有限责任公司 Compaines of Limited Liabilities	4508427.7	1753716.2	942232.3
国有独资公司 State Owned	262174.8	186446.9	153482.3
其他有限责任公司 Other Companies of Limited Liabilities	4246252.9	1567269.3	788750.0
股份有限公司 Share Holding	2259216.9	924334.4	208494.2
私营企业 Private-owned	1663709.0	375126.7	336552.9
私营独资企业 Private Exclusive Investment	3342.7	6053.9	5867.3
私营合伙企业 Private Partnership	160.3	520.8	500.0
私营有限责任公司 Private Companies of Limited Liabilities	1452227.4	310953.6	284050.0
私营股份有限公司 Private Companies of Limited Liabilities with Share Holding	207978.6	57598.4	46135.6
其他企业 Others	592.7	2600.8	1944.8
港、澳、台商投资企业 Enterprises funded by Entepreneurs from HongKong, Macao & Taiwan	541585.6	218954.8	75291.0
与港澳台商合资经营企业 Joint Ventures with HongKong, Macao and Taiwan	18621.0	-1254.0	22124.0
港澳台商独资企业 Hongkong and Marcro, Taiwan Owned	522964.6	220208.8	53167.0
外商投资企业 Foreign Investment	441737.0	193721.6	114893.9
中外合资经营企业 Chinese Foreign Equity Joint Ventures	46017.0	43681.8	6448.6
外资企业 Foreign Enterprise	383359.1	150526.2	105445.3
其他外商投资企业 Foreign Capital	12360.9	-486.4	3000.0

8－16 Continued 8

(10 000 yuan)

二、期末资产负债 Late Assets and Liabilities					
国家资本 National Capits	集体资本 Collective Capita	法人资本 Corporate Capital	个人资本 Private Capital	港澳台资本 HK Macao and Taiwan's Capital	外商资本 Foreign Capital
9600.0		14150.0	5910.0	9224.0	
9600.0				9224.0	
		11000.0	2510.0		
			500.0		
		3000.0	2100.0		
		150.0	800.0		
491190.1	65678.9	487628.9	451062.7	500.0	28203.7
13485.0		2500.1			
	14872.3	15.0			
	713.6		3454.1		
403468.9	41926.9	314450.6	158630.9	500.0	23255.0
152482.3		1000.0			
250986.6	41926.9	313450.6	158630.9	500.0	23255.0
72436.2	4983.0	81199.3	44927.0		4948.7
1800.0	2639.5	88262.7	243850.7		
		362.3	5505.0		
			500.0		
1800.0	2639.5	60290.8	219319.7		
		27609.6	18526.0		
	543.6	1201.2	200.0		
9900.0			500.0	64891.0	
9900.0			500.0	11724.0	
				53167.0	
1196.5		14482.7	100.0		99114.7
		1482.7	100.0		4865.9
1196.5		10000.0			94248.8
		3000.0			

8-16 续 表 9

单位:万元

项 目 Item	三、损益及分配 Increase, Decrese and Assgning 营业收入 Sales Revenue	主营业务收入 Main Sales Revenue
总 计 **Total**	**23012968.2**	**22539534.3**
其中:国有控股 State-owned and State Holding	8039650.3	7812803.3
1.按零售行业小类分 **According to the Classfication of Retail Industry**		
综合零售 Comprehensire	6270747.5	5904939.8
百货零售 Department Store	3913652.2	3675352.9
超级市场零售 Super Market	2236976.0	2110126.0
其他综合零售 Other Comprehensire	120119.3	119460.9
食品、饮料及烟草制品专门零售 Wholeasle Trade of Food、Beverage Tobacco and Atricles for Family	727381.1	720089.0
粮油零售 Grain and Oil	81082.1	80082.1
糕点、面包零售 Cake and Bread	54565.5	54436.6
果品、蔬菜零售 Fruits and Vegetables	41881.5	41881.5
肉、禽、蛋、奶及水产品零售 Wholesale of Meat, Bird, Eggs, Milk and Aquatic products	138564.1	138564.1
营养和保健品零售 Wholesale of Health Care products	4403.8	4403.8
酒、饮料及茶叶零售 Wholesale of Alcohol, Drinks and Tea	101954.5	101047.8
烟草制品零售 Wholesale of Tobaccos	72306.4	67888.2
其他食品零售 The Other foods Wholesale	232623.2	231784.9
纺织、服装及日用品专门零售 Textile Garment and Daily necessities	711206.2	705385.1
纺织品及针织品零售 Textiles and Knitwear	11828.2	11828.2
服装零售 Clothing	388144.2	383441.3
鞋帽零售 Shoes and Hats	167286.0	167286.0
化妆品及卫生用品零售 Cosmetics and Hygiene	61969.1	61532.9
钟表、眼镜零售 Clocks, Watch and Glasses	30827.4	30827.4
箱、包零售 Luggage and Bags	672.2	672.2
厨房用具及日用杂品零售 Kitchen Utensils and Daily Sundries	8420.5	8420.5
其他日用品零售 Other Daily Necessities	42058.6	41376.6
文化、体育用品及器材专门零售 Culturd and Sports Goodls	283340.9	281875.1
文具用品零售 Stationery	13228.4	13228.4
体育用品及器材零售 Soprts Goods	7931.8	7810.0
图书、报刊零售 Books and Newspapers	97635.7	96979.3

8－16 Continued 9

(10 000 yuan)

三、损益及分配 Increase, Decrese and Assgning				
营业成本 Sales Cost	主营业务成本 Main Sales Cost	营业税金及附加 Mian Business Taxes and Extras	主营业务税金及附加 Main Business Taxes and Extras	其他业务利润 Profits of Other Business
20057099.5	**19985355.8**	**110705.7**	**92634.4**	**1109203.4**
6963299.7	6920823.5	43152.2	31711.5	158568.6
4987259.2	4976934.4	55977.4	39372.8	309312.9
3116033.6	3106562.0	35077.1	28291.3	198629.9
1771742.4	1770925.1	20084.7	10266.8	110064.8
99483.2	99447.3	815.6	814.7	618.2
530383.1	525564.5	7005.1	6959.1	3317.4
61200.7	61200.7	124.1	124.1	
39857.8	39741.1	452.7	452.7	189.3
33528.6	33169.6	153.7	153.7	
104435.7	104435.7	2619.7	2619.7	377.8
2992.9	2992.9	61.7	61.7	
78383.9	77929.4	1420.3	1383.6	474.1
58513.0	55157.1	484.8	484.8	1028.4
151470.5	150938.0	1688.1	1678.8	1247.8
534524.9	531249.5	6742.4	6519.0	15247.0
8651.5	8651.5	41.6	41.6	
291718.1	289386.7	2636.8	2636.8	2027.2
121817.2	121817.2	1405.1	1405.1	
48373.5	48301.5	289.1	288.5	12761.5
23747.0	23747.0	226.4	226.4	377.6
388.7	388.7	8.0	6.0	13.9
7398.5	7398.5	59.4	59.4	0.2
32430.4	31558.4	2076.0	1855.2	66.6
237117.7	235855.2	3577.1	3504.6	1329.9
11267.0	11267.0	295.3	295.3	121.0
6455.6	6455.6	28.6	28.6	
77254.3	77254.3	228.6	156.1	1192.4

8-16 续 表 10

单位:万元

项 目 Item	三、损益及分配 Increase, Decrese and Assgning	
	营业收入 Sales Revenue	主营业务收入 Main Sales Revenue
珠宝首饰零售 Bijoutere	124105.1	123417.5
工艺美术品及收藏品零售 Arts and Crafts and Collectibles	19913.4	19913.4
乐器零售 Musical Instruments	8392.3	8392.3
照相器材零售 Photographic Equipment	7383.7	7383.7
其他文化用品零售 Other Cultural Activities	4750.5	4750.5
医药及医疗器材专门零售 Medicine and Medical Equipment	1934675.3	1925481.0
药品零售 Medicine	1838305.4	1829153.9
医疗用品及器材零售 Medical Supplies and Equipment	96369.9	96327.1
汽车、摩托车、燃料及零配件专门零售 Automobile, Motorcycle, Fule and Spare Parts	10488189.8	10429697.3
汽车零售 The Car	7555002.3	7523877.5
汽车零配件零售 Atuo Parts	79493.7	79251.9
摩托车及零配件零售 Motocycle and Spare Parts	8510.1	8510.1
机动车燃料零售 Motor Fuel	2845183.7	2818057.8
家用电器及电子产品专门零售 Houshold Appliances	1355195.9	1330663.2
家用视听设备零售 Home Auto - visual and Electronic Products Equipment	26647.9	26647.9
日用家电设备零售 Household Appliances	1033182.7	1010868.9
计算机、软件及辅助设备零售 Computer, Software and Auxliary Equipment	226183.3	224451.4
通信设备零售 Communication Equipment	34894.4	34481.8
其他电子产品零售 Other Electronic Products	34287.6	34213.2
五金、家具及室内装饰材料专门零售 Hardware, Furniture and Interiov Decoration Materials	327345.0	327031.0
五金零售 Hardware	28056.1	28054.1
灯具零售 Lamps and Lanterns	3632.7	3632.7
家具零售 Furniture	179072.4	178978.1
涂料零售 Paint	631.5	631.5
卫生洁具零售 Sanitary ware	9632.7	9632.7
木质装饰材料零售 Wood Decoration	21436.3	21436.3
陶瓷、石材装饰材料零售 Ceramic and Stone	18516.6	18516.6
其他室内装饰材料零售 Other interior Decoration Materials	66366.7	66149.0

(10 000 yuan)

三、损益及分配 Increase, Decrese and Assgning				
营业成本 Sales Cost	主营业务成本 Main Sales Cost	营业税金及附加 Mian Business Taxes and Extras	主营业务税金及附加 Main Business Taxes and Extras	其他业务利润 Profits of Other Business
105177.9	104877.4	2900.9	2900.9	6.5
18968.0	18006.0	85.4	85.4	
7247.9	7247.9	23.3	23.3	
6857.8	6857.8	6.1	6.1	
3889.2	3889.2	8.9	8.9	10.0
1744416.1	1739993.2	4253.5	4225.4	8753.2
1674456.8	1670034.2	3846.4	3818.3	7471.2
69959.3	69959.0	407.1	407.1	1282.0
9801616.2	9756343.3	21462.7	20371.8	752981.9
7027495.1	7008140.5	17567.6	16841.4	751381.0
73168.3	73083.5	232.4	152.7	157.1
8094.4	8094.4	8.2	8.2	
2692858.4	2667024.9	3654.5	3369.5	1443.8
1138894.4	1136705.6	5575.7	5569.9	17442.3
22946.1	22946.1	76.9	76.9	23.1
863385.2	862112.5	4062.7	4061.6	16985.8
195500.0	194590.3	983.8	979.2	209.1
30362.0	30355.6	249.3	249.3	224.3
26701.1	26701.1	203.0	202.9	
244943.5	244941.0	4479.6	4479.6	347.6
21557.4	21554.9	433.9	433.9	
3269.4	3269.4	17.9	17.9	
123316.2	123316.2	2095.5	2095.5	136.2
591.7	591.7	10.3	10.3	
8495.5	8495.5	36.5	36.5	
18918.6	18918.6	369.5	369.5	
16368.6	16368.6	49.9	49.9	
52426.1	52426.1	1466.1	1466.1	211.4

8-16 续 表 11

单位:万元

项　目 Item	三、损益及分配 Increase, Decrese and Assgning 营业收入 Sales Revenue	 主营业务收入 Main Sales Revenue
货摊、无店铺及其他零售 Stalls, No-shop and Others	914886.5	914372.8
货摊纺织、服装及鞋零售 Textile, Clothing and Footwwear Stalls	12233.0	11719.3
互联网零售 Internet	871128.0	871128.0
邮购及电视、电话零售 Mail Order and TV, Telephone	7531.3	7531.3
生活用燃料零售 Domestic Fule	11344.5	11344.5
其他未列明零售 Other not Listed	12649.7	12649.7
2.按登记注册类型分 Grouped by Registration		
内资企业 Domestic Investment	19992839.5	19670109.8
国有企业 State-owned	868640.2	866369.7
集体企业 Collective-owned	103325.2	98362.0
股份合作企业 Cooperative of Share Holding	33225.1	33224.3
有限责任公司 Compaines of Limited Liabilities	10636552.7	10526988.6
国有独资公司 State Owned	1970771.8	1943646.2
其他有限责任公司 Other Companies of Limited Liabilities	8665780.9	8583342.4
股份有限公司 Share Holding	4333043.9	4143919.9
私营企业 Private-owned	4004557.1	3987880.0
私营独资企业 Private Exclusive Investment	62170.0	61955.7
私营合伙企业 Private Partnership	1987.3	1987.3
私营有限责任公司 Private Companies of Limited Liabilities	3633648.0	3617187.4
私营股份有限公司 Private Companies of Limited Liabilities with Share Holding	306751.8	306749.6
其他企业 Others	13495.3	13365.3
港、澳、台商投资企业 Enterprises funded by Entepreneurs from HongKong, Macao & Taiwan	1334653.4	1212399.8
与港澳台商合资经营企业 Joint Ventures with HongKong, Macao and Taiwan	50094.1	49580.4
港澳台商独资企业 Hongkong and Marcro, Taiwan Owned	1284559.3	1162819.4
外商投资企业 Foreign Investment	1685475.3	1657024.7
中外合资经营企业 Chinese Foreign Equity Joint Ventures	101849.6	100678.3
外资企业 Foreign Enterprise	1567248.5	1540214.2
其他外商投资企业 Foreign Capital	16377.2	16132.2

(10 000 yuan)

三、损益及分配 Increase, Decrese and Assgning				
营业成本 Sales Cost	主营业务成本 Main Sales Cost	营业税金及附加 Mian Business Taxes and Extras	主营业务税金及附加 Main Business Taxes and Extras	其他业务利润 Profits of Other Business
837944.4	837769.1	1632.2	1632.2	471.2
7671.0	7628.5	102.1	102.1	471.2
802918.2	802785.4	1406.3	1406.3	
6645.4	6645.4	30.0	30.0	
9693.1	9693.1	62.7	62.7	
11016.7	11016.7	31.1	31.1	
17538284.6	17467703.8	99596.9	81526.2	957050.4
800364.4	798698.7	1276.8	1276.8	377.2
88034.3	87657.0	826.6	821.7	6244.1
20794.9	20793.9	1439.0	206.5	
9560294.2	9511637.6	44211.9	38154.4	787926.4
1884720.6	1859876.0	2001.6	1801.8	1164.7
7675573.6	7651761.6	42210.3	36352.6	786761.7
3494619.1	3487797.0	33407.7	22828.6	150698.1
3563301.4	3550243.3	18294.2	18097.5	11707.8
52045.8	51195.8	325.4	167.4	9.1
1742.2	1742.2	6.3	6.3	
3235766.3	3223558.2	17493.9	17455.2	7997.2
273747.1	273747.1	468.6	468.6	3701.5
10876.3	10876.3	140.7	140.7	96.8
1094005.2	1093031.3	4165.6	4165.6	116899.7
41391.8	41349.3	218.1	218.1	471.2
1052613.4	1051682.0	3947.5	3947.5	116428.5
1424809.7	1424620.7	6943.2	6942.6	35253.3
66441.3	66324.3	376.9	376.9	265.3
1342416.7	1342344.7	6562.4	6561.8	34743.1
15951.7	15951.7	3.9	3.9	244.9

8-16 续 表 12

单位:万元

项 目 Item	三、损益及分配 Increase, Decrese and Assgning		
	销售费用 Expenses for Maaketing	管理费用 Expenses for Management	税 金 Taxes
总 计 Total	**1453390.2**	**684215.2**	**34695.5**
其中:国有控股 State-owned and State Holding	592208.0	212913.9	14563.8
1.按零售行业小类分 According to the Classfication of Retail Industry			
综合零售 Comprehensire	722111.2	269632.3	15344.2
百货零售 Department Store	355880.2	192573.2	10735.6
超级市场零售 Super Market	356327.4	70215.1	4308.5
其他综合零售 Other Comprehensire	9903.6	6844.0	300.1
食品、饮料及烟草制品专门零售 Wholeasle Trade of Food、Beverage Tobacco and Atricles for Family	85837.3	29425.5	1132.0
粮油零售 Grain and Oil	10.0	60.7	15.1
糕点、面包零售 Cake and Bread	10623.3	1500.1	27.8
果品、蔬菜零售 Fruits and Vegetables	2417.5	1678.6	71.0
肉、禽、蛋、奶及水产品零售 Wholesale of Meat, Bird, Eggs, Milk and Aquatic products	10099.4	4068.8	212.3
营养和保健品零售 Wholesale of Health Care products	204.1	745.6	58.0
酒、饮料及茶叶零售 Wholesale of Alcohol, Drinks and Tea	9877.8	4196.3	510.0
烟草制品零售 Wholesale of Tobaccos	6234.3	5146.7	102.7
其他食品零售 The Other foods Wholesale	46370.9	12028.7	135.1
纺织、服装及日用品专门零售 Textile Garment and Daily necessities	102297.7	36286.7	1464.7
纺织品及针织品零售 Textiles and Knitwear	2764.8	796.0	83.9
服装零售 Clothing	64673.5	19539.0	927.6
鞋帽零售 Shoes and Hats	23057.0	11682.4	188.8
化妆品及卫生用品零售 Cosmetics and Hygiene	4905.0	157.4	60.3
钟表、眼镜零售 Clocks, Watch and Glasses	3886.6	1216.1	116.6
箱、包零售 Luggage and Bags	290.4	0.2	0.1
厨房用具及日用杂品零售 Kitchen Utensils and Daily Sundries	125.8	228.2	5.2
其他日用品零售 Other Daily Necessities	2594.6	2667.4	82.2
文化、体育用品及器材专门零售 Culturd and Sports Goodls	26678.4	15009.7	565.3
文具用品零售 Stationery	680.6	347.2	13.2
体育用品及器材零售 Soprts Goods	1670.5	25.8	2.6
图书、报刊零售 Books and Newspapers	11698.2	8894.0	243.3

8-16 Continued 12

(10 000 yuan)

三、损益及分配 Increase, Decrese and Assgning				
财务费用 Financial Expenditures	利息收入 Interest Revenue	利息支出 Intertest Paid	资产减值损失 Impairment Loss of Assets	公允价值变动收益 Changes in Fair Value Gains
168347.3	47078.5	139039.5	10188.4	745.7
39150.5	20558.3	46553.5	1114.1	
25781.4	16277.4	25348.9	-135.1	1.5
17914.2	13247.9	18355.1	-555.8	
7403.7	3024.7	6597.9	420.7	1.5
463.5	4.8	395.9		
3144.5	4955.3	1667.7	168.5	20.1
7.8	0.2	2.5		
49.0	0.2	44.0		
444.3	1.0	402.0	38.5	7.0
1751.8	2.2	522.0		
1.8	0.3	1.1		
813.9	18.8	305.8	109.7	13.1
197.2	55.6	136.8		
-121.3	4877.0	253.5	20.3	
7533.2	272.3	6542.0	1636.2	
47.9	6.1	41.8	514.2	
6902.5	363.1	6261.0	1122.0	
61.6	4.9	25.1		
239.4				
70.1	-104.8	25.2		
-1.6	1.6			
24.7	1.1	23.8		
188.6	0.3	165.1		
1013.5	700.8	1315.8	255.6	
10.5	35.0	6.3		
24.2	24.3	-0.1		
29.8	97.9	224.4	252.4	

8－16 续 表 13

单位:万元

项 目 Item	三、损益及分配 Increase, Decrese and Assgning		
	销售费用 Expenses for Maaketing	管理费用 Expenses for Management	税 金 Taxes
珠宝首饰零售 Bijoutere	11283.0	3847.5	267.6
工艺美术品及收藏品零售 Arts and Crafts and Collectibles	91.3	1280.8	17.9
乐器零售 Musical Instruments	760.6	229.1	11.4
照相器材零售 Photographic Equipment	244.7	235.5	0.1
其他文化用品零售 Other Cultural Activities	249.5	149.8	9.2
医药及医疗器材专门零售 Medicine and Medical Equipment	77703.2	45887.9	2885.4
药品零售 Medicine	65309.3	39245.8	2688.4
医疗用品及器材零售 Medical Supplies and Equipment	12393.9	6642.1	197.0
汽车、摩托车、燃料及零配件专门零售 Automobile, Motorcycle, Fule and Spare Parts	262891.5	208409.0	10077.1
汽车零售 The Car	188799.1	188379.3	9065.4
汽车零配件零售 Atuo Parts	1775.5	1114.0	78.0
摩托车及零配件零售 Motocycle and Spare Parts	176.7	166.6	2.7
机动车燃料零售 Motor Fuel	72140.2	18749.1	931.0
家用电器及电子产品专门零售 Houshold Appliances	86469.1	53977.1	2163.5
家用视听设备零售 Home Auto - visual and Electronic Products Equipment	1449.8	167.7	13.0
日用家电设备零售 Household Appliances	75062.3	47023.7	1797.4
计算机、软件及辅助设备零售 Computer, Software and Auxliary Equipment	6641.9	4343.8	298.0
通信设备零售 Communication Equipment	2277.0	2096.5	25.0
其他电子产品零售 Other Electronic Products	1038.1	345.4	30.1
五金、家具及室内装饰材料专门零售 Hardware, Furniture and Interiov Decoration Materials	26936.6	19838.1	974.3
五金零售 Hardware	1900.3	1682.2	175.2
灯具零售 Lamps and Lanterns	41.3	114.2	1.5
家具零售 Furniture	16673.0	15066.5	664.4
涂料零售 Paint	6.0	5.3	0.5
卫生洁具零售 Sanitary ware	858.5	11.3	0.4
木质装饰材料零售 Wood Decoration	1368.5	362.6	16.9
陶瓷、石材装饰材料零售 Ceramic and Stone	617.7	531.4	38.0
其他室内装饰材料零售 Other interior Decoration Materials	5471.3	2064.6	77.4

8－16 Continued 13

(10 000 yuan)

三、损益及分配 Increase, Decrese and Assgning				
财务费用 Financial Expenditures	利息收入 Interest Revenue	利息支出 Intertest Paid	资产减值损失 Impairment Loss of Assets	公允价值变动收益 Changes in Fair Value Gains
818.8	527.5	1086.0	3.2	
3.8		-0.8		
74.6				
67.7				
-15.9	16.1			
25982.8	13307.7	34503.2	2669.1	217.2
25874.1	13221.4	34493.7	2669.1	217.8
108.7	86.3	9.5		-0.6
94242.4	7854.2	67267.3	5139.3	464.9
90624.9	7664.3	64223.0	4976.8	462.4
304.7	6.6	192.8	10.0	1.0
1.4	0.1			
3311.4	183.2	2851.5	152.5	1.5
1225.7	2613.2	1130.8	279.2	5.0
116.6	0.2	28.4	3.9	
484.9	2438.7	748.8	240.5	
305.4	171.8	149.2	34.8	5.0
239.8	2.4	203.2		
79.0	0.1	1.2		
9048.2	1029.2	1047.1	175.4	37.0
604.7	2.7	62.6		
24.7		24.7		
5863.4	1024.5	828.1	38.8	1.0
2.1				
102.0	1.7	48.2		
63.0		22.2	78.6	30.0
286.2				
2102.1	0.3	61.3	58.0	6.0

8-16 续 表 14

单位:万元

项 目 Item	三、损益及分配 Increase, Decrease and Assgning		
	销售费用 Expenses for Maaketing	管理费用 Expenses for Management	税 金 Taxes
货摊、无店铺及其他零售 Stalls, No - shop and Others	62465.2	5748.9	89.0
货摊纺织、服装及鞋零售 Textile, Clothing and Footwwear Stalls	2711.7	1936.3	4.2
互联网零售 Internet	57840.1	2299.5	30.3
邮购及电视、电话零售 Mail Order and TV, Telephone	672.7	724.6	2.4
生活用燃料零售 Domestic Fule	707.8	323.2	26.6
其他未列明零售 Other not Listed	532.9	465.3	25.5
2. 按登记注册类型分 Grouped by Registration			
内资企业 Domestic Investment	1163784.6	602722.5	32105.6
国有企业 State-owned	12184.1	8731.1	747.0
集体企业 Collective-owned	3259.6	14035.9	629.7
股份合作企业 Cooperative of Share Holding	870.0	920.2	205.4
有限责任公司 Compaines of Limited Liabilities	461394.5	303932.6	14896.3
国有独资公司 State Owned	47843.3	14644.2	651.4
其他有限责任公司 Other Companies of Limited Liabilities	413551.2	289288.4	14244.9
股份有限公司 Share Holding	502488.2	171426.5	10870.2
私营企业 Private-owned	183003.1	102773.2	4555.7
私营独资企业 Private Exclusive Investment	823.1	733.7	104.3
私营合伙企业 Private Partnership	50.5	41.2	6.3
私营有限责任公司 Private Companies of Limited Liabilities	172995.2	98837.4	4290.4
私营股份有限公司 Private Companies of Limited Liabilities with Share Holding	9134.3	3160.9	154.7
其他企业 Others	585.1	903.0	201.3
港、澳、台商投资企业 Enterprises funded by Entepreneurs from HongKong, Macao & Taiwan	117899.6	47705.6	1043.9
与港澳台商合资经营企业 Joint Ventures with HongKong, Macao and Taiwan	7202.3	2892.1	29.1
港澳台商独资企业 Hongkong and Marcro, Taiwan Owned	110697.3	44813.5	1014.8
外商投资企业 Foreign Investment	171706.0	33787.1	1546.0
中外合资经营企业 Chinese Foreign Equity Joint Ventures	23515.7	5246.0	50.6
外资企业 Foreign Enterprise	147653.4	27712.6	1412.1
其他外商投资企业 Foreign Capital	536.9	828.5	83.3

8 -16 Continued 14

(10 000 yuan)

三、损益及分配 Increase, Decrese and Assgning				
财务费用 Financial Expenditures	利息收入 Interest Revenue	利息支出 Intertest Paid	资产减值损失 Impairment Loss of Assets	公允价值变动收益 Changes in Fair Value Gains
375.6	68.4	216.7	0.2	
123.8		123.8		
89.6	7.8	86.1	0.2	
-52.3	52.3			
16.1	8.2	-0.3		
198.4	0.1	7.1		
165057.6	38900.6	131390.1	9867.8	745.7
9267.0	10645.6	19834.0	651.8	
4561.2	54.4	2364.7		
275.1	0.1	149.8		
88054.0	15855.5	67411.4	7438.9	740.7
1868.4	128.1	1980.6	8.6	
86185.6	15727.4	65430.8	7430.3	740.7
20711.0	9566.3	17660.0	286.8	
42140.7	2778.6	23925.3	1489.9	4.5
274.7		0.7		
46.3				
36550.3	2680.1	21615.3	1354.3	4.5
5269.4	98.5	2309.3	135.6	
48.6	0.1	44.9	0.4	0.5
-454.9	1978.5	134.3	0.5	
116.7		114.0		
-571.6	1978.5	20.3	0.5	
3744.6	6199.4	7515.1	320.1	
536.0	78.5	27.3	-0.2	
2658.0	6120.3	6960.2	306.8	
550.6	0.6	527.6	13.5	

8-16 续 表 15

单位:万元

项 目 Item	三、损益及分配 Increase, Decrese and Assgning 投资收益 Income from Investment	营业利润 Operating Profits	营业外收入 Operating Income
总 计 Total	30423.3	567259.0	75142.0
其中:国有控股 State-owned and State Holding	20956.0	211151.7	12737.7
1.按零售行业小类分 According to the Classfication of Retail Industry			
综合零售 Comprehensire	18679.6	230693.4	16997.6
百货零售 Department Store	3995.7	202527.4	7737.5
超级市场零售 Super Market	14680.6	25556.9	9121.5
其他综合零售 Other Comprehensire	3.3	2609.1	138.6
食品、饮料及烟草制品专门零售 Wholeasle Trade of Food、Beverage Tobacco and Atricles for Family	148.6	71585.5	3911.2
粮油零售 Grain and Oil		19678.8	
糕点、面包零售 Cake and Bread		2082.6	113.2
果品、蔬菜零售 Fruits and Vegetables	5.5	3632.8	245.9
肉、禽、蛋、奶及水产品零售 Wholesale of Meat, Bird, Eggs, Milk and Aquatic products	100.0	15688.7	305.8
营养和保健品零售 Wholesale of Health Care products		397.7	
酒、饮料及茶叶零售 Wholesale of Alcohol, Drinks and Tea	43.1	7208.5	649.5
烟草制品零售 Wholesale of Tobaccos		1730.4	50.8
其他食品零售 The Other foods Wholesale		21166.0	2546.0
纺织、服装及日用品专门零售 Textile Garment and Daily necessities	714.3	24250.2	277.0
纺织品及针织品零售 Textiles and Knitwear		-987.8	0.2
服装零售 Clothing	714.3	3754.2	168.5
鞋帽零售 Shoes and Hats		9262.7	30.9
化妆品及卫生用品零售 Cosmetics and Hygiene		8004.7	12.0
钟表、眼镜零售 Clocks, Watch and Glasses		1530.6	31.9
箱、包零售 Luggage and Bags		0.3	
厨房用具及日用杂品零售 Kitchen Utensils and Daily Sundries		583.9	
其他日用品零售 Other Daily Necessities		2101.6	33.5
文化、体育用品及器材专门零售 Culturd and Sports Goodls	1398.2	1092.4	3114.1
文具用品零售 Stationery		627.8	0.3
体育用品及器材零售 Soprts Goods		-272.9	2.4
图书、报刊零售 Books and Newspapers	1075.1	521.9	3086.5

8－16 Continued 15

(10 000 yuan)

三、损益及分配 Increase, Decrese and Assgning			四、人工成本及增值税 Labor Cost and Value Added Tax	
补贴收入 Subsidy Income	利润总额 Total Prfits	应交所得税 Income Tax Payable	应付职工薪酬（本年贷方累计发生额） Employee Compensation	应交增值税 Value added Tax Payable
27296.3	**603980.5**	**127126.9**	**859528.0**	**430816.0**
3578.3	212396.8	44582.0	365730.0	140856.0
5187.0	236324.1	47595.6	392734.0	142869.0
2375.8	204892.5	39095.1	186011.0	93584.0
2701.4	28689.4	8183.4	199127.0	47386.0
109.8	2742.2	317.1	7596.0	1899.0
1884.9	74969.6	8951.6	35405.0	24541.0
	19540.2	7.8	82.0	170.0
51.9	2097.7	134.4	4967.0	1442.0
	4115.2	121.0	1194.0	410.0
273.5	15501.1	1144.9	3706.0	7822.0
	397.7	20.7	579.0	113.0
309.0	7571.2	1080.0	4362.0	4701.0
	1756.5	400.8	3871.0	2151.0
1250.5	23990.0	6042.0	16644.0	7733.0
11.5	21615.3	5237.2	55835.0	25454.0
	-1000.4	10.1	1469.0	1026.0
2.0	3681.1	883.5	31474.0	12631.0
	9293.6	2703.9	16670.0	7224.0
	7997.4	665.3	865.0	2292.0
9.5	-131.5	557.7	3092.0	1304.0
	0.3	0.1	204.0	57.0
	499.5	14.2	196.0	118.0
	1275.3	402.4	1865.0	802.0
971.7	4638.8	1570.4	15172.0	2835.0
	625.2	147.8	598.0	323.0
	-325.1		70.0	138.0
971.7	3498.4	1106.4	7970.0	196.0

8-16 续 表 16

单位:万元

项 目 Item	三、损益及分配 Increase, Decrese and Assgning		
	投资收益 Income from Investment	营业利润 Operating Profits	营业外收入 Operating Income
珠宝首饰零售 Bijoutere	323.1	396.9	22.7
工艺美术品及收藏品零售 Arts and Crafts and Collectibles		-515.9	
乐器零售 Musical Instruments		56.8	
照相器材零售 Photographic Equipment		-28.1	2.1
其他文化用品零售 Other Cultural Activities		305.9	0.1
医药及医疗器材专门零售 Medicine and Medical Equipment	3517.9	42191.1	3465.2
药品零售 Medicine	3549.6	35313.3	2515.2
医疗用品及器材零售 Medical Supplies and Equipment	-31.7	6877.8	950.0
汽车、摩托车、燃料及零配件专门零售 Automobile, Motorcycle, Fule and Spare Parts	5345.1	100520.6	27044.9
汽车零售 The Car	5261.4	43196.8	25486.5
汽车零配件零售 Atuo Parts	1.0	2890.8	51.1
摩托车及零配件零售 Motocycle and Spare Parts		62.8	0.2
机动车燃料零售 Motor Fuel	82.7	54370.2	1507.1
家用电器及电子产品专门零售 Houshold Appliances	588.7	69458.2	18867.9
家用视听设备零售 Home Auto-visual and Electronic Products Equipment		1886.9	6.6
日用家电设备零售 Household Appliances	587.7	43503.2	18723.5
计算机、软件及辅助设备零售 Computer, Software and Auxliary Equipment	1.0	18466.9	134.7
通信设备零售 Communication Equipment		-319.8	3.1
其他电子产品零售 Other Electronic Products		5921.0	
五金、家具及室内装饰材料专门零售 Hardware, Furniture and Interiov Decoration Materials	34.3	20750.9	129.3
五金零售 Hardware		492.7	
灯具零售 Lamps and Lanterns		184.1	
家具零售 Furniture	3.0	16145.0	21.2
涂料零售 Paint		16.1	
卫生洁具零售 Sanitary ware		128.9	1.9
木质装饰材料零售 Wood Decoration	20.0	325.5	
陶瓷、石材装饰材料零售 Ceramic and Stone		662.8	1.8
其他室内装饰材料零售 Other interior Decoration Materials	11.3	2795.8	104.4

(10 000 yuan)

三、损益及分配 Increase, Decrese and Assgning			四、人工成本及增值税 Labor Cost and Value Added Tax	
补贴收入 Subsidy Income	利润总额 Total Prfits	应交所得税 Income Tax Payable	应付职工薪酬（本年贷方累计发生额） Employee Compensation	应交增值税 Value added Tax Payable
	508.7	260.4	5268.0	1930.0
	3.2	2.3	367.0	55.0
	56.8	10.2	310.0	125.0
	-44.1	20.4	131.0	8.0
	315.7	22.9	458.0	61.0
155.4	37099.8	8308.3	45805.0	21572.0
132.1	30674.4	6647.7	41131.0	20067.0
23.3	6425.4	1660.6	4675.0	1505.0
17680.7	121678.8	25605.4	259947.0	165731.0
17674.8	65361.2	16623.4	215927.0	136804.0
2.1	2926.8	471.9	1420.0	2799.0
0.2	63.0	23.0	118.0	59.0
3.6	53327.8	8487.1	42482.0	26071.0
365.8	87505.2	23111.8	31568.0	30034.0
	1893.5	538.4	652.0	258.0
341.8	61999.5	16605.3	19638.0	20839.0
24.0	17991.4	4518.4	8701.0	3653.0
	-233.3	22.2	1988.0	232.0
	5854.1	1427.5	588.0	5052.0
1.8	20169.3	6540.2	10542.0	5033.0
	492.7	160.0	1250.0	910.0
	165.8	36.8	179.0	48.0
	15625.8	5719.2	5925.0	2240.0
	16.1	1.3	20.0	1.0
	129.4	11.8	296.0	143.0
	325.5	78.3	432.0	105.0
1.8	587.4	155.1	375.0	433.0
	2826.6	377.7	2064.0	1154.0

8-16 续 表 17

单位:万元

项目 Item	三、损益及分配 Increase, Decrese and Assgning		
	投资收益 Income from Investment	营业利润 Operating Profits	营业外收入 Operating Income
货摊、无店铺及其他零售 Stalls, No - shop and Others	-3.4	6716.7	1334.8
货摊纺织、服装及鞋零售 Textile, Clothing and Footwwear Stalls		-311.9	2.6
互联网零售 Internet	-3.4	6570.7	1335.8
邮购及电视、电话零售 Mail Order and TV, Telephone		-489.1	
生活用燃料零售 Domestic Fule		541.7	-3.6
其他未列明零售 Other not Listed		405.3	
2. 按登记注册类型分 Grouped by Registration			
内资企业 Domestic Investment	28166.3	449505.6	69444.1
国有企业 State-owned	3310.4	39643.8	1639.8
集体企业 Collective-owned		-5680.9	13.5
股份合作企业 Cooperative of Share Holding		8925.9	
有限责任公司 Compaines of Limited Liabilities	2641.0	175185.7	55373.4
国有独资公司 State Owned		19685.1	1546.9
其他有限责任公司 Other Companies of Limited Liabilities	2641.0	155500.6	53826.5
股份有限公司 Share Holding	17239.1	127343.6	8885.3
私营企业 Private-owned	4975.3	103038.1	3531.1
私营独资企业 Private Exclusive Investment		7967.3	114.3
私营合伙企业 Private Partnership		100.8	
私营有限责任公司 Private Companies of Limited Liabilities	4375.3	79534.1	3363.7
私营股份有限公司 Private Companies of Limited Liabilities with Share Holding	600.0	15435.9	53.1
其他企业 Others	0.5	1049.4	1.0
港、澳、台商投资企业 Enterprises funded by Entepreneurs from HongKong, Macao & Taiwan	2205.4	73537.2	3611.0
与港澳台商合资经营企业 Joint Ventures with HongKong, Macao and Taiwan		-1726.9	2.6
港澳台商独资企业 Hongkong and Marcro, Taiwan Owned	2205.4	75264.1	3608.4
外商投资企业 Foreign Investment	51.6	44216.2	2086.9
中外合资经营企业 Chinese Foreign Equity Joint Ventures	-26.2	5707.7	329.4
外资企业 Foreign Enterprise	77.8	40016.4	1757.5
其他外商投资企业 Foreign Capital		-1507.9	

(10 000 yuan)

三、损益及分配 Increase, Decrese and Assgning			四、人工成本及增值税 Labor Cost and Value Added Tax	
补贴收入 Subsidy Income	利润总额 Total Prfits	应交所得税 Income Tax Payable	应付职工薪酬 (本年贷方累计发生额) Employee Compensation	应交增值税 Value added Tax Payable
1037.5	-20.4	206.4	12521.0	12746.0
	-348.6		1028.0	588.0
1037.5	-125.2	20.7	10598.0	11720.0
	-489.1		187.0	
	537.7	86.7	434.0	249.0
	404.8	99.0	274.0	190.0
25057.7	487022.2	113169.4	755263.0	377846.0
24.1	41534.5	2539.4	10170.0	8576.0
	-5577.5	48.1	4339.0	1019.0
	8925.9	871.2	686.0	339.0
21316.3	212901.8	53122.4	329329.0	201346.0
200.0	18987.6	1322.8	27672.0	13553.0
21116.3	193914.2	51799.6	301658.0	187793.0
3343.2	126558.3	33977.4	306759.0	95552.0
373.1	101634.8	22610.5	103556.0	70483.0
1.5	7967.3	1667.5	903.0	5675.0
	100.8	25.2	58.0	43.0
371.6	79837.7	16614.4	97534.0	61982.0
	13729.0	4303.4	5061.0	2782.0
1.0	1044.4	0.4	424.0	531.0
2231.0	79030.1	5945.1	44656.0	22133.0
	-2140.3	67.0	3138.0	658.0
2231.0	81170.4	5878.1	41519.0	21475.0
7.6	37928.2	8012.4	59609.0	30838.0
	5816.2	1382.9	9009.0	1236.0
7.6	33619.9	6629.5	50172.0	29601.0
	-1507.9		429.0	

8－17 限额以上住宿业法人财务指标(2014 年)

单位:万元

项　目 Item	法人企业数(个) Number of Enterprises	执行《2006 年企业会计准则》企业数(个) Implementation of "Accounting Standards for Business Enterprises in 2006"
总　计 **Total**	**208**	**196**
其中:国有控股 State Holding	43	42
1. 按住宿行业小类分 **Grouped by Small Class**		
旅游饭店 Traveling Hotel	120	114
一般旅馆 Generel Hotel	87	81
其他住宿业 Other Accomodation Service	1	1
2. 按登记注册类型分 **Grouped by registration**		
内资企业 Domestic Investment	192	180
国有企业 State-owned	23	22
集体企业 Collective-owned	2	2
有限责任公司 Companies of Limited Liabilities	100	93
国有独资公司 Companies State-owned Excluasive Investment	5	5
其他有限责任公司 Other Companies of Limited Liabilities	95	88
股份有限公司 Share Holding	5	5
私营企业 Private-owned	61	57
私营合伙企业 Private Partnership	2	2
私营有限责任公司 Private Companies of Limited Liabilities	56	52
私营股份有限公司 Private Companies of Limited Liabilities with Share Holding	3	3
其他企业 Others	1	1
港澳台商投资企业 Enterprises funded by Entepreneurs from HongKong, Macao & Taiwan	15	15
与港澳台商合资经营企业 Joint Ventures with HongKong, Macao and Taiwan	3	3
与港澳台商合作经营企业 Co-operation Companies	2	2
港澳台商独资企业 Manage with HongKong, Macao and Taiwan jointly	8	8
港、澳、台商投资股份有限公司 Exclusive investment of HongKong, Macao, and Taiwan	2	2
外商投资企业 Foreign funded	1	1
外资企业 Enterprises with Sole Foreign Investment	1	1

FINANCIAL INDICATORS OF ENTERPRISES ABOVE DESIGNATED SIZE IN ACCOMMODATION (2014)

(10 000 yuan)

一、年初存货 The Beginning Inventory	二、期末资产负债 Late Assets and Liabilities			
	流动资产合计 Total Liquid Assets	应收账款 Accounts Receivable	存　货 Stock	固定资产合计 Fixed Assets Price
13336.9	**299044.7**	**20667.1**	**15871.9**	**536306.7**
3808.5	62278.8	3707.1	2981.7	196796.9
10846.0	239773.1	11529.5	9653.6	486427.6
2409.9	59156.0	9137.6	6137.3	49853.6
81.0	115.6		81.0	25.5
12027.9	266047.3	16312.7	14561.3	419355.4
2298.0	25876.8	1186.6	1441.9	56238.9
455.9	10438.7	282.4	424.4	13441.1
6519.5	160832.3	9249.1	7546.0	298245.2
150.5	5291.1	287.4	167.1	10274.5
6369.0	155541.2	8961.7	7378.9	287970.7
379.1	14097.5	582.5	2611.4	11319.1
2294.4	54686.4	5012.1	2456.6	40085.6
14.0	33.4		16.0	213.2
2235.2	54188.5	4948.2	2401.9	39644.6
45.2	464.5	63.9	38.7	227.8
81.0	115.6		81.0	25.5
1304.2	32876.0	4350.8	1192.8	116924.3
477.8	5652.8	1095.2	333.9	58015.5
304.7	6197.1	268.2	284.7	8668.2
337.1	13933.6	2818.0	429.6	49345.3
184.6	7092.5	169.4	144.6	895.3
4.8	121.4	3.6	117.8	27.0
4.8	121.4	3.6	117.8	27.0

8－17 续 表 1

单位:万元

项 目 Item	二、期末资产负债 Late Assets and Liabilities 固定资产原价 Fixed Asset Price	累 计 折 旧 Accumulated Depreciation	本 年 折 旧 Depreciation of this year
总 计 Total	**939738.7**	**402792.0**	**42597.9**
其中:国有控股 State Holding	320115.8	120134.3	9338.8
1.按住宿行业小类分 Grouped by Small Class			
旅游饭店 Traveling Hotel	858930.6	369473.7	37817.6
一般旅馆 Generel Hotel	80758.9	33294.6	4777.1
其他住宿业 Other Accomodation Service	49.2	23.7	3.2
2.按登记注册类型分 Grouped by registration			
内资企业 Domestic Investment	723209.1	301443.9	34665.2
国有企业 State-owned	125732.9	66309.4	3591.5
集体企业 Collective-owned	41141.7	27700.6	1445.8
有限责任公司 Companies of Limited Liabilities	472980.1	174735.8	23138.4
国有独资公司 Companies State-owned Excluasive Investment	18905.3	8630.8	506.9
其他有限责任公司 Other Companies of Limited Liabilities	454074.8	166105.0	22631.5
股份有限公司 Share Holding	16620.8	5301.7	2597.4
私营企业 Private-owned	66684.4	27372.7	3888.9
私营合伙企业 Private Partnership	318.5	105.3	71.7
私营有限责任公司 Private Companies of Limited Liabilities	65778.7	26908.1	3793.9
私营股份有限公司 Private Companies of Limited Liabilities with Share Holding	587.2	359.3	23.3
其他企业 Others	49.2	23.7	3.2
港澳台商投资企业 Enterprises funded by Entepreneurs from HongKong, Macao & Taiwan	216292.9	101138.4	7906.5
与港澳台商合资经营企业 Joint Ventures with HongKong, Macao and Taiwan	112878.0	54862.5	3095.5
与港澳台商合作经营企业 Co-operation Companies	26420.2	17821.4	1189.1
港澳台商独资企业 Manage with HongKong, Macao and Taiwan jointly	75348.9	27704.0	3427.0
港、澳、台商投资股份有限公司 Exclusive investment of HongKong, Macao, and Taiwan	1645.8	750.5	194.9
外商投资企业 Foreign funded	236.7	209.7	26.2
外资企业 Enterprises with Sole Foreign Investment	236.7	209.7	26.2

8-17 Continued 1

(10 000 yuan)

二、期末资产负债 Late Assets and Liabilities				
在建工程 In the Construction Engineering	资产总计 Total Assets	流动负债合计 Total Liabilitiesers	应付账款 Accounts Payable	非流动负债合计 Non Current Liabilities
43290.8	1142399.2	533167.4	75906.4	252804.7
8936.6	408036.7	128399.8	9927.0	84286.6
32385.8	980377.4	430773.4	54268.4	233389.9
10905.0	161880.7	102365.5	21609.5	19414.8
	141.1	28.5	28.5	
38865.7	959978.6	429716.5	59349.6	189923.1
4450.8	102716.2	63637.7	5294.5	7965.1
30.1	24895.0	3657.9	688.0	2537.8
24339.6	667203.2	269748.5	39182.5	149140.9
183.5	16926.4	6418.4	529.0	
24156.1	650276.8	263330.1	38653.5	149140.9
	30115.7	10001.6	2693.8	15143.3
10045.2	134907.4	82642.3	11462.3	15136.0
	850.7	1277.7	295.2	
10013.9	133281.9	80516.1	10906.2	15136.0
31.3	774.8	848.5	260.9	
	141.1	28.5	28.5	
4425.1	182261.3	103578.7	16726.1	62881.6
62.1	75446.7	16631.2	13011.6	28289.9
71.4	14865.3	24484.6	594.1	
4291.6	83746.4	51249.0	1990.7	34591.7
	8202.9	11213.9	1129.7	
	159.3	-127.8	-169.3	
	159.3	-127.8	-169.3	

8－17 续　表 2

单位:万元

项目 Item	二、期末资产负债 Late Assets and Liabilities		
	负债合计 Total Liabilitiesers	所有者权益合计 Total Interests of Own	实收资本 Total Capital Hold
总计 Total	**785972.1**	**356427.1**	**418169.2**
其中:国有控股 State Holding	212686.4	195350.3	190360.1
1. 按住宿行业小类分 Grouped by Small Class			
旅游饭店 Traveling Hotel	664163.3	316214.1	358906.1
一般旅馆 Generel Hotel	121780.3	40100.4	59213.1
其他住宿业 Other Accomodation Service	28.5	112.6	50.0
2. 按登记注册类型分 Grouped by registration			
内资企业 Domestic Investment	619639.6	340339.0	323234.9
国有企业 State-owned	71602.8	31113.4	119112.4
集体企业 Collective-owned	6195.7	18699.3	5550.0
有限责任公司 Companies of Limited Liabilities	418889.4	248313.8	146509.3
国有独资公司 Companies State-owned Excluasive Investment	6418.4	10508.0	4476.0
其他有限责任公司 Other Companies of Limited Liabilities	412471.0	237805.8	142033.3
股份有限公司 Share Holding	25144.9	4970.8	6000.0
私营企业 Private-owned	97778.3	37129.1	46013.2
私营合伙企业 Private Partnership	1277.7	－427.0	300.0
私营有限责任公司 Private Companies of Limited Liabilities	95652.1	37629.8	45438.0
私营股份有限公司 Private Companies of Limited Liabilities with Share Holding	848.5	－73.7	275.2
其他企业 Others	28.5	112.6	50.0
港澳台商投资企业 Enterprises funded by Entepreneurs from HongKong, Macao & Taiwan	166460.3	15801.0	94189.6
与港澳台商合资经营企业 Joint Ventures with HongKong, Macao and Taiwan	44921.1	30525.6	50954.2
与港澳台商合作经营企业 Co-operation Companies	24484.6	－9619.3	2665.1
港澳台商独资企业 Manage with HongKong, Macao and Taiwan jointly	85840.7	－2094.3	37514.3
港、澳、台商投资股份有限公司 Exclusive investment of HongKong, Macao, and Taiwan	11213.9	－3011.0	3056.0
外商投资企业 Foreign funded	－127.8	287.1	744.7
外资企业 Enterprises with Sole Foreign Investment	－127.8	287.1	744.7

8－17 Continued 2

(10 000 yuan)

二、期末资产负债 Late Assets and Liabilities					
国家资本 National Capits	集体资本 Collective Capita	法人资本 Corporate Capital	个人资本 Private Capital	港澳台资本 HK Macao and Taiwan's Capital	外商资本 Foreign Capital
153252.2	**11674.4**	**114331.2**	**54308.1**	**78458.6**	**6144.7**
151952.2		38365.8	42.1		
144976.3	10590.0	87860.2	41621.0	73458.6	400.0
8275.9	1084.4	26421.0	12687.1	5000.0	5744.7
		50.0			
153252.2	11674.4	99973.2	52935.1		5400.0
114717.8		4394.6			
	5500.0	50.0			
38534.4	6174.4	70038.1	26362.4		5400.0
4476.0					
34058.4	6174.4	70038.1	26362.4		5400.0
		120.0	5880.0		
		25320.5	20692.7		
		200.0	100.0		
		24845.3	20592.7		
		275.2			
		50.0			
		14358.0	1373.0	78458.6	
		12172.2	1373.0	37409.0	
		0.1		2665.0	
		2000.0		35514.3	
		185.7		2870.3	
					744.7
					744.7

8-17 续 表 3

单位:万元

项 目 Item	三、损益及分配 Increase, Decrese and Assgning	
	营业收入 Sales Revenue	主营业务收入 Main Sales Revenue
总 计 Total	**443670.5**	**435748.9**
其中:国有控股 State Holding	114829.2	112752.3
1.按住宿行业小类分 Grouped by Small Class		
旅游饭店 Traveling Hotel	365470.9	358465.1
一般旅馆 Generel Hotel	77939.1	77023.3
其他住宿业 Other Accomodation Service	260.5	260.5
2.按登记注册类型分 Grouped by registration		
内资企业 Domestic Investment	366502.0	359144.8
国有企业 State-owned	66967.6	65815.5
集体企业 Collective-owned	10394.5	10394.5
有限责任公司 Companies of Limited Liabilities	224932.0	219243.2
国有独资公司 Companies State-owned Excluasive Investment	8998.0	8998.0
其他有限责任公司 Other Companies of Limited Liabilities	215934.0	210245.2
股份有限公司 Share Holding	9257.8	9257.8
私营企业 Private-owned	54689.6	54173.3
私营合伙企业 Private Partnership	414.9	414.9
私营有限责任公司 Private Companies of Limited Liabilities	52267.6	51751.3
私营股份有限公司 Private Companies of Limited Liabilities with Share Holding	2007.1	2007.1
其他企业 Others	260.5	260.5
港澳台商投资企业 Enterprises funded by Entepreneurs from HongKong, Macao & Taiwan	76587.9	76023.5
与港澳台商合资经营企业 Joint Ventures with HongKong, Macao and Taiwan	21728.2	21163.8
与港澳台商合作经营企业 Co-operation Companies	13888.7	13888.7
港澳台商独资企业 Manage with HongKong, Macao and Taiwan jointly	31431.4	31431.4
港、澳、台商投资股份有限公司 Exclusive investment of HongKong, Macao, and Taiwan	9539.6	9539.6
外商投资企业 Foreign funded	580.6	580.6
外资企业 Enterprises with Sole Foreign Investment	580.6	580.6

8－17 Continued 3

(10 000 yuan)

三、损益及分配 Increase, Decrese and Assgning				
营业成本 Sales Cost	主营业务成本 Main Sales Cost	营业税金及附加 Mian Business Taxes and Extras	主营业务税金及附加 Main Business Taxes and Extras	其他业务利润 Profits of Other Business
176616.1	175005.4	22504.9	22373.8	14651.6
66998.0	66676.7	4472.3	4458.8	1160.7
148165.9	146769.9	18447.7	18352.3	12518.9
28284.0	28069.3	4031.1	3995.4	2132.7
166.2	166.2	26.1	26.1	
153329.8	151719.1	18080.1	17980.9	9781.2
47382.8	47061.5	1933.9	1920.4	135.5
1614.1	1614.1	566.1	566.1	670.9
83234.5	81946.9	12383.1	12303.9	6632.7
5288.6	5288.6	424.9	424.9	71.5
77945.9	76658.3	11958.2	11879.0	6561.2
2939.6	2939.6	392.6	392.6	559.4
17992.6	17990.8	2778.3	2771.8	1782.7
174.5	174.5	18.1	18.1	
17678.4	17676.6	2645.2	2638.7	1360.8
139.7	139.7	115.0	115.0	421.9
166.2	166.2	26.1	26.1	
22896.8	22896.8	4391.8	4359.9	4870.4
4005.3	4005.3	1151.0	1119.1	4870.0
4799.7	4799.7	777.4	777.4	
7840.1	7840.1	1924.9	1924.9	0.2
6251.7	6251.7	538.5	538.5	0.2
389.5	389.5	33.0	33.0	
389.5	389.5	33.0	33.0	

8-17 续　表 4

单位:万元

项　目 Item	三、损益及分配 Increase, Decrese and Assgning		
	销售费用 Expenses for Maaketing	管理费用 Expenses for Management	税　金 Taxes
总　计 Total	**119592.2**	**124733.8**	**4650.8**
其中:国有控股 State Holding	21254.9	26396.3	1502.7
1.按住宿行业小类分 Grouped by Small Class			
旅游饭店 Traveling Hotel	92556.4	105002.1	4146.9
一般旅馆 Generel Hotel	27035.8	19693.9	503.9
其他住宿业 Other Accomodation Service		37.8	
2.按登记注册类型分 Grouped by registration			
内资企业 Domestic Investment	96377.0	97690.6	4087.8
国有企业 State-owned	10456.8	8621.4	531.9
集体企业 Collective-owned	2799.8	5322.1	289.3
有限责任公司 Companies of Limited Liabilities	59985.5	66261.3	2582.6
国有独资公司 Companies State-owned Excluasive Investment	895.8	2296.8	139.9
其他有限责任公司 Other Companies of Limited Liabilities	59089.7	63964.5	2442.7
股份有限公司 Share Holding	2637.0	2427.2	50.4
私营企业 Private-owned	20497.9	15020.8	633.6
私营合伙企业 Private Partnership	314.6	180.4	6.0
私营有限责任公司 Private Companies of Limited Liabilities	19292.4	14019.0	627.5
私营股份有限公司 Private Companies of Limited Liabilities with Share Holding	890.9	821.4	0.1
其他企业 Others		37.8	
港澳台商投资企业 Enterprises funded by Entepreneurs from HongKong, Macao & Taiwan	23058.3	27043.1	563.0
与港澳台商合资经营企业 Joint Ventures with HongKong, Macao and Taiwan	7104.0	10612.3	260.3
与港澳台商合作经营企业 Co-operation Companies	4076.6	3367.8	1.3
港澳台商独资企业 Manage with HongKong, Macao and Taiwan jointly	11166.2	11156.6	271.5
港、澳、台商投资股份有限公司 Exclusive investment of HongKong, Macao, and Taiwan	711.5	1906.4	29.9
外商投资企业 Foreign funded	156.9	0.1	
外资企业 Enterprises with Sole Foreign Investment	156.9	0.1	

(10 000 yuan)

三、损益及分配 Increase, Decrease and Assgning				
财务费用 Financial Expenditures	利息收入 Interest Revenue	利息支出 Intertest Paid	资产减值损失 Impairment Loss of Assets	公允价值变动收益 Changes in Fair Value Gains
18613.1	**1697.6**	**14268.0**	**234.8**	**370.8**
4023.1	236.3	3982.9	21.3	422.0
16061.2	1683.6	12816.8	6.3	370.8
2551.2	14.0	1450.5	228.5	
0.7		0.7		
13989.5	373.2	11755.1	25.9	370.8
153.2	156.4	155.0	83.2	
122.2				
12473.3	121.9	11152.4	-57.4	422.0
-9.8	27.7		4.4	
12483.1	94.2	11152.4	-61.8	422.0
284.6	0.7	69.4		
955.5	94.2	377.6	0.1	-51.2
1.0		1.0		
947.2	94.1	376.8	0.1	-51.2
7.3	0.1	-0.2		
0.7		0.7		
4621.2	1324.4	2512.9	208.9	
1152.4	19.8	950.1		
61.4				
3372.0	1247.8	1562.8	208.9	
35.4	56.8			
2.4				
2.4				

8-17 续 表 5

单位:万元

项 目 Item	三、损益及分配 Increase, Decrese and Assgning 投资收益 Income from Investment	 营业利润 Operating Profits
总 计 **Total**	**1641.4**	**-16394.4**
其中:国有控股 State Holding		-7917.9
1.按住宿行业小类分 **Grouped by Small Class**		
旅游饭店 Traveling Hotel	1132.1	-13149.5
一般旅馆 Generel Hotel	509.3	-3274.6
其他住宿业 Other Accomodation Service		29.7
2.按登记注册类型分 **Grouped by registration**		
内资企业 Domestic Investment	1641.4	-10760.8
国有企业 State-owned		-1664.1
集体企业 Collective-owned		-29.8
有限责任公司 Companies of Limited Liabilities	1605.0	-7149.8
国有独资公司 Companies State-owned Excluasive Investment		97.3
其他有限责任公司 Other Companies of Limited Liabilities	1605.0	-7247.1
股份有限公司 Share Holding		576.8
私营企业 Private-owned	36.4	-2523.6
私营合伙企业 Private Partnership		-273.7
私营有限责任公司 Private Companies of Limited Liabilities	36.4	-2282.7
私营股份有限公司 Private Companies of Limited Liabilities with Share Holding		32.8
其他企业 Others		29.7
港澳台商投资企业 Enterprises funded by Entepreneurs from HongKong, Macao & Taiwan		-5632.3
与港澳台商合资经营企业 Joint Ventures with HongKong, Macao and Taiwan		-2296.8
与港澳台商合作经营企业 Co-operation Companies		805.8
港澳台商独资企业 Manage with HongKong, Macao and Taiwan jointly		-4237.4
港、澳、台商投资股份有限公司 Exclusive investment of HongKong, Macao, and Taiwan		96.1
外商投资企业 Foreign funded		-1.3
外资企业 Enterprises with Sole Foreign Investment		-1.3

8－17 Continued 5

(10 000 yuan)

三、损益及分配 Increase, Decrese and Assgning				四、人工成本 Labor Cost and Value Added Tax
营业外收入 Operating Income	补贴收入 Subsidy Income	利润总额 Total Prfits	应交所得税 Income Tax Payable	应付职工薪酬（本年贷方累计发生额） Employee Compensation
5681.6	**-236.9**	**-10982.9**	**2055.2**	**103249.8**
4550.5	-593.8	-3755.6	446.7	29619.4
5259.3	-339.1	-7761.5	1396.7	85485.5
422.3	102.2	-3251.1	655.5	17707.3
		29.7	3.0	57.0
5441.0	-415.2	-5800.6	1835.0	83194.9
4231.8		2026.9	56.9	16366.6
58.4	48.3	20.6		2976.9
1041.4	-541.7	-5803.5	1198.2	49066.2
17.5		302.7	225.5	1626.9
1023.9	-541.7	-6106.2	972.7	47439.3
3.4		542.7	150.6	2213.0
106.0	78.2	-2617.0	426.3	12515.2
		-286.2	4.1	109.0
106.0	78.2	-2362.9	421.9	12045.5
		32.1	0.3	360.7
		29.7	3.0	57.0
239.9	178.3	-5181.5	220.2	19983.7
29.2		-2338.5	2.4	4588.4
6.1		805.9		4641.1
137.6	112.4	-3813.7	217.8	8517.2
67.0	65.9	164.8		2237.0
0.7		-0.8		71.2
0.7		-0.8		71.2

8－18　限额以上餐饮业法人财务指标(2014年)

单位:万元

项　目 Item	法人企业数(个) Number of Enterprises	执行《2006年企业会计准则》企业数(个) Implementation of "Accounting Standards for Business Enterprises in 2006"
总　计 **Total**	**493**	**458**
其中:国有控股 State Holding	6	6
1.按餐饮行业小类分 **Gropued by Small Class**		
正餐服务 Dinner Service	473	439
快餐服务 Fast Food Service	14	13
饮料及冷饮服务 Beverage and Related Services	3	3
咖啡馆服务 Cafe Service	2	2
其他饮料及冷饮服务 Other Catering Trade	1	1
其他餐饮业 Other Catering Trade	3	3
小吃服务 Snack Service	1	1
餐饮配送服务 Food Distribution Service	1	1
其他未列明餐饮业 Other Not－listed Catering	1	1
2.按登记注册类型分 **Grouped by registration**		
内资企业 Domestic Investment	475	441
国有企业 State-owned	2	2
股份合作企业 Cooperative of Share Holding	1	1
联营企业 Joint Venture	1	
集体联营企业 Collective Joint	1	

FINANCIAL INDICATORS OF ENTERPRISES ABOVE DESIGNATED SIZE IN CATERING TRADE(2014)

(10 000 yuan)

一、年初存货 The Beginning Inventory	二、期末资产负债 Late Assets and Liabilities 流动资产合计 Total Liquid Assets	应收账款 Accounts Receivable	存　货 Stock	固定资产合计 Fixed Assets Price
34332.1	364143.8	42696.2	37767.2	291482.5
324.8	10574.3	1421.5	517.8	5620.6
24876.0	330092.1	40938.1	26593.3	243853.4
8325.3	23110.5	485.3	10140.8	42380.3
882.4	4396.6	422.0	883.4	4583.5
852.4	4130.5	402.0	852.4	4347.5
30.0	266.1	20.0	31.0	236.0
248.4	6544.6	850.8	149.7	665.3
47.8	344.5	122.1	48.0	197.2
127.0	6003.6	725.3	50.1	144.3
73.6	196.5	3.4	51.6	323.8
22595.8	325097.3	40923.0	21975.9	206365.4
79.1	742.6	47.0	92.4	1618.5
1.2	8.6	7.0	1.6	26.4
2010.1	4218.9	1232.5	2010.0	6888.7
2010.1	4218.9	1232.5	2010.0	6888.7

8-18 续 表 1

单位:万元

项　　目 Item	法人企业数(个) Number of Enterprises	执行《2006 年企业会计准则》企业数(个) Implementation of " Accounting Standards for Business Enterprises in 2006"
有限责任公司 Companies of Limited Liabilities	226	209
国有独资公司 Companies State-owned Excluasive Investment	2	2
其他有限责任公司 Other Companies of Limited Liabilities	224	207
股份有限公司 Share Holding	2	2
私营企业 Private-owned	242	227
私营独资企业 Privately Owned	12	11
私营合伙企业 Private Partnership	2	2
私营有限责任公司 Private Companies of Limited Liabilities	224	210
私营股份有限公司 Private Companies of Limited Liabilities with Share Holding	4	4
其他企业 Others	1	
港澳台商投资企业 Enterprises funded by Entepreneurs from HongKong, Macao & Taiwan	12	11
与港澳台商合资经营企业 Joint Ventures with HongKong, Macao and Taiwan	2	2
港澳台商独资企业 Manage with HongKong, Macao and Taiwan jointly	9	8
港、澳、台商投资股份有限公司 Exclusive investment of HongKong, Macao, and Taiwan	1	1
外商投资企业 Foreign funded	6	6
中外合资经营企业 Chinese Foreign Equity Joint Ventures	1	1
外资企业 Enterprises with Sole Foreign Investment	5	5

8-18 Continued 1

(10 000 yuan)

一、年初存货 The Beginning Inventory	二、期末资产负债 Late Assets and Liabilities			
	流动资产合计 Total Liquid Assets	应收账款 Accounts Receivable	存货 Stock	固定资产合计 Fixed Assets Price
12657.5	219715.5	24252.0	12330.3	149458.1
167.8	3948.4	1002.4	316.2	3651.3
12489.7	215767.1	23249.6	12014.1	145806.8
115.6	2283.8	71.9	91.2	729.0
7732.3	97941.6	15312.6	7450.4	47644.7
357.4	1372.7	552.0	294.1	2269.8
44.2	247.1	39.4	39.9	775.7
7261.5	90324.8	14666.0	7033.7	43860.4
69.2	5997.0	55.2	82.7	738.8
	186.3			
2987.5	12641.5	754.5	2004.5	26217.6
457.4	4612.2	202.0	367.3	14327.9
2466.0	7909.4	538.3	1545.5	11886.9
64.1	119.9	14.2	91.7	2.8
8748.8	26405.0	1018.7	13786.8	58899.5
22.4	1449.3	690.2	14.0	10.1
8726.4	24955.7	328.5	13772.8	58889.4

8-18 续 表 2

单位:万元

项 目 Item	二、期末资产负债 Late Assets and Liabilities		
	固定资产原价 Fixed Asset Price	累计折旧 Accumulated Depreciation	本年折旧 Depreciation of this year
总 计 Total	439606.1	168627.2	34888.1
其中:国有控股 State Holding	9821.2	4200.6	2260.1
1. 按餐饮行业小类分 Gropued by Small Class			
正餐服务 Dinner Service	376360.7	136634.2	27405.4
快餐服务 Fast Food Service	54343.5	28328.0	6330.6
饮料及冷饮服务 Beverage and Related Services	7165.3	2581.8	1027.0
咖啡馆服务 Cafe Service	6877.3	2529.8	1017.0
其他饮料及冷饮服务 Other Catering Trade	288.0	52.0	10.0
其他餐饮业 Other Catering Trade	1736.6	1083.2	125.1
小吃服务 Snack Service	318.2	132.9	19.7
餐饮配送服务 Food Distribution Service	278.4	134.1	36.5
其他未列明餐饮业 Other Not - listed Catering	1140.0	816.2	68.9
2. 按登记注册类型分 Grouped by registration			
内资企业 Domestic Investment	328173.1	125946.4	24775.2
国有企业 State-owned	2175.9	557.4	96.0
股份合作企业 Cooperative of Share Holding	55.6	29.2	3.1
联营企业 Joint Venture	8067.2	1178.5	122.0
集体联营企业 Collective Joint	8067.2	1178.5	122.0

8 -18 Continued 2

(10 000 yuan)

二、期末资产负债 Late Assets and Liabilities				
在建工程 In the Construction Engineering	资产总计 Total Assets	流动负债合计 Total Liabilitiesers	应付账款 Accounts Payable	非流动负债合计 Non Current Liabilities
84380.8	**1002383.7**	**662594.5**	**114762.5**	**150155.4**
315.6	18631.4	9672.9	489.6	0.8
70499.3	835650.1	544197.9	96249.5	134127.3
12598.5	138814.4	105639.0	13737.1	14800.7
1177.5	20310.5	9174.7	3859.4	728.6
1177.5	19754.5	8918.7	3699.4	728.6
	556.0	256.0	160.0	
105.5	7608.7	3582.9	916.5	498.8
11.9	785.3	370.6	9.4	498.8
	6184.9	3167.4	894.2	
93.6	638.5	44.9	12.9	
61531.5	777845.6	478399.2	86214.8	131676.1
	3665.3	2993.8	27.9	0.8
	64.5	61.5		
	11107.6	605.0	100.0	1535.8
	11107.6	605.0	100.0	1535.8

8-18 续 表 3

单位:万元

项 目 Item	二、期末资产负债 Late Assets and Liabilities		
	固定资产原价 Fixed Asset Price	累 计 折 旧 Accumulated Depreciation	本 年 折 旧 Depreciation of this year
有限责任公司 Companies of Limited Liabilities	226093.9	80775.9	17346.1
国有独资公司 Companies State-owned Excluasive Investment	6666.4	3015.1	2122.3
其他有限责任公司 Other Companies of Limited Liabilities	219427.5	77760.8	15223.8
股份有限公司 Share Holding	1363.9	634.9	78.3
私营企业 Private-owned	90416.6	42770.5	7129.7
私营独资企业 Privately Owned	2639.0	369.2	64.0
私营合伙企业 Private Partnership	889.3	113.6	20.1
私营有限责任公司 Private Companies of Limited Liabilities	85528.4	41666.6	7024.0
私营股份有限公司 Private Companies of Limited Liabilities with Share Holding	1359.9	621.1	21.6
其他企业 Others			
港澳台商投资企业 Enterprises funded by Entepreneurs from HongKong, Macao & Taiwan	37990.6	11773.1	2965.5
与港澳台商合资经营企业 Joint Ventures with HongKong, Macao and Taiwan	19360.1	5032.2	869.7
港澳台商独资企业 Manage with HongKong, Macao and Taiwan jointly	18552.4	6665.6	2093.2
港、澳、台商投资股份有限公司 Exclusive investment of HongKong, Macao, and Taiwan	78.1	75.3	2.6
外商投资企业 Foreign funded	73442.4	30907.7	7147.4
中外合资经营企业 Chinese Foreign Equity Joint Ventures	110.3	100.2	52.0
外资企业 Enterprises with Sole Foreign Investment	73332.1	30807.5	7095.4

8－18 Continued 3

(10 000 yuan)

二、期末资产负债 Late Assets and Liabilities				
在建工程 In the Construction Engineering	资产总计 Total Assets	流动负债合计 Total Liabilitiesers	应付账款 Accounts Payable	非流动负债合计 Non Current Liabilities
55970.2	549308.5	351749.7	55151.5	103274.7
315.6	8445.1	3633.6	412.9	
55654.6	540863.4	348116.1	54738.6	103274.7
54.2	3902.2	4457.5	70.4	920.0
5507.1	209611.2	118477.0	30865.0	25944.8
29.2	4893.3	1325.9	647.9	459.3
172.8	1022.8	129.6	99.5	13.8
4766.4	192242.2	110776.0	28891.7	24231.7
538.7	11452.9	6245.5	1225.9	1240.0
	186.3	54.7		
3680.7	57526.5	48994.1	14223.6	3697.8
2503.2	22909.8	22752.6	648.1	3000.0
1177.5	34494.0	25975.3	13564.3	697.8
	122.7	266.2	11.2	
19168.6	167011.6	135201.2	14324.1	14781.5
2.0	1464.3	1738.3	107.4	
19166.6	165547.3	133462.9	14216.7	14781.5

8-18 续 表 4

单位:万元

项 目 Item	二、期末资产负债 Late Assets and Liabilities		
	负债合计 Total Liabilitiesers	所有者权益合计 Total Interests of Own	实收资本 Total Capital Hold
总 计 **Total**	812668.9	189714.8	236080.4
其中:国有控股 State Holding	9673.7	8957.7	5663.4
1. 按餐饮行业小类分 **Gropued by Small Class**			
正餐服务 Dinner Service	678244.2	157405.9	207988.1
快餐服务 Fast Food Service	120439.7	18374.7	23424.0
饮料及冷饮服务 Beverage and Related Services	9903.3	10407.2	2045.3
咖啡馆服务 Cafe Service	9647.3	10107.2	1790.3
其他饮料及冷饮服务 Other Catering Trade	256.0	300.0	255.0
其他餐饮业 Other Catering Trade	4081.7	3527.0	2623.0
小吃服务 Snack Service	869.4	-84.1	30.0
餐饮配送服务 Food Distribution Service	3167.4	3017.5	2000.0
其他未列明餐饮业 Other Not - listed Catering	44.9	593.6	593.0
2. 按登记注册类型分 **Grouped by registration**			
内资企业 Domestic Investment	609994.3	167851.3	199104.5
国有企业 State-owned	2994.6	670.7	1169.6
股份合作企业 Cooperative of Share Holding	61.5	3.0	3.0
联营企业 Joint Venture	2140.8	8966.8	8000.0
集体联营企业 Collective Joint	2140.8	8966.8	8000.0

(10 000 yuan)

二、期末资产负债 Late Assets and Liabilities					
国家资本 National Capits	集体资本 Collective Capita	法人资本 Corporate Capital	个人资本 Private Capital	港澳台资本 HK Macao and Taiwan's Capital	外商资本 Foreign Capital
5690.9	**363.0**	**114967.4**	**80783.6**	**10000.7**	**24274.8**
5653.4		10.0			
5690.9	363.0	111720.8	79027.6	8260.4	2925.4
		1236.4	838.2		21349.4
			305.0	1740.3	
			50.0	1740.3	
			255.0		
		2010.2	612.8		
		10.2	19.8		
		2000.0			
			593.0		
5690.9	363.0	112267.0	80783.6		
1169.6					
			3.0		
		8000.0			
		8000.0			

8－18 续 表 5

单位:万元

项 目 Item	二、期末资产负债 Late Assets and Liabilities		
	负债合计 Total Liabilitiesers	所有者权益合计 Total Interests of Own	实收资本 Total Capital Hold
有限责任公司 Companies of Limited Liabilities	455024.4	94284.1	124822.1
国有独资公司 Companies State-owned Excluasive Investment	3633.6	4811.5	4283.8
其他有限责任公司 Other Companies of Limited Liabilities	451390.8	89472.6	120538.3
股份有限公司 Share Holding	5377.5	－1475.3	194.0
私营企业 Private-owned	144340.8	65270.4	64814.8
私营独资企业 Privately Owned	1785.2	3108.1	3101.2
私营合伙企业 Private Partnership	143.4	879.4	829.3
私营有限责任公司 Private Companies of Limited Liabilities	134926.7	57315.5	56979.3
私营股份有限公司 Private Companies of Limited Liabilities with Share Holding	7485.5	3967.4	3905.0
其他企业 Others	54.7	131.6	101.0
港澳台商投资企业 Enterprises funded by Entepreneurs from HongKong, Macao & Taiwan	52691.9	4834.6	12689.0
与港澳台商合资经营企业 Joint Ventures with HongKong, Macao and Taiwan	25752.6	－2842.8	7030.7
港澳台商独资企业 Manage with HongKong, Macao and Taiwan jointly	26673.1	7820.9	5558.3
港、澳、台商投资股份有限公司 Exclusive investment of HongKong, Macao, and Taiwan	266.2	－143.5	100.0
外商投资企业 Foreign funded	149982.7	17028.9	24286.9
中外合资经营企业 Chinese Foreign Equity Joint Ventures	1738.3	－274.0	240.4
外资企业 Enterprises with Sole Foreign Investment	148244.4	17302.9	24046.5

8－18 Continued 5

(10 000 yuan)

国家资本 National Capits	集体资本 Collective Capita	法人资本 Corporate Capital	个人资本 Private Capital	港澳台资本 HK Macao and Taiwan's Capital	外商资本 Foreign Capital
二、期末资产负债 Late Assets and Liabilities					
4483.8	360.0	68472.7	51505.6		
4283.8					
200.0	360.0	68472.7	51505.6		
		183.0	11.0		
37.5	3.0	35611.3	29163.0		
		2410.9	690.3		
		100.0	729.3		
37.5	3.0	29650.4	27288.4		
		3450.0	455.0		
			101.0		
		2688.3		10000.7	
		2528.3		4502.4	
		160.0		5398.3	
				100.0	
		12.1			24274.8
		12.1			228.3
					24046.5

单位:万元

项 目 Item	三、损益及分配 Increase, Decrese and Assgning 营业收入 Sales Revenue	主营业务收入 Main Sales Revenue
总 计 Total	**1155818.6**	**1153635.2**
其中:国有控股 State Holding	14916.9	14916.9
1.按餐饮行业小类分 Gropued by Small Class		
正餐服务 Dinner Service	742916.2	740734.0
快餐服务 Fast Food Service	324438.3	324437.1
饮料及冷饮服务 Beverage and Related Services	40762.8	40762.8
咖啡馆服务 Cafe Service	39912.8	39912.8
其他饮料及冷饮服务 Other Catering Trade	850.0	850.0
其他餐饮业 Other Catering Trade	47701.3	47701.3
小吃服务 Snack Service	32474.3	32474.3
餐饮配送服务 Food Distribution Service	14514.2	14514.2
其他未列明餐饮业 Other Not－listed Catering	712.8	712.8
2.按登记注册类型分 Grouped by registration		
内资企业 Domestic Investment	766158.1	764024.4
国有企业 State-owned	2105.5	2105.5
股份合作企业 Cooperative of Share Holding	207.7	207.7
联营企业 Joint Venture	52398.7	52398.7
集体联营企业 Collective Joint	52398.7	52398.7

8－18 Continued 6

(10 000 yuan)

三、损益及分配 Increase, Decrese and Assgning				
营业成本 Sales Cost	主营业务成本 Main Sales Cost	营业税金及附加 Mian Business Taxes and Extras	主营业务税金及附加 Main Business Taxes and Extras	其他业务利润 Profits of Other Business
598889.3	598318.1	56916.0	56689.5	12366.9
8537.4	8537.4	652.2	652.2	
402480.3	401929.2	36579.0	36352.6	12354.1
148363.2	148343.1	17242.1	17242.0	12.8
10415.0	10415.0	2197.6	2197.6	
9925.0	9925.0	2151.6	2151.6	
490.0	490.0	46.0	46.0	
37630.8	37630.8	897.3	897.3	
31497.8	31497.8	55.7	55.7	
5814.0	5814.0	800.7	800.7	
319.0	319.0	40.9	40.9	
428257.2	427704.8	35750.1	35523.6	12323.1
682.1	682.1	124.9	124.9	
119.2	119.2	9.1	9.1	
44402.1	44402.1	230.2	230.2	
44402.1	44402.1	230.2	230.2	

8-18 续 表 7

单位:万元

项 目 Item	三、损益及分配 Increase, Decrese and Assgning	
	营业收入 Sales Revenue	主营业务收入 Main Sales Revenue
有限责任公司 Companies of Limited Liabilities	442596.9	441121.5
国有独资公司 Companies State-owned Excluasive Investment	6862.3	6862.3
其他有限责任公司 Other Companies of Limited Liabilities	435734.6	434259.2
股份有限公司 Share Holding	1607.1	1607.1
私营企业 Private-owned	266819.2	266160.9
私营独资企业 Privately Owned	13666.5	13659.5
私营合伙企业 Private Partnership	976.7	976.7
私营有限责任公司 Private Companies of Limited Liabilities	240222.6	239571.3
私营股份有限公司 Private Companies of Limited Liabilities with Share Holding	11953.4	11953.4
其他企业 Others	423.0	423.0
港澳台商投资企业 Enterprises funded by Entepreneurs from HongKong, Macao & Taiwan	69483.6	69433.9
与港澳台商合资经营企业 Joint Ventures with HongKong, Macao and Taiwan	5043.1	5043.1
港澳台商独资企业 Manage with HongKong, Macao and Taiwan jointly	64079.4	64079.4
港、澳、台商投资股份有限公司 Exclusive investment of HongKong, Macao, and Taiwan	361.1	311.4
外商投资企业 Foreign funded	320176.9	320176.9
中外合资经营企业 Chinese Foreign Equity Joint Ventures	5878.5	5878.5
外资企业 Enterprises with Sole Foreign Investment	314298.4	314298.4

8－18 Continued 7

(10 000 yuan)

三、损益及分配 Increase, Decrese and Assgning				
营业成本 Sales Cost	主营业务成本 Main Sales Cost	营业税金及附加 Mian Business Taxes and Extras	主营业务税金及附加 Main Business Taxes and Extras	其他业务利润 Profits of Other Business
240498.3	240096.1	20972.2	20878.0	8435.2
5011.4	5011.4	185.2	185.2	
235486.9	235084.7	20787.0	20692.8	8435.2
819.2	819.2	92.0	92.0	
141452.9	141302.7	14296.9	14164.6	3887.9
9367.6	9358.0	482.6	480.6	252.3
569.4	569.4	36.9	36.9	
126879.9	126739.3	13046.7	12916.4	3635.6
4636.0	4636.0	730.7	730.7	
283.4	283.4	24.8	24.8	
22446.5	22427.7	3873.2	3873.2	31.0
1361.8	1361.8	364.5	364.5	
20885.7	20885.6	3489.1	3489.1	
199.0	180.3	19.6	19.6	31.0
148185.6	148185.6	17292.7	17292.7	12.8
5148.0	5148.0	332.1	332.1	
143037.6	143037.6	16960.6	16960.6	12.8

8-18 续 表 8

单位:万元

项 目 Item	三、损益及分配 Increase, Decrese and Assgning		
	销售费用 Expenses for Maaketing	管理费用 Expenses for Management	税 金 Taxes
总 计 Total	**367980.5**	**113726.5**	**6487.0**
其中:国有控股 State Holding	3863.5	669.5	88.3
1. 按餐饮行业小类分 Gropued by Small Class			
正餐服务 Dinner Service	221288.3	81197.4	5066.5
快餐服务 Fast Food Service	117703.8	29272.8	170.6
饮料及冷饮服务 Beverage and Related Services	20771.6	2160.0	1248.3
咖啡馆服务 Cafe Service	20571.6	2078.0	1241.7
其他饮料及冷饮服务 Other Catering Trade	200.0	82.0	6.6
其他餐饮业 Other Catering Trade	8216.8	1096.3	1.6
小吃服务 Snack Service	860.3	190.9	
餐饮配送服务 Food Distribution Service	6987.9	902.1	1.6
其他未列明餐饮业 Other Not - listed Catering	368.6	3.3	
2. 按登记注册类型分 Grouped by registration			
内资企业 Domestic Investment	218792.2	78174.8	4958.4
国有企业 State-owned	1112.7	112.0	9.4
股份合作企业 Cooperative of Share Holding	60.9	17.0	5.1
联营企业 Joint Venture	1600.2	1685.6	230.2
集体联营企业 Collective Joint	1600.2	1685.6	230.2

8－18 Continued 8

(10 000 yuan)

三、损益及分配 Increase, Decrese and Assgning				
财务费用 Financial Expenditures			资产减值损失 Impairment Loss of Assets	公允价值变动收益 Changes in Fair Value Gains
	利息收入 Interest Revenue	利息支出 Intertest Paid		
14033.1	497.5	3591.1	1278.4	72.0
-21.2	0.4	-55.2	3.7	
11344.0	410.3	3571.5	138.1	71.0
2182.1	87.2	13.6	1132.3	
227.1		6.0	8.0	1.0
221.1				
6.0		6.0	8.0	1.0
279.9				
271.7				
8.2				
10759.8	408.8	3210.0	146.1	72.0
27.3	0.3			
1401.2				
1401.2				

8－18 续　　表 9

单位:万元

项　　目 Item	三、损益及分配 Increase, Decrese and Assgning		
	销售费用 Expenses for Maaketing	管理费用 Expenses for Management	税　　金 Taxes
有限责任公司 Companies of Limited Liabilities	138748.8	48439.2	2884.7
国有独资公司 Companies State-owned Excluasive Investment	1409.8	240.3	78.7
其他有限责任公司 Other Companies of Limited Liabilities	137339.0	48198.9	2806.0
股份有限公司 Share Holding	443.3	428.4	56.0
私营企业 Private-owned	76762.8	27458.8	1773.0
私营独资企业 Privately Owned	1321.8	680.2	97.4
私营合伙企业 Private Partnership	118.9	86.1	0.9
私营有限责任公司 Private Companies of Limited Liabilities	71712.3	25555.6	1633.8
私营股份有限公司 Private Companies of Limited Liabilities with Share Holding	3609.8	1136.9	40.9
其他企业 Others	63.5	33.8	
港澳台商投资企业 Enterprises funded by Entepreneurs from HongKong, Macao & Taiwan	33532.3	5465.2	1254.8
与港澳台商合资经营企业 Joint Ventures with HongKong, Macao and Taiwan	4541.1	114.5	
港澳台商独资企业 Manage with HongKong, Macao and Taiwan jointly	28722.2	5299.2	1247.0
港、澳、台商投资股份有限公司 Exclusive investment of HongKong, Macao, and Taiwan	269.0	51.5	7.8
外商投资企业 Foreign funded	115656.0	30086.5	273.8
中外合资经营企业 Chinese Foreign Equity Joint Ventures		480.4	22.4
外资企业 Enterprises with Sole Foreign Investment	115656.0	29606.1	251.4

8－18 Continued 9

(10 000 yuan)

三、损益及分配 Increase, Decrese and Assgning				
财务费用 Financial Expenditures	利息收入 Interest Revenue	利息支出 Intertest Paid	资产减值损失 Impairment Loss of Assets	公允价值变动收益 Changes in Fair Value Gains
6319.6	362.0	2086.5	93.1	9.0
0.1	0.1		7.1	
6319.5	361.9	2086.5	86.0	9.0
63.0				
2945.6	46.5	1123.5	53.0	63.0
82.7		28.7		
3.8		1.0		
2481.2	44.3	717.8	45.0	62.0
377.9	2.2	376.0	8.0	1.0
3.1				
1123.5	2.2	387.5		
414.1	1.2	387.5		
706.6	0.7			
2.8	0.3			
2149.8	86.5	-6.4	1132.3	
-3.6	2.8	-6.4		
2153.4	83.7		1132.3	

8-18 续　表 10

单位:万元

项　　目 Item	三、损益及分配 Increase, Decrese and Assgning	
	投资收益 Income from Investment	营业利润 Operating Profits
总　计 **Total**	369.9	3043.3
其中:国有控股 State Holding	5.7	449.3
1. 按餐饮行业小类分 **Gropued by Small Class**		
正餐服务 Dinner Service	367.9	-10090.7
快餐服务 Fast Food Service		8556.1
饮料及冷饮服务 Beverage and Related Services	2.0	4986.5
咖啡馆服务 Cafe Service		4965.5
其他饮料及冷饮服务 Other Catering Trade	2.0	21.0
其他餐饮业 Other Catering Trade		-408.6
小吃服务 Snack Service		-119.2
餐饮配送服务 Food Distribution Service		-262.2
其他未列明餐饮业 Other Not - listed Catering		-27.2
2. 按登记注册类型分 **Grouped by registration**		
内资企业 Domestic Investment	369.9	-5673.6
国有企业 State-owned		46.5
股份合作企业 Cooperative of Share Holding		1.5
联营企业 Joint Venture		3079.4
集体联营企业 Collective Joint		3079.4

(10 000 yuan)

三、损益及分配 Increase, Decrese and Assgning				四、人工成本 Labor Cost and Value Added Tax
营业外收入 Operating Income	补贴收入 Subsidy Income	利润总额 Total Prfits	应交所得税 Income Tax Payable	应付职工薪酬（本年贷方累计发生额） Employee Compensation
6570.6	**1292.8**	**8413.6**	**14442.0**	**179280.8**
1.0		1209.8	266.5	3809.5
6373.5	1292.8	－2773.4	10297.8	135500.6
147.5		6573.8	2885.9	33572.9
39.3		5008.0	1245.5	7508.5
39.3		4987.0	1244.5	7423.5
		21.0	1.0	85.0
10.3		－394.8	12.8	2698.8
6.6		－112.6	1.6	216.8
3.7		－255.0		2320.0
		－27.2	11.2	162.0
6379.8	1284.8	－2036.6	9882.9	132177.8
		46.5	27.2	470.2
		1.5	1.0	65.1
		3079.4	770.0	510.2
		3079.4	770.0	510.2

8－18 续　　表 11

单位:万元

项　　目 Item	三、损益及分配 Increase, Decrese and Assgning	
	投资收益 Income from Investment	营业利润 Operating Profits
有限责任公司 Companies of Limited Liabilities	256.6	－12989.2
国有独资公司 Companies State-owned Excluasive Investment		8.4
其他有限责任公司 Other Companies of Limited Liabilities	256.6	－12997.6
股份有限公司 Share Holding		－238.8
私营企业 Private-owned	113.3	4412.6
私营独资企业 Privately Owned		1731.6
私营合伙企业 Private Partnership		161.6
私营有限责任公司 Private Companies of Limited Liabilities	111.3	1062.3
私营股份有限公司 Private Companies of Limited Liabilities with Share Holding	2.0	1457.1
其他企业 Others		14.4
港澳台商投资企业 Enterprises funded by Entepreneurs from HongKong, Macao & Taiwan		3042.9
与港澳台商合资经营企业 Joint Ventures with HongKong, Macao and Taiwan		－1752.9
港澳台商独资企业 Manage with HongKong, Macao and Taiwan jointly		4976.6
港、澳、台商投资股份有限公司 Exclusive investment of HongKong, Macao, and Taiwan		－180.8
外商投资企业 Foreign funded		5674.0
中外合资经营企业 Chinese Foreign Equity Joint Ventures		－78.4
外资企业 Enterprises with Sole Foreign Investment		5752.4

(10 000 yuan)

三、损益及分配 Increase, Decrese and Assgning				四、人工成本 Labor Cost and Value Added Tax
营业外收入 Operating Income	补贴收入 Subsidy Income	利润总额 Total Prfits	应交所得税 Income Tax Payable	应付职工薪酬（本年贷方累计发生额）Employee Compensation
4181.2	1233.8	-7204.9	5048.9	82994.7
		1.0	9.4	2282.7
4181.2	1233.8	-7205.9	5039.5	80712.0
0.2		-238.8	12.1	342.5
2198.4	51.0	2279.7	4023.7	47753.1
		1729.4	197.8	1113.4
		103.3	7.9	122.7
2198.4	51.0	954.3	3796.5	44205.8
		-507.3	21.5	2311.2
				42.0
38.5	8.0	4178.9	1754.0	13645.7
0.1		-1752.8		1568.6
38.4	8.0	6112.5	1728.0	11970.3
		-180.8	26.0	106.8
152.3		6271.3	2805.1	33457.3
8.1		70.5		1320.0
144.2		6200.8	2805.1	32137.3

8－19　亿元商品交易市场分类成交额(2014 年)

项　　目 Item	摊位数量 (个) Number of Booth (unit)	成交额 (万元) Sales Revenue (10000 yuan)
总　　计 Total	29020	9263246
1. 粮油、食品类 grain and oil, food	5724	2756771
其中：粮 油 类 Among them: grain and oil	644	305804
肉禽蛋类 Poultry and eggs	308	21817
水产品类 Aquatic product category	1880	1587872
蔬 菜 类 Vegetables	1404	595075
干鲜果品类 Dry fresh fruit	841	184670
2. 饮 料 类 drinks	358	45563
3. 烟 酒 类 tobacco and alcohol	20	4725
4. 服装、鞋帽、针纺织品类 clothing, footwear, textiles	10772	1643099
(1)服装类 clothing	9126	1516796
(2)鞋 帽 类 shoes and hats	1018	76465
(3)针纺织品类 textiles	628	49838
5. 化妆品类 cosmetics category	14	520
6. 金银珠宝类 gold and silver jewelry	71	2630
7. 日用品类 daily necessities	136	43398
其中:儿童玩具类 hardware, electrical materials	9	3402
8. 五金、电料类 sports, entertainment products	1275	90475
9. 体育、娱乐用品类 sports, entertainment products		
其中：照相器材类 Among them: photographic equipment		
10. 书报杂志类 books and magazines	202	13788
11. 电子出版物及音像制品类 electronic publications and audio－visual products	62	3562

CLASSIFICATION TURNOVER OF ALL TRANSACTION OVER 100 MILLION YUAN（2014）

项　目 Item	摊位数量（个） Number of Booth（unit）	成交额（万元） Sales Revenue（10000 yuan）
12. 家用电器和音像器材类 Household Appliances and Audio - visual Equipment	564	17798
13. 中西药品类 Drugs	3	252
其中：西 药 类 Among them：Wester Medicine	1	16
中草药及中成药类 Chinese Medicine		
14. 文化办公用品类 Cultural office Supplies	1728	434457
其中：计算机及其配套产品 Among them：Computer and its supporting produces	907	39700
15. 家 具 类 Furniture	557	80915
16. 通讯器材类 Communication Equipment	587	204995
17. 煤炭及制品类 Coal and Products	1	16
18. 木材及制品类 Wood and Products	312	35241
19. 石油及制品类 Petroleum and Products		
20. 化工材料及制品类 Chemical Materials and Products	163	46421
其中：化 肥 类 Among them：Chemical Fertillizer	35	18548
21. 金属材料类 Metallic Materical	2631	2152245
22. 建筑及装潢材料类 Consturction and Decoration Materials	2078	210540
23. 机电产品及设备类 Mechanical and Ecectrical Products and Equipment	75	11236
其中：农 机 类 Among them：Agricultural Machinery		
24. 汽 车 类 The Car	1286	1278308
25. 种子饲料类 Seed and Feed	35	5055
26. 棉 麻 类 Cotton and Hemp	48	1236
27. 其 他 类 Others	318	180000

8-20 亿元商品交易市场分类(2014年)

项目 Item	市场数量(个) Number (unit)	总摊位(个) All Booths (unit)	年末出租摊位数(个) Booths renteal end of the year (year)	营业面积(平方米) Sapce of Managerment (m^2)	成交额(万元) Sales Revenue (10 000 yuan)
总计 Total	51	30475	29020	2330927	9263246
一、按市场类别分组 Group by Market					
1.综合市场 Integration Markets	7	6099	5990	644882	921992
综合贸易市场 Comprehensive trade Market	7	6099	5990	644882	921992
生产资料综合市场 Integration Markets of Capital Goods	1	3533	3533	519100	332681
工业消费品综合市场 Integration Markets of Industrial Products	2	524	503	22000	25279
农产品综合市场 Integration Markets of Farming Products	4	2042	1954	103782	564032
其他综合市场 Others					
2.专业市场 Speciality Markets	44	24376	23030	1686045	8341254
生产资料市场 Capital Goods Markets	7	2924	2863	269177	2164113
建材市场 Building and Decorating Material Markets	1	280	275	5000	13500
金属材料市场 Metal Materials Market	6	2644	2588	264177	2150613
农产品市场 Farm Products Markets	5	3396	3395	271070	2179354
水产品市场 Aquatic Products Market	2	2320	2320	233468	2057225
蔬菜市场 Vegetables Markets	1	191	190	12827	20744
干鲜果品市场 Dry and Fresh Fruit Markets	1	365	365	12775	39852
其他农产品市场 Other Farm Products Markets	1	520	520	12000	61533
食品、饮料及烟酒市场 Markets for Food, Berveage, Cigarette and Liquor	2	385	325	18000	40730
食品饮料市场 Food, Beverage Markets	1	250	190	8000	27043
茶叶市场 Tea Markets	1	135	135	10000	13687
纺织、服装、鞋帽市场 Textile, Clothing, Shoe and Hat Markets	12	11021	10411	487206	1630996
布料及纺织品市场 Fabric and Textile Markets	2	265	265	6174	24896
服装市场 Clothing Markets	8	10036	9446	431032	1551985

THE CLASSIFICATION OF ALL TRANSACTION OVER 100 MILLION YUAN（2014）

项　目 Item	市场数量（个） Number （unit）	总摊位（个） All Booths （unit）	年末出租摊位数（个） Booths renteal end of the year （year）	营业面积（平方米） Sapce of Managerment （m^2）	成交额（万元） Sales Revenue （10 000 yuan）
鞋帽市场 Shoes and Hats Markets	2	720	700	50000	54115
日用品及文化用品市场 Articles for Daily use and Cultural Products Markets	5	1660	1446	163776	628552
箱包市场 Luggage Market	1	530	318	47000	180000
图书、报刊杂志市场 Books, Newspaper and Magazine Markets	1	277	277	4100	18335
其他日用品及文化用品市场 Others	3	853	851	112676	430217
电器、通讯器材、电子设备市场 Electrical Appliance, Communication Equipment and Electronic and Markets	5	2073	1692	72000	258830
家电市场 Household Electrical Appliance	1	285	200	7000	14250
通讯器材市场 Communication Equipment Markets	1	435	435	25000	193720
计算机及辅助设备市场 Computer and Auxiliary	3	1353	1057	40000	50860
家具、五金及装饰材料市场 Furniture, Hardware and Decoration Makets	4	1626	1612	206616	160371
家具市场 Funiture Makets	1	185	185	52722	47245
装饰材料市场 Decoration Materials Markets	2	890	890	118000	88126
五金材料市场 Hardware Markets	1	551	537	35894	25000
汽车、摩托车及零配件市场 Auto, Motocycle and its Spare Parts Markets	4	1291	1286	198200	1278308
汽车市场 Auto Markets	3	391	386	187000	1263229
机动车零配件市场 Motor Vehicle Spare Parts Markets	1	900	900	11200	15079
二、按经营方式分组 **Group by way of Operation**					
1. 以批发为主 Wholesale Based	38	25271	24441	1859101	8202924
2. 以零售为主 Retail Oriented	13	5204	4579	471826	1060322
三、按经营环境分组 **Group by Business Environment**					
1. 露天式 Open air	10	5223	5115	379021	3147301
2. 封闭式 Clased	40	24701	23368	1916012	6090945
3. 其　他 Other	1	551	537	35894	25000

8-21 进出口贸易总额
TOTAL IMPORTS AND EXPORTS OF FOREIGN TRADE COMPANIES

单位:万美元　　　　(10 000 USD)

年份 Year	进出口总额 Total Imports and Exports	进口 Imports	出口 Exports
1989	40405	14712	25693
1990	35607	9124	26483
1991	51570	16130	35440
1992	57929	23041	34888
1993	79277	42680	36597
1994	198840	71109	127731
1995	254641	104325	150316
1996	183968	82593	101375
1997	212345	89522	122823
1998	183634	77812	105822
1999	173972	82549	91423
2000	203085	85678	117407
2001	215648	120969	94679
2002	220207	111153	109054
2003	313611	165483	148128
2004	429848	236707	193141
2005	618786	364777	254009
2006	801214	423464	377750
2007	996179	520861	475318
2008	1397710	707268	690442
2009	1147256	564733	582523
2010	1805506	930091	875415
2011	2278958	1105697	1173261
2012	2035353	960577	1074776
2013	2175189	980898	1194291
2014	2642887	1263798	1379089

8-22 实 际 利 用 外 资
AMOUNT OF FOREIGN CAPITAL ACTUALLY USED

单位：万美元 (10 000 USD)

年份 Year	合计 Total	境外客商直接投资 Foreign Direct Investments	实际利用外资与上年比±% Increase Rate of Foreign Capital Actually Used Over Last Year (%)
1991	10187	1507	26.6
1992	21261	7138	108.7
1993	46427	29485	118.4
1994	91343	44961	96.7
1995	111514	59150	22.1
1996	92024	46730	-17.5
1997	93083	45333	1.2
1998	105618	45397	13.5
1999	116585	47550	10.4
2000	130279	75415	11.7
2001	143201	72223	10.0
2002	157602	86300	10.1
2003	176155	111147	11.8
2004	152003	116063	20.6
2005	174001	133998	14.5
2006	200143	151091	15.0
2007	225005	169763	12.4
2008	257338	193841	14.4
2009	293501	217331	14.1
2010	329265	245031	12.2
2011	376015	275400	14.2
2012	444424	342174	18.2
2013	525011	410081	18.1
2014	619858	524208	18.1

8-23 旅 游 基 本 情 况
STATISTICS ON TOURISM

项 目 Item	计量单位 unit	2014年	2013年
国内旅游人数 Total Number of Domestic Tourists	万人次 million people	19126.75	17022.11
接待海外旅游者人数 Total Number of International Tourists Received	万人次 million people	170.57	161.37
其中：外 国 人 Foreigners	万人次 million people	138.38	128.82
港澳台同胞 Compatriots from Hongkong, Macao and Taiwan	万人次 million people	32.20	32.55
接待海外旅游者人天数 Total Number of Tourist and Days Received (10,000 person-day)	万人天 million people per day	491.94	451.12
其中：外 国 人 Foreigners	万人天 million people per day	400.99	360.02
港澳台同胞 Compatriots from Hongkong, Macao and Taiwan	万人天 million people per day	90.95	91.10
旅游总收入 Total Tourism Earnings	亿元 100 million yuan	1949.46	1690.02
其中：国际旅游(外汇)收入 International Tourism Foreign Exchange Earnings	万美元 million dollars	93402.53	91431.03
国内旅游收入 Domestic Tourism Earnings	亿元 million yuan	1892.06	1633.40
年末星级以上宾馆数 Number of Star-ranking and above Hotels	个 unit	87	97
其中：五 星 级 Five-Star	个 unit	14	14
四 星 级 Four-Star	个 unit	31	31
三 星 级 Three-Star	个 unit	31	40
旅游星级饭店客房合计 Number of Guest Rooms	间 unit	15045	16560
旅游星级饭店床位合计 Number of Beds	张 unit	25238	28324
旅游星级饭店客房实际出租间天数 Actual Number of Days Hired for Guest Rooms	间/天 unit per day	2910111	3010489
旅游星级饭店客房核定出租间天数 Checking Number of Days HIred for Guest Rooms	间/天 unit per day	5068016	5156835
国际、国内旅行社个数 Number of International Travel Agencies and Domestic Travel Agercies	个 unit	323	315
年末旅游景区数(个) Number of Traveling	个 unit	39	39
其中：4A 级及以上 Four A class	个 unit	22	19

主 要 统 计 指 标 解 释

社会消费品零售总额 指企业(单位、个体户)通过交易直接售给个人、社会集团非生产、非经营用的实物商品金额,以及提供餐饮服务所取得的收入金额。个人包括城乡居民和入境人员,社会集团包括机关、社会团体、部队、学校、企事业单位、居委会或村委会等。

商品购进额 指从本企业以外的单位和个人购进(包括从国外直接进口)作为转卖或加工后转卖的商品金额(含增值税)。本指标反映批发和零售业从国内外市场上购进商品的总价。

商品购进包括:(1)从工农业生产者、批发和零售业企业、住宿和餐饮业企业、出版社或报社的出版发行部门和其他服务业企业购进的商品;(2)从机关团体、事业单位购进的商品;(3)从海关、市场管理部门购进的缉私和没收的商品;(4)从居民收购的废旧商品等。

不包括:(1)企业为本单位自身经营用,不是作为转卖而购进的商品,如材料物资、包装物、低值易耗品、办公用品等;(2)未通过买卖行为而收入的商品,如接受其他部门移交的商品、借入的商品、收入代其他单位保管的商品、其他单位赠送的样品、加工回收的成品等;(3)经本单位介绍,由买卖双方直接结算,本单位只收取手续费的业务;(4)销售退回和买方拒付货款的商品;(5)商品溢余。

商品销售额 指对本单位以外的单位和个人出售的商品金额(包括售给本单位消费用的商品,含增值税),本指标反映批发和零售业在国内市场上销售商品以及出口商品的总量。

商品销售包括:(1)售给城乡居民和社会集团消费用的商品;(2)售给农业、工业、建筑业、服务业等国民经济各行业用于生产、经营用的商品,包括售予批发和零售业作为转卖或加工后转卖的商品;(3)对国(境)外直接出口的商品。

商品销售不包括:(1)未通过买卖行为付出的商品,如随机构变动移交给其他企业单位的商品、借出的商品、归还受其他单位委托代保管的商品、付出的加工原料和赠送给其他单位的样品等;(2)经本单位介绍,由买卖双方直接结算,本单位只收取手续费的业务;(3)购货退回的商品;(4)商品损耗和损失;(5)出售本单位自用的废旧物资。

营业额 指住宿和餐饮业单位在经营活动中因提供服务或销售商品等取得的全部收入,包括:客房收入、餐费收入、商品销售额(含增值税)和其他收入。不包括法人单位附营的其他行业产业活动单位的餐费收入、商品销售收入等各项收入。

连锁总店(总部) 负责连锁企业资源(商号、商誉、经营模式、服务标准、管理模式等等)的开发、配置、控制或使用等功能的企业核心管理机构。连锁经营是指经营同类商品或服务,使用统一商号的若干店铺,在同一总店(总部)的管理下,采取统一采购或特许经营等方式,实现规模效益的组织形式,包括直营连锁、特许连锁和自愿连锁三种形式。

商品交易市场 是指经有关部门和组织批准设立,有固定场所、设施,有经营管理部门和监管人员,若干市场经营者入内,常年或实际开业三个月以上,集中、公开、独立地进行生活消费品、生产资料等现货商品交易以及提供相关服务的交易场所,包括各类消费品市场、生产资料市场等。

进出口总额、海关进出口总额 指实际进出我国国境的货物总金额。包括对外贸易实际进出口货物,来料加工装配进出口货物,国家间、联合国及国际组织无偿援助物资和赠送品,华侨、港澳台同胞和外籍华人捐赠品,租赁期满归承租人所有的租赁货物,来料加工进出口货物,边境地方贸易及边境地区小额贸易进出口货物(边民互市贸易除外),中外合资企业、中外合作经营企业、外商独资经营企业进出口货物和公用物品,到、离岸价格在规定限额以上的进出口货样和广告品(无商业价值、无使用价值和免费提供出口的除外),从保税仓库提取在中国境内销售的进口货物,以及其他进出口货物。进出口总额用以观察一个国家在对外贸易方面的总规模。我国规定出口货物按离岸价格统计,进口货物按到岸价格统计。

利用外资 指我国各级政府、部门、企业和其他经济组织通过对外借款、吸收外商直接投资以及用其他方式筹措的境外现汇、设备、技术等。

外商直接投资 指外国企业和经济组织或个人(包括华侨、港澳台胞以及我国在境外注册的企业)按我国有关政策、法规,用现汇、实物、技术等在我国境内开办外商独资企业、与我国境内的企业或经济组织共同举办中外合资经营企业、合作经营企业或合作开发资源的投资(包括外商投资收益的再投资),以及经政府有关部门批准的项目投资总额内企业从境外借入的资金。

旅游者人数 包括入境国际旅游者人数、出境居民人数和国内旅游者人数。

⑴入境国际旅游者人数:指来中国参观、访问、旅行、探亲、访友、休养、考察、参加会议和从事经济、科技、文化、教育、宗教等活动的外国人、华侨、港澳同胞和台湾同胞的人数。不包括外国在我国的常驻机构,如使领馆、通讯社、企业办事处的工作人员;来我国常住的外国专家、留学生以及在岸逗留不过夜人员。

⑵出境居民人数:指大陆居民因公务活动或私人事务短期出境的人数。公务活动出境居民人数包括在国际交通工具上的中国服务员工,因私出境居民人数不包括在国际交通工具上的中国服务员工。

⑶国内旅游者人数:指我国大陆居民和在我国常住1年以上的外国人、华侨、港澳台同胞离开常住地在境内其他地方的旅游设施内至少停留一夜,最长不超过6个月的人数。**国际旅游(外汇)收入** 指入境旅游的外国人、华侨、港澳同胞和台湾同胞在中国大陆旅游过程中发生的一切旅游支出,对于国家来说就是国际旅游(外汇)收入。

Explanatory Notes on Main Statistical Indicators

Total Retail Sales of Consumer Goods refer to the amount obtained by enterprises (units, self - employed individuals) through direct sales of non - production and non - business physical commodity to individuals, social institutions, and revenue from providing catering services. Individuals include rural and urban households, population from abroad, social institutions include government agencies, social organizations, military units, schools, institutions, neighbourhood (village) committees.

Total Sales of Commodities refer to value of commodities sold by the establishments to other establishments and individuals (including goods sold for self consumption, including the value - added tax). The commodities include: (1) commodities sold to urban and rural residents and social groups for their consumption; (2) commodities sold to establishments in all industries for their production and operation, including agriculture, industry, construction, transportation, post and telecommunications, catering services, and public utility including commodities sold to wholesale and retail establishments for re - selling, with or without further processing; and (3) commodities for direct export to abroad. Excluded are (1) extended commodities without trading, such as goods handed over to other enterprises and institutions because of the change of organizations, lent goods, returned goods preserved for others, extended processing materials and samples donated to others, (2) goods of direct settlement between buyer and seller with handling fees introduced by others, 3. goods returned after purchase, (4) damaged and spoiled goods, (5) waste and used goods of self use,

Business Revenue refers to revenue of hotels and catering services received from providing services or selling commodities through business activities, including income from hotels, from catering services, from selling of commodities and from other services. Income from hotels refers to income of hotels and catering services by providing lodging services through business activities.

Chain Head Stores (headquarter) refer to the core leading stores responsible for development, allocation, administration and utilization of resources (name of stores, brand of stores, operation model, service standard, management way, etc.) of chain stores. Chain stores refers to the stores engaged in providing homogeneous commodities or services, with the central leadership of head store (headquarters) and guided by common policies, conduct centralized purchase and distributed selling of commodities, in order to gain better efficiency through standardized operation. The chain stores include regular chain stores, franchise chain stores and voluntary chain stores.

Regular Chain store refers to chain stores that are invested or controlled by the headquarters. They operate under direct and unified management from the headquarters.

Franchise chain store refers to the chain stores (franchisees) which are franchised with operation resources such as trade marks, names, patent and operation know - how by the franchisors in form of contract and pay the operation fees to the franchisors.

Voluntary chain store refers to the stores operate jointly on the voluntary bases while maintaining their status of independent legal entities with full ownership of their assets. They sell goods of same brand from same channel of resource to the consumers.

Total Import and Export of Goods refer to the real value of commodities imported and exported across the border of China. They include the actual imports and exports through foreign trade, imported and exported goods under the processing and assembling trades and materials, supplies and gifts as aid given gratis between governments and by the United Nations and other international organizations, and contributions donated by overseas Chinese, compatriots in Hong Kong and Macao and Chinese with foreign citizenship, leasing commodities owned by tenant at the expiration of leasing period, the imported and exported commodities processed with imported materials, commodities trading in border areas (excluding mutual exchange goods), the imported and exported commodities and articles for public use of the Sino - foreign joint ventures, cooperative enterprises and ventures with sole foreign investment. Also included is import or export of samples and advertising goods for which CIF or FOB value are beyond the permitted ceiling (excluding goods of no trading or use value and free commodities for export), imported goods sold in China from bonded warehouses and other imported or exported goods. The indicator of the total imports and exports at customs can be used to observe the total size of external trade in a country. In accordance with the stipulation of the Chinese government, imports are calculated at CIF, while exports are calculated at FOB.

Foreign Direct Investment refers to foreign investment in China through the establishment of foreign invested enterprises, cooperative exploration and development of petroleum resources with domestic investors and the establishment of branch organizations of foreign enterprises. Foreign investment can be made in forms of cash, physical investment, technical know - how and reinvestment of the foreign enterprises with the profits gained from the investment.

Number of Tourists

(1) Visitor arrivals refer to the number of tourists of foreigners, Chinese compatriots from Hong Kong, Macao and Taiwan who come to China (mainland) within the reference period for sight - seeing, vacation, visiting relatives, medical treatment, shopping, attending conference, or to engage in economic, cultural, sports and religious activities.

(2) Number of Chinese residents going abroad refer to the number of Chinese (mainland) residents going to other countries, Hong Kong Special Administrative region, Macao Special Administrative region and Taiwan for on official or private purposes, for sight - see-

ing, vacation, visiting relatives, medical treatment, shopping, attending conference, or to engage in economic, cultural, sports and religious activities. In compiling statistics, each time of leaving is counted as one person – time.

(3) Number of domestic tourists refers to the number of Chinese (mainland) residents who travel within China (mainland) for sight – seeing, vacation, visiting relatives, medical treatment, shopping, attending conference, or to engage in economic, cultural, sports and religious activities. In compiling statistics, each time of travelling is counted as one person – time.

九、财政、金融和保险

FINANCE, BANKING AND INSURANCE

资料整理人员:陈全意　胡开锋　秦永荣　刘　洁　杨　凡

STAFF FOR DATA PROCESSING:

Chen Quanyi　Hu Kaifeng　Qin Yongrong　Liu Jie　Yang Fan

简要说明

本篇反映我市财政收支、金融、证券和保险业发展情况。财政收支资料来源于市财政局;反映金融经营情况的"金融机构资金来源与运用"、"银行资金来源与运用"、"金融机构年末储蓄存款余额"等资料,为中国人民银行武汉分行营业管理部整理提供;反映证券经营情况的"证券市场交易情况",由中国证券监督管理委员会湖北监管局提供;反映保险经营情况的"历年保险业务经营情况"、"保险业务经营情况",由中国保险监督管理委员会湖北监管局提供。

Brief Description

This chapter shows the government revenue and expenditure, banking ,security and insurance in Wuhan. The data on government revenue and expenditure come from wuhan city bureau of finance. Data on banks source and banks uses、cash income and expenditures financial institutions reflected financial business are collected and prepared on the basis of information from the wuhan branch of china bank of people. Data on transactions of securities reflected security business are provided by China Insurance Regulatory commission. Data on economic indicators of insurances business in various years reflected insurance business are provided by Hubei Regulatory Bureau of China Insurance Regulatary commission.

9-1 财 政 收 入 与 支 出
BUDGETARY GOVERNMENT REVENUES AND EXPENDITURES OF THE WHOLE CITY

单位：万元 (10 000 yuan)

项目 Item	2014	2013
一般公共预算总收入 General Public Budget Revenue	**19684614**	**17306543**
其中：地方一般公共预算收入 General Public Budget Revenue	11010206	9785185
税收收入 Industrial and Commercial Tax	9067595	7934857
# 增 值 税 Value Added Tax	926752	811988
营 业 税 Business Tax	2798185	2634636
城市维护建设税 Tax on City Maintenance and Construction	691758	586832
企业所得税 Enterprises´Income Tax	1448108	1244859
一般公共预算支出 General Public Budget Expenditure	**11751039**	**11228838**
#一般公共服务 General public services	1293632	1179981
国　　防 National Defence	10828	14175
公共安全 Pulbic Security	700962	662814
教　　育 Education	1442633	1373138
科学技术 Science and Technology	568956	315967
文化体育与传媒 Culture, Sports and Media	173899	204258
社会保障和就业 Social Security and Employment	1664650	1492467
医疗卫生与计划生育 Medical Health	862300	700957
节能环保 Enviromental Protection	218454	196052
城乡社区 Community in City and Rural	1942191	1905361
农林水事务 Farming, Foresrtry and Water	670157	619595
交通运输 Traffic and Transport	524281	474007
商业服务业等事务 Expenditure for Commerce and Business	144440	219426
金融监管等事务支出 Expenditure for Financial Supervision	70085	103217

9-2 税收完成情况
GOVERNMENT TAXES REVENUES

单位：万元 (10 000 yuan)

项目	Item	2014	2013
市国家税务局总计	Subtotal of State Taxation Bureau of Wuhan	11287190	9818635
按税种分：	Categories of Taxes		
#增 值 税(国内)	Value added Tax(Domestic)	4116119	3585291
消 费 税(国内)	Consumption Tax	3065765	2568886
市地方税务局总计	Subtotal of Local Taxation Bureau	12332287	10642390
#税收收入	Industrial and Commercial Tax	7858063	6853017
营 业 税	Business Tax	2798186	2634675
企业所得税	Business Income Tax	991874	755348
个人所得税	Personal Income Tax	891167	792083
城 建 税	Tax on City Maintenance and Construction	717607	615531
车船使用和牌照税	Tax on Use of Vehicles and Ships	61968	53412
房 产 税	Tax on Real Estates	233791	185515
资 源 税	Tax on Resources	763	692
土地使用税	Tax on Use of Land	139291	135201
印 花 税	Stamp Tax	145699	136453
教育费附加	Extra-charges for Education	335980	279496

注：市国家税务局总计中含海关代征。
Note: The customs generation is included in subtotal of State Taxation Bureau of Wuhan.

9-3 金融机构资金来源与运用
CREDIT FUNDS BALANCE SHEET OF BANKS-SOURCES AND BANKS-USES OF FINANCIAL INSTITUTIONS

单位：万元 (10 000 yuan)

项目 Item	2010	2011	2012	2013	2014
资金来源本外币合计 All Sources from Local and Foreign Currency	**95547581**	**116457383**	**129445760**	**148961878**	**168569171**
#本币 Local Currency	105795393	112075989	125684780	142745081	162396711
金融机构本外币存款 Foreign currency deposits of financial institutions	109307663	115195824	131315868	149156913	162687073
#本币 Local Currency	107565210	113564743	129292557	147011822	160048948
#单位存款 Unit of Account	4593631	67541989	75846703	86288923	94562476
财政性存款 Treasury Deposits	1663076	2261618	2516476	2842934	3525334
储蓄存款 Savings Deposits	35498012	39352446	45806975	50708942	53002851
资金运用本外币合计 All Uses for Local and Foreing Currency	**95547581**	**116457383**	**129445760**	**148961878**	**168569171**
#本币 Local Currency	105795393	112075989	125684780	142745081	162396711
金融机构本外币贷款 Foreign currency loans of financial institutions	90937079	101575255	115758449	128038738	144633962
#本币 Local Currency	86530376	94686147	106276019	117972550	134935594
#短期贷款 Short-term Loans	20398847	24199290	29020343	33936850	35604527
(1)个人贷款及透支 Personal Loans	1522175	2351850	3385458	4834692	5607347
(2)单位贷款及透支 Unit Loans	17526982	1940210	22180867	24839663	25823635
(3)普通并购贷款 M&A Loans	0	0	0	0	0
(4)银团贷款 Syndicateal Loans	116750	52700	43080	0	0
(5)贸易融资 Trade Financing	1232940	2304530	3410938	4262496	4173546
(6)境外筹资转贷款 On - lending of Overseas Borrowing	0	0	0	0	0
中长期贷款 Medium & Loug-term Loans	60669019	67727787	73602842	80328171	94460881
(1)个人贷款 Personal Loans	12939806	14650209	16368063	19124973	22822220
(2)单位普通贷款 Unit Loans	42932915	47406194	50365580	53182765	61798206
(3)普通并购贷款 M&A Loans	147878	190382	227789	252613	441327
(4)银团贷款 Syndicateal Loans	3779120	4470943	5541547	6739792	8635956
(5)贸易融资 Trade Financing	869300	1000500	1083650	1010752	750324
(6)境外筹资转贷款 On - lending of Overseas Borrowing	0	9559	16213	17277	12848

注:2011 年开始口径有调整。
Note: Statistical classification of this table are adjusted from 2011.

9-4 银行资金来源与运用(2014年)
CREDIT FUNDS BALANCE SHEET OF BANKS-SOURCES AND BANKS USES IN BANKING SYSTEM(2014)

单位：万元 (10 000 yuan)

项目 Item	合计 Total	武汉地区政策性银行 Policy Banks in Wuhan	中资全国性四家银行 Commercial Banks of State	股份制商业银行 Shareholding System Commercial Banks	城市商业银行 Urban Commercial Banks	外资银行 Foreign Capital Banks
资金来源合计 All Sources	**190017844**	**37148877**	**53591770**	**60019305**	**20504307**	**1852571**
#各项存款 Deposits	154770024	5711789	60416260	59733229	10927430	878068
单位存款 Unit of Account	91741163	5211789	28289398	42691248	6980420	750044
#活期存款 Demand Deposits	42999988	3973263	13551334	16006367	4014828	287252
定期存款 Fixed Depostis	19000529	309028	7533926	7800518	1100715	268943
储蓄存款 Savings Depostis	53521348	0	29475421	11637833	3280081	77311
其他存款 Other Depostis	9507514	500000	2651441	5404148	666929	50713
资金运用合计 All uses	**190017844**	**37148877**	**53591770**	**60019305**	**20504307**	**1852571**
#各项贷款 Loans	136498206	35286594	42634770	40109357	7431692	1191888
短期贷款 Short-term Loans	36381827	1933239	10411435	16195526	3475802	623083
中长期贷款 Medium-term and Long-term Loans	93690007	28691821	31893894	23133802	3724316	405544
其他贷款 Other Loans	4710853	4661534	30908	10091	243	8077
票据融资 Notes Financing	1229206	0	291661	390450	144519	155185
各项垫款 The Advances	486313	0	6871	379488	86813	0

注:本表为含外资本外币口径。
Note: Data in this table contains local and foreign currency of foreign investment.

9－5 金融机构年末储蓄存款余额
OUTSTANDING AMOUNT OF SAVINGS DEPOSITS IN FINANCIAL INSTITUTIONS AT THE YEAR-END

年份 Year	年末储蓄存款余额（万元） Outsanding Amount of Savings Deposits (year-end) (10 000 yuan)	全市人均储蓄存款（元） Per Capita Savings Deposits of the Whole City (yuan)
1992	1077539	1574
1993	1324171	1925
1994	1696763	2438
1995	2277695	3231
1996	3395860	4763
1997	4033628	5603
1998	4954751	6807
1999	5748055	7810
2000	6594360	8855
2001	8818770	11700
2002	10799569	14151
2003	12855341	16595
2004	14534551	18550
2005	16731705	21083
2006	18877333	23302
2007	19490667	23667
2008	24280229	27068
2009	30101111	33078
2010	35905589	38025
2011	39733236	40124
2012	46229630	45908
2013	51174342	50319
2014	53521348	52069

注：本表2001年开始为本外币合并数；2005年开始为含外资本外币合并数。
Note: The data in this table was joined foreign currency data since 2001, and was joined foreign institustions data since 2005.

9-6 证券市场交易情况
STATISTICS ON TRANSCACTIONS OF SECURITIES

单位:万元 (10 000 yuan)

项目 Item	2010	2011	2012	2013	2014
一、交易量合计 Total Transcation Value of Securties	201484400	171701000	175185900	277648400	379945200
(一)股票交易量 Subtotal of Value of Stock Transcation	193786463	146691100	108674500	155772700	240689700
(二)基金 Value of Transcaction of Funds	1683151	1577100	3020500	5508700	7630800
(三)债券 Value of Government Bonds Transcations	372234	1034800	2277600	3445700	5186600
(四)权证 Value of Warmaut Transcation	4305265	730200			
(五)债券融资回购交易 Bond Repurchase Trading	569755	2072300	3285500	10940200	7421600
(六)债券融券回购交易 Bond Repurchase Trading of Securities	22999	19589900	56717000	101522300	118763400
(七)其他证券 Others	744534	5600	1210800	458800	253100
二、网点数(个) Number of Newwork (unit)	80	89	92	100	118

9-7 历年保险业务经营情况
ECONOMIC INDICATORS OF INSURANCE BUSINESS IN VARIOUS YEARS

单位：万元 (10 000 yuan)

年份 Year	保费收入 Premium	赔款和给付支出 Claim and Benefits	赔付率(%) Rate of Claim to Premium(%)
1994	67398	45657	67.7
1995	86419	53277	61.6
1996	119571	36245	30.3
1997	161036	36314	22.6
1998	187055	65972	35.3
1999	228178	48509	21.3
2000	224530	43602	19.4
2001	264023	67625	25.6
2002	398889	98151	25.2
2003	438849	107588	24.5
2004	456315	130028	28.5
2005	542889	142602	26.3
2006	554398	162084	29.2
2007	660387	254532	38.5
2008	1020521	331739	32.5
2009	1229012	277528	22.6
2010	1662284	303019	18.2
2011	1872413	407510	21.8
2012	1752754	461543	26.3
2013	2022253	604818	29.9
2014	2657141	753343	28.4

9-8 保险业务经营情况(2014年)
ECONOMIC INDICATORS OF INSURANCE BUSINESS(2014)

单位：万元 (10 000 yuan)

项目 Item	保费收入 Premium	赔款和给付支出 Claim and Benefits	赔付率(%) Rate of Claim to Premium(%)
国内外业务合计 Total	**2657141**	**753343**	**28.4**
一、财产保险 Property Insurance	**896761**	**393194**	**43.8**
企业财产保险 Enterprises Property Insurance	77030	27888	36.2
家庭财产保险 Family Property Insurance	1601	488	30.5
机动车辆保险 Insurance of Motor Vehicles & Responsibility	653738	321476	49.2
货物运输险 Freight Transport Insurance	12105	3956	32.7
船舶保险 Shipping Insurance	8192	5781	70.6
责任保险 Responsibility Insurance	17674	10977	62.1
农业保险 Agriculture Insurance	6488	2733	42.1
其它险 Other Insurance	119933	19896	16.6
二、人身保险 Life Insurance	**1760380**	**360148**	**20.5**
养老金保险 Pension Insurance			
寿险 Common Life Insurance	1489574	265475	17.8
意外伤害险 Savings Life Insurance	68772	13889	20.2
健康保险 Health Insurance	202033	80785	40.0

主 要 统 计 指 标 解 释

财政收入 国家财政参与社会产品分配所取得的收入,是实现国家职能的财力保证。财政收入所包括的内容几经变化,目前主要包括:(1)各项税收;(2)专项收入;(3)其他收入等。

财政支出 国家财政将筹集起来的资金进行分配使用,以满足经济建设和各项事业的需要,主要包括:(1)一般公共服务支出;(2)国防支出;(3)公共安全支出;(4)教育支出;(5)科学技术支出;(6)文化体育与传媒支出;(7)社会保障和就业支出;(8)医疗卫生支出;(9)环境保护支出;(10)城乡社区事务支出;(11)农村水事务支出;(12)交通运输支出等。

信贷资金 国家银行用于发放贷款的资金叫信贷资金。中国人民银行信贷资金的来源有各项存款、对国际金融机构负债、流通中货币、银行自有资金及当年结益等。信贷资金的运用有各项贷款、黄金占款、外汇占款、财政借款及在国际金融机构中的资产等。

存款 企业、机关、团体或居民根据资金必须收回的原则,把货币资金存入银行或其他信用机构保管并取得一定利息的一种信用活动形式。根据存款对象的不同可划分为单位存款、代理财政性存款、个人存款等科目。它是银行信贷资金的主要来源。

贷款 银行或其他信用机构根据资金必须归还的原则,按一定利率,为企业、个人等提供资金的一种信用活动形式。我国银行贷款分为个人消费贷款、经营贷款、固定资产贷款等科目。

保费 又叫保险费。是保险人根据保险合同的有关规定,为被保险人取得因约定危险事故发生所造成的经济损失补偿(或给付)权利,付给保险人的代价。包括财产险和人身险储金收入。

赔款 保险事故发生后,经查证确属保险责任范围以内的保险标的损失,保险人根据保险合同的规定履行赔偿义务,给予被保险人的款项叫做赔款。赔款可分为已决赔款和未决赔款两种。

Explanatory Notes on Main Statistical Indicators

Government Revenue refers to the revenue of the government finance by means of participating in the distribution of the social products, which is the financial resources for ensuring the government to function. The contents of government revenue have been changed several times. Now it includes the following main items:

(1) Various tax revenues, (2) Special revenues, (3) Other revenues, (4) Planned subsidies for the losses of the state - owned enterprises.

Government Expenditure refers to the distribution and use of the funds the government finance has raised, so as to meet the needs of economic construction and various causes. It includes the following main items: (1) Expenditure for capital construction, (2) Innovation funds of the enterprises, (3) Expenditures of public security, (4) Expenditures for science and technology promotion, (5) Exoebduutyre for supporting rural production, (6) Operating expenses of the departments of farming, forestry, water conservancy and meteorology etd, (7) Operating expenses of the departments of industry, transport and commerce, (8) Opeating expenses of the departments of culture, education, science and public health, (9) Pension for the disabled or for the families of the bereaved and reilef funds for social walfare, (10) Expenditures for national defence, (11) Administrative expenses, (12) Expenditure for price subsidies.

Credit Funds refer to the funds issued as loans by state banks. The sources of credit funds of the People's Bank of China included deposits, liabilities to international financial institutions, currency in circulation, self - owned fund and current retained profits, etc. The credit funds can be used in forms of loans, gold, foreign exchange, government debt and assets in the international financial institutions.

Deposits is a form of credit by which enterprises, institutions, organizations or households can put money into banks and other credit institutions for safekeeping and interest earning under the principle of free withdrawal. According to different depositors, deposits are divided into enterprise deposits, treasury deposits, deposits of government agencies and organizations, capital construction deposits, urban savings deposits, rural deposits and other deposits. Deposits are major sources of the credit funds of banks.

Loan is a form of credit by which banks and other credit institutions provide funds at certain interest rate to enterprises and individuals in the light of the principle of unconditional repayment. Loans from Chinese banks include circulating capital loans, fixed assets loans, loans to urban and rural individuals engaged in industrial and commercial business and agricultural loans.

Premium is the fee paid by the insurance based on a proportion of the benefit he or she may get from the insurance plus the insurance value. It includes the income from the deposit of property insurance and personal insurance.

Settled Claim is the compensation paid by the insurer to the insurance in accordance with the insurance contract for the loss which has been checked and found to be in the range of liability of the insurance after an accident has happened to the insured property or to a person who has insured his life. It is further divided into settled and unsettled claim.

十、物价指数和人民生活

PRICE INDICES AND PEOPLES LIVELIHOOD

资料整理人员:祝友胜　金翠华　胡红九　郭淑华　瞿　芳　林　洪　刚　玮

STAFF FOR DATA PROCESSING:

Zhu Yousheng　Jin Cuihua　Hu Hongjiu　Guo Shuhua　Qu Fang　Lin Hong　Gang Wei

简要说明

本篇资料反映我市生产、流通与消费等环节的价格变动趋势和幅度以及我市城乡居民收入、消费及其他生活状况。价格变动趋势和幅度的数据主要包括居民消费价格指数、商品零售价格指数、工业生产者出厂价格指数和工业生产者购进价格指数;城乡居民生活状况主要内容包括居民现金和实物收支情况、住户成员及劳动力从业情况、住房和耐用消费品拥有情况等。

居民消费、商品零售价格指数根据国家统计局统一组织的分层抽样调查方法,经过对调查点的选定、代表规格品的选择,采用"三定一直"原则,即定点、定时、定人用 PDA 直接采集价格,取得资料后,按住户调查的居民家庭消费支出构成和社会消费品零售额统计确定的权数分别进行计算得到。工业生产者价格包括工业企业产品第一次出售时的出厂价格和企业作为中间投入的原材料、燃料、动力购进价格(简称工业生产者购进价格)。该项调查按照国家统计局工业生产者价格统计调查制度规定,采用重点调查和典型调查相结合的调查方法,其价格指数由选定的企业按确定的代表产品采用联网直报的形式上报资料,按工业销售产值、投入产出数据及工业企业产品权数调查数据确定的权数计算。重点调查对象为年主营业务收入 2000 万元以上的工业企业,采用主观选样的方法选择调查企业;典型调查对象为年主营业务收入 2000 万元以下的工业企业作为抽样样本,采用随机抽样的调查方法选择企业。

城乡居民生活状况数据来源于国家统计局武汉调查队住户收支与生活状况调查,是对城乡居民家庭抽样调查汇总评估的结果。住户收支与生活状况调查由国家统计局武汉调查队组织实施,调查小区、调查住宅均由国家统计局按《住户收支与生活状况调查方案》统一抽选。抽样以省为总体,在对市县级调查网点代表性进行评估的基础上,采用分层、多阶段随机抽样方法抽选调查住宅,确定调查户;抽中调查小区五年内保持不变,抽中住宅每年轮换一半。调查对象为中华人民共和国境内的所有住户,无论是本地户籍还是外地户籍,无论是农业户籍还是非农业户籍,也无论是家庭形式居住还是以集体形式居住。基础数据的采集方式采用日记账和问卷调查相结合的方式。我市目前按上述方法在 7 个中心城区和 6 个新城区共计 113 个调查小区,约 1200 户中开展住户收支与生活状况调查。调查员采用入户访问形式调查搜集城乡居民家庭收入、消费及其他生活状况等资料。调查资料经审核汇总后上报国家统计局湖北调查总队,由湖北调查总队评估核定反馈数据,根据湖北总队反馈数据形成我市城镇常住居民可支配收入、支出和农村常住居民可支配收入、支出等指标。

Brief Description

This information is reflected in the price fluctuation trend and range of production, circulation and consumption, and the income, consumption and other living conditions of urban and rural residents in Wuhan. The price fluctuation trend and amplitude data mainly include consumer price index, commodity retail price index, industrial producer price index and producer price index. The main contents of urban and rural residents living conditions include the residents´ cash and real income, housing and labor employment, housing and consumer durable goods.

Consumer price index and commodity retail price index :According to the stratified sampling method that the State Statistical Bureau unified organized , after the choice of the survey point and representative specification, designated person use a PDA direct acquisition price at appointed time in designated place. Then, according the weight calculated through Household consumption expenditure composition and retail sales of social consumer goods, the consumer price index and the commodity retail price index could be calculated. Industrial producer prices:Industrial producer prices include the first factory price of enterprise products and purchase price of raw materials, fuel and power as the middle input. (Abbreviation is Industrial producer purchased price). Provisions on State Statistical Bureau ' s system of investigation about Industrial producer price statistics ,using the survey method based on key investigation and typical investigation, through the Representative products ' s data submitted by designated enterprise, according Industrial sales value, input – output data, and the weight of industrial products, we calculated Industrial producer prices. Key research object are the industrial enterprises selected by subjective sample method in which annual main business income is more than 20000000 yuan . Typical survey object are the industrial enterprises selected by random sampling method in which annual main business income is less than 20000000 yuan.

Living condition data of urban and rural residents inspired from Household income and living conditions survey data by Wuhan investigation team of State Statistical Bureau collected, this is a result through carrying out sampling investigation to urban and rural residents. Household income and living conditions survey is arranged by Wuhan investigation team of State Statistical Bureau, investigated district and investigated residential were United selected according the "Plan of household income and living conditions survey" formulated by State Statistical Bureau. Investigation housing were selected by the method of random sampling of different levels and stages, based on the assessment of the representative of the county survey network, taking the province as the main body. Selected cells will be kept on 5 years, selected residents will be changed a half yearly. Investigation object are all residents in the territory of the people's Republic of China, Whether they are local household or field, Whether they are agricultural household or non agricultural household, whether their residential style are families or groups. In accordance with the above method, We conducted investigation in about 1200 households distributing in 113 investigated district of 7 central areas and 6 new urban areas. The investigators collected information about household income and consumption and other living conditions through a home visit. Feedback is responsed from Hubei Investigation Corps of State Statistical Bureau, after the survey data is sent to them and assessed by them. Then we get the data of resident disposable income and expenditure according the feedback.

10-1 历年居民消费价格指数
CONSUMER PRICE INDEX IN VARIOUS YEARS

年份 Year	上年=100 preceding year = 100		1952年=100 1952's = 100		1978年=100 1978's = 100	
	居民消费价格指数 General Consumer Price Index	商品零售价格指数 General Retail Price Index	居民消费价格指数 General Consumer Price Index	商品零售价格指数 General Retail Price Index	居民消费价格指数 General Consumer Price Index	商品零售价格指数 General Retail Price Index
1951	112.6	116.0				
1952	105.7	106.7	100.0	100.0		
1953	101.9	101.6	101.9	101.6		
1954	100.7	100.9	102.6	102.5		
1955	100.2	100.4	102.8	102.9		
1956	100.2	100.2	103.0	103.1		
1957	104.1	103.9	107.2	107.1		
1958	99.2	99.1	106.3	106.1		
1959	101.2	101.4	107.6	107.6		
1960	103.1	103.0	110.9	110.8		
1961	123.5	126.0	137.0	139.6		
1962	99.0	98.8	135.6	137.9		
1963	98.7	98.6	133.8	136.0		
1964	97.3	97.2	130.2	132.2		
1965	94.3	93.9	122.8	124.1		
1966	98.9	99.8	121.4	123.9		
1967	100.2	100.6	121.6	124.6		
1968	100.2	100.3	121.8	125.0		
1969	100.6	100.0	122.5	125.0		
1970	99.6	99.5	122.0	124.4		
1971	99.7	99.6	121.6	123.9		
1972	100.1	100.1	121.7	124.0		
1973	100.3	100.3	122.1	124.4		
1974	99.9	100.3	122.0	124.8		
1975	99.9	99.9	121.9	124.7		
1976	100.1	100.1	122.0	124.8		
1977	100.1	100.1	122.1	124.9		
1978	100.8	100.7	123.1	125.8	100.0	100.0
1979	102.5	102.8	126.2	129.3	102.5	102.8
1980	106.6	107.2	134.5	138.6	109.3	110.2
1981	106.6	107.2	134.5	138.6	109.3	110.2
1982	101.2	101.1	137.7	141.9	111.9	112.8

续 表 Continued

年 份 Year	上年=100 preceding year = 100		1952年=100 1952's = 100		1978年=100 1978's = 100	
	居民消费价格指数 General Consumer Price Index	商品零售价格指数 General Retail Price Index	居民消费价格指数 General Consumer Price Index	商品零售价格指数 General Retail Price Index	居民消费价格指数 General Consumer Price Index	商品零售价格指数 General Retail Price Index
1983	101.1	101.1	139.2	143.5	113.1	114.0
1984	104.1	104.0	144.9	149.2	117.7	118.6
1985	111.1	111.6	161.0	166.5	130.8	132.4
1986	106.2	105.8	171.0	176.2	138.9	140.1
1987	108.2	108.2	185.0	190.6	150.3	151.6
1988	120.5	121.8	222.9	232.2	181.1	184.6
1989	113.4	113.9	252.8	264.5	205.4	210.3
1990	103.0	102.5	260.4	271.1	211.6	215.6
1991	107.3	106.7	279.4	289.3	227.0	230.0
1992	111.4	110.0	311.3	318.2	252.9	253.0
1993	119.8	118.8	372.9	378.0	303.0	300.6
1994	126.3	124.1	471.0	469.1	382.7	373.0
1995	118.4	114.0	557.7	534.8	453.1	425.2
1996	112.2	106.0	625.7	566.9	508.4	450.7
1997	103.1	100.7	645.1	570.9	524.2	453.9
1998	97.4	96.2	628.3	549.2	510.6	436.7
1999	96.1	93.7	603.8	514.6	490.7	409.2
2000	100.6	97.4	607.4	501.2	493.6	398.6
2001	99.5	96.0	604.4	481.2	491.1	382.7
2002	98.6	97.7	595.9	470.1	484.2	373.9
2003	102.3	100.4	609.4	472.0	495.3	375.4
2004	103.3	101.0	629.5	476.7	511.6	379.2
2005	102.7	100.9	646.5	481.0	525.4	382.6
2006	101.4	100.7	655.6	484.4	532.8	385.3
2007	104.1	103.0	682.5	498.9	554.6	396.9
2008	105.7	105.1	721.4	524.3	586.2	417.1
2009	99.4	98.4	717.1	515.9	582.7	410.4
2010	103.0	103.1	738.6	531.9	600.2	423.1
2011	105.2	104.7	777.0	556.9	631.4	443.0
2012	102.8	102.3	798.8	569.7	649.1	453.2
2013	102.4	100.9	818	574.8	664.7	457.3
2014	101.9	100.5	833.5	577.7	677.3	459.6

10－2 居民消费价格分类指数
CONSUMER PRICE INDEX BY CATEGORY

（上年＝100） （Last year＝100）

项目	Item	2014	2013
居民消费价格总指数	**General Consumer Price Index**	**101.9**	**102.4**
非食品价格指数	Non-Food Consumer Price Index	101.7	102.1
服务项目价格指数	Serving Item Price Index	103.5	102.8
扣除鲜菜鲜果总指数	Not-Including Fresh Vegetables and Fruits Price Index	101.7	102.5
消费品价格指数	**Consumer Goods Price Index**	**101.2**	**102.2**
一、食　　品	**Food**	**102.3**	**102.9**
1.粮　　食	Grain	103.1	103.5
2.淀粉及制品	Starches and Tubers	99.6	103.4
3.干豆类及豆制品	Bean and Its Products	103.2	102.0
4.油　脂	Oil or Fat	92.6	100.1
5.肉禽及其制品	Meat,Poultry and Their Products	100.2	102.0
6.蛋	Eggs	108.1	105.2
7.水 产 品	Aquatic Products	99.6	102.2
8.菜	Vegetables	101.9	100.2
9.调 味 品	Flavouring	103.2	103.5
10.糖	Carbohydrate	102.0	99.6
11.茶及饮料	Tee and Beverage	100.2	102.4
12.干鲜瓜果	Dried and Fresh Melons & Fruits	114.1	101.9
13.糕点饼干面包	Cake	101.9	101.4
14.液体乳及乳制品	Milk and It's Products	104.3	110.1
15.在外用膳食品	Outward Dinner	103.1	105.9
16.其它食品	Others and Food Processing	100.4	93.7
二、烟　　酒	**Tobacco,Beverages and others**	**100.4**	**100.9**
1.烟　　草	Tobacco	100.0	99.9
2.酒	Beverages	101.0	102.6

续 表 Continued

（上年＝100） (last year＝100)

项目 Item		2014	2013
三、衣　　着	**Clothing**	**101.2**	**103.3**
1. 服　　装	Garments	101.2	104.5
2. 衣着材料	Clothing Materials	109.1	106.3
3. 鞋袜帽	Footwear, Hats and Other Clothing	100.0	98.9
4. 衣着加工服务费	Clothing Processing Services	105.7	109.1
四、家庭设备用品及维修服务	**Household Facilities and Articles**	**101.1**	**102.6**
1. 耐用消费品	Durable Consumer Goods	98.1	98.7
2. 室内装饰品	Interior Decorations	99.4	100.6
3. 床上用品	Bed Articles	102.6	106.2
4. 家庭日用杂品	Daily Use Sundry Goods	102.1	104.6
5. 家庭服务及加工维修服务	Family Services and Processing and Amending	110.5	113.4
五、医疗保健和个人用品	**Medicine and Medical Articles and Personal Articles**	**99.7**	**102.1**
1. 医疗保健	Medicine and Medical Articles	99.8	102.6
2. 个人用品及服务费	Personal Articles and services	99.6	100.7
六、交通和通信	**Means of Transport and Communication**	**99.8**	**98.9**
1. 交　　通	Means of Transportation	100.0	99.5
2. 通　　信	Means of Communication	99.7	98.2
七、娱乐教育文化用品及服务	**Recreation, Education, Culture Articles**	**100.7**	**100.3**
1. 文娱用耐用消费品及服务	Durable Consumer Goods for Recreational Use	88.7	88.0
2. 教　　育	Education	102.3	101.9
3. 文化娱乐类	Articles for Cultural, Recreational Use	100.4	99.6
4. 旅　　游	Travelling	101.8	102.8
八、居　　住	**Residence**	**104.6**	**104.4**
1. 建房及装修材料	Building and Decorating Materials	102.8	103.4
2. 住房租金	Rent	105.2	104.6
3. 自有住房	Housing Individual-Owned	107.4	105.2
4. 水、电、燃料	Water, Electricity and Fuel	101.5	103.6

10－3 商品零售价格分类指数
RETAIL PRICE INDICES BY CATEGORY OF COMMODITIES

（上年＝100） （last year＝100）

项目	Item	2014	2013
商品零售价格总指数	**General Retail Price Index**	**100.5**	**100.9**
一、食品	**Food**	**102.4**	**103.1**
1.粮食	Grain	103.1	103.7
2.淀粉及制品	Starches and Tubers	99.6	103.4
3.干豆类及豆制品	Bean and Its Products	103.2	102.0
4.油脂	Oil or Fat	92.6	100.1
5.肉禽及其制品	Meal, Polltry and their Products	100.3	102.0
6.蛋	Eggs	108.1	105.2
7.水产品	Aquatic Products	99.6	102.2
8.菜	Vegetables	101.9	100.2
9.调味品	Flavoring	103.2	103.5
10.糖	Carbohyaratre	101.0	99.4
11.干鲜瓜果	Dried and Fresh Melons and Fruits	114.1	101.9
12.糕点饼干面包	Cake, Biscuit and Bread	101.9	101.4
13.液体乳及乳制品	Milk and Its Products	104.3	110.1
14.在外用膳食品	Outward Dinner	103.1	105.9
15.其它食品	Other Foods	100.4	93.7
二、饮料、烟酒	**Beverage, Tobacco & Liquor**	**100.4**	**101.0**
1.茶及饮料	Tea and Beverage	100.3	102.4
2.烟草	Tabacco	100.0	99.9
3.酒	Liquor	101.0	102.6
三、服装、鞋帽	**Garments, Shoes and Hats**	**100.9**	**102.9**
1.服装	Garments	101.2	104.5
2.鞋袜帽	Shoes and Hats	100.0	98.9
3.其它	Others	100.2	90.6
四、纺织品	**Textiles**	**104.3**	**106.5**
1.衣着材料	Clothing Material	109.1	106.3
2.床上用品	Bed Articles	103.4	106.5
五、家用电器及音像器材	**Household Appliances and Audio Equipment**	**93.4**	**93.0**
1.家庭设备	Household Facilities	95.7	95.9
2.文娱用耐用消费品	Purable Consumer goods of Culture and Receation	88.3	87.5
3.专业用音像器材	Audio-Visual Appliances	99.5	99.2

续 表 Continued

（上年＝100） （last year＝100）

项 目 Item		2014	2013
六、文化办公用品	Culture Articles	96.4	95.1
七、日 用 品	Articles for Daily Use	100.3	101.3
1. 日用百货	Daily Use Articles	100.1	99.8
2. 日用杂品	Daily Use Houseehold Articles	105.7	107.5
3. 洗涤用品	Washing Articles	99.8	102.3
4. 其他日用品	Other Daily Use Articles	97.8	98.4
八、体育娱乐用品	Sports and Recreational Articles	100.1	101.3
1. 体育用品	Sports Goods	100.2	103.1
2. 娱乐用品	Recreational Articles	100.0	99.8
九、交通、通信用品	Articles of Transportation and Telecommunication	96.5	90.3
1. 交通运输机械	Traffic Transportation Machinery	96.2	94.4
2. 通信器材	Telecommunication Appliances	96.9	85.3
十、家 具	Furniture	102.2	103.9
十一、化 妆 品	Cosmetic	99.7	103.0
十二、金银珠宝	Jewelry	90.1	89.1
十三、中西药品及医疗保健用品	Chinese and Medicine and Heltah Care	99.7	103.4
1. 医疗器具及用品	Medical Instrument and Articles	97.7	97.8
2. 中药材及中成药	Trraditinal Chinese Medicine	100.2	100.9
3. 西 药	Western Medicine	99.6	105.1
4. 保健器具及用品	Sundries for Daily Use	99.0	102.4
十四、书报杂志及电子出版物	Newpapers and Magazine	100.6	99.4
1. 教材及参考书	Teaching Materials and Reference Books	99.8	99.8
2. 书报杂志	Newpapers and Magazine	103.4	100.0
3. 电子音像制品	Electionic Audio-Visual Product	96.8	97.5
十五、燃 料	Fuel	99.9	99.5
1. 煤炭及制品	Coal and Its Products	101.1	100.8
2. 石油及制品	Petroleum and Its Products	99.8	100.5
十六、建筑材料及五金电料	Building materials and Hardware	102.9	103.7
1. 建筑装璜材料	Building Decoration Materials	103.3	103.3
2. 五金电料	Hardware and Electrical Applicaces	102.3	104.5

10－4 工业生产者出厂价格指数
EX-FACTORY PRICE INDICES OF INDUSTRIAL PRODUCERS

（上年＝100） (last year＝100)

年份 Year	总指数 General Index	按轻重工业分 Grouped By Light And Heavy Industry		按两大部类分 Grouped By Type of Products	
		轻工业 Light Industry	重工业 Heavy Industry	生产资料 Producer Goods	生活资料 Consumer Goods
1996	104.6	104.9	104.5	105.1	103.3
1997	98.6	98.1	98.9	98.8	98.2
1998	93.5	95.6	92.5	92.5	96.1
1999	96.1	96.8	95.8	95.7	97.4
2000	103.9	99.4	105.8	105.5	99.1
2001	98.4	97.5	98.8	98.7	97.6
2002	96.3	98.1	95.6	95.7	97.6
2003	105.5	98.9	109.6	109.1	98.2
2004	104.6	100.0	107.0	107.9	97.6
2005	102.7	99.7	104.3	106.0	96.0
2006	100.3	101.6	99.6	100.4	99.9
2007	102.5	101.4	103.1	103.7	99.8
2008	105.1	101.2	107.1	107.8	99.1
2009	94.0	97.1	92.4	92.0	98.3
2010	104.8	100.9	106.9	106.6	99.9
2011	106.0	105.2	106.1	107.3	102.1
2012	101.1	101.7	100.9	100.8	101.9
2013	102.4	103.3	102.2	102.3	102.6
2014	98.0	100.2	97.6	97.3	100.2

10－5 工业生产者购进价格指数
PURCHASING PRICE INDEX OF INDUSTRIAL PRODUCERS

（上年＝100） (last year＝100)

年份 Year	总指数 General Index	燃料、动力 Fuels, Motive Power	黑色金属材料 Ferrous Metals	有色金属材料 Non-Ferrous Metals	化工原料 Raw Chemical Materials	木材及纸浆 Timber and Pulp	建筑材料 Building Materials	非金属矿 Non-metal Minerals	农副产品 Farm and Sideline Products	纺织原料 Raw Textile Materials	其他工业原料及半成品 Other Raw Industrial Products and Semifinished Products
1996	109.2	111.0	97.8	91.1	101.6	—	104.5	117.9	134.5	—	—
1997	101.8	110.0	98.0	100.4	95.5	—	106.9	—	91.0	98.0	95.9
1998	97.3	98.5	98.1	90.9	92.3	—	97.4	—	98.5	97.9	90.3
1999	95.3	94.6	94.2	101.6	96.2	101.6	99.8	—	91.1	100.4	92.2
2000	103.6	115.0	102.7	104.3	105.2	107.3	98.0	—	90.4	100.5	101.2
2001	100.8	101.8	100.9	96.3	100.5	95.9	99.3	—	100.5	100.6	102.0
2002	98.4	103.7	97.0	96.1	97.4	98.5	97.9	—	94.0	97.5	98.0
2003	106.5	108.5	114.1	103.1	104.2	100.3	100.1	—	119.3	106.6	100.3
2004	114.5	114.8	125.8	125.1	112.3	102.5	108.4	—	111.7	106.5	106.7
2005	110.6	121.8	113.2	115.5	110.6	100.6	105.5	—	98.3	97.3	103.2
2006	105.2	110.4	96.6	121.9	99.9	102.9	103.0	—	104.4	102.9	104.1
2007	104.2	102.6	104.3	110.5	102.3	109.7	102.6	—	99.1	100.0	105.2
2008	111.9	124.5	119.2	98.0	114.9	107.7	100.6	—	102.8	101.0	103.1
2009	92.2	88.4	83.0	86.2	88.2	93.5	100.2	—	105.0	100.3	99.9
2010	107.8	113.2	102.9	118.0	113.4	109.1	102.6	—	104.1	116.5	103.2
2011	109.2	110.7	106.9	111.3	109.3	105.5	111.9	—	107.2	115.7	109.4
2012	100.0	103.6	97.4	97.4	98.9	100.7	102.2	—	101.6	98.5	98.7
2013	98.4	98.0	97.2	92.3	98.8	100.2	101.9	—	96.4	110.9	101.8
2014	98.4	98.2	97.1	94.5	100.5	100.4	100.1	—	97.8	104.3	96.1

10－6 城镇居民家庭基本情况
BASIC CONDITIONS OF URBAN HOUSEHOLDS

项　　目 Item	2010	2011	2012	2013	2014
调查户数(户) Number of Households Surveyed (household)	500	500	500	562	852
调查户人口合计(人) Total Number (person)	1450	1445	1440	1521	2251
平均每户(人) Average Number per Household(person)	2.90	2.89	2.88	2.71	2.64
调查户就业人数合计(人) Number of Employees (person)	695	705	720	777	1280
平均每户(人) Average Household Size (person)	1.39	1.41	1.44	1.38	1.50
调查户离退休人数合计(人) Number of Retirees(person)	390	410	425	457	428
平均每户(人) Average Number of Retirees Per Household (person)	0.78	0.82	0.85	0.81	0.50
平均每一就业者负担人数(人) Number of Persons Supported by Each Employee Including the Employee Himself or Herself(person)	2.09	2.05	2.00	1.96	1.76
平均每一有收入者负担人数(人) Number of Persons Supported by Each Person Who has Income(person)	1.34	1.30	1.26	1.37	1.32
可支配收入合计(元) Disposable Income (yuan)	30065132	34301540	38967840	45368433	74890770
平均每人每月(元) Per Capita Monthly Disposable Income (yuan)	1727.88	1978.17	2255.08	2485.10	2772.50
消费性支出合计(元) Living Expenditure (yuan)	20938151	24768687	27090922	30666280	49526502
平均每人每月(元) Per Capita Monthly Living Expenditures (yuan)	1203.34	1428.41	1567.76	1679.78	1833.50

注：2014年发布一体化新口径数据(指标名称前冠城镇常住居民)。

Note:The 2014 data is New statistical caliber. (The index name is added to the permanent resident of the town.

10-7 城镇居民家庭平均每人每月收支情况
PER CAPITA MONTHLY CASH INCOME AND EXPENDITURES IN URBAN HOUSEHOLDS

单位：元　　　　(yuan)

项目 Item	2010	2011	2012	2013	2014
总收入 Total revenue	1930.72	2228.13	2542.32	2820.59	3051.68
#可支配收入 Disposable income	1733.86	1978.17	2255.08	2485.10	2772.50
工资性收入 Wage income	1187.46	1344.86	1530.34	1712.10	1698.10
经营性收入 Operating income	148.62	191.91	205.76	211.54	306.69
财产性收入 Property income	40.92	38.41	51.38	64.87	287.72
转移性收入 Transfer income	553.72	652.95	754.83	832.07	759.16
借贷性所得 Loan income	336.30	365.03	369.36	193.58	74.00
提取储蓄存款 Exracted savings deposit	297.86	313.99	304.87	187.28	66.90
借入款 Borrowed money	11.36	7.39	16.95	2.66	4.82
收回借出款 Recalled loan	0.22	0.27	0.00	1.52	2.12
收回储蓄性保险本金 Recalled savings insurance principal	0.00	0.00	0.17	0.00	0.00
住房贷款 Housing loan	26.45	43.29	46.45	0.25	0.16
汽车贷款 Auto loan	0.00	0.00	0.00	0.00	0.00
教育贷款 Educational loan	0.00	0.00	0.00	0.00	0.00
其他贷款 Other loans	0.40	0.09	0.00	1.80	0.00
其他借贷所得 Other borrowings	0.00	0.00	0.06	0.07	0.00

注:2014 年发布一体化新口径数据(指标名称前冠城镇常住居民);历史数据因为指标跨类变更等原因呈现部分不平衡。
Note:The 2014 data is New statistical caliber.(The index name is added to the permanent resident of the town.);Historical data become unbalanced after related data is adjusted.

续 表 Continued

单位：元 (yuan)

项目 Item	2010	2011	2012	2013	2014
总支出 Total expenditure	**1612.52**	**1938.20**	**2157.14**	**2271.47**	**2316.77**
消费支出 Consumption expenditure	1207.51	1428.41	1567.76	1679.78	1833.50
生产经营费用支出 Production and operating expenses	—	—	—	—	57.30
财产性支出 Property expenses	5.90	3.57	123.94	4.00	4.67
转移性支出 Transfer expenditure	157.92	171.74	195.88	224.08	211.17
部分商业保险支出 Part of commercial insurance expenses	—	—	—	—	5.66
购置资产及非经常性转移支出 Acquisition of assets and non recurring transfer expenses	—	—	—	—	109.74
借贷性支出(老口径不计入总支出) Borrowing expenses	647.71	592.17	726.76	662.19	94.72
存入储蓄款 Saving deposit	577.85	540.66	660.76	584.50	58.64
借出款 Loan	9.90	0.75	7.10	4.02	1.74
归还借款 Return loan	11.03	13.94	21.29	4.78	3.26
购买有价证券 Purchase securities	11.50	9.14	5.57	0.69	0.15
其他投资支出 Other investment spending	0.00	0.19	0.00	15.28	0.00
归还住房贷款 Return of housing loans	34.84	18.23	17.78	48.36	30.42
归还汽车贷款 Return of auto loan	0.00	1.19	1.18	0.28	0.04
归还教育贷款 Return education loan	0.00	0.00	0.00	0.00	0.00
归还其他贷款 Return other loans	0.00	0.00	0.00	1.12	0.39
其他借贷支出 Other borrowing costs	0.00	0.03	0.30	0.05	0.07
储蓄性保险支出(老口径) Savings insurance (old caliber)	2.60	8.06	12.78	3.11	—

10-8 城镇居民家庭平均每人每月消费支出
PER CAPITA MONTHLY EXPENDITURES FOR CONSUMPTION BY CATEGORY IN URBAN HOUSEHOLDS

单位:元 (yuan)

项目 Item	2010	2011	2012	2013	2014
消费支出 Consumption expenditure	1207.51	1428.41	1567.76	1679.78	1833.52
一、食品烟酒 food, alcohol and tobacco	447.28	565.20	626.87	647.56	581.32
1. 食品 food	402.02	498.88	552.02	572.15	393.03
2. 烟酒 alcohol and tobacco	45.26	66.32	74.85	75.41	54.63
3. 饮料 drinks					8.96
4. 饮食服务 catering services	56.31	93.47	107.39	113.01	124.69
二、衣着 Clothing	144.28	182.19	179.98	194.01	138.34
1. 衣类 clothing category	111.97	142.15	144.45	152.80	107.42
2. 鞋类 footwear	32.31	40.04	35.54	41.21	30.92
三、居住 Living	131.76	115.53	124.82	137.41	472.41
1. 租赁房房租 rental housing rent	46.44	30.38	33.36	36.67	39.84
2. 住房维修及管理 housing maintenance and management	15.13	9.94	9.52	12.40	46.32
3. 水电燃料及其他 hydropower and other	70.18	75.21	81.94	88.34	91.17
4. 自有住房折算租金 the conversion of private housing rent	—	—	—	—	295.08
四、生活用品及服务 Daily necessities and services	102.08	78.51	98.81	109.19	109.02
1. 家具及室内装饰品 furniture and interior decorations	—	—	—	—	8.62
2. 家用器具 household appliances	—	—	—	—	30.40
3. 家用纺织品 home textiles	—	—	—	—	8.86
4. 家庭日用杂品 the family daily sundry goods	—	—	—	—	34.65
5. 个人用品 personal products	—	—	—	—	16.59
6. 家庭服务 family services	—	—	—	—	9.90

注:2014 年发布一体化新口径数据(指标名称前冠城镇常住居民),历史数据因为指标跨类变更等原因呈现部分不平衡。
Note: The 2014 data is New statistical caliber. (The index name is added to the permanent resident of the town.); Historical data become unbalanced after related data is adjusted.

续 表 Continued

单位:元 (yuan)

<table>
<tr><th>项 目
Item</th><th>2010</th><th>2011</th><th>2012</th><th>2013</th><th>2014</th></tr>
<tr><td>**五、交通通信**
Transportation & Communication</td><td>141.19</td><td>171.98</td><td>182.18</td><td>212.13</td><td>188.65</td></tr>
<tr><td>1.交 通
transportation</td><td>87.23</td><td>104.02</td><td>106.41</td><td>126.37</td><td>107.71</td></tr>
<tr><td>2.通 信
communication</td><td>53.96</td><td>67.96</td><td>75.77</td><td>85.77</td><td>80.94</td></tr>
<tr><td>**六、教育文化娱乐**
Educationa, cultural & entertainment</td><td>123.40</td><td>174.90</td><td>200.18</td><td>216.71</td><td>177.53</td></tr>
<tr><td>1.教 育
Education</td><td>57.43</td><td>76.06</td><td>84.33</td><td>75.85</td><td>76.64</td></tr>
<tr><td>2.文化娱乐
Cultural & entertainment</td><td>65.97</td><td>98.84</td><td>115.85</td><td>140.87</td><td>100.90</td></tr>
<tr><td>(1)文娱耐用消费品
consumer durable goods</td><td rowspan="2">20.38</td><td rowspan="2">27.26</td><td rowspan="2">30.92</td><td rowspan="2">31.77</td><td>10.43</td></tr>
<tr><td>(2)其他文娱用品
other recreational articles</td><td>11.48</td></tr>
<tr><td>(3)文化娱乐服务
cultural entertainment services</td><td>45.59</td><td>71.58</td><td>84.93</td><td>109.10</td><td>78.99</td></tr>
<tr><td>**七、医疗保健**
Health care</td><td>75.30</td><td>106.03</td><td>114.95</td><td>119.77</td><td>120.43</td></tr>
<tr><td>1.医疗器具及药品
medical equipment and drugs</td><td>39.49</td><td>47.36</td><td>43.34</td><td>44.24</td><td>39.02</td></tr>
<tr><td>2.医疗服务
medical services</td><td>35.81</td><td>58.67</td><td>71.61</td><td>75.53</td><td>81.41</td></tr>
<tr><td>(1)门诊总费用
total cost of outpatient service</td><td>—</td><td>—</td><td>—</td><td>—</td><td>26.05</td></tr>
<tr><td>(2)住院总费用
total cost of hospitalization</td><td>—</td><td>—</td><td>—</td><td>—</td><td>55.36</td></tr>
<tr><td>**八、其他用品和服务**
other supplies and services</td><td>42.22</td><td>34.08</td><td>39.98</td><td>43.00</td><td>45.82</td></tr>
<tr><td>1.其他用品
other supplies</td><td>26.41</td><td>23.97</td><td>30.94</td><td>32.44</td><td>30.32</td></tr>
<tr><td>2.其他服务
other services</td><td>15.81</td><td>10.11</td><td>9.04</td><td>10.56</td><td>15.50</td></tr>
</table>

10－9 城镇居民家庭每百户耐用消费品拥有量
NUMBER OF DURABLE CONSUMER GOODS OWNED PER 100 URBAN HOUSEHOLDS

项目	Item	2014	2013
1. 摩 托 车	Motorcycle(unit)	—	2.97
2. 助 力 车	Helping Hand Car	24.68	19.48
3. 家用汽车	Automobile	25.10	24.50
4. 洗 衣 机	Washing Machine(unit)	102.13	102.00
5. 电 冰 箱	Refrigerator(unit)	103.13	102.40
6. 彩色电视机	Color Television Set(unit)	144.21	143.61
7. 家用计算机	Computer(unit)	111.12	111.03
8. 组合音响	Hi-Fi Stereo Component System(set)	12.72	12.28
9. 摄 像 机	Pickup Camera(set)	15.28	15.45
10. 照 相 机	Camera(set)	60.63	60.05
11. 其它中高档乐器(含钢琴)	Piano(set)	3.26	3.68
12. 微 波 炉	Mirowave Oven	98.50	97.67
13. 空 调 器	Air Conditioner(unit)	203.8	203.60
14. 淋浴热水器	Shower(unit)	108.32	106.86
15. 消毒碗柜	Disinfected Cupboard	25.52	26.50
16. 洗 碗 机	Dishwasher	1.88	2.05
17. 健身器材	Healthy Equipment	6.15	5.25
18. 固定电话	Telephone Sets(unit)	49.28	50.41
19. 移动电话	Mobile Telephone(unit)	230.50	230.33

10－10 不同收入分组的城镇常住居民家庭基本情况(2014 年)

项 目 Item		合 计 Total	低收入户 Low Income Households (Second Decile)
调查户数(户)	Number of Households Surveyed(Household)	852	170.42
比 重(%)	Ratio(%)	100	20
家庭人口合计(人)	Total Number(person)	2251	526.83
平均每户家庭人口(人)	Average Number per Household(person)	2.64	3.09
平均每一就业者负担人数(人)	Number of Persons Supported by Each Emplolyee (person)	1.76	1.94
平均每一有收入者负担人数(人)	Number of Persons Supported by Each Person Who Has Income(person)	1.32	1.69
平均每人每月可支配收入(元)	Per Capita Monthly Disposable Income(yuan)	2772.5	1289.33
平均每人每月消费性支出(元)	Per Capita Monthly Living Expenditures(yuan)	1833.5	1004.42

注:调查户数原则上按相对收入等距五组划分,因人均可支配收入相同的户归与同一组,故产生分组户数不一致。

Note:The Surveyed Households grouped by Income to Fin principal,Since the Households which have same disposable Income per Capita are taken to same group,the number of households are not same in different group.

BASIC CONDITIONS OF URBAN HOUSEHOLDS IN DIFFERENT INCOME LEVEL(2014)

中等偏下户 Lower Middle Income Households (Second quintile)	中等收入户 Middle Income Households (third quintile)	中等偏上户 Upper Income Households (fourth quintile)	高收入户 High Income Households (ninth decile)
172.75	171.33	169.67	167.50
20	20	20	20
513.08	456.67	397.75	356.92
2.97	2.67	2.34	2.13
1.85	1.91	1.88	1.73
1.40	1.33	1.27	1.19
2032.66	2691.74	3458.52	5351.88
1490.43	1796.90	2202.14	3183.55

10－11 不同收入分组的城镇常住居民家庭收支情况(2014 年)

单位:元

项目	Item	合计 Total	低收入户 Low Income Households (Second Decile)
可支配收入	Disposable income	33270.39	15471.92
1、工资性收入	wage income	20377.25	10980.33
2、经营净收入	operating net income	2921.58	1692.27
3、财产净收入	property net income	3396.54	1142.16
4、转移净收入	the transfer of net income	6575.03	1657.16
非收入所得	Non income income	1125.78	671.45
借贷性所得	Loan income	888.28	1222.15
总支出	Total expenditure	27801.25	17125.43
消费支出	Consumption expenditure	22002.22	12053.08
1、食品烟酒	food alcohol and tobacco	6975.79	4561.92
2、衣　　着	clothing	1660.11	725.81
3、居　　住	living	5668.90	2634.55
4、生活用品及服务	daily necessities and services	1308.25	651.20
5、交通和通信	traffic and communication	2263.78	896.19
6、教育文化娱乐服务	education and cultural entertainment services	2130.40	1266.03
7、医疗保健	health care	1445.12	1115.52
8、其他用品和服务	other supplies and services	549.88	201.88
借贷性支出	Borrowing expenses	1415.85	778.15

HOUSEHOLD INCOME AND EXPENDITURE OF URBAN RESIDENTS OF DIFFERENT INCOME GROUPS (2014)

(yuan)

中等偏下户 Lower Middle Income Households (Second quintile)	中等收入户 Middle Income Households (third quintile)	中等偏上户 Upper Income Households (fourth quintile)	高收入户 High Income Households (ninth decile)
24391.90	32300.84	41502.20	64222.60
17149.73	20091.61	23917.97	35305.35
1295.56	1455.04	4485.63	7100.78
2282.76	2951.82	4682.85	7433.07
3663.85	7802.36	8415.75	14383.40
770.45	1255.88	1161.25	1989.33
131.01	1072.13	947.70	1143.13
22362.84	27176.27	33829.81	45374.78
17885.15	21562.75	26425.72	38202.59
6313.43	7028.37	8112.32	10173.30
1400.19	1625.35	2240.67	2816.03
4777.87	5912.40	6377.12	10342.99
989.19	1291.98	1531.43	2503.56
1570.42	1801.77	3478.42	4496.92
1665.87	2185.08	2827.67	3225.57
938.99	1350.16	1141.15	3089.70
229.19	367.64	716.94	1554.52
588.25	1250.23	1820.14	1535.34

10-12 城镇常住居民家庭住房构成情况
THE COMPOSITION OF URBAN RESIDENTS FAMILY HOUSING

单位:%　　　　(%)

项目	Item	2014	2013
本住户居住空间样式	Residential space style	100.0	100.0
1. 单栋楼房	single building	24.2	24.6
2. 单栋平房	single bungalow	4.9	5.1
3. 四居室及以上单元房	Four bedroom and above the unit room	2.8	2.7
4. 三居室单元房	Three bedroom unit room	22.0	21.7
5. 二居室单元房	Two bedroom unit room	32.0	32.3
6. 一居室单元房	One bedroom unit room	12.2	11.6
7. 筒子楼或连片平房	Tube - shaped apartment or connected bungalows	1.9	2.0
8. 其他	other	0.0	0.0
现住房房屋来源	The source of now housing	100.0	100.0
1. 租赁公房	lease public housing	7.4	6.9
2. 租赁私房	private rental	11.3	11.8
3. 自建住房	self built housing	20.2	20.4
4. 购买商品房	the purchase of commercial housing	30.4	29.3
5. 购买房改住房	the purchase of housing reform housing	20.3	21.0
6. 购买保障性住房	the purchase of affordable housing	3.4	3.5
7. 拆迁安置房	removal and resettlement housing	3.1	2.6
8. 继承或获赠住房	inheritance or receive housing	0.5	0.5
9. 免费借用房	free use of room	0.6	0.8
10. 雇主提供免费住房	employers provide free housing	1.9	2.3
11. 其他来源	other sources	0.9	0.9
住宅管道供水情况	Housing pipeline water supply	100.0	100.0
1. 管道供水入户	pipeline water supply into the home	99.7	99.5
2. 管道供水至公共取水点	pipeline water supply to public water point	0.3	0.5
3. 没有管道设施	no pipeline facilities	0.0	0.0
住户主要饮用水来源情况	Household main source of drinking water	100.0	100.0
1. 经过净化处理的自来水	after purification treatment of tap water	98.7	99.7
2. 受保护的井水和泉水	protected by well water and springs	0.0	0.0
3. 不受保护的井水和泉水	not protected by well water and springs	0.0	0.0

续 表 Continued

单位:%　　　　　　　　　　　　　　　　　　　　　　　　　　　　　　　(%)

项　目	Item	2014	2013
4. 江河湖泊水	Rivers and lakes	0.0	0.0
5. 收集雨水	Rainwater collected	0.0	0.0
6. 桶 装 水	Bottled water	1.3	0.3
7. 其他水源	Others	0.0	0.0
住户厕所使用情况	Household toilet use	100.0	100.0
1. 本住户独用	The sole use of the household	88.5	89.1
2. 几户合用	Several households apply	6.5	5.9
3. 公用厕所	Communal toilet	5.0	5.0
住户洗澡设施情况	Household bathing facilities	100.0	100.0
1. 统一供热水	Unified supply of hot water	2.8	2.7
2. 家庭自装热水器	Home self installed water heater	92.2	92.3
3. 其　他	Others	0.0	0.0
4. 无洗澡设施	No bathing facilities	5.0	5.0
住户主要取暖设备状况	Household main heating equipment status	100.0	100.0
1. 由市政或小区集中供暖	Central heating by municipal or district	2.0	2.1
2. 自行供暖	Self heating	84.9	82.8
3. 无取暖设备	No heating equipment	13.1	15.1
主要炊用能源状况	The main cooking energy situation	100.0	100.0
1. 柴　草	Firewood	0.0	0.0
2. 煤　炭	Coal	4.0	4.9
3. 罐装液化石油气	Canned liquefied petroleum gas	42.7	43.8
4. 管道液化石油气	Pipeline liquefied petroleum gas	2.4	3.3
5. 管道煤气	Pipe gas	0.0	0.0
6. 管道天然气	Natural gas pipeline	43.4	41.2
7. 电	Electric	4.7	5.1
8. 燃料用油	Fuel oil	0.0	0.0
9. 沼　气	Biogas	0.0	0.0
10. 其　他	Other energy	0.0	0.0
11. 无炊用行为	No cooking behavior	2.8	1.7

10-13 历年城镇居民年人均可支配收入与消费支出

ANNUAL PER CAPITA DISPOSABLE INCOME OF CONSUMPTION EXPENDITURE OF URBAN HOUSEHOLDS IN VARIOUS YEARS

单位：元 (yuan)

年份 Year	可支配收入 Dispasable Income	消费支出 Comsumption Expenditure	年份 Year	可支配收入 Dispasable Income	消费支出 Comsumption Expenditure
1951			1983	554.28	498.84
1952			1984	636.00	546.72
1953			1985	778.44	713.76
1954			1986	964.80	881.76
1955			1987	1071.96	955.44
1956	195.60	174.36	1988	1261.08	1220.04
1957	210.12	189.00	1989	1407.12	1285.08
1958	201.60	184.68	1990	1555.80	1406.16
1959	230.64	201.00	1991	1771.68	1652.04
1960			1992	2116.73	1844.28
1961			1993	2872.90	2551.08
1962	300.48	228.12	1994	3769.80	3318.24
1963	297.12	223.56	1995	4453.90	4058.76
1964	248.40	222.36	1996	4915.86	4455.84
1965	240.12	212.76	1997	5573.04	4719.12
1966			1998	5912.52	5264.40
1967			1999	6262.08	5452.80
1968			2000	6760.68	6074.76
1969			2001	7305.00	6342.24
1970			2002	7820.28	6833.40
1971			2003	8524.56	7251.36
1972			2004	9564.05	7792.63
1973			2005	10849.72	8234.48
1974			2006	12359.98	9182.04
1975			2007	14357.64	10600.00
1976			2008	16712.44	11432.97
1977	293.28		2009	18385.02	12710.29
1978	359.04	320.64	2010	20806.32	14490.07
1979	401.64		2011	23738.09	17140.96
1980	537.84	467.04	2012	27061.00	18813.14
1981	508.68	458.28	2013	29821.22	20157.32
1982	540.12	475.56	2014	33270.39	22002.22

注:2014 年发布一体化新口径数据(指标名称前冠城镇常住居民)。
Note:The 2014 data is New statistical caliber. (The index name is added to the permanent resident of the town.`

10－14 农村居民家庭基本情况
BASIC CONDITIONS OF RURAL HOUSEHOLDS FOR SAMPLING SURVEY

项目 Item	2010	2011	2012	2013	2014
调查户数(户) Number of Households Surveyed (unit)	700	700	700	329	270
家庭常住人口(人) Permanent Residents (person)	2651	2540	2560	1121	741
常住人口中劳动力(人) Full-time & Part-time Laborers (person)	2088	2012	2021	816	559
1. 农业劳动力(人) Agriculture Laborers(person)	1003	772	750	255	211
2. 非农业劳动力(人) Non-agriculture Laborers(person)	1085	1240	1271	561	348
户均经营耕地面积(亩) Per Family Operating Cultivated Area(Mu)	6.81	6.21	6.15	6.63	5.61
户均拥有生产性固定资产原值(元) Per Family Productive Fixed Assets (yuan)	10077.94	11175.19	11336.44	10318.86	10337.22
人均年末住房面积(平方米) Per Capita Floor Space of Houses at Year-end (sq. m)	48.77	51.83	51.40	47.82	48.24
#钢混面积比重(%) Ratio of Reinforced Concrete (%)	88.24	83.79	86.60	85.30	85.80

注:2014 年发布一体化新口径数据(指标名称前冠农村常住居民)。
Note:The 2014 data is New statistical caliber. (The index name is added to the permanent resident of the town.

10-15 农村居民人均收入构成情况
COMPOSITION OF PER CAPITA ANNUAL NET INCOME OF RURAL HOUSEHOLDS

单位：元 (yuan)

项目 Item	2010	2011	2012	2013	2014
总收入 Total revenue	11515.56	13628.40	15392.47	18030.54	20581.68
工资性收入 Wage income	3618.84	4321.09	5001.77	5852.48	7625.93
1、工资 wages	—	—	—	—	7140.68
2、实物福利 physical benefits	—	—	—	—	140.61
3、其他 other	—	—	—	—	344.64
经营性收入 Operating income	7131.98	8195.61	9024.14	10481.00	7710.77
第一产业经营收入 First industry operating income	5125.24	5884.59	6421.15	7639.00	6011.50
1、农业 agriculture	3762.95	4313.50	4685.16	5708.48	2301.81
2、林业 forestry	68.32	63.02	65.94	30.34	93.18
3、牧业 animal husbandry	475.56	478.56	414.56	555.11	2586.90
4、渔业 Fisheries	818.42	1029.50	1255.49	1345.07	1029.61
第二产业经营收入 Second industry operating income	697.44	709.14	807.95	858.00	68.53
1、制造业 manufacturing	523.39	270.89	272.60	360.36	1.69
2、建筑业 construction industry	174.05	438.25	535.35	497.64	66.84
第三产业经营收入 Third industry operating income	1309.30	1601.89	1795.03	1984.00	1630.74
财产性收入 Property income	246.40	294.50	351.41	462.80	825.84
转移性收入 Transfer income	518.34	817.20	1015.14	1234.26	4419.14
#养老金或离退休金 pension or retirement pension	—	—	—	—	2636.82
#家庭外出从业人员寄回带回收入 income of Out employees returned	—	—	—	—	919.03

注：2014年发布一体化新口径数据(指标名称前冠农村常住居民)。
Note: The 2014 data is New statistical caliber. (The index name is added to the permanent resident of the town.

10－16　农村常住居民可支配收入分组
THE DISPOSABLE INCOME OF RURAL RESIDENTS

项　　目 Item	2014 年	占　比 （%） Composition （%）
总　户　数 **The Total Number**	270	100.0
1000 元以下 Below 1 000 yuan	4	1.5
1000～3000 元	6	2.2
3000～6000 元	17	6.3
6000～9000 元	30	11.1
9000～12000 元	53	19.6
12000～15000 元	36	13.3
15000～18000 元	28	10.4
18000～21000 元	34	12.6
21000～24000 元	15	5.6
24000～27000 元	13	4.8
27000～30000 元	9	3.3
30000～50000 元	21	7.8
50000 元以上 50 000 yuan or more	4	1.5

10－17　农村常住居民人均可支配收入构成情况
DIFFERENT INCOME GROUPS OF URBAN RESIDENTS OF THE BASIC SITUATION OF THE FAMILY(2014)

单位：元　　　　(yuan)

项目 Item	2014	2013
可支配收入 Disposable income	16160.14	14390.15
工资性收入 Wage income	7625.93	6742.64
1、工资 wages	7140.68	6285.21
2、实物福利 physical benefits	140.61	114.87
3、其他 other	344.64	342.56
经营净收入 Net operating income	4113.44	3705.80
第一产业经营净收入 Net income of the first industry	2766.10	2518.38
第二产业经营净收入 Net income of second industries	39.29	36.80
第三产业经营净收入 Net income of third industries	1308.05	1150.62
财产净收入 Property net income	821.61	775.10
转移净收入 Transfer net income	3599.16	3166.60
转移性收入 Transfer income	4419.14	3876.60
#养老金或离退休金 pension or retirement pension	2636.82	2305.80
#家庭外出从业人员寄回带回收入 income of Out employees returned	919.03	853.50
转移性支出 Transfer expenditure	819.98	710.00

10－18 农村居民人均支出情况
COMPOSITION OF PER CAPITA EXPENDITURE OF FARMER

单位：元 (yuan)

项目 Item	2010	2011	2012	2013	2014
总支出 Total expenditure	9137.56	11631.03	13204.35	15056.13	20398.96
消费支出 Consumption expenditure	5630.98	7102.70	8166.74	9127.00	11671.78
1.食品烟酒 food alcohol and tobacco	2329.34	3068.38	3244.46	3459.00	3713.86
2.衣着 clothing	353.41	524.41	598.02	698.00	633.60
3.居住 living	842.06	1000.71	1255.56	1427.00	3222.42
4.生活用品及服务 daily necessities and services	348.81	496.85	644.92	712.00	642.44
5.交通通信 communication	545.41	608.84	707.57	784.00	1161.67
6.教育文化娱乐 educational and cultural entertainment	494.34	465.05	592.70	704.00	844.00
7.医疗保健 health care	478.19	626.51	822.01	994.00	1199.95
8.其他用品和服务 other supplies and services	239.42	311.96	301.50	349.00	253.85
生产经营费用支出 Production and operating expenses	2830.91	3367.47	3713.28	4829.84	3398.46
第一产业经营费用支出 First industry operating expenses	1969.47	2470.95	2595.17	3693.64	3163.52
1.农业 agriculture	1363.52	1701.01	1734.03	2673.50	732.49
2.林业 forestry	16.85	21.36	22.04	25.14	19.94
3.牧业 animal husbandry	269.78	267.42	190.44	310.00	1836.98
4.渔业 Fisheries	319.33	481.17	648.66	685.00	574.10
第二产业经营费用支出 Second industrial operating expenses	365.21	260.00	362.46	325.00	0.22
第三产业经营费用支出 Third industrial operating expenses	496.24	636.52	755.65	811.20	234.72
财产性支出 Property expenses	—	—	—	—	2.85
转移性支出 Transfer expenditure	—	—	—	—	819.99
部分商业保险支出 Part of commercial insurance expenses	—	—	—	—	40.16
购置资产及非经常性转移支出 Acquisition of assets and non recurring transfer expenses	—	—	—	—	2839.68
借贷性支出 Borrowing expenses	—	—	—	—	1626.04

注：2014年发布一体化新口径数据(指标名称前冠农村常住居民)；历史数据因为指标跨类变更等原因呈现部分不平衡。
Note: The 2014 data is New statistical caliber. (The index name is added to the permanent resident of the town.); Historical data become unbalanced after related data is adjusted.

10－19 农村居民人均消费情况
PER CAPITA COMSUMPTION OF FARMER

单位：公斤 (kilogram)

项目 Item		2010	2011	2012	2013	2014
蔬菜	Vegetable	127.09	151.49	110.16	106.33	105.88
植物油	Vegetable Oil	9.57	11.05	11.48	13.56	14.97
动物油	Animal Oil	0.19	0.19	0.21	0.27	0.44
猪肉	Pork	16.17	15.14	15.39	14.23	16.66
牛羊肉	Beef & Mutton	0.74	1.54	1.53	1.72	2.08
家禽	Poultry	2.48	3.62	3.33	2.99	2.30
蛋类	Eggs	5.53	7.89	6.97	6.41	6.78
鱼虾	Fish, Shrimp	17.64	18.88	17.05	16.90	14.99
食糖	Sugar	0.58	0.51	0.61	0.75	0.65
酒	Liquor	11.16	11.25	11.02	9.95	12.02
茶叶	Tea	0.09	0.10	0.13	0.11	0.18
糖果糕点	Candy & Cake	3.68	3.67	4.27	3.52	2.55
水果	Fruit	25.31	33.31	25.37	33.68	22.48

10－20 农村居民家庭平均每人全年购买商品情况
PER CAPITA ANNUAL CONSUMPTION OF COMMODITIES IN RURAL HOUSEHOLDS

单位：元 (yuan)

项目 Item		2010	2011	2012	2013	2014
植物油	Vegetable Oil	96.12	135.00	146.83	134.53	169.84
动物油	Animal Oil	3.06	3.24	3.89	4.58	5.10
蔬菜	Vegetable	143.68	225.84	219.22	194.85	233.90
豆制品	Beans and Related Products	10.24	14.14	15.21	13.30	16.63
猪肉	Park	263.99	340.82	371.49	360.76	380.00
牛肉	Beef	16.34	32.35	36.85	54.68	76.27
羊肉	Mutton	5.37	9.10	13.73	22.87	28.68
家禽	Poultry	19.90	38.30	44.62	36.00	56.23
蛋类	Eggs	23.97	37.49	44.89	35.50	55.76
奶类	Milk	5.57	11.27	9.13	7.87	23.50
鱼类	Fish	122.73	151.08	150.71	135.50	163.39
食糖	Sugar	3.14	3.65	4.55	5.00	5.70
糕点	Cake	21.98	24.08	29.71	20.28	26.19
糖果	Candy	7.85	7.16	10.06	11.02	12.87
卷烟	Cigrettes	204.39	327.91	374.48	326.00	448.52
酒	Liquor	87.17	128.15	153.56	162.00	205.47
茶叶	Tea	4.38	7.67	9.06	7.00	23.29
水果	Fruit	38.06	53.27	65.71	76.21	133.05
洗涤及卫生用品	Washing and Health Articles	82.26	97.28	112.22	93.59	110.98
生活用煤	Living Coal	11.27	16.33	11.32	4.17	4.61
生活用液化气	Living Liquified Gas	64.41	94.02	113.14	122.20	156.14

注:2014 年发布一体化新口径数据(指标名称前冠农村常住居民)。
Note:The 2014 data is New statistical caliber. (The index name is added to the permanent resident of the town.

10－21　农村居民家庭平均每百人全年购买商品情况
NUMBER OF DURABLE CONSUMBER GOODS PURCHASED ANNUALLY PER 100 RURAL RESIDENTS

项　目 Item	2010	2011	2012	2013	2014
洗　衣　机(台)　Washing Machine(unit)	0.83	1.26	1.72	1.25	1.89
电　冰　箱(台)　Refrigerator(unit)	1.36	2.17	1.21	1.69	1.08
空　调　机(台)　Air-Conditioner(unit)	1.13	2.13	1.99	2.68	2.48
微　波　炉(台)　Micro-Wave Oven(unit)	0.94	0.63	0.16	0.54	0.54
热　水　器(台)　Water Heater(unit)	1.55	2.17	1.76	0.98	0.40
自　行　车(辆)　Bicycle(unit)	1.92	1.19	3.11	0.89	1.35
摩　托　车(辆)　Motocyle(unit)	1.02	1.14	1.02	0.98	0.94
固定电话(部)　Telephone(set)	1.89	1.14	1.13	0.89	0.81
移动电话(部)　Mobile Telephone(set)	7.62	8.03	9.45	13.04	16.18
彩色电视机(台)　Color TV Set(unit)	1.24	1.73	2.11	2.32	1.94
照　像　机(架)　Camera(unit)	0.08	0.08	0.08	0.09	0.00
家用计算机(台)　Computer(unit)	0.79	1.77	1.55	1.16	1.81

10－22　农村居民家庭平均每百户耐用消费品拥有量
NUMBER OF DURABLE CONSUMBER GOODS OWNED PER 100 RURAL HOUSEHOLDS

项　目 Item	2010	2011	2012	2013	2014
洗　衣　机(台) Washing Machine(unit)	73.4	80.9	83.1	83.3	83.4
电　冰　箱(台) Refrigerator(unit)	86.1	96.7	95.9	96.1	98.2
空　调　机(台) Air-Conditioner(unit)	64.7	86.4	93.6	88.5	89.0
抽油烟机(台) Smoke Absorber(unit)	30.1	43.3	52.6	46.3	46.5
微　波　炉(台) Micro-Wave Over(unit)	16.4	23.9	26.6	24.1	24.7
热　水　器(台) Water Heater(unit)	59.1	71.1	80.0	83.7	85.5
摩　托　车(辆) Motocycle(unit)	53.3	53.1	52.1	55.1	58.2
固定电话(部) Telephone(set)	74.7	59.1	54.6	43.1	45.6
移动电话(部) Mobile Telephone(set)	195.4	211.1	227.4	228.7	229.1
彩色电视机(台) Color TV Set(unit)	134.0	129.4	129.1	125.1	125.2
摄　像　机(台) Pickup Camera(unit)	0.9	1.3	1.4	2.2	2.7
照　像　机(架) Camera(unit)	15.7	10.1	12.9	12.8	13.0
家用计算机(台) Computer(unit)	18.7	26.6	32.1	36.6	37.5
中高档乐器(件) Medium and High Grade Musical Instruments(unit)	0.0	0.3	0.1	0.6	0.8

注:2014 年发布一体化新口径数据(指标名称前冠农村常住居民)。
Note:The 2014 data is New statistical caliber. (The index name is added to the permanent resident of the town.

主 要 统 计 指 标 解 释

总收入 指调查户在调查期内获得的工资性收入、经营性收入、财产性收入、转移性收入的总和,不包括非收入所得和借贷性所得。

可支配收入 指调查户在调查期内获得的、可用于最终消费支出和储蓄的总和,即调查户可以用来自由支配的收入。可支配收入既包括现金,也包括实物收入。按照收入的来源,可支配收入包含四项,分别为:工资性收入、经营净收入、财产净收入和转移净收入。计算公式为:

可支配收入 = 工资性收入 + 经营净收入十财产净收入 + 转移净收入

其中:经营净收入 = 经营收入 - 经营费用 - 生产性固定资产折旧 - 生产税

财产净收入 = 财产性收入一财产性支出

转移净收入 = 转移性收入 - 转移性支出

总支出 指调查户在调查期内全部实际支出,包括消费支出、生产经营费用支出、财产性支出、转移性支出、部分商业保险支出、购置资产及非经常性转移支出、借贷性支出。

消费支出 指住户用于满足家庭日常生活消费需要的全部支山,包括用于消费品的支出和用于服务性消费的支出。根据用途不同,消费支出可划分为食品烟酒、衣着、居住、生活用品及服务、变通通信、教育文化娱乐、医疗保健、其他用品及服务八人类。根据来源不同,消费支出可划分为现金消费支出、实物消费支出(含自产自用、来自单位、来自政府和其他社会组织)。

Explanatory Notes on Main Statistical Indicators

Total revenue: The summation of Wage income, Operating income, Property income, Transfer income that Survey households got in Investigation period, not include loan income.

Disposable income: The income could be used Final expenditure and consumption that Survey households got in Investigation period. That is the income Survey households can Free control. Disposable income could be cash or Material object. According to the source of income, disposable income include 4 items: Wage income, Operating income, Property income, Transfer income . Calculation formula is:

Disposable income = Wage income + Operating net income + Property net income + Transfer net income

Among them: Operating net income = Operating income – Operating expenses – Depreciation of productive fixed assets – Production tax

Transfer net income = Transfer income – Transfer expenditure

Total expenditure: The summation of all expenditure that Survey households expended in Investigation period, include Consumption, Production and operating expenses, Property expenses, Transfer expenses, Part of commercial insurance expenses, Asset purchase expenditure, Non recurrent transfer expenses, Borrowing expenses.

Consumption expenditure: The all expenditure that households must pay for the needs of family daily life. According to different uses, consumption expenditure Is divided into Food alcohol and tobacco, Clothing, Living category, Daily necessities and services, Communications and transportation, Education and culture and entertainment, Medical and health care, Other supplies and services. According to the source of expenditure, consumption expenditure is divided into cash expenses and material object expenses. (Self occupied, from company, from government, from the other organization)

十一、科技、教育、文化、卫生及其他

SCIENCE, TECHNOLOGY, EDUCATION, CULTURE, HEALTH AND OTHERS

资料整理人员:胡　增　谷润芳　刘　江　杨伟成　陈　巍　李　晖　王保汉　史　瑾　徐志黎　汪　冲

STAFF FOR DATA PROCESSING:

Hu Zeng　Gu Runfang　Liu Jiang　Yang Weicheng　Chen Wei　Li Hui　Wang Baohan　Shi Jing　Xu Zhili　Wang Chong

简要说明

本篇资料反映科技、教育、文化、卫生、体育、民政、公检法、环境保护各项社会事业发展情况。

科技统计资料包括高新技术产业发展情况和规模以上工业企业科技活动情况，资料提供单位为武汉市科技局；教育统计资料内容包括高等教育、普通中等教育、初等教育、幼儿教育、特殊教育、职工教育，资料提供单位为武汉市教育局、武汉市人力资源和社会保障局和湖北省人力资源和社会保障厅；文化统计资料内容包括各类文化事业机构、人员、经费和主要业务活动情况，资料提供单位为武汉市文新广局、湖北省文化厅、湖北新闻广播局；体育统计资料内容包括体委系统职工情况、运动员教练员情况、运动会举办情况等，资料提供单位为武汉市体育局、湖北省体育局；民政统计资料内容包括优抚和救济情况、福利企事业机构、床位、业务情况、婚姻登记情况，资料提供单位为武汉市民政局；公检法统计资料内容包括刑事案件情况、交通和火灾事故情况、检察机关办案情况、以及律师、公证、调解情况，资料提供单位为武汉市公安局、武汉市检察院、武汉市司法局；卫生统计资料包括医疗机构人员、疾病、对居民保证程度等情况，由武汉市卫生和计划生育委员会提供。

Brief Description

Data in this chapter mainly show the development of Science and technology、education、culture、public health、sports、Civil administration、Public security organs、Environmental protection. The content of education statistics includes advanced education、regular secondary education、elementary education、kindergarten education、special education、education for staff and worker. These data are provided by Wuhan city bureau of education、Wuhan city bureau of works and social security、Hubei province bureau of works and social security. The content of culture statistics includes number of institutions、personnel and cost and other main activity. These data are provided by Wuhan City Press and Broadcasting Bureau, Hubei Provincial Department of culture, The news bureau of Hubei Province. The content of sports statistics includes staff and worker of and Sports Commissions、Sportsman and coach and run of sports meeting. These data are provided by wuhan city bureau of sport 、hubei province bureau of sport. Data of Civil administration statistics include persons enjoying favoured treatment and receiving special pensions、number of social welfare enterprise、number of beds、statistics on marriages. These data are provided wuhan city bureau of Civil administration. Data of public security statistics include criminal and offense cases、traffic accidents and fires、cases handled、lawyer、Notarial documents and Civil disputes mediated. These data are provided wuhan city bureau of public security administration、Wuhan city office of procuratorate 、wuhan city bureau of justice. Data of environmental statistics include discharge and treatment of waste water、waste gas and solid wastes、investment of treatment of pollution、number of projects. These data are provided by wuhan city bureau of environmental protection. Health statistics include medical institutions, personnel, disease, to the residents of security degree. Provided by the city health and family planning committee.

11-1 高新技术产业发展情况
STATISTICS ON NEW AND HIGH TECHNIC INDUSTRY DEVELOPMENT IN WUHAN

单位：万元 (10 000 yuan)

指标 Item	2003	2004	2005	2006	2007	2008
总产值 Total Output Value	5722338	6410188	8370207	11004382	13801172	17341131
增加值 Value Added	2006750	2261669	2920023	3796512	4747603	6017362
1、电子信息 Electronic Information	472472	625653	766666	1021137	1197520	1657625
2、先进制造 Advanced Manufacturing	526780	614299	658425	955727	1241271	1387088
3、新材料 New Materials	379776	533170	689903	754696	1046049	1521088
4、生物医药和医疗器械 Bio-technology and New Medicine	268210	218141	313169	358323	405962	348295
产品出口交货值 Value of Delivery for Export	184983	310049	523212	951432	920808	1189337
产品销售收入 Sales Revenue of Products	5360773	6040485	7952966	10124031	12559066	15953841
利税总额 Total Value of Profits and Taxes	735628	741531	945981	1103981	1553558	1570285

指标 Item	2009	2010	2011	2012	2013	2014
总产值 Total Output Value	20549913	26380353	34489139	45560041	56044728	65996966
增加值 Value Added	7110270	8830955	10741142	13534010	17001874	19949152
1、电子信息 Electronic Information	2176018	2711109	3462841	3742258	4464821	4885293
2、先进制造 Advanced Manufacturing	2056036	2849183	3891344	5013158	6113839	7546989
3、新材料 New Materials	1237953	1551093	1602444	1430334	1662238	1715856
4、生物医药和医疗器械 Bio-technology and New Medicine	406313	319263	344720	496650	613295	679403
产品出口交货值 Value of Delivery for Export	1284882	1947344	3767699	5546199	4529562	5264094
产品销售收入 Sales Revenue of Products	19383916	25753287	38172227	45103564	49589496	50668563
利税总额 Total Value of Profits and Taxes	2222988	2944291	3297328	3516910	3949666	4065001

11－2 规模以上工业企业科技活动情况

Scientific and technological activities of Industrial Enterprises above Designated Size

项　目 Item	有R&D活动企业（个） Number of Enterprises with R&D Activities (unit)	
	2014	2013
总　计 Total	399	388
一、按登记注册类型分组 Grouped by Type of Registration		
内资企业 Domestic Enterprises	342	340
国有企业 State－owned Enterprises	14	16
集体企业 Collective－owned Enterprises	1	1
股份合作企业 Cooperative Enterprises		1
联营企业 Joint－owned Enterprises		
有限责任公司 Companies of Limited Liabilities	189	184
股份有限公司 Share Co.，Ltd	67	64
私营企业 Private－owned Enterprises	71	74
其他企业 Other Domestic－funded Enterprises		
港、澳、台商投资企业 Hongkong，Maco and Taiwan－invested Enterprises	12	8
外商投资企业 Foreign－invested Enterprises	45	40
二、按国民经济行业分组 Grouped by Sector		
其他采矿业 Other Minerals Mining and Processing	1	1
农副食品加工业 Food Processing	12	15
食品制造业 Food production	4	3
酒、饮料和精制茶制造业 Wine，Drinks and Refined Tea Processing	1	1
烟草制品业 Tobacco Processing	1	1
纺织业 Textile Industry	1	2
纺织服装、鞋、帽制造业 Textile，Garments，Shoes and Hats Products	2	2
木材加工及木、竹、藤、棕、草制品业 Timber Processing，Wood，Bamboo，Cane，Palm and Straw Products		
家具制造业 Furniture Manufacturing	2	1

SCIENCE AND TECHNONOGY ACTIVITIES OF INDUSTRIAL ENTERPRIESE ABOVE DISIGNATED SIZE

R&D 人员合计（人）R&D Personels (person)		R&D 经费支出（万元）Funding for R&D Expenditure (10000 yuan)		R&D 经费投入强度（%）R&D Investment Intensity (%)	
2014	2013	2014	2013	2014	2013
51778	49323	1722474	1496423	1.61	1.35
45678	44753	1396179	1268531	1.88	1.54
13257	12495	729594	640381	3.92	1.88
14	14	366	341	0.11	0.11
0.03			10		
20394	19131	368978	310813	1.01	1.05
9713	10547	255622	277932	3.45	3.62
2300	2566	41649	39054	0.37	0.37
1283	582	29211	27197	0.51	0.49
4926	3988	297084	200695	1.11	0.86
53	27	191	188	5.85	3.94
522	364	6730	8709	0.21	0.25
232	135	2968	1594	0.21	0.14
15	23	513	488	0.03	0.03
367	520	17722	19677	0.32	0.41
7	41	72	289	0.01	0.04
80	308	3662	5931	0.46	0.76
66	75	1010	1236	0.85	1.00

续　表

项　目 Item	有 R&D 活动企业（个） Number of Enterprises with R&D Activities (unit)	
	2014	2013
造纸及纸制品业 Papermaking and Paper Products	2	2
印刷业和记录媒介的复制 Printing and Record Processing	5	4
文教、工美、体育和娱乐用品制造业 Stationery, Education and Sports Goods		1
石油加工、炼焦及核燃料加工业 Petroleum Processing, Coking Products and Nuclear Fuel Processing	3	2
化学原料及化学制品制造业 Raw Chemical Material and Chemical Products	31	28
医药制造业 Medical and Pharmaceutical Products	40	41
橡胶和塑料制品业 Rubber and Plastic Products	7	4
非金属矿物制品业 Nonmetal Material Products	13	10
黑色金属冶炼及压延加工业 Smelting and Pressing of Ferrous Metals	5	5
金属制品业 Metal Products	17	18
通用设备制造业 Ordinary Machinery Manufacturing	23	25
专用设备制造业 Special Purpose Equipment Manufacturing	43	42
汽车制造业 Automobile IndustryAutomobile Industry	35	28
铁路、船舶、航空航天和其他运输设备制造业 Railway, Ship, Aerospace and Other transportation Equipment	9	7
电气机械及器材制造业 Eletric Machinery and Equipment	57	60
通信设备、计算机及其他电子设备制造业 Telecommunication Equipment, Computer and Other Electronic Equipment Manufacturing	63	63
仪器仪表制造业 Instruments, Meters, Cultural and Official Machinery	19	20
其他制造业 Other Manufacturing	1	1
金属制品、机械和设备修理业 Mineral Products, Machinery and Repair of Equipment	2	1
电力、热力的生产和供应业 Electric Power, Steam and Hot Water Production and Supply		
水的生产和供应业 Tap Water Production and Supply		

Continued

R&D 人员合计（人）R&D Personels（person）		R&D 经费支出（万元）Funding for R&D Expenditure（10000 yuan）		R&D 经费投入强度（%）Investment Intensity（%）	
2014	2013	2014	2013	2014	2013
67	21	9122	887	1.15	0.12
196	178	4896	4859	0.65	0.73
	77		1405		0.35
108	56	358	260	0.01	0.01
1284	1296	23588	19816	0.61	0.87
3808	3736	76629	75809	3.29	3.78
198	93	4364	1572	0.19	0.08
693	464	13979	5730	0.48	0.23
6782	4225	542859	435426	3.42	1.83
2716	3401	34336	40504	0.91	1.24
1649	1663	32729	44138	1.19	1.38
2502	2975	39028	65599	1.12	2.21
4170	3535	258389	174855	1.18	0.93
5676	6836	59555	70870	2.01	2.46
4725	4979	93534	80582	1.24	1.21
15010	12991	479004	417620	3.62	3.84
674	1038	11487	11908	2.11	2.34
50	40	1226	1781	1.36	3.31
235	223	4524	4689	2.92	3.56

续　表

项　目 Item	新产品开发经费支出（万元） Funding for New Product Development Expenditures（10000 yuan）	
	2014	2013
总　计 **Total**	**1711293**	**1614124**
一、按登记注册类型分组 **Grouped by Type of Registration**		
内资企业 Domestic Enterprises	1279917	1259922
国有企业 State - owned Enterprises	526913	554734
集体企业 Collective - owned Enterprises	366	341
股份合作企业 Cooperative Enterprises	9	825
联营企业 Joint - owned Enterprises		
有限责任公司 Companies of Limited Liabilities	413938	355963
股份有限公司 Share Co. ,Ltd	288091	300443
私营企业 Private - owned Enterprises	50600	47616
其他企业 Other Domestic - funded Enterprises		
港、澳、台商投资企业 Hongkong,Maco and Taiwan - invested Enterprises	31609	33845
外商投资企业 Foreign - invested Enterprises	399767	320357
二、按国民经济行业分组 **Grouped by Sector**		
其他采矿业 Other Minerals Mining and Processing	111	280
农副食品加工业 Food Processing	11148	8639
食品制造业 Food production	3384	2181
酒、饮料和精制茶制造业 Wine, Drinks and Refined Tea Processing	513	488
烟草制品业 Tobacco Processing	17330	20647
纺织业 Textile Industry	322	289
纺织服装、鞋、帽制造业 Textile,Garments,Shoes and Hats Products	2937	5710
木材加工及木、竹、藤、棕、草制品业 Timber Processing,Wood,Bamboo,Cane,Palm and Straw Products	34	889
家具制造业 Furniture Manufacturing	439	1236

Continued

新产品销售收入（万元）Revenue of New Product Sales (10000 yuan)		专利申请数（件）Amount of Applications Examined (unit)		发明专利（件）Invention Patent (unit)	
2014	2013	2014	2013	2014	2013
17788389	17508626	7009	7202	3125	3136
9176066	9521627	6381	6586	2922	2860
2892770	3713499	2103	1993	1119	956
	960		14		14
3512248	3107264	2629	2668	1113	1127
2286096	2056944	1087	1396	530	546
484952	642960	562	515	160	217
82835	618605	144	200	78	124
8529488	7368394	484	416	125	152
		9	4		1
57756	59316	33	38	14	16
36143	40896	11	23	10	17
	0	17	113		
18041	59524	236	446	70	135
2151	2392				
70469	43340	67	24	9	3
6061	1211				
22650	32071		3	1	3

续　表

项　目 Item	新产品开发经费支出（万元） Funding for New Product Development Expenditures（10000 yuan）	
	2014	2013
造纸及纸制品业 Papermaking and Paper Products	8224	
印刷业和记录媒介的复制 Printing and Record Processing	3644	4482
文教、工美、体育和娱乐用品制造业 Stationery, Education and Sports Goods	188	1779
石油加工、炼焦及核燃料加工业 Petroleum Processing, Coking Products and Nuclear Fuel Processing	293	28
化学原料及化学制品制造业 Raw Chemical Material and Chemical Products	17516	20119
医药制造业 Medical and Pharmaceutical Products	87411	72981
橡胶和塑料制品业 Rubber and Plastic Products	5098	6428
非金属矿物制品业 Nonmetal Material Products	12267	8372
黑色金属冶炼及压延加工业 Smelting and Pressing of Ferrous Metals	314197	346130
金属制品业 Metal Products	39976	42135
通用设备制造业 Ordinary Machinery Manufacturing	50668	53276
专用设备制造业 Special Purpose Equipment Manufacturing	55516	88499
汽车制造业 Automobile IndustryAutomobile Industry	342372	298109
铁路、船舶、航空航天和其他运输设备制造业 Railway, Ship, Aerospace and Other transportation Equipment	86323	71808
电气机械及器材制造业 Eletric Machinery and Equipment	123658	89706
通信设备、计算机及其他电子设备制造业 Telecommunication Equipment, Computer and Other Electronic Equipment Manufacturing	506687	448400
仪器仪表制造业 Instruments, Meters, Cultural and Official Machinery	19646	14941
其他制造业 Other Manufacturing	946	1781
金属制品、机械和设备修理业 Mineral Products, Machinery and Repair of Equipment		4789
电力、热力的生产和供应业 Electric Power, Steam and Hot Water Production and Supply		
水的生产和供应业 Tap Water Production and Supply		

Continued

新产品销售收入（万元）Revenue of New Product Sales (10000 yuan)		专利申请数（件）Amount of Applications Examined (unit)		发明专利（件）Invention Patent (unit)	
2014	2013	2014	2013	2014	2013
635					
6292	22394	207	141	40	66
14801	1054	17	53	1	21
42		10	12	2	1
385349	452527	162	177	91	104
544818	465784	360	437	190	193
241635	302328	21	213	10	30
16919	55208	63	41	31	19
1573337	2463389	1345	1223	568	423
428216	354663	260	200	89	72
639308	616634	311	347	108	141
454132	588968	513	532	196	224
7482949	6544646	462	320	107	90
972636	908707	514	385	256	197
2339237	1851481	601	669	210	241
2398307	2580103	1585	1672	1034	1079
72021	60340	200	126	84	59
960					
		1	3		1
	1648				

11-3 专利申请、授权与有效量情况
EXAMINED AND GRANTED PATENT APPLICATIONS

单位：件 (unit)

指标 Item	2010	2011	2012	2013	2014
专利申请 Applied Patent					
专利申请量 Amount of Applications Examined	15045	21879	24105	25680	27802
#发明 Creations and Inventions	4660	6362	8071	9735	11871
实用新型 Utility Models	6785	10100	13547	14048	13783
外观设计 Designs	3600	5147	2487	1897	2148
专利授权 Granted Patents					
专利授权量 Amount of Applications Granted	10165	11588	13689	15901	16553
#发明 Creations and Inventions	1731	2585	3233	3171	3874
实用新型 Utility Models	6161	6631	9100	11015	10871
外观设计 Designs	2273	2372	1356	1715	1590
专利有效 Valid Patent					
专利有效量 Amount of Valid Patent	24969	31819	39205	48748	58015
#发明 Creations and Inventions	5353	7426	9879	12233	15007
实用新型 Utility Models	14424	18324	24367	31189	36970
外观设计 Appecarance Designs	5192	6069	4959	5326	6038

11－4　各级各类教育年度基本情况
BASIC STATISTICS ON INSTITUTIONS OF HIGHER EDUCATION

单位：人　　　　　　　　　　　　　　　　　　　　　　　　　　　　　　　(person)

指　　标 Item	2010	2011	2012	2013	2014
学校数(所) Number of Innstitutions(unit)	1203	1254	1211	1222	1216
普通高等院校 Institutions of Higher Eucation	78	79	79	80	80
普通中学 Rgular Secondary Schools	395	380	374	369	365
技工学校 Technical Schools	49	49	40	39	33
中等职业学校 Specialized Secondary Schools	33	114	111	144	141
小　学 Primary Schools	639	623	598	590	588
盲、聋、哑学校 Schools for the Blind and the Deaf－mute	9	9	9	9	9
毕业生数 Number of Graduates	483297	543431	509451	498395	489382
普通高等院校 Institutions of Higher Eucation	221228	241101	240720	247327	265978
普通中学 Rgular Secondary Schools	147003	133649	122319	115747	106385
技工学校 Technical Schools	28809	31240	17405	11975	8927
中等职业学校 Specialized Secondary Schools	15123	70401	62121	58095	43382
小　学 Primary Schools	70884	66788	66607	65251	64428
盲、聋、哑学校 Schools for the Blind and the Deaf－mute	250	252	279	394	282
招 生 数 New Student Enrollment	495610	515397	496566	502722	500522
普通高等院校 Institutions of Higher Eucation	263780	278678	273131	271204	269177
普通中学 Rgular Secondary Schools	120551	108293	103574	101567	100220
技工学校 Technical Schools	25123	11951	9678	10351	8230
中等职业学校 Specialized Secondary Schools	12383	40851	35762	42053	38529
小　学 Primary Schools	73499	75320	74145	77547	84069
盲、聋、哑学校 Schools for the Blind and the Deaf－mute	274	304	276	405	297

续 表 Continued

指 标 Item	2010	2011	2012	2013	2014
在校学生数 Students Enrollment	1784934	1918340	1847472	1854230	1849746
普通高等院校 Institutions of Higher Eucation	881433	920373	946991	966438	962106
普通中学 Rgular Secondary Schools	383089	352098	329870	314045	306581
技工学校 Technical Schools	65289	66634	35471	25690	21426
中等职业学校 Specialized Secondary Schools	42057	162612	120545	124287	113181
小 学 Primary Schools	411347	414840	412781	423770	444528
盲、聋、哑学校 Schools for the Blind and the Deaf - mute	1719	1783	1814	1890	1924
教职员工数 Numger of Teachers and Staff	164399	172869	171818	175209	173055
普通高等院校 Institutions of Higher Eucation	87895	90109	90052	91941	90607
普通中学 Rgular Secondary Schools	39219	40596	40288	39485	39456
技工学校 Technical Schools	3648	3941	3972	3532	2871
中等职业学校 Specialized Secondary Schools	2482	9640	9158	12031	11382
小 学 Primary Schools	30844	28272	28040	28220	28415
盲、聋、哑学校 Schools for the Blind and the Deaf - mute	311	311	308	328	324
专任教师 Full - time Teachers	116122	122886	123126	126513	125427
普通高等院校 Institutions of Higher Eucation	51306	53999	55016	57038	56494
普通中学 Rgular Secondary Schools	32800	32463	32094	31510	31523
技工学校 Technical Schools	2722	3091	3218	2808	2236
中等职业学校 Specialized Secondary Schools	1796	6081	5908	8490	7979
小 学 Primary Schools	27235	26991	26630	26667	26931
盲、聋、哑学校 Schools for the Blind and the Deaf - mute	263	261	260	262	264

注：不包含研究生教育机构、成人教育高校及民办教育机构等等。
Note: Postgraduate Education Institutions, Adult Education Colleges and Non - governmental Education Organizations are not included.

11－5　普通中学、小学专任教师学历情况(2014年)
BASIC STATISTICS ON ACADEMIC CREDENCIALS OF FULL-TIME TEACHERS IN REGULAR SECONDARY SCHOOLS AND PRIMARY SCHOOLS(2014)

单位：人　　(person)

项　目 Item		普通中学 Regular Secondary Schools 合　计 Subtotal	高　中 Senior	初　中 Junior	小　学 Primary Schools
专任教师总计	**Total Number of Full-time Teachers**	**31523**	**11904**	**19619**	**26931**
高等学校本科毕业及以上	Graduated from Regular College Course and above	28523	11740	16783	14754
高等学校专科毕业	Graduated from Specialized Subject (three Years)	2950	161	2789	10184
高中毕业及以下	Graduated from Senior Secondary Schools and below	50	3	47	1993
专任教师比重(%)	**Proportion of Full－time Teachers (%)**				
高等学校本科毕业及以上	Graduated from Regular College Course and above	90.48	98.62	85.54	54.78
高等学校专科毕业	Graduated from Specialized Subject (Three Years)	9.36	1.35	14.22	37.82
高中毕业及以下	Graduated from Senior Secondary Schools and below	0.16	0.03	0.24	7.40

11－6　平均每一专任教师负担的学生数情况
THE RATIO OF STUDENTS AND FULL-TIME TEACHERS

单位：人　　(person)

项　目 Item		2010	2011	2012	2013	2014
高等学校	Institutions of Higher Education	17.18	19.68	19.85	21.83	21.58
中等专业学校	Specialized Secondary Schools	32.45	26.74	20.40	14.64	14.18
技工学校	Technical Schools	23.90	23.53	23.36	19.24	9.73
普通中学	Regular Secondary Schools	11.68	10.85	10.28	9.97	9.58
#高　中	Senior	12.92	12.01	10.99	9.95	9.42
初　中	Junior	10.96	10.15	9.85	9.98	9.91
小　学	Primary Schools	15.10	15.37	15.50	15.89	16.51

11－7　平均每万人口在校学生数情况
STUDENT ENROLLMENT PER 10 000 POPULATION

单位：人　　(person)

项　目 Item		2010	2011	2012	2013	2014
高等学校	Institutions of Higher Education	1053.43	1291.33	1341.78	1384.89	1369.61
中等专业学校	Specialized Secondary Schools	105.88	194.34	145.72	151.25	137.68
技工学校	Technical Schools	78.03	21.04	14.21	11.02	11.50
普通中学	Regular Secondary Schools	457.84	420.80	398.76	382.18	372.95
#高　中	Senior	186.07	174.70	160.48	145.96	136.54
初　中	Junior	271.44	246.10	238.28	236.22	236.60
小　学	Primary Schools	491.61	495.79	498.99	515.72	540.76

11-8 幼儿园基本情况
BASIC STATISTICS ON KINDERGARTENS

单位：人 (person)

项目 Item		2010	2011	2012	2013	2014
幼儿园数(所)	Number of Kindergartens (unit)	785	785	888	1024	1097
在园幼儿数	Student Enrollment	165729	186921	203448	224274	240162
教职员工数	Number of Staff and Teachers	16905	19227	22204	26029	29141
#园　长	Chiefs of Kindergartens	1286	1320	1514	1738	1894
教　师	Teachers	8968	9582	10906	12832	14032
保健员	Health Workers	1466	4396	5079	6876	7701
平均每一教养员负担幼儿	Ratio of Studtents and Kinder garten Teachers	18.48	19.51	18.65	17.48	17.12

11-9 普通中小学和职业中学校舍情况
BASIC STATISTICS ON SCHOOLHOUSE OF REGULAR SECONDARY SCHOOLS, PRIMARY SCHOOLS AND VOCATIONAL SCHOOLS

单位：万平方米 (10 000 sq. m)

项目 Item		2010	2011	2012	2013	2014
学校数(所)	Number of Schools (unit)					
普通中学(所)	Regular Secvondary Schools (unit)	395	380	374	369	365
小　学(所)	Primary Schools (unit)	639	623	598	590	588
学校占地面积	Area of Schools					
普通中学	Regular Secondary Schools	1319.13	1310.44	1313.82	1301.55	1309.86
职业中学	Vocational Secondary Schools	55.42	334.43	423.18	405.24	409.62
小　学	Primary Schools	1027.79	855.85	837.39	858.41	858.49
校舍建筑面积	Floor Space of School Building					
普通中学	Regular Secvondary Schools (unit)	546.02	548.29	557.37	571.35	587.46
职业中学	Vocational Secondary Schools	45.19	210.06	223.27	219.58	224.51
小　学	Primary Schools	333.76	296.57	308.58	318.16	332.77
本年新增面积	Newly Increased Floor Space of Building					
普通中学	Regular Secondary Schools	6.77	6.87	2.41	-12.27	8.72
小　学	Primary Schools	4.02	2.14	4.11	21.02	4.56
危险房屋面积	Floor Space of Buildings With Danger of Collapse					
普通中学	Regular Secondary Schools	1.99	2.67	1.53	0.7	0.48
小　学	Primary Schools	0.98	1.59	0.73	0.05	0.03

11－10 文化产业机构和人员情况
NUMBER OF INSTITUTIONS AND PERSONNEL IN CULTURE, ARTS AND CULTURAL RELICS

项目 Item	机构数(个) Number of Institutions(unit)		从业人员数(人) Number of Persons Engaged (person)	
	2014	2013	2014	2013
总计 Total	**2699**	**2594**	**31764**	**28853**
艺术业 Art Institutions	31	30	2576	2424
图书馆业 Libraries	17	17	677	660
群众文化业 Mass Culture	180	179	737	744
艺术教育业 Art Education	3	3	519	570
娱乐业 Recreation	2300	2224	20002	19388
文艺科研 Art Research	2	2	68	67
文物业 Cultural Relics	70	47	1594	1268
其他文化产业 Other Cultural Units	96	92	5591	3732

11－11 艺术表演机构和人员情况
STATISTICS ON INSTITUTIONS AND PERSONNEL IN ART PERFORMANCE

项目 Item	机构数(个) Number of Institutions(unit)		从业人员数(人) Number of Persons Engaged(person)	
	2014	2013	2014	2013
总计 Total	**31**	**31**	**2576**	**2660**
一、艺术表演团体 Art Performance Troupes	17	17	1988	2055
1. 话剧、儿童剧、滑稽剧团 Drama, Children, Plays and Comedy Troupes	2	2	243	242
2. 歌剧、舞剧、歌舞剧团 Opera, Ballet and Dance Troupes	5	5	668	697
3. 歌舞团、轻音乐团 Song and Dance Group、Pops Orchesrta	0	0	0	0
4. 乐团 Philharmonic Troupes	0	0	0	0
5. 戏曲剧团 Local Opera Troupes	3	3	539	567
其中：京剧 Local Beijing Opera Troupes	2	2	295	315
6. 曲、杂、木、皮剧团 Recitation and Ballad Troupes, Acrobatics and Circus Troupes, Puppet Show Troupes and Shadow Play Troupes	6	6	527	537
7. 综合艺术表演团体 Comprehensive Art Troupes	1	1	11	12
二、艺术表演场所 Art Centers	14	14	588	605

11－12　文化部门艺术表演团体基本情况(2014 年)
STATISTICS ON INSTITUTIONS AND PERSONNEL OF ART PERFORMANCE IN CULTURAL DEPARTMENT (2014)

项　目 Item	剧团数(个) Number of Troupes (unit)	本年新排上演剧目(个) Newly Rehearsal and Performance Plays in the Year (play)	国内演出场次(千场) Number of Domestic Performances (1000 shows)	国内观众(千人次) Number of Domestic Spectators (1000 person-times)	本年收入合计(千元) Total Income (1000 yuan)	本年支出合计(千元) Total Expenditures (1000 yuan)
总计 Total	**17**	**18**	**4.40**	**2191.1**	**340222**	**322899**
话剧、儿童剧、滑稽剧团 Drama, Children, Plays and Comedy Troupes	2	2	1.02	568	42188	43864
歌剧、舞剧、歌舞剧团 Opera, Ballet and Dance Troupes	5	5	0.91	1139.9	103396	106945
戏曲剧团 Local Opera Troupes	6	6	1.34	2295.61	127670	112511
#京　剧 Local Beijing Opera Troupes	2	2	0.37	416.39	61634	61602
曲、杂、木、皮剧团 Recitation and Ballad Troupes, Acrobatics and Circus Troupes, Puppet Show Troupes and Shadow Play Troupes	2	4	0.74	621.2	38679	30691
综合性艺术表演团体 Comprehensive Art Troupes	1		0.16	218.5	2439	3038

11－13　文化部门艺术表演场所演出情况
BASIC STATISTICS ON PERFORMANCE OF CULTURAL DEPARTMENT

项　目	Item	2014	2013
剧　场(个)	Theaters (unit)	14	14
剧场座席(万个)	Seating-room of Theaters (10 000 seats)	1.53	1.54
演出场次(万场)	Number of Performances (10 000 shows)	0.15	0.14
#艺术场次	Number of Art Performances	0.10	0.09
观众人次(万人次)	Number of Spectators (10 000 person-times)	111.22	104.02
#艺术观众(万人次)	Number of Spectators for Art	82.25	71.50
总收入(万元)	Total Income (10 000 yuan)	9804.30	9975.20
#艺术演出收入	Income From Art Performances	3474.90	3936.60
总支出(万元)	Total Expenditures (10 000 yuan)	9753.20	9878.80

11－14 群众艺术馆、文化馆
STATISTICS ON MASS ART CENTERS AND CULTURAL CENTERS

项　　　　目 Item	2010	2011	2012	2013	2014
机 构 数(个) Number of Institutions (unit)	15	15	15	15	15
举办展览个数(个) Number of Exhibitions(unit)	609	74	80	106	137
组织文艺活动次数(次) Art Performances and Story-telling Sessions (times)	4155	749	635	1015	1551
举办培训班(个) Training Courses (times)	1709	255	391	728	413
结业人次数(千人次) Number of Persons Completing Courses (1000 person-times)	80	255.1	0.26	0.55	0.55

11－15 公共图书馆基本情况
BASIC STATISTICS ON PUBLIC LIBRARIES

项　　　　目 Item	2010	2011	2012	2013	2014	
机 构 数(个) Number of Institutions(unit)	17	17	17	17	17	17
藏　　书(万册) Collections (10 000 volumes)	997.90	1031.69	1145.78	1182.87	1223.70	1325.82
发放借书证数(万个) Number of Library Cards Distributed (10 000 units)	29.40	33.06	34.29	36.04	28.03	52.35
图书流通人次(万人次) Total Number of Circulation (10 000 person-times)	506.20	476.10	474.50	504.81	583.11	627.73
为读者举办各种活动(次) Service Activities Provided for Readers (times)	690	671	721	951	1149	1364
参加人次(万人次) Number of Readers Involved (10 000 person-times)	25.00	29.30	29.20	42.25	105.63	106.25
本年新购图书(万册) Number of Books Purchased During the Year(10 000 Volumes)	31.30	28.70	44.70	67.92	73.44	97.18
公用房屋建筑面积(万平方米) Floor Space of Public Building (10 000 sq. m)	9.40	10.00	7.50	15.72	17.64	17.36
阅览室座席数(万个) Seats of Reading Rooms (10 000 seats)	0.70	0.70	0.59	1.20	1.20	1.06

11-16 广播电视基本情况
BASIC STATISTICS ON BROADCASTING AND TELEVISION

项目 Item	2010	2011	2012	2013	2014
广播电台(座) Broadcasting Stations(seat)	2	1	1	1	1
电视台(座) Television Stations(seat)	2	1	1	1	1
广播电视台(座) Radio Television Stations(seat)	4	4	4	4	4
调频转播发射台(座) Number of Broadcast Transmission Stations(seat)	8	8	8	8	7
电视转播发射台(座) Number of Television Transmission Stations(seat)	6	6	6	6	5
广播节目套数(套) Number of Broadcasting Programs(seat)	18	18	18	19	19
公共广播节目每日播出时间(时、分) Average Public Broadcasting Hours per Day(hour、minute)	335:56	324:42	337:41	347:05	349:25
电视节目套数(套) Number of Television Programs(seat)	19		20	20	20
公共电视节目每日播出时间(时、分) Average Public Television Hours per Day(hour、minute)	376:30	386:44	402:59	401:15	406:12

11－17 图书、杂志、报纸出版数量
COMPOSTITION OF BOOK、MAGAZINES AND NEWSPAPER PUBLISHED

项　　目 Item	2010	2011	2012	2013	2014
图　书 Books					
出版社图书种数合计(种) Books from Publishing House(unit)	10464	11886	14256	13905	16043
#出版新图书(种) #New Books Published (unit)	5832	6853	8476	8446	9662
总印数(万册) Impression (10 000 copies)	27532	25982	25972	26274	27193
总印数(万张) Printed Sheets (10 000 unit)	2030603	1943309	2045531	2088162.05	2288053
杂　志 Magazine					
种数(种) Class (unit)	358	359	360	363	364
平均期印数(万册) Number of Average Impression (10 000 copies)	1153.00	1205.98	1255.07	1143.02	1087.93
总印数(万册) Impression (10 000 copies)	28109.15	29736.61	33651.88	30463.73	27621.07
总印张(千印张) Printed Sheets (1 000 unit)	1372642.99	1588565.62	1842724.97	1758399.64	1637791.57
报　纸 Newspaper					
种数(种) Class	65	64	64	64	65
平均期印数(万册) Number of Average Impression (10 000 copies)	599.82	813.33	698.65	682.92	651.63
总印数(万册) Impression (10 000 copies)	148619.74	162555.42	164955.31	159425.62	153146.28
总印张(千印张) Printed Sheets (1 000 unit)	6811340.73	7875050.45	8251147.94	7597363.70	7317979.09

11－18 博物馆基本情况
NUMBER OF HEALTH INSTITUTIONS

项目	Item	2010	2011	2012	2013	2014
机构数(个)	Number of Centers (unit)	24	24	46	53	56
人员数(人)	Total Number of Staffs (person)	572	526	1016	1158	1242
藏　　品(件)	Cultural Relics of Collection (case)	309108	269785	503869	528038	739256
参观人次(万人次)	Vistors (10 000 person-times)	623.3	420.67	675.63	779.19	963.59
总收入(万元)	Total Income (10 000 yuan)	15405.0	13355.9	21914.4	34212.5	34151.1
总支出(万元)	Total Expenditures (10 000 yuan)	161325.0	13723.7	22245.6	34219.2	34362.2

11－19 卫生事业机构数
NUMBER OF HEALTH INSTITUTIONS

单位：个　　　　(unit)

项目	Item	2010	2011	2012	2013	2014
合　　计	**Total**	**2791**	**2848**	**2860**	**2760**	**2782**
医　　院	Hospitals	154	154	159	164	197
社区卫生服务中心	Community Health Service Centers	125	125	125	126	129
卫 生 院	Health Centers	78	79	79	78	69
门 诊 部	Clinics	111	113	127	138	204
急救中心	First-aid Centers	1	1	1	1	1
采供血机构	Taking and Supplying Blood Centers	2	1	1	1	1
妇幼保健机构	Maternity and Child Care Centers	14	14	14	14	14
专科防治机构	Special Prevention and Treatment Centers or Stations	15	14	14	14	19
疾病控制机构	Disease Controling Centers	20	20	20	19	19
卫生监督机构	Sanitation Intendance Centers	16	16	16	16	14
医学培训机构	Physic Training Centers	2	2	2	2	2
其他卫生机构	Other Health Care Institutions	4	4	4	24	10
诊　　所	Clinics	1750	1800	1797	1790	1695
卫生所医务室	Clinic Infirmary	96	102	98	98	101
社区卫生服务站	Community Health Service Stations	403	403	403	275	307

11-20 医疗机构基本情况(2014年)
STATISTICS ON HOSPITAL AFFAIRS(2014)

项目	Item	诊疗人次（千次） Total Number of Patients Treated (1000 person-times)	住院人数（千人） Hospital Admissions (1000 patients)	病床周转次数（次） Turnover of Beds (times)	病床使用率（%） Utilization Rate of Beds (%)
合计	Total	68070	2376	34.80	95.51
一、医院	Hospitals	39121	2029	35.70	101.14
综合医院	General Hospitals	28168	1516	36.20	103.07
中医医院	Hospitals of Chinese Medicine	3799	172	43.30	99.80
中西医结合医院	Hospitals of Chinese and Westen Medicine	2492	95	37.30	99.95
专科医院	Specialized Hospitals	4660	245	29.40	92.47
二、疗养院	Sanatoriums	0	0	0	0
三、社区卫生服务中心	Community Health Service Centers	8619	148	27.30	64.14
四、卫生院	Rural Township Hospitals	3939	101	28.00	58.78
街道卫生院	Urban Township Hospitals	488	10	23.40	61.37
乡镇卫生院	Rural Township Hospitals	3451	91	33.90	67.14
五、门诊部	Clinics	941	1.2	0	0
六、妇幼保健机构	Maternity and Child Care Centers	2516	73	47.00	88.97
七、疾病预防控制机构	Disease Prevention & Treatment Centers	0	0	0	0
八、专科疾病防治机构	Specialized Disease Prevention & Treatment Centers	223	22	24.60	88.76

11-21 卫生事业床位数
NUMBER OF BEDS IN HEALTH INSTITUTIONS

单位：张 (unit)

项目	Item	2010	2011	2012	2013	2014
合计	Total	51199	56540	62178	66563	72827
医院	Hospitals	42322	46716	51721	55076	60127
卫生院	Health Centers	2809	2810	3209	3469	4077
社区卫生服务中心	Community Health Service Centers	4129	5108	5416	5673	6086
门诊部、所	Clinics	159	133	76	78	77
专科防治所、站	Special Prevention and Treatment Centers or Stations	758	760	742	843	904
妇幼保健所、站	Maternity and Child Care Centers	1022	1013	1014	1424	1556

11－22　医疗机构所属人员情况(2014 年)

单位：人

项　　目 Item	合　计 Total	各类卫生技术人员 All Health Technicians		
		小　计 Total	执业(助理)医师 Certified Assistant Doctors	执业医师 Certified Doctors
合　计 Total	97306	78492	29523	27477
医　院 Hospitals	67834	55921	19381	18949
社区卫生服务中心 Community Health Service Centers	8161	6761	2710	2422
卫 生 院 Health Centers	5618	4679	2051	1299
门 诊 部 Out－patient Department	2041	1781	956	841
诊所卫生室医务室 Clinics	4440	4297	2361	2207
疾病预防控制中心 Centers for Disease Control and Prevention	1499	1132	546	505
专科疾病防治院(所、站) Specialized Hospitals for Disease Control and Prevention	954	735	298	266
健康教育所(站、中心) Institute for Health Education	28	17	2	2
妇幼保健院(所、站) Maternal and Child Health Care	2408	2103	709	687
急救中心(站) First Aid Center	180	72	44	42
采供血机构 Blood Services	291	237	39	27
卫生监督所(中心) Health Supervision Institution	247	217	0	0
医学科学研究机构 Medical Scientific Reserach Institutes	36	27	10	10
医学在职培训机构 Medical Institions of on－the－job Training	39	20	14	13
临床床检验中心(所、站) Clinical Test Center	11	4	0	0
其他卫生机构 Others				

THE NUMBER OF PERSOMEL EMPLOYED PERSONNEL IN MEDICAL INSTITUTIONS(2013)

(person)

各类卫生技术人员 All Health Technicians				其他 Others	管理人员 Administrative Staff	工勤技能人员 Ground Skilled Staff
注册护士 Enrolling Nurses	药剂人员 Junior Pharmacists	技师(士) laboratory Technicians	其他技术人员 Other Technicians			
36267	4025	4224	4453	4242	5076	6506
27788	2798	2867	3087	3089	4014	4810
2863	496	343	349	445	428	527
1624	327	232	445	281	251	407
631	75	84	35	0	0	260
1656	166	54	60	0	0	143
122	16	371	77	163	102	102
256	64	79	38	59	70	90
9	3	1	2	3	7	1
1088	66	150	90	164	92	49
26	1	0	1	6	40	62
117	8	32	41	0	34	20
0	0	0	217	4	10	16
6	0	8	3	0	5	4
3	0	2	1	8	6	5
4	0	0	0	0	6	1

11－23　医疗卫生事业对居民的保证程度
NUMBER OF BEDS AND PERSONS ENGAGED IN MEDICAL AND HEALTH INSTITUTIONS PER 1000 POPULATION

单位：张、人　　　　　　　　　　　　　　　　　　　　　　　　　　　(unit, person)

项　目 Item	2010	2011	2012	2013	2014
每千人口卫生床位数 Number of Beds per 1000 population	6.10	6.51	7.07	7.12	8.85
#每千人口医院床位数 Number of Hospital Beds per 1000 population	5.10	5.6	6.14	6.74	7.31
每千人口卫生工作人员数 Nwmber of Medical Personnel per 1000 population	9.50	9.86	10.41	11.02	11.83
#每千人口卫生技术人员数 Number of Medical Technical Personnel per 1000 population	7.41	7.82	8.31	8.78	9.54
每千人口医生数 Number of Doctors per 1000 population	3.00	3.08	3.30	3.33	3.59
每千人口护师、护士数 Number of Senior and Junior Nurses per 1000 population	3.00	3.20	3.40	3.89	4.41

11-24 居民死亡十种主要疾病构成情况(2014年)
THE COMPOSITION OF TEN MAIN DISEASES CAUSING DEATH OF RESIDENTS(2014)

	病名		死亡率(1/10万) Death Rate (per 100000 Persons)	构成(%) Constitution
合计 Total	合计	Total		95.84
	恶性肿瘤	Malignant Tumour	192.12	29.17
	脑血管	Cerebrovascular Disease	160.55	24.38
	心脏病	Heart Trouble	123.69	18.78
	呼吸系统疾病	Respiratory Disease	57.64	8.75
	损伤与中毒	Trauma and Toxicosis	39.06	5.93
	内、营、代疾病	Discase about endocrine, nutritionl and metabolic	20.55	3.12
	消化系统疾病	Digestive Disease	18.04	2.74
	神经系统疾病	Nervous System Disease	9.24	1.40
	泌尿生殖系统疾病	Urinary Disease	8.35	1.27
	精神障碍疾病	Neuropathy	1.98	0.30
男性 Male	合计	Total		96.27
	恶性肿瘤	Malignant Tumour	244.22	33.27
	脑血管	Cerebrovascular Disease	165.17	22.50
	心脏病	Heart Trouble	125.49	17.09
	呼吸系统疾病	Respiratory Disease	67.47	9.19
	损伤与中毒	Trauma and Toxicosis	46.22	6.30
	消化系统疾病	Digestive Disease	19.92	2.71
	内、营、代疾病	Discase about endocrine, nutritionl and metabolic	17.89	2.44
	泌尿生殖系统疾病	Urinary Disease	9.23	1.26
	神经系统疾病	Nervous System Disease	8.71	1.19
	精神障碍疾病	Neuropathy	2.33	0.32
女性 Female	合计	Total		95.53
	脑血管	Cerebrovascular Disease	155.77	26.85
	恶性肿瘤	Malignant Tumour	138.13	23.81
	心脏病	Heart Trouble	121.83	21.00
	呼吸系统疾病	Respiratory Disease	47.45	8.18
	损伤与中毒	Trauma and Toxicosis	31.64	5.45
	内、营、代疾病	Discase about endocrine, nutritionl and metabolic	23.31	4.02
	消化系统疾病	Digestive Disease	16.10	2.77
	神经系统疾病	Nervous System Disease	9.79	1.69
	泌尿生殖系统疾病	Urinary Disease	7.43	1.28
	肌、骨和结缔疾病	Musde Tissue, bone tissue and connettive tissure diseases	2.78	0.48

11-25 体育事业基本情况
BASIC STATISTICS ON SPORTS AFFAIRS

项目 Item	2014	2013
体育局系统职人员数(人) Number of Staff and Workers in Sports Commissions (person)	3197	3136
#市属(人) Municipal Units (person)	212	415
优秀运动队人数(人) Number of Personnel of Excellent Sports Teams (person)	131	298
等级裁判员人数(人) Number of Referees in Grades (person)	289	674
等级运动员发展人数(人) Number of Newly Increased Athletes in Grades (person)	548	673
少年儿童业余体校(所) Sparetime Sports Schools for Children (unit)	13	13
在校学生人数(人) Students Enrollment (person)	3072	5030
全市举办运动会次数(次) Number of Games Held in the City (times)	215	213
参加运动会运动员人数(人) Number of Athletes Involved in the Games (person)	134800	134500

注:此表数据为市属数据。

11-26 农村自然灾害情况
STATISTICS ON RURAL NATURAL DISASTER

项目 Item	2010	2011	2012	2013	2014
农作物受灾面积(百亩) Covered Areas of Farm Crops (100 mu)	15923	13812	7289.05	13182	2223
成灾人口(人) Population Affected (person)	531268	596861	122611	459600	102316
因灾缺粮(吨) Insufficient Amount of Grains Because of Disaster (ton)	2230	445	88	6805	4794
缺粮人口(人) Number of Persons Suffering From Shortage of Grains(person)	138880	15996	2499	77200	54389

11-27 优抚和社会福利事业情况
STATISTICS ON SOCIAL WELFARE HOMES

项目 Item	2010	2011	2012	2013	2014
优抚事业 Preferential Treatment Policy					
单位数(个) Number of Homes (unit)	5	5	4	4	4
床位数(张) Number of Beds (unit)	615	646	855	893	1007
年末收养人员(人) Number of Persons Housed (person)	591	616	708	762	783
享受伤残抚恤金人数(人) Number of Pedrsons Enjoying Disability Benfit (person)	5705	5803	5817	5722	5615
定期抚恤金人数(人) Number of Persons Who Have Regular Pension (person)	2131	2061	2088	1293	1175
定期补助人数(人) Number of Persons Who Have Regular Subsides (person)	17580	17907	23744	22630	23399
社会福利 Social Welfare					
社会福利院单位数(个) Number of Social Welfare Home	14	15	14	16	16
床位数(张) Number of Beds	4851	5628	4527	5847	8820
在院总人数、天数(人、天) Number of Hospitalizations and Days	1115075	1292104	598302	921315	768457
#市儿童福利院(个) Number of Children's Welfare Institute	1	1	1	1	1
年末收养人员(人) Number of Persons Housed (person)	738	615	607	618	607
#少年儿童(人) Juvenile (person)	400	396	300	618	607

注:2005 年伤残保健金取消,原领取人员现领取伤残抚恤金。

11-28 殡葬事业情况
BASIC STATISTICS ON FUNERAL AND INTERMENT AFFAIRS

项目	Item	2010	2011	2012	2013	2014
火葬场(个)	Cremateria (unit)	7	7	7	7	7
火化炉(台)	Cremators (unit)	71	66	79	79	83
火化尸体数(具)	Corpses Cremated (bodies)	48349	43536	49399	49291	49325

11－29 婚姻登记情况(2014年)
STATISTICS ON MARRIAGES(2014)

项目	Item	准予登记结婚数(对) Registered Marriages (couples)	准予离婚(对) Ratifications for Divorces (couples)
合计	Total	106949	32181
江岸区	Jiang'an	8655	3845
江汉区	Jianghan	5813	2517
硚口区	Qiaokou	6268	2617
汉阳区	Hanyang	4729	2064
武昌区	Wuchang	17828	4281
青山区	Qingshan	5134	2332
洪山区	Hongshan	6619	2014
东西湖区	Dongxihu	3761	1369
汉南区	Hannan	1680	485
蔡甸区	Caidian	5595	1678
江夏区	Jiangxia	7252	2195
黄陂区	Huangpi	13595	2864
新洲区	Xinzhou	12286	2242
武汉经济技术开发区	Wuhan Economic Technological Development Zone	2169	526
东湖新技术开发区	Eeast Lake High-Tech Development Zone	5231	1077
东湖生态旅游风景区	East Lake Ecotourism Scenic Zone	334	75

11－30 市属公证、律师机构及人员
NUMBER OF NOTARIAL INSTITUTIONS AND PERSONNEL ENGAGED AT MUNICIPALITY LEVEL AND BELOW

项目	Item	2010	2011	2012	2013	2014
公证机构	Notarial Institutions					
公证机构数(个)	Number of Notarial Institutions (unit)	13	13	13	13	13
#市级(个)	Municipality Level (unit)	7	7	7	7	7
区级(个)	District Level (unit)	6	6	6	6	6
公证人员数(人)	Number of Notarial Personnel(person)	151	158	168	196	204
办理各类公证(件)	Number of Notarial Documents Issued (pieces)	100717	100945	104795	141712	189672
律师事务所	Law Offices					
律师事务所(个)	Number of Law Offices (unit)	157	161	174	191	209
市级(个)	Municipality Level (unit)	62	63	63	63	64
区级(个)	District Level (unit)	95	98	111	128	145
律师事务所实有人数(人)	Number of Staff and Workers in Law Offices (person)	2779	2956	3082	3365	4103
#专业律师工作者(人)	Full-time Lawyers (person)	2042	2236	2327	2564	3031
兼职律师工作者(人)	Part-time Lawyers (person)	77	85	85	111	94

11－31 市属民事纠纷调解情况
STATISTICS ON CIVIL DISPUTES MEDIATED AT MUNICIPALITY LEVEL AND BELOW

项　目 Item	2010	2011	2012	2013	2014
一、调解纠纷合计(件) Number of Civil Disputes Mediated (case)	34291	40621	44439	50574	52352
二、调解成功纠纷(件) Number of Cases Successfully Mediated (case)	34091	40560	44392	50541	52300
三、本年突出纠纷 Highlight Disputes in the Year					
#婚姻家庭纠纷(件) Family Disputes (case)	19587	21110	20334	18698	29716
邻里纠纷(件) Neighborhood Disputes (case)	0	0	0	8932	20104
房屋纠纷(件) Housing Disputes (case)	606	555	930	667	246
四、避免非正常死亡(人) Abnormal Deaths Avoided (person)	182	112	10	56	49

11-32 社会治安及安全情况
BASIC STATISTICS ON CRIMINAL AND OFFENSE CASE

项目 Item	2010	2011	2012	2013	2014
刑事治安案件 Criminal Cases Registered					
刑事发案总数(起) Number of Criminal Cases Registered (case)	72020	80204	104091	88572	81947
刑事破案总数(起) Number of Criminal Cases Cracked (case)	26136	15733	32727	39191	27302
治安案件受理(起) Number of Offense Cases Registered(case)	109745	102772	227953	236755	88477
治安案件查处(起) Number of Offense Cases Disposed(case)	95245	89540	216628	229047	83433
交通事故 Traffic Accidents					
次　　数(次) Number of Traffic Accidents (case)	3050	3271	2810	2611	2407
死　　亡(人) Deaths (person)	365	357	355	355	357
伤　　人(人) Injuries (person)	3408	3640	3058	2684	2481
损失折款(万元) Losses Converted into Cash (10 000 yuan)	387.67	486.30	684.40	433.70	633.40
火灾情况 Fires					
次　　数(次) Number of Fires (case)	2928	2662	1344	3694	3345
死　　亡(人) Deaths (person)	8	36	4	8	4
伤　　人(人) Injuries (person)	3	3	1	3	2
损失折款(万元) Losses Converted into Cash (10 000 yuan)	1188.37	2724.4	491.3	840.1	710.1

11－33　检察机关办理各类案件情况
CASES CHARGED AND APPEALED BY PROCURATORIAL AGENCY

单位：件　　　　(case)

项	目 Item	2014	2013
举报贪污贿赂、渎职侵权案件线索情况	Report corruption and bribery, dereliction of duty infringement case clues		
首次举报受理数	First report acceptance number	1236	979
贪污贿赂案件线索	Corruption and bribery case clues number	1041	830
处 理 数	Processing number	1015	806
渎职侵权案件线索	Cases of dereliction of duty infringement case	195	149
处理数	Processing number	186	147
职务犯罪案件	Duty crime cases		
贪污贿赂案件	Corruption and bribery cases		
受理数(件/人)	Acceptance number(case/person)	368/438	396/461
侦结数(件/人)	The number of nodes(case/person)	229/288	227/270
逮捕数(件/人)	Arrest number(case/person)	146/158	137/147
起诉数(件/人)	Prosecution number(case/person)	221/273	195/247
渎职侵权案件	Cases of dereliction of duty		
受理数(件/人)	Cases Accepted	87/119	67/87
侦结数(件/人)	Acceptance number(case/person)	47/72	50/68
逮捕数(件/人)	The number of nodes(case/person)	22/28	21/26
起诉数(件/人)	Arrest number(case/person)	27/39	37/51
控告申诉案件	Prosecution number(case/person)		
控告合计	Complaint case	653	657
处理数	Total charges	651	196
申诉合计	Processing number	664	678
处理数	Total appeal	661	350
民事、行政检察案件	Civil and administrative procuratorial cases		
受案数	Case number	1278	1084
审查处理	Review process	1414	1256
不服生效裁判监督案件审查结果	Number of cases against the results of the case	357	379

11-34 刑事案件批捕与起诉
ARRESTS AND LAWSUITS IN CRIMINAL CASES

项目 Item	2010	2011	2012	2013	2014
受理刑事案件批捕总数(件) Number of Arrests Appealed in Criminal Cases (case)	7172	7014	9066	9662	10201
其中: 批捕数(件) Authorizing Arrests (case)	6584	6352	8143	8374	8877
受理刑事案件批捕总数(人) Number of Persons Appealed Arresting in Criminal Cases (person)	10747	10254	13354	13123	13365
其中: 批捕数(人) Authorizing Arrests (person)	9729	9248	11864	11089	11327
受理刑事案件起诉免诉总数(件) Number of Cases Appealed Prosecutions and Exempting from Prosecutions (case)	10665	11190	16870	18046	19095
其中: 不诉(件) Exempting from Prosecutions (case)	6703	6780	8802	10302	11298
受理刑事案件起诉免诉总数(人) Number of Persons Appealed Prosecutions and Exempting from Prosecutions (person)	88	109	130	221	259
其中: 起　诉(件) Prosecutions (case)	17409	17957	30656	26375	26276
起　诉(人) Prosecutions (person)	10098	9991	12799	14073	14519
不　诉(人) Exempting from Prosecutions (person)	111	159	164	247	301

11-35 环境保护基本情况
BASIC STATISTICS ON ENVIRONMENTAL PROTECTION

项目 Item	2010	2011	2012	2013	2014
一、"三废"排放情况 Discharge and Treatment of Waste Water, Waste Gas and Solid Wastes					
(一)废水排放及处理情况 Discharge and Treatment of Waste Water					
废水排放总量(万吨) Total Volume of Waste Water Discharged (10 000 tons)	78376.66	76581.9	82242.7	85401.81	88755.35
工业废水排放量(万吨) Volume of Industrial Waste Water Discharged (10 000 tons)	22465.15	23304.34	20704	18814.67	17097.45
(二)废气排放总量(亿标立方米) Total Volume of Waste Gas Emission (100 million cu. m)	4720.8	6359.95	6027.81	5641.77	5873.20
废气中：二氧化硫排放量(万吨) Volume of Sulphur Dioxide Emission (10 000 tons)	9.28	10.85	10.58	10.19	9.02
工业二氧化硫排放量(万吨) Volume of Industrial Sulphur Dioxide Emission (10 000 tons)	8.73	10.28	10.01	9.62	8.45
工业二氧化硫去除量(万吨) Volume of Industrial Sulphur Dioxide Removed (10 000 tons)	15.39	6.12	15.08	20.33	19.01
工业二氧化硫去除率(%) Percentage of Industrial Sulphur Dioxide Removed (%)	64.16	59.53	60.1	67.88	69.23
烟粉尘排放量(万吨) Volume of Soot Emission (10 000 tons)	1.37	2.84	2.65	2.57	2.75
工业烟粉尘排放量(万吨) Volume of Industrial Soot Emission (10 000 tons)	1.27	2.26	2.05	1.98	2.16
工业烟粉尘去除量(万吨) Volume of Industrial Soot Removed (10 000 tons)	247.33	358.45	320.53	312.31	330.15
工业烟粉尘去除率(%) Percentage of Industrial Soot Removed (%)	99.55	99.35	99.36	99.37	99.35
(三)工业固体废弃物产生量(万吨) Volume of Industrial Solid Wastes Produced (10 000 tons)	1324.84	1379.65	1381.21	1381.55	1400.47
工业固体废弃物综合利用和处置量(万吨) Volume of Industrial Solid Wastes Utilized (10 000 tons)	1337.27	1373.83	1364.18	1363.41	1382.44
工业固体废弃物综合处置率(%) Percentage of Industrial Solid Wastes Utilized (%)	98.58	97.58	95.05	97.26	98.71

主 要 统 计 指 标 解 释

R&D(研究与试验发展)活动 指在科学技术领域,为增加知识总量以及运用这些知识去创造新的应用进行的系统的创造性的活动,包括基础研究、应用研究、试验发展三类活动。

基础研究 指为了获得关于现象和可观察事实的基本原理的新知识(揭示客观事物的本质、运动规律、获得新发现、新学说)而进行的实验性或理论性研究,它不以任何专门或特定的应用或使用为目的。其成果以科学论文和科学著作为主要形式。

应用研究 指为获得新知识而进行的创造性研究,主要针对某一特定的目的或目标。应用研究是为了确定基础研究成果可能的用途,或是为达到预定的目标探索应采取的新方法(原理性)或新途径。其成果形式以科学论文、专著、原理性模型或发明专利为主。

试验发展 指利用从基础研究、应用研究和实际经验所获得的现有知识,为产生新的产品、材料和装置,建立新的工艺、系统和服务,以及对已产生和建立的上述各项作实质性的改进而进行的系统性工作。其成果形式主要是专利、专有技术、具有新产品基本特征的产品,原型或具有新装置基本特征的原始样机等。在社会科学领域,试验发展是指把通过基础研究、应用研究获得的知识转变成可以实施的计划(包括为进行检验和评估实施示范项目)的过程。人文科学领域没有对应的试验发展活动。

R&D 人员 指单位内部从事基础研究、应用研究和试验发展三类活动的人员。包括直接参加上述三类项目活动的人员以及这三类项目的管理人员和直接服务人员,为研发活动提供直接服务的人员包括直接为研发活动提供资料文献、材料供应、设备维护等服务的人员。

R&D 经费支出 指调查单位在报告年度内用于内部开展 R&D 活动(基础研究、应用研究和应用发展)的实际支出。包括用于 R&D 项目(课题)活动的直接支出,以及间接用于 R&D 活动的管理费、服务费、与 R&D 有关的基本建设支出以及外协加工费等。不包括生产性活动支出、归还贷款支出以及与外单位合作或委托外单位进行 R&D 活动而转拨给对方的经费支出。

专利有效量 是指在报告期末处于专利权维持状态的发明专利数量,统计范围为武汉市。与申请量和授权量不同,发明专利有效量是存量数据而非流量数据。

普通高等学校 指按照国家规定的设置标准和审批程序批准举办,通过国家统一招生考试,招收高中毕业生为主要培养对象,实施高等教育的全日制大学、独立设置的学院和高等专科学校、短期职业大学。

成人高等学校 指按照国家有关规定审批,招收通过全国成人高教统一招生考试的具有高中毕业或同等学历的在职从业人员利用脱产、半脱产、业余或函授等多种形式对其实施高等学历教育,培养高等教育专科或本科毕业水平的专门人才,修业年限、课程设置和总学时数均按高等学历教育要求付诸实施的学校。包括广播电视大学,职工高等学校、农民高等学校、管理干部学院。教育学院。独立设置的函授学院等。

独立研究与开发机构 指有明确的任务和研究方向,有一定学术水平的业务骨干和一定数量的研究人员,具有研究,开发、开展学术工作的基本条件,主要进行科学研究与技术开发活动,并且在行政上有独立的组织形式,财务上独立核算盈亏,有权与其他单位签订合同,在银行有单独户头的单位。包括国务院各部门、中国科学院、中国社会科学院和各省、自治区、直辖市以及地(市)以上〔含地(市)〕各部门所属的国有独立的科学研究与技术开发机构。

独立研究与开发机构职工 指在科学研究与技术开发机构工作,并由其支付工资的人员。包括长期职工和临时职工,不包括编制以外的离休、退休人员和停薪留职人员,但包括招聘人员。

发明 指专利法及其实施细则所称的发明,指对有关产品、方法或其改进所提出的新的技术方案。

实用新型 指专利法及其实施细则所称的实用新型,指对产品的形状、构造或者其结合所提出的适于实用的新的技术方案。

外观设计 专利法及其实施细则所称的外观设计是指对产品的形状、图案、色彩或者其结合所作出的富有美感并适于工业上应用的新设计。

文化事业机构 指从事专业文化工作和为专业文化工作服务的独立建制的单位。不包括这些单位另外举办独立核算的其他机构和各部门的业余文化组织。

艺术表演团体 指从事戏曲、音乐、舞蹈、杂技等专业艺术表演,有独立帐户的单位。不包括半工半艺、半农半艺和民间职业剧团。

等级运动员人数 指经考核正式批准授予等级运动员称号的人数。运动员等级分为国际级运动健将、运动健将、一级运动员、二级运动员、三级运动员、少年级运动员。

等级裁判员人数 指经考核正式批准授予等级裁判员称号的人数。裁判员等级分为国际裁判、国家级裁判、一级裁判、二级裁判、三级裁判。

医院 指名称为医院,设有固定床位能收容病人住院并能为病人提供医疗、护理服务的医疗机构。包括县及县以上医院、农村乡卫生院、其他医院三部分。按所属性质分为卫生部门、工业及其他部门,集体经济单位三类。其中县及县以上医院按业务性质分为综合医院和专科医院。

卫生技术人员 指卫生事业机构支付工资的全部固定职工和合同制职工中现任职务为卫生技术工作的专业人员。包括中医师,西医师、中西医结合高级医师、护师、中药师、西药师、检验师,其他技师、中医士、西医士、护士、助产士、中药剂士、西药剂士、检验士、其他技士、其他中医、护理员、中药剂员、西药剂员、检验员，其他初级卫生技术人员。

医生 指经卫生部门审查合格，从事医疗工作的专业人员。分为中医医生和西医医生。包括卫生技术人员中的中医师、西医师、中西医结合高级医师、中医士、西医士和其他中医。

社会福利事业单位 指集中收养社会孤老、残、幼的机构。包括由民政部门管理的社会福利院、儿童福利院、精神病人福利院和城镇集体办的福利院，以及农村集体举办的敬老院。

社会福利事业单位收养人数 包括民政部门管理的和城镇及农村集体举办的社会福利事业单位中收养的老人、少年儿童、缺乏生活自理能力的残疾人员和精神病人。

律师 指受聘参加法律顾问处工作，担任法律顾问、刑（民）事代理人、刑事辩护人，办理非诉讼事件、解答法律询问，代写法律事务文书等主要从事律师业务的专职法律工作者和兼职律师。

公证人员 指在国家公证机关依法办理公证事务的司法人员。包括公证员、助理公证员和在公证处工作的其他人员。

办理公证文书 指公证处在一定时期内办结的公证文书件数。公证文书系按司法部规定或批准的格式制作。包括国内公证和涉外公证两部分。其中国内公证分为经济合同公证和民事法律关系公证两大类。

工业废水排放达标量 指各项指标都达到国家或地方排放标准的外排工业废水量，包括未经处理外排达标的和经过处理后外排达标的两部分。国家排放标准见 GB8978 — 88。

工业废气排放量 指企业厂区内燃料燃烧和生产工艺过程中产生的各种排粉空气的含有污染物的气体的总量，以标准状态〔273K, 101325Pa〕计。

工业粉尘排放量 指企业在生产工艺过程中排放的颗粒物重量。如钢铁企业的耐火材料粉尘、焦化企业的筛焦系统粉尘，烧结机的粉尘、石灰窑的粉尘、建材企业的水泥粉尘等。不包括电厂排入大气的烟尘。

工业固体废物产生量 指企业在生产过程中产生的固体状、半固体状和高浓度液体状废弃物的总量，包括危险废物、冶炼废渣、粉煤灰、炉渣、煤矸石、尾矿、放射性废物和其他废物等；不包括矿山开采的剥离废石和掘进废石（煤矸石和呈酸性或碱性的废石除外）。酸性或碱性废石是指采掘的废石其流经水、雨淋水的 pH 值小于 4 或 pH 值大于 10.5 者。

“三废”综合利用产品产值 指利用“三废”（废液、废气、废渣）作为主要原料生产的产品产值（现行价），已经销售或准备销售的，应计算产品产值；但留作生产上自用的，不应计算产品产值。

Explanatory Notes on Main Statistical Indicators

Regular Institutions of Higher Learning refer to educational establishments set up according to the government evaluation and approval procedures, enrolling graduates from senior secondary schools and providing higher education courses and training for senior professionals. They include full-time universities, colleges, high professional schools and short-term professional universities.

Institutions of Higher Learning for Adults refer to educational establishments, set up in line with relevant rules approved by the government, enrolling staff and workers with senior secondary school or equivalent education, and providing higher education courses in many forms of full-time, part-time, spare-time, or correspondence for adults. Professionals thus trained receive a qualification equivalent to graduates studying regular courses at regular universities, colleges and professional colleges. Institutions of higher learning for adults include Radio and TV universities, schools of high education for staff and workers and peasants, colleges for management cadres, pedagogical colleges, and independent correspondence colleges.

Independent Research and Development Institutions refer to the state-owned institutions that have direct mission and research purpose, a certain number of core members with higher research level and a certain number of research personnel, favorable conditions for R & D and engaging in scientific research and technological development. The institutions also have their own independent organization and finance, authority to sign contracts with other units, with their own accounts in banks.

Personnel of independent Research and Development Institutions refers to the persons who work and receive payment in research and development institutions. It includes regular full-time and temporary staff and workers, but excludes retirees and persons who leave their work temporarily without payment but still retain their posts.

Inventions refer to the inventions as specified by the patent law and its detailed rules and regulations for implementation. They refer to the new technical proposals to the products or methods or their modifications.

Utility Models refer to the utility models as specified by hie patent law and its detailed rules and regulations for implementation. They refer to the practical and new technical proposals on the shape and structure of the product or the combination of both.

Designs refer to the designs as specified by the patent law and its detailed rules and regulation for implementation. They refer to the aesthetics and industry applicable new designs for the shape, pattern and color of the product, or their combinations.

Cultural Institutions refer to units that have their own organizational system and independent accounting system and specialize in or serve cultural development. They exclude other establishments run by these cultural institutions and amateur cultural groups established by various departments.

Art Troupe refers to the troupe which is engaged in drama, opera, music, dance, acrobatics or other art performance, opens independent accounts with banks and has self supporting accounting system, excluding the troupes which are engaged partly in industrial or agricultural activities, partly in art performance and the professional troupes organized by the people.

Number of Athletes in Grades refers to the number of athletes who have been given titles through examination. The titles of athletes include international masters of sports, masters of sports, first-grade, second-grade and third-grade sportsmen and young athletes.

Number of Referees in Grades refers to he number of referees who have been given titles after examination. They are classified as international referees, national referees and referees of the first, second and third grades.

Hospitals refer to medical institutions named as "hospital" with permanent hospital beds, which are able to take in-patients and provide them with medical and nursing services. Hospitals are classified into three categories: hospitals at or above the county level, hospitals of rural townships, and other hospitals. According to their ownership, hospitals can be classified into three categories: hospitals under the public health departments, hospitals under industrial and other departments and collective - owned hospitals. Hospitals at or above county level are divided into comprehensive and specialized hospitals.

Medical Technical Personnel refers to all permanent medical staff and workers employed by medical institutions, including doctors of Chinese and Western medicine, senior doctors who integrate traditional Chinese therapeutics with Western therapeutics in practice, senior nurses, pharmacists of Chinese and Western medicine, laboratory specialists, other specialists, paramedics of Chinese and Western medicine, nurses, midwives, druggists in Chinese and Western medicine, laboratory technicians, other technicians, other practitioners of Chinese medicine, nursing attendants, pharmacological workers of Chinese and Western medicine, laboratory workers, and other primary medical personnel.

Doctors refer to qualified professional medical workers approved to practice by public health departments. They are classified into doctors of Chinese medicine, doctors of Western medicine, senior doctors who integrate traditional Chinese therapeutics with Western therapeutics in practice, paramedics of Chinese medicine and Western medicine, and other specialists of Chinese medicine.

Social Welfare Institutions refer to institutions taking care of old people without children, handicapped people and orphans. They include social welfare institutions run by civil affairs departments, children´s welfare institutions, social welfare institutions for mental patients, and collective - owned old people´s homes in rural areas.

Number of People Taken in by Social Welfare institutions refers to the number of old people, children, totally dependent handicapped people and mental patients taken in by social welfare institutions run by civil affairs departments and those run by collective units in urban and rural areas.

Lawyers are legal workers who are employed full-time by legal counseling firms to act as legal advisers, agents in criminal or civil lawsuits, or defenders in criminal lawsuits, or to handle non litigious legal affairs, to advise on matters of law or to write legal papers for others. Both full-time and part-time lawyers are included.

Notary Personnel refer to judicial workers of the state notary offices handling notarization work according to law.

They include notaries, assistant notaries, and other people working for notary offices.

Notarized Documents refer to the documents settled by notary offices in a year. The notarized documents are drawn up in accordance with the regulations of the Ministry of Justice, including domestic documents and foreign related documents. Domestic documents are divided into two major categories, documents on economic contracts and documents on civil legal relations.

Volume of Waste Water up to the Standard for Discharge refers to the volume of discharged industrial waste water that, with or without treatment, has come up to the national or local standards for discharge.

Volume of Waste Gas Emission refers to waste gas emitted from burning of fuels and from production process in the area of the factory, and is measured by 10000 standard cubic metres each year under normal condition.

Volume of Industrial Soot Discharged refers to the volume of solid soot, in the smoke discharged in the process of fuel burning in the area of the factory.

Industrial Dust Discharged refers to the total weight of solid dust discharged by industrial enterprises in the production process, such as dust of refractory materials from iron plants, dust from coke screening system or from sintering machines of coking plants, dust from lime kilns, cement dust from building material enterprises, etc., but excluding smoke and dust discharged by power plants.

Volume of industrial Solid Wastes Produced refers to the total volume of solid, semi-solid or highconcentration liquid residue produced by industrial enterprises in their production process, including dangerous wastes, residues from melting, slag, powdered coal ash, gangue, chemical residues, tailings, radioactivc residues; and other residues, but excluding stripped or dug stones in mining (except gangue and acid or alkali stones which arc stones washed or soaked by water with a PH value smaller than 4 or larger than 10. 5 .)

Owtput Value or Products Made from Utilization of Waste Gas, Waste Water and industrial Solid Wastes refers to the value of products (calculated at current prices) made by industrial enterprises using recovered waste water, waste gas or solid wastes as main raw materials. Only the value of the products that have been sold or are ready to be sold should be included. The value of the products that will be used in the production of the enterprises should not be included.

十二、分区资料

STATISTICS FOR DISTRICTS

简要说明

本篇资料包括分区人口、生产总值、财政收入、规模以上工业主要经济指标、乡村人口与劳动力、耕地面积、农业投入、农林牧渔业产值、主要农作物产量、乡镇企业基本情况、农民纯收入、固定资产投资、社会消费品零售额等。有关资料来源与计算方法详见本年鉴各相关分篇说明。

Brief Description

The data in this chapter include population by district, gross domestic product by district, government revenue by district, main economic indicators of industrial enterprises above designated size by district, rural population and labor forces by district, area under cultivation by district, consumption of agricultural producer goods by district, gross agricultural output value by district, yield of farm crops by district, basic conditions of township enterprises by district, net income of peasants, total investment in fixed assets by district, total retail sales of consumer goods by district etc. Sources and computational method related data see relevant materials in details in this yearbook.

12－1　分行政区及功能区人口情况(2014年户籍统计)
STATISTICS ON POPULATION BY DISTRICT (2014)

单位：万人　　　　(10,000 person)

各区 District	总人口 Total	男 Male	女 Female	总人口中非农业人口 Non－Agricultural Population	出生人口 Broned Population
合计 Total	827.31	423.04	404.27	559.26	10.08
江岸区 Jiang'an	71.11	35.33	35.78	70.95	0.74
江汉区 Jianghan	48.67	24.63	24.03	48.67	0.48
其中:不含武汉水上地区部分 Jiang Han District except the water area of Wuhan	47.79	23.86	23.93	47.67	0.48
硚口区 Qiaokou	52.76	26.36	26.40	52.70	0.51
汉阳区 Hanyang	57.65	29.36	28.29	57.37	0.70
其中:不含武汉经济技术开发区部分 Han Yang District except the Wuhan economic and Technological Development Zone	43.04	21.68	21.36	42.76	0.48
武昌区 Wuchang	107.67	54.62	53.05	107.62	0.95
青山区 Qingshan	43.85	22.40	21.45	43.17	0.38
洪山区 Hongshan	93.61	49.07	44.54	88.24	1.65
其中:不含东湖新技术开发区、东湖生态旅游风景区和武汉化学工业区部分 Hong Shan District except East Lake New Technology Development Zone, East Lake ecological tourism scenic area and Wuhan Chemical Industrial Zone	54.20	28.63	25.57	53.78	0.77
东西湖区 Dongxihu	28.31	14.24	14.07	9.71	0.39
汉南区 Hannan	11.29	5.76	5.53	3.11	0.13
蔡甸区 Caidian	45.48	23.08	22.40	13.21	0.60
江夏区 Jiangxia	58.89	30.28	28.62	21.28	0.98
黄陂区 Huangpi	112.16	57.51	54.65	21.39	1.31
新洲区 Xinzhou	95.85	50.39	45.46	21.85	1.27
武汉经济技术开发区 Wuhan Economic Technological Development Zone	14.61	7.68	6.93	14.61	0.22
东湖新技术开发区 Eeast Lake High-Tech Development Zone	32.76	17.12	15.64	28.96	0.78
东湖生态旅游风景区 East Lake Ecotourism Scenic Zone	3.36	1.66	1.70	3.36	0.04
武汉化学工业区 Wuhan Chemical Indurstry Par	3.30	1.66	1.64	2.15	0.06
武汉市水上地区 the water area of Wuhan	0.88	0.77	0.10	0.88	0.0028

12-2 分区生产总值(2014年)
GROSS DOMESTIC PRUDUCT BY DISTRICT(2014)

单位：亿元　　　　(100 million yuan)

各区 District		生产总值 Gross Domestic Product	比上年增长(%) Increase Rate 2014 over 2013(%)	第一产业 Primary Industry	比上年增长(%) Increase Rate 2014 over 2013(%)
江岸区	Jiang'an	762.90	10.3	0.16	-20.5
江汉区	Jianghan	827.75	10.0		
硚口区	Qiaokou	509.56	10.0		
汉阳区	Hanyang	786.90	10.5		
武昌区	Wuchang	795.49	10.1		
青山区	Qingshan	496.38	6.1		
洪山区	Hongshan	677.29	10.3	3.01	-0.7
东西湖区	Dongxihu	580.94	11.5	14.58	1.0
汉南区	Hannan	117.05	8.1	12.05	1.6
蔡甸区	Caidian	349.77	11.2	39.15	5.3
江夏区	Jiangxia	583.37	11.0	87.55	5.2
黄陂区	Huangpi	520.35	11.3	107.61	5.3
新洲区	Xinzhou	511.87	11.2	81.37	5.2

各区 District		第二产业 Secondary Industry	比上年增长(%) Increase Rate 2014 over 2013(%)	第三产业 Tertiary Industry	比上年增长(%) Increase Rate 2014 over 2013(%)
江岸区	Jiang'an	157.69	5.5	605.05	11.5
江汉区	Jianghan	76.90	1.8	750.85	10.8
硚口区	Qiaokou	130.40	10.0	379.16	10.0
汉阳区	Hanyang	583.88	11.0	203.02	9.2
武昌区	Wuchang	127.00	11.0	668.49	10.0
青山区	Qingshan	360.69	5.1	135.69	10.1
洪山区	Hongshan	166.97	10.3	507.31	10.4
东西湖区	Dongxihu	442.12	12.5	124.24	10.6
汉南区	Hannan	88.99	8.8	16.01	8.8
蔡甸区	Caidian	227.68	12.2	82.94	10.8
江夏区	Jiangxia	365.67	12.0	130.15	10.7
黄陂区	Huangpi	248.23	13.6	164.51	10.7
新洲区	Xinzhou	293.33	12.4	137.17	10.8

注:本表数据为初步核算数
Note: Data in this table is express data.

12-3 分区财政收入(2014年)
GOVERNMENT REVENUE BY DISTRICT(2014)

单位：万元 (10,000 yuan)

各区 District	地方公共财政预算收入 The local public finance budget revenue	比上年增长(%) Increase Rate 2014 over Rate 2013(%)
江岸区 Jiang'an	577064	14.0
江汉区 Jianghan	613813	13.8
硚口区 Qiaokou	350008	14.0
汉阳区 Hanyang	389226	17.9
武昌区 Wuchang	657623	13.5
青山区 Qingshan	205029	13.9
洪山区 Hongshan	466275	15.8
东西湖区 Dongxihu	691712	15.1
汉南区 Hannan	131147	14.8
蔡甸区 Caidian	267857	4.8
江夏区 Jiangxia	448006	16.2
黄陂区 Huangpi	467406	14.8
新洲区 Xinzhou	286035	16.0
武汉经济技术开发区 Wuhan Economic Technological Development Zone	638438	14.5
东湖新技术开发区 Eeast Lake High-Tech Development Zone	685520	18.4
东湖生态旅游风景区 East Lake Ecotourism Scenic Zone	45882	25.4
武汉化学工业区 Wuhan Chemical Indurstry Park	22956	69.9

12－4　分区规模以上工业主要经济指标(2014 年)

单位：亿元

各　　区 District	企业单位数 (个) Number of Enterprise (unit)	工业总产值 Gross Idustrial Output Value at Current Prices	流动资产合计 Total current assets
江　岸　区 Jiang'an	31	46.80	50.20
江　汉　区 Jianghan	22	48.89	29.28
硚　口　区 Qiaokou	44	158.21	119.70
汉　阳　区 Hanyang	69	818.51	426.12
武　昌　区 Wuchang	25	41.92	38.33
青　山　区 Qingshan	133	1899.06	745.32
洪　山　区 Hongshan	105	158.74	203.87
东　西　湖　区 Dongxihu	277	750.84	331.05
汉　南　区 Hannan	168	201.06	53.77
蔡　甸　区 Caidian	224	587.30	185.06
江　夏　区 Jiangxia	217	608.09	206.54
黄　陂　区 Huangpi	283	652.26	90.76
新　洲　区 Xinzhou	263	464.04	274.64
东湖新技术开发区 Eeast Lake High-Tech Development Zone	348	2010.66	1630.56
武汉经济技术开发区 Wuhan Economic Technological Development Zone	218	2507.25	1013.85
武汉化学工业区 Wuhan Chemical Indurstry Park	14	195.34	23.68

MAIN INDUTRIAL INDEX BY DISTRICT (2014)

(100 million yuan)

固定资产合计 Total fixed assets	主营业务收入 The main business income	利税总额 Total Pretax Profit	应交增值税 Value - added Tax Payable	从业人员平均人数(人) The average number of employees (person)
10.06	52.61	4.04	1.56	6375
9.24	48.23	5.17	1.10	8861
78.11	162.64	13.47	5.45	25419
63.59	771.21	504.08	81.88	22051
24.88	36.82	3.06	1.13	8936
1013.71	2050.35	95.81	44.80	139811
35.24	154.99	16.35	5.00	23626
147.83	612.33	52.96	13.42	59250
38.00	181.74	8.43	3.26	18051
64.24	520.56	18.22	6.09	35950
117.45	542.41	18.21	8.01	48147
53.98	605.87	46.27	7.66	38685
216.85	420.99	32.85	8.13	39888
449.59	1771.72	114.27	40.96	174417
420.39	2338.86	449.48	158.72	115496
147.23	195.07	7.12	3.68	2004

12-5 分区乡村户数、人口、从业人员(2014年)

单位：万人　　　　(10,000 persons)

项目	Item	黄陂区 Huangpi	新洲区 Xinzhou
一、乡村户数(万户)	**Rural Households (10 000 Households)**	**25.76**	**18.18**
乡村人口	Rural Population	79.70	72.99
二、乡村从业人员合计	**Total Rural Laborers**	**47.26**	**40.39**
#女　性	Female Laborers	22.77	19.72
乡村从业人员按部门分组	Rural Laborers Grouped By Sector		
1.农林牧渔业	Farming, Forestry, Animal Husbandry and Fishery	16.45	11.75
2.工　业	Industry	7.01	8.72
3.建筑业	Construction	13.39	9.12
4.交通运输业	Transportation	2.18	2.09
5.仓储业和邮电业	Storage, Postal and Telecommunications Services	0.30	0.55
6.信息传输、计算机服务和软件业	Information Transfer, Computer and Software Services	0.22	0.34
7.批发零售业	Wholesale, Retail	3.03	2.42
8.住宿和餐饮业	Hotel and Catering Services	2.46	1.65
9.其他非农行业	Other Non-agriculture Trades	2.21	3.75
三、国营农林牧渔场从业人员	**Laborers of State-owned Farms**	**1.98**	**0.50**
1.农业从业人员	Agriculturial Laborers	0.27	0.17
2.非农业从业人员	Non-agriculturial Laborers	1.70	0.33

RURAL HOUSEHOLDS, POPULATION & LABOR FORCES BY DISTRICT(2014)

(10 000 person)

东西湖区 Dongxihu	汉南区 Hannan	蔡甸区 Caidian	江夏区 Jiangxia	洪山区 Hongshan	江岸区 Jiang'an	硚口区 Qiaokou	汉阳区 Hanyang	其他 Other Units
2.25	2.22	8.90	10.12	0.71	1.07			4.53
7.34	6.62	32.17	35.31	2.05	2.34			14.22
6.07	3.82	17.56	19.75	1.14	1.23			8.53
3.13	1.91	8.45	9.36	0.55	0.57			4.21
2.46	2.52	6.48	7.01	0.52	0.26			2.39
2.17	0.60	5.16	4.36	0.15	0.19			1.62
0.31	0.14	2.23	2.54	0.08	0.10			0.97
0.21	0.09	0.92	1.16	0.08	0.05			0.74
0.05		0.12	0.18	0.03	0.01			0.13
0.05		0.12	0.21	0.01				0.08
0.09	0.16	1.25	1.01	0.08	0.12			0.47
0.08	0.07	0.89	0.95	0.07	0.04			0.53
0.65	0.23	0.39	2.32	0.12	0.46			1.61
2.57	0.25	0.34	0.79					
1.38	0.11	0.18	0.52					
1.19	0.13	0.16	0.27					

12-6 分区耕地面积(2014年)
AREA UNDER CULTIVATION BY DISTRICT(2014)

单位：千公顷 (1000 hectares)

各区 District		年末耕地资源 Cultivated Area (year-end)	水田 Paddy Fields	旱地 Dry Fields	年内减少 Decrease in Cultivated Area in the Year	国家基建占地 State Capital Construction	其他基建占地 Other Construction
合计	Total	198.53	117.1	80.15	1.11	0.42	0.05
江岸区	Jiang'an	0.31	0.02	0.29			
江汉区	Jianghan						
硚口区	Qiaokou						
汉阳区	Hanyang						
洪山区	Hongshan	2.35	0.60	1.67	0.02		0.02
东西湖区	Dongxihu	10.90	2.96	7.55			
汉南区	Hannan	10.58	1.77	8.28			
蔡甸区	Caidian	24.37	13.49	10.86	0.21	0.19	0.02
江夏区	Jiangxia	35.73	23.22	12.46			
黄陂区	Huangpi	52.44	42.12	10.32	0.10	0.08	0.02
新洲区	Xinzhou	50.47	27.97	22.49	0.09	0.09	
其他	Other Units	11.38	4.93	6.23	0.69	0.05	

12－7 分区农业投入(2014年)
CONSUMPTION OF AGRICULTURAL PRODUCER GOODS BY DISTRICT(2014)

各区 District		农村用电量(万千瓦时) Consumption of Electricity in Rural Area (10 000 kwh)	化肥施用量(折纯) Consumption of Chemical Fertilizers (100%,ton)	塑料薄膜使用量(吨) Consumption of Plastic Film (ton)	农用柴油(吨) Consumption of Diesel Oil for Agri. Production (ton)	农药使用量(吨) Consumption of Pesticides (ton)
合计	**Total**	**146764**	**143155**	**6652**	**25262**	**4557**
江岸区	Jiang'an	1240	29	12	132	3
江汉区	Jianghan					
硚口区	Qiaokou					
汉阳区	Hanyang					
洪山区	Hongshan	716	1652	254	93	92
东西湖区	Dongxihu	4149	8226	1186	1745	360
汉南区	Hannan	4246	7237	359	2079	420
蔡甸区	Caidian	24486	13911	721	2582	578
江夏区	Jiangxia	9773	19957	717	3134	774
黄陂区	Huangpi	66871	41697	1223	6600	877
新洲区	Xinzhou	28676	44781	1679	8482	1352
其他	Other Units	6607	5665	501	415	101

12－8　分区按当年价格计算的农林牧渔业产值(2014 年)
GROSS AGRICULTURAL OUTPUT VALUE BY DISTRICT(2014)

Data in this table are calculated at current prices.

单位：万元　　(10 000 yuan)

各区 District		合计 Total	按可比价计算的增长率(%) Grouth Rate According to compare Prices (%)	农业 Farmig	林业 Forestry	牧业 Animal Husbandry	渔业 Fishery
合计	Total	5594354	5.0	3162714	87107	1269943	874004
江岸区	Jiang'an	3180	-20.5	2631			549
江汉区	Jianghan						
硚口区	Qiaokou						
汉阳区	Hanyang						
洪山区	Hongshan	50210	-0.7	26702	82	1586	21840
东西湖区	Dongxihu	246251	1.0	151829	356	18561	73457
汉南区	Hannan	222797	1.6	108431	1488	43783	68294
蔡甸区	Caidian	611933	5.3	391182	15510	65420	127635
江夏区	Jiangxia	1386752	5.2	806124	17579	328060	200070
黄陂区	Huangpi	1709672	5.3	924303	28695	486152	202689
新洲区	Xinzhou	1271827	5.2	703554	22016	316925	146533

12－9 分区农村居民人均纯收入
PER CAPITA ANNUAL NET INCOME OF RURAL HOUSEHOLDS BY DISTRICT

单位：元 (yuan)

各区 District		2009	2010	2011	2012	2013	2014
全　市	**Total**	**7161**	**8295**	**9814**	**11190**	**12713**	**16160**
东西湖区	Dongxihu	7457	8637	10151	11568	13211	17753
汉　南　区	Hannan	7265	8374	9898	11289	12802	15292
蔡　甸　区	Caidian	7033	8122	9681	11054	12568	15021
江　夏　区	Jiangxia	7128	8317	9898	11289	12836	15101
黄　陂　区	Huangpi	6753	7950	9511	10897	12444	14713
新　洲　区	Xinzhou	6682	7796	9349	10687	12140	14410

注：从2014年开始按一体化新口径计算发布农村居民数据，农村居民收入名称为农村常住居民人均可支配收入。
Note: The 2014 data of Bural residents is New statistical caliber, Modified index name is per capita disposable income of rural residents.

12-10　分区农作物总产量(2014年)

单位：吨

各区 District		粮食作物 Grains	夏收粮食 Summer Grains	秋收粮食 Autumn Grains
合计	Total	1271300	81000	1190300
江岸区	Jiang'an			
江汉区	Jianghan			
硚口区	Qiaokou			
汉阳区	Hanyang			
洪山区	Hongshan			
东西湖区	Dongxihu	24200	4429	19771
汉南区	Hannan	34100	9200	24900
蔡甸区	Caidian	133400	14000	119400
江夏区	Jiangxia	292400	9201	283199
黄陂区	Huangpi	461100	16000	445100
新洲区	Xinzhou	325100	27300	297800
其他	Other Units	1000	870	130

TOTAL CROP YIELD BY DISRICT（2014）

（ton）

棉　花 Cotton	油　料 Oil-bearing Crops	麻　类 Fiber Crops	糖　料 Sugar Crops	烟　叶 Tobacco	蔬　菜 Vegetables	瓜　类 Melons
20457	**185481**	**2370**	**47164**		**7027365**	**542552**
					7444	
	1265				49063	45896
1067	872		8145		439199	50859
2794	1416				307316	46826
4278	15340				763305	123847
196	42731	2262	165		1502607	105788
2450	64101		31560		2189860	84270
9672	54705		7288		1449028	54654
	5051	108	6		319543	30412

12－11 分区全社会固定资产投资(2014年)
TOTAL INVESTMENT IN FIXED ASSETS IN THE WHOLE CITY BY DISTRICT(2014)

单位：万元 (10 000 yuan)

各区 District	全社会投资额 Investment in Fixed Assets	比上年增长(%) Increase Rate in 2014 over 2013(%)
江岸区 Jiang'an	4990512	15.0
江汉区 Jianghan	3855385	21.7
硚口区 Qiaokou	3409271	21.2
汉阳区 Hanyang	4684340	18.1
武昌区 Wuchang	3194251	21.7
青山区 Qingshan	2166006	17.0
洪山区 Hongshan	5737529	15.1
东西湖区 Dongxihu	4182246	21.0
汉南区 Hannan	1287169	-5.1
蔡甸区 Caidian	4009580	15.4
江夏区 Jiangxia	4918088	16.8
黄陂区 Huangpi	5641548	15.9
新洲区 Xinzhou	4108112	15.8
东湖新技术开发区 Eeast Lake High-Tech Development Zone	6261955	17.2
武汉经济技术开发区 Wuhan Economic Technological Development Zone	4616942	30.0
武汉化学工业区 Wuhan Chemical Indurstry Park	469322	-50.3
东湖生态旅游风景区 East Lake Ecotourism Scenic Zone	166809	-35.0

12－12　分区房地产开发投资额和销售面积(2014年)
THE INVESTMENT OF REAL ESTATE DEVELOPMENT AND AREA BY DISTRICT (2014)

各区 District	房地产投资额(亿元) Investment in Real Estate Development (Billion yuan)	比上年增长(%) Increase Rate in 2014 over 2013 (%)	商品房销售面积(万平方米) Area of Commercialized Housing Sold (10 000 m^2)	比上年增长(%) Increase Rate in 2014 over 2013 (%)
合计 Total	2353.63	23.5	2273.16	13.9
江岸区 Jiang'an	273.76	40.7	206.79	11.7
江汉区 Jianghan	260.30	31.0	155.05	25.9
硚口区 Qiaokou	230.75	13.5	142.48	28.2
汉阳区 Hanyang	336.71	26.6	156.01	5.1
武昌区 Wuchang	259.70	40.6	164.68	2.5
青山区 Qingshan	89.74	61.2	37.12	92.1
洪山区 Hongshan	317.38	5.8	314.84	14.4
东西湖区 Dongxihu	51.37	－19.7	139.57	8.3
汉南区 Hannan	25.69	29.0	36.81	20
蔡甸区 Caidian	97.20	17.0	100.17	－14.7
江夏区 Jiangxia	69.03	20.2	159.15	8.4
黄陂区 Huangpi	147.07	11.9	322.57	13.7
新洲区 Xinzhou	37.85	16.1	93.17	14.1
武汉经济技术开发区 Wuhan Economic Technological Development Zone	33.70	32.4	47.99	58.8
东湖新技术开发区 Eeast Lake High-Tech Development Zone	122.79	34.8	196.75	28.7

12－13　分区建筑业总产值(2014年)
TOTAL GROSS OUTPUT VALUE OF CONSTRUCTION BY DISTRICT(2014)

单位：亿元　　(100 million)

各区 District	建筑业总产值 Gross Output Value	比上年增长(%) Increase Rate in 2014 over 2013(%)
江岸区 Jiang'an	426.81	16.3
江汉区 Jianghan	298.50	16.0
硚口区 Qiaokou	502.30	15.7
汉阳区 Hanyang	335.85	20.1
武昌区 Wuchang	781.85	19.7
青山区 Qingshan	235.97	10.5
洪山区 Hongshan	824.35	35.0
东西湖区 Dongxihu	454.49	16.9
汉南区 Hannan	185.64	5.1
蔡甸区 Caidian	79.49	12.4
江夏区 Jiangxia	78.57	16.1
黄陂区 Huangpi	317.10	1.1
新洲区 Xinzhou	1001.79	21.3
武汉经济技术开发区 Wuhan Economic Technological Development Zone	81.26	36.3
东湖新技术开发区 Eeast Lake High-Tech Development Zone	236.54	46.7

12－14　分区建筑业增加值(2014年)
ADDED VALUE OF CONSTRUCTION BY DISTRICT(2014)

单位：亿元　　(10 million yuan)

各区 District	建筑业增加值 Added Value of Construction	比上年增长 % Increase Rate in 2014 over 2013 (%)
江岸区 Jiang'an	78	12.5
江汉区 Jianghan	60	9.1
硚口区 Qiaokou	66	20.0
汉阳区 Hanyang	55	10.0
武昌区 Wuchang	78	16.4
青山区 Qingshan	41	5.1
洪山区 Hongshan	103	10.8
东西湖区 Dongxihu	100	17.6
汉南区 Hannan	40	21.2
蔡甸区 Caidian	22	12.8
江夏区 Jiangxia	28	14.3
黄陂区 Huangpi	65	4.8
新洲区 Xinzhou	103	28.8
武汉经济技术开发区 Wuhan Economic Technological Development Zone	12	9.1
东湖新技术开发区 Eeast Lake High-Tech Development Zone	30	22.4

12－15　分区社会消费品零售额(2014 年)
TOTAL RETAIL SALES OFCONSUMER GOODS BY DISTRICT（2014）

单位：万元　　　　　　　　　　　　　　　　　　　　　　　　　　　　(10 000yuan)

各　区 District	社会消费品零售额 Total Retail Sales of Consumer Goods	比上年增长 % Increase Rate in 2014 over 2013 (%)
江岸区 Jiang'an	5258149.7	12.7
江汉区 Jianghan	8559612.0	8.3
硚口区 Qiaokou	7174624.6	12.0
汉阳区 Hanyang	3485286.3	13.6
武昌区 Wuchang	5322271.1	11.6
青山区 Qingshan	1141891.8	13.6
洪山区 Hongshan	4374247.4	14.0
东西湖区 Dongxihu	1650076.4	31.0
汉南区 Hannan	170271.4	11.2
蔡甸区 Caidian	785148.5	16.2
江夏区 Jiangxia	1302177.7	16.1
黄陂区 Huangpi	1866848.1	13.3
新洲区 Xinzhou	1584231.7	11.3
武汉经济技术开发区 Wuhan Economic Technological Development Zone	319776.6	18.1
东湖新技术开发区 Eeast Lake High-Tech Development Zone	694574.0	15.1
东湖生态旅游风景区 East Lake Ecotourism Scenic Zone	5727.4	－13.8

12－16　分区批发和零售业销售额(2014年)
SALES OF WHOLESALE AND RETAIL BY DISTRICT(2014)

单位：万元　　(10 000yuan)

各区 District	销售额 Sales	比上年增长(%) Growth Rate over the previones year(%)
江岸区 Jiang'an	19611127.0	14.5
江汉区 Jianghan	38992384.1	10.0
硚口区 Qiaokou	31189029.5	15.0
汉阳区 Hanyang	15011149.3	14.8
武昌区 Wuchang	15602210.2	11.3
青山区 Qingshan	11073692.0	-4.3
洪山区 Hongshan	13630448.4	18.6
东西湖区 Dongxihu	7084331.1	20.0
汉南区 Hannan	396574.3	12.6
蔡甸区 Caidian	2848620.4	20.0
江夏区 Jiangxia	1831238.8	23.8
黄陂区 Huangpi	5346731.9	22.6
新洲区 Xinzhou	2808815.7	15.2
武汉经济技术开发区 Wuhan Economic Technological Development Zone	2668131.2	-3.4
东湖新技术开发区 Eeast Lake High-Tech Development Zone	1292666.8	1.8
东湖生态旅游风景区 East Lake Ecotourism Scenic Zone	—	—

12－17 分区住宿和餐饮业营业额(2014年)
TURNOVER OF ACCOMMODATION AND CATERING INDUSTRY BY DISTRICT(2014)

单位：万元 (10 000yuan)

各区 District	营业额 Turnover	比上年增长 % Growth Rate over the previones year (%)
江岸区 Jiang'an	966105.7	6.7
江汉区 Jianghan	647507.8	9.4
硚口区 Qiaokou	837394.3	12.1
汉阳区 Hanyang	315406.6	15.3
武昌区 Wuchang	1125456.0	13.6
青山区 Qingshan	381386.5	18.7
洪山区 Hongshan	846566.0	15.2
东西湖区 Dongxihu	278232.0	19.0
汉南区 Hannan	79313.1	15.3
蔡甸区 Caidian	144235.8	15.0
江夏区 Jiangxia	489536.0	15.1
黄陂区 Huangpi	249957.2	16.6
新洲区 Xinzhou	320244.9	15.8
武汉经济技术开发区 Wuhan Economic Technological Development Zone	25420.5	-13.4
东湖新技术开发区 Eeast Lake High-Tech Development Zone	69421.0	-1.9
东湖生态旅游风景区 East Lake Ecotourism Scenic Zone	8805.5	-17.2

12－18　分区城镇常住居民年人均可支配收入
ANNUAL PER CAPITA DISPOSABLE INCOME OF URBAN RESIDENTS

单位：元　　　　　　　　　　　　　　　　　　　　　　　　　　　　　　　　　　　　　(yuan)

各区	District	2014	2013
江岸区	Jiang'an	37068.44	33704.71
江汉区	Jianghan	36897.69	33558.61
硚口区	Qiaokou	30876.50	28327.06
汉阳区	Hanyang	33533.76	30490.78
武昌区	Wuchang	36858.72	33520.12
青山区	Qingshan	33602.86	30559.17
洪山区	Hongshan	35088.09	31912.77
东西湖区	Dongxihu	27221.76	24568.38
汉南区	hannan	24496.07	22248.93
蔡甸区	Caidian	24735.31	22344.46
江夏区	Jiangxia	24308.62	21968.93
黄陂区	Huangpi	24102.94	21753.55
新洲区	Xinzhou	22502.53	20364.28

12－19 分区城镇常住居民年人均消费支出

ANNUAL PER CAPITA LIVING EXPENDITURES FOR CONSUMPTION OF URBAN RESIDENTS

单位：元 (yuan)

各区 District		2014	2013
江岸区	Jiang'an	28024.70	25366.32
江汉区	Jianghan	28300.46	25622.87
硚口区	Qiaokou	21665.43	19785.78
汉阳区	Hanyang	21693.38	19635.57
武昌区	Wuchang	25258.94	22867.05
青山区	Qingshan	25888.93	23437.38
洪山区	Hongshan	27932.70	25368.00
东西湖区	Dongxihu	19588.08	17599.35
汉南区	hannan	17233.57	15581.89
蔡甸区	Caidian	17190.54	15459.12
江夏区	Jiangxia	15556.20	13995.68
黄陂区	Huangpi	14530.43	13055.19
新洲区	Xinzhou	13929.39	12549.00

12－20 分区单位 GDP 能耗及规模以上工业单位增加值能耗情况(2014 年)
ENERGY CONSUMPTION FOR UNIT GDP ENERGY CONSUMPTION UNIT VALUE APPED OF INDUSTRY ABOVE DESIGNATEDSIZE BY DISTRICTS(2014)

各区 District	单位 GDP 能耗 (吨标准煤/万元) Energy Consumption per Unit of GDP	单位 GDP 能耗上升或下降(±%) Increase Rate (±%)	规模以上工业增加值能耗上升或下降(±%) Increase Rate (±%)
江岸区 Jiang'an	0.5245	－3.90	－3.62
江汉区 Jianghan	0.5800	－3.42	－11.15
硚口区 Qiaokou	0.8151	－3.71	－8.22
汉阳区 Hanyang	0.2208	－3.24	－10.17
武昌区 Wuchang	0.5676	－3.91	－6.38
青山区 Qingshan	2.4801	－4.77	－6.31
洪山区 Hongshan	0.2847	－3.82	－4.75
东西湖区 Dongxihu	0.4035	－4.16	－11.61
汉南区 Hannan	0.4769	－3.97	－11.09
蔡甸区 Caidian	0.2907	－4.10	－14.84
江夏区 Jiangxia	0.2765	－3.80	－9.47
黄陂区 Huangpi	0.4848	－4.17	－18.52
新洲区 Xinzhou	1.2073	－5.82	－29.55
东湖新技术开发区 Eeast Lake High-Tech Development Zone			－10.03
武汉经济技术开发区 Wuhan Economic Technological Development Zone			－8.63

12－21 分区高新技术产业产值

2014 WUHAN HI TECH INDUSTRIAL ZONE

单位：万元 (10,000 yuan)

各区 District	2014 年	比上年增长 % Increase Rate in 2014 over 2013 (%)
总计(规上) Total (above scale)	65996966	17.8
江岸区 Jiang'an	933851	14.6
江汉区 Jianghan	175307	5.7
硚口区 Qiaokou	899502	6.8
汉阳区 Hanyang	939317	31.0
武昌区 Wuchang	3903892	－13.2
青山区 Qingshan	4602923	－14.7
洪山区 Hongshan	1110371	7.3
东西湖区 Dongxihu	1754951	26.9
汉南区 hannan	395715	－21.6
蔡甸区 Caidian	2483874	13.3
江夏区 Jiangxia	3026500	48.0
黄陂区 Huangpi	1009778	26.7
新洲区 Xinzhou	1508867	25.2
武汉经济技术开发区 Wuhan Economic Technological Development Zone	20811309	22.4
东湖新技术开发区 Eeast Lake High-Tech Development Zone	22440782	22.4